JN440473

한알의 밀알 46

이야기 사애리시

유관순 열사 신앙의 어머니, 충청 선교의 개척자

임연철 지음

신앙과지성사

이 전기는 드루대 미국 감리교 아카이브의 Florence Allen Bell 연구비와 자료지원으로 간행되었습니다.
This biography was published by the support of the Florence Allen Bell Scholar Award of the General Commission on Archives and History of the United Methodist Church at Drew University.

강경 만동여학교 공사 감독을 하던 중 옆에 있는 초가교회 문지방에 앉아 메모를 하고 있는 사애리시

"

… 가끔은 충청도의 아주 멀고 깊은 곳 까지 걸어 들어가
그곳 사람들과 만나고 봉사하기를 즐겼다.
특히 그녀는 한국의 산을 뒤덮은 진달래와 개나리
그리고 하얀색 라일락꽃의 풍경을 정말 좋아했다. …

"

(사부인 백수 생일 기념 모임에서 후배 선교사 미스 안나 채핀의 회고담)

추천의 글

사애리시, 그 신앙의 순례길

이덕주
(전 감리교신학대학교 교수)

이 책의 저자 임연철 선생을 처음 만난 것은 30년 전쯤, 내가 기독교문사 기독교대백과사전 편찬실에서 근무하던 시절이다. 수집했던 기독교 독립운동 관련 자료의 의미를 알아보기 위해 여러 군데 문의하던 중, 당시 동아일보 문화부 기자로 근무하고 있던 임 선생이 그 가치를 알고 신문에 제법 큰 기사로 다루어준 일로 만나게 되었다. 이후 서너 차례 그런 식으로 임 선생을 찾아갔고 그때마다 기독교문사 소장 자료에 관한 관련 기사가 신문에 실렸다. 그때는 그가 기독교 신자인지도, 서울대 사학과를 나온 역사학도인 줄도 몰랐다. 단지 역사자료에 해박한 지식과 정보를 가진 전문 기자 정도로만 알았다.

세월이 흘러 나는 감리교신학대학교로 직장을 옮겨 한국교회사를 가르치는 선생이 되었다. 그리고 또 한 참 세월이 흘러 내가 우리 학교 평생교육원 한국교회사 수업시간에 들어갔는데 그 자리에 임 선생이 수강생으로 앉아 있는 것이 아닌가? 나는 깜짝 놀라 "어떻게 된 일이냐?"고 물었다. 그러자 임 선생은 내 수업에 들어온 이유를 이렇게 설명했다.

"동아일보에서 문화부장까지 지내다가 퇴사한 후 국립극장장을 비롯해 몇 곳 문화예술계 기관단체장으로 근무를 하다가 은퇴하여 지금은 시간적인 여유가 생겨 그동안 내가 하고 싶었던 일을 할 수 있게 되었다. 그런데 내 머리에 가장 먼저 떠오른 것은 어린 시절 논산제일교회에 다닐 때 할머니께서 해 주시던 말씀이었다. 할머니는 우리 집안에서 처음 예수를 믿고 가족들을 교회로 이끈 '믿음의 조상'이었다. 할머니는 내 손을 꼭 잡고 '내가 예수 믿고 구원 받은 것은 오로지 사애리시 부인 덕분이다. 사애리시 부인을 만나 까막눈이었던 내가 눈을 떠 밝은 세상을 보게 되었다.'고 말씀하셨다. 그때는 할머니가 어린 나에게 왜 그런 말씀을 하셨는지 몰랐다. 내가 공직생활에서 물러난 후 시간적 여유가 생기자 어린 시절 할머니로부터 들은 '사애리시 부인' 이야기가 떠올랐다. 할머니가 그토록 고마워 한 사애리시 부인은 누구인가? 그렇게 해서 할머니에게 복음을 전해 준 사애리시 부인에 대한 관심과 탐구가 시작되었다. 그리고 곧바로 사애리시 부인은 미국에서 건너온 여선교사였고 그 남편 선교사 무덤이 공주 영명학교 뒷동산에 있으며 나의 모교회인 논산제일교회뿐 아니라 공주와 강경, 부여, 천안, 대전, 대천, 청양, 서산, 당진 등 충청도 일대 감리교회 역사에 사애리시 부인의 흔적이 없는 곳이 없음을 알았다. 추적할수록 흥미가 생겼다. 재미도 있었다. 그렇게 해서 할머니에게 복음을 전해 준 것에 대한 '보은(報恩)'의 심정으로 사애리시 부인의 흔적을 좇아 그 전기를 써보아야겠다는 생각을 하게 되었다. 그러기 위해서 먼저 한국교회사 전반의 흐름과 개요를 알아야겠기에 한국

교회사 수업에 들어오게 되었다."

교회사를 공부하는 나로서는 자기 집안 '믿음의 뿌리'를 찾아보겠다고 나선 그의 진지한 모습이 너무도 반갑고 존경스러웠다. 그렇게 해서 임연철 선생의 '사애리시 탐구'는 시작되었다. 그가 나를 찾아왔을 때는 이미 감리교 여성해외선교회의 연례 보고 속에 담긴 사애리시의 선교보고 자료를 취합해서 번역까지 끝내 놓은 상태였다. 그는 또 자기 모교회인 논산제일교회를 비롯하여 역사가 오랜 충청지역 감리교회 역사책들을 모두 수집해서 읽었고 그 교회 원로 교인까지 만나 사애리시에 대한 증언도 확보하였다. 기자 특유의 꼼꼼한 탐사와 기록의 결과물들이었다. 내가 도와줄 부분은 거의 없었다. 다만 전에 몇 명 선교사와 한국교회사 인물 전기를 써보았던 경험을 되살려 "한 인물의 전기를 쓰려면 먼저 그 사람을 느껴야 한다. 그러기 위해서는 그가 생전에 활동했던 교회나 지역은 물론이고 그가 태어난 고향의 생가, 그리고 가능하면 무덤도 찾아가서 역사 속의 그가 오늘을 사는 후손들에게 하고 싶은 말이 무엇인지 생각하고 느낄 필요가 있다."고 조언하였다. 그렇지 않아도 그는 사애리시의 고향과 묘소를 찾아볼 생각이라고 했다.

이런 대화를 학교 연구실에서 나눈 후 5년 세월이 흘렀다. 그 사이 그는 미국 패서디나에 있는 사애리시의 묘소는 물론 캐나다 동북부 노바스코샤에 있는 고향마을까지 다녀왔다. 그리고 미국 뉴저지 드루신학교 안의 연합감리교회 역사자료실에 연구원 자격으로 들어가 한국에서 활동한 선교사들에 관한 자료들을 수집할 수 있었다. 나는 임 선생이 그렇게 미국과 캐나다에서 수집해 온 자료들을 처음으로 볼 수 있는 영광을 누렸다. 그는 자료 수집 여행의 결과물을 보여주며, 마치 주님의 칠십인 제자가 전도여행을 마치고 '기뻐하며 돌아와' 보고하듯(눅 9:17) 자료수집 과정에서 경험한 '신비한 체험'까지 자세히 설명하였다. 특히 아무런 사전 지식이나 정보 없이 사애리시의 고향을 무작정 찾아갔다가 마을에서 유일하게 문을 연 교회에 들어가 주일예배를 드렸는데, 그곳에서 뜻밖에도 사애리시의 후손을 만나 사애리시가 살았던 생가는 물론, 사애리시가 귀국할 때 한국 교인들로부터 받은 선물까지 직접 볼 수 있었다고 하였다. 그러면서 "그것은 하나님의 섭리였다. 인도하시는 손길이 아니었으면 불가능했던 여행이었다."고 고백했다. 내가 30년 넘게 교회사를 공부하면서 느꼈던 '보이지 않는 손길의 인도하심'을 그도 경험하였던 것이다. 우리는 책 출판을 더 이상 미룰 이유가 없다는데 동의했다.

그렇게 해서 임연철 선생의 기도와 수고의 결과물로 『이야기 사애리시』가 세상에 나오게 되었다. 나는 이 책의 원고를 읽으면서 다음 두 가지 생각이 들었다.

첫째 이 책은 '한국판 천로역정'이다. 『천로역정(Pilgrim's Progress)』은 전 세계 기독교인들에게 성경 다음으로 많이 읽힌 기독교 베스트셀러이다. 주인공 기독자가 장망성(長望城)을 떠나 성취성(成就城)에 이르기까지 신앙의 결심과 모험, 시련과 위기, 극복과 승리의 과정을 기록한 것이다. 이 책도 그 주인공 사애리시가 캐나다에서 태어나 미국 감리교 선교사로 내한하기까지의 신앙 성장과 결단, 한국에 선교사로 와서 남편을 먼저 여의고도 계속 남아 충청도지역 여성선교의 선구자로서 열정과 헌신, 봉사와 희생, 그리고 은퇴 후 미국으로 돌아가서도 선교지 한국을 향한 기도와 후원의 삶을 살았던 한 '신앙의 승리자'의 기록이었다. 그래서 옛날 『천로역정』을 읽으면서 느꼈던 감동과 감격을 이 책을 읽으면서 다시 느낄 수 있었다.

둘째, 이 책은 '한국판 사도행전 29장'이다. 초대교회 사도들의 기록을 담은 사도행전은 사도 바울이 당시 '세계의 중심'이었던 로마로 가서 전도하는 내용을 담은 28장으로 끝난다. 성경에는 없지만 '사도행전 29장'은 이후 전 세계로 확장된 전도자들의 '복음 선교' 이야기로 꾸며진다. 그렇게 해서 아시아 대륙 동쪽 끝 한국에도 복음이 전해졌고 1백 년 남짓한 역사에 세계 선교역사상 유례없는 부흥과 발전을 이룩하였다. 이 책이 그 증거물이다. 이 책의 저자는 처음에 "우리 할머니에게 복음을 전한 사애리시는 누구인가?"라는 극히 개인적인 호기심으로 탐사를 시작했다. 그러나 결과는 사애리시를 넘어 한국 초대교회 역사를 담은 방대한 기록이 되었다. 그래서 이 책을 통해 이 땅의 복음화를 위해 수고한 선교사와 전도인들의 증언과 고백을 들을 수 있었다. 그것은 사도행전을 읽을 때 느꼈던 감동을 되살리기에 충분했다.

이런 감동과 감격의 책을 읽게 해 준 임연철 선생이 고마울 뿐이다. 어린 손자를 위한 할머니의 기도를 잊지 못해 '믿음의 뿌리'를 찾아 나섰던 이번 순례 여행을 성공적으로 마칠 수 있게 된 것을 축하드리며 앞으로 이뤄질 임 선생의 다음 순례 여행에 기대를 건다.

100년후 다시 듣는 사애리시의 설교

구한 말 한일 강제합병이 이뤄진 1910년을 전후해 감리교 여성선교사 사애리시(史愛理施, 본명 Alice H. Sharp) 부인과 여성독립운동의 상징 유관순 열사(1902-1920)는 운명 같은 만남을 하게 되었다.

친할아버지와 동렬인 유빈기(柳斌基, 1883-1928) 등이 세운 천안 지령리 교회(현재의 매봉교회) 부근에 살았던 유관순에게 교회는 놀이터이자 공부도 할 수 있는 학교 같은 존재였다. 이런 분위기에서 5, 6세부터 기독교를 접했던 유관순은 충남지역 선교부가 있는 공주에서 선교 차 지령리교회를 찾았던 사애리시 선교사와 자주 만나게 된다. 처음 만났을 때 유관순은 초등학교 학생 나이에 불과한 소녀였다. 그러나 40대 초의 사애리시 선교사는 1910년 이후 그 소녀의 두터운 신앙심과 주일학교에서 앞장서 열심히 활동하는 모습을 보고 호감을 느끼게 되었다.

사애리시 선교사는 유관순을 자신이 세운 영명여학교 보통과에 입학시키고 가르친 후 1916년 이화학당에 교비생으로 편입학시켜주었다.

유관순 열사를 생각하면 제일 먼저 떠오르는 마태복음 6장 33절의 "너희는 먼저 그의 나라와 그의 의를 구하라."는 성경구절을 유관순에게 가르쳐 주고 그 말씀을 실천하도록 이끌어 독립운동의 상징(icon)이 되도록 만든 사람이 바로 이 전기의 주인공이 되는 선교사 사애리시이다.

이런 사애리시 선교사에 대해 저자가 관심을 두게 된 것은 순전히 개인적인 동기 때문이다. 서양 종교인 기독교와 유교적 가풍을 지닌 우리 집안을 연결해 준 '교량'이 사애리시 선교사였다. 미국 작가 알렉스 헤일리가 쓴 자신의 아프리카 조상을 찾는 소설 『뿌리(Roots)』처럼 나의 '신앙적 뿌리'가 어떻게 되는지 갑자기 궁금해져 컴퓨터에서 해답을 찾아보려고 검색을 시도했다. 키워드는 단 하나 '사애리시'뿐이었다. 독실한 신자였던 저자의 할머니(고 강계순 권사, 1906-1996)는 모든 화제가 기독교 신앙과 관련된 것이었다. 그러면서 자주 할머니가 예수를 믿게 된 것은 '사부인' 즉 사애리시 부인의 전도 덕택이었다고 말씀하셨다.

그러나 신앙적 뿌리를 찾게 되자 상황이 변했는데 여러 글에서 사부인과 유관순 열사와의 관계를 언급한 내용이 특히 주목을 끌었다. 유관순 열사를 전도한 분이 저자의 할머니도 전도했다는 사실이 처음에는 믿기지 않았다. 1910년 이전에 기독교를 접한 유관순 열사와 1930년대 기독교를 접한 할머니와 시기적인 차이는 있었으나 전도자는 같은 사람 '사부인'이었던 것이다.

이런 사실을 확인한 후 본격적으로 사부인 관련 자료를 컴퓨터로 검색하고 몇 가지 교회사를 구해 보며 사부인의 행적 관련 자료를 수집했다. 자료 수집 과정은 천국을 찾아가는 『천로역정』처럼 여러 고비가 있었다. 사부인이 직접 쓴 활동기가 실린 것은 감리교 한국여성선교사회(KWMC)연회 보고서가 유일한데 40권 중 국내에는 결본이 너무 많아 미국 예일대와 드루대에서 모두 찾아내 보완하고 번역하는 일 자체가 쉽지 않았다. 이밖에 선교사가 되기 전까지의 젊은 시절과 가족에 대한 과거사를 인터넷으로 알아내는 일을 비롯해 드루대 감리교 아카이브의 기금연구원으로 선발돼 새로운 사실과 사진의 발견, 이역만리 캐나다 동쪽 끝 사부인 고향 마을 교회에서 증손 조카를 조우하도록 한 하나님의 '섭리' 등 모든 과정을 잊을 수 없다.

전기 집필을 하는 동안, 감신대와 총신대가 운영하는 평생교육원 학사학위 과정에 등록해 신학과 성경지식을 조금이나마 깊이 하고 교회사 특히 감리교 교회사의 개척자인 이덕주 교수의 강의까지 들을 수 있었던 것은 본 전기 작성에 큰 도움이 되었다. 이 교수님은 감사하게도 추천의 글까지 주셨다.

또 방학기간 미국에 체류하며 KWMC 보고서의 국내 결본 부분을 찾아내 한 장 한 장 복사해 보내준 교회사 전문가 최재건 박사의 도움도 받았다. KWMC 보고서 내용만으로는 해석이 얽히고 설킬 수밖에 없는 미약한 수준의 저자에게 일제강점기의 감리교 선교 전반에 대한 목원대 황미숙 박사의 조언은 한 줄기 빛과 같은 것이었다. 교회사 전문가들의 도움과 함께 역사 소설 작가이자 시인 윤동주, 송창근 목사의 평전을 쓴 송우혜 작가가 저자의 미숙한 글 솜씨로 인한 비문(非文)과 어색한 번역 문장을 일일이 손봐준 데 대해 감사를 드리지 않을 수 없다. 또 효석문학상 수상자이신 강영숙 작가가 전기를 처음 써보는 저자를 위해 전체적인 구도를 잡아주고 자세한 조언을 해주신데 대해 감사드린다.

이런 개인적인 도움에 더해 미국 드루대 감리교 아카이브가 '사애리시 자서전 작성'을 연구 기금(2019-2020, Florence A. Bell Scholar Award) 프로젝트로 선정해 연구비와 함께 자료의 접근과 조사 편의를 최대한 허용해 준 것은 이 전기의 작성에 결정적 도움이 되었다. 아카이브의 브라이언 쉐틀러(Brian Shetler), L. 데일 패터슨(L. Dale Patterson), 프랜시스 리옹(Frances Lyon), 이광유 박사의 호의를 잊을 수 없다.

사부인의 발길이 닿았던 충청도 일대에서 목회하시며 저자의 저술 노력을 격려해준 남문희(논산), 유영완(천안), 윤애근(공주) 목사님께 감사드린다. 특히 천안 하늘중앙교회 유영완 목사님(전 충청연회 감독)은 신축교회의 교육관에 사애리시 선교사의 본명인 앨리스 H. 샤프 카페와 기념홀을 꾸며 사부인의 충남선교 개척을 기념하는 모습을 보고 사부인 전기 저자로서 큰 보람을 느꼈다. 사부인 후손 초청이나, 이 전기의 출판기념회 및 관련 사진전시회 등 유 목사님의 전폭적인 지원과 결심에 경의를 표한다. 또 하늘중앙교회 앨리스 H 샤프 기념홀의 내실을 위해 사부인의 생가와 생가에 있던 집기들을 선뜻 기부해 준 증손 조카 데이비드(David)와 스티븐 솔로우즈(Stephen Sollows) 형제에게도 고마운 마음을 전하고 싶다.

사부인의 위대한 봉사활동에 공감하고 이 책의 출판에 나서준 신앙과 지성사 최병천 사장님과 직원들에게도 감사를 드린다.

한편 이 책을 내는데 손으로 쓴 원고를 컴퓨터에 입력해 주고 미국과 캐나다 현지 조사를 위해 호텔 예약과 렌터카 예약 등 궂은일을 하며 동반해 준 아내 유명숙 권사의 수고를 감사하지 않을 수 없다. 평생 직업이던 언론계 은퇴 후 새로운 환경 적응이 쉽지 않은 저자에게 국립극장에 있을 때나 여러 대학에서 강의할 때나 격려해 주고 이해해준 데 대해서도 고마움을 전한다.

끝으로 이 책을 펴내며 바람이 있다면 사부인이 보고한 내용이 바로 저자의 할머니와 같은 믿음의 선조들이 신앙을 받아들이던 과정임을 알고 그 절대적 믿음을 21세기 현재의 후손들도 본받는 계기가 됐으면 하는 것이다. 이와 함께 사부인의 보고서는 단순한 보고서가 아니라 100년 전 한국과 한국인을 위해 본인의 인생과 남편을 바친 한 신앙인이 이제 100년 후 그가 그렇게 사랑했던 한국과 한국 교인에게 들려주는 설교임을 알아줬으면 하는 바람도 있다.

사부인의 고향 캐나다 야머스 생가 및 후손의 유품 기증 사후 관리를 위해 광복절 74돌에 다시 출국하며….

2019년 8월 15일

임연철

차례

제2장

충청 여성 선교의 개척자

제3장

3·1운동과 교회의 시련

제4장

3·1운동 이후의 선교

제5장

제도속에 가려진 여선교사들의 열정

들어가는 말

남편도 자신도 바친 한국 사랑 39년

앨리스 H. 샤프

앨리스 H. 샤프(Alice H. Sharp, 1871. 4. 11.-1972. 9. 8.)는 한국과 한국인을 위해 한평생을 바친 여성인데 이제 그의 이름을 기억하는 사람은 거의 없다. 한국 이름인 사애리시(史愛理施)로 기억하는 사람도 거의 없다. 101세의 삶 중 29세부터 39년을 한국에서 봉사한 사애리시는 겨우 감리교 교회사 속에서나 찾아볼 수 있는 잊혀진 인물이다. 그러나 1972년 9월 12일 저녁 7시. 미국 캘리포니아주 파사데나시에 있는 미국 감리교 은퇴 선교사들의 요양원인 로빈크로프트(Robincfoft) 집회실에서 거행된 고인의 영결예배에서 발표된 간략한 일대기만 보아도 쉽게 잊혀서는 안 될 인물임을 짐작할 수 있다.

이날 영결예배 사회자는 "1972년 9월 8일 앨리스 H. 샤프 부인이 1세기가 넘는 삶을 마치고 우리의 곁을 떠났습니다. 그처럼 길고 만족스러운 삶을 살았던 일생을 한 페이지로 적절히 요약한다는 것은 불가능한 일입니다. 몇 마디의 단어로 샤프 부인의 아름다운 품성과 기독교 신앙에 헌신했던 깊이를 파악하는 것도 불가능합니다. 우리는 할 수도 없고 하지도 않을 것입니다. 그래서 부적절하지만, 다음과 같은 몇 가지 사실만 샤프 부인의 일생에 대해 발표하고자 합니다."라고 말하며 고인의 일생을 간략히 소개했다.

고인은 선장이었던 윌리엄 에드워드 해먼드(William Edward Hammond)와 앨리스 제인 해먼드(Alice Jane Hammond)의 딸로 캐나다 노바스코샤(Nova Scotia)주의 작은 집(cabin)에서 1871년 4월 11일 태어났습니다.[1] 고인은 그곳에서 26년을 부모와 함께 살았는데 병으로 인해 학교를 그만두고 집에서 공부하게 될 때까지 개혁 침례교(Reformed Baptist Church)가 운영하는 학교와 고등학교에 다녔습니다. 훌륭한 기독교 신자 집안이었고 신앙으로 양육되었기 때문에 이런 영향을 받아 고인은 앞으로 평생의 삶을 기독교 사역에 헌신하기로 결심하게 됩니다.

한 친구가 뉴욕 브루클린에 있는 선교사훈련원에 대해 말하는 것을 듣고 고인은 1897년 입학해 1900년 졸업했습니다. 이 학교는 은퇴 감리교 선교사들에 의해 세워졌고 운영되는 곳이었지만 초교파적인 성격을 갖고 있었습니다.

이 학교에서 재학하는 중에 장차 남편이 될 로버트 샤프(Robert Sharp)를 만났는데 그들은 바로 결혼하지는 않았습니다. 고인은 훈련원 졸업 후 한국으로 떠났고 로버트 샤프는 2년 후에 한국에 와서 그녀와 합류했습니다. 그들은 1903년 서울에서 결혼했습니다.[2] 두 사람은 한 지역[3]에서 대부분 선교 사역에 종사했습니다. 그러나 남편 로버트 샤프는 결혼 후 겨우 3년 만에 작고했습니다.[4]

샤프 부인은 (남편의 사후에도) 선교 사역을 계속해 순회 선교를 위해 지방여행을 자주 했고 여러 모임을 열었습니다. 특히 겨울철 여성들이 바쁘지 않을 때

---

1) 샤프 부인의 결혼 전 이름은 앨리스 J. 해먼드(Alice J. Hammond). 한국 이름 사애리시는 성 샤프와 발음이 비슷한 한국 성씨 사(史)를 차용하고 이름 앨리스와 발음이 비슷한 한자를 모아 애리시(愛理施)로 했다. '사랑의 이치를 베풀다'는 본인의 마음도 잘 드러나는 한국이름이다.

2) 두 사람은 1903년 6월 30일 저녁 서울 이화학당 본관에서 노블(Noble) 목사의 주례로 결혼했다. 자세한 결혼식 내용은 43쪽 참조.

3) 공주를 중심으로 한 충남지역.

4) 선교 사역 중 발진티푸스에 전염돼 1906년 3월 5일 소천. 자세한 내용은 68쪽 의료선교사였던 스크랜턴 박사의 추모사 참조.

여러 가지 강좌[5]를 열었습니다. 처음에 그녀는 가마를 타고 순회 선교에 나섰으나 다음에는 말을 탔고 후에는 차로 선교여행을 다녔습니다. 고인은 한 회고문에서 다음과 같은 글을 남겼습니다.

"한국에서 봉사한 39년은 정말 무척 만족스럽고 즐거운 일이었다. 내가 세운 우리 학교에서 어린이들이 교육받고 주일학교와 교회에서 훈련받아 전도사, 교사, 전도부인, 의사, 간호사로서 그리스도를 위한 일꾼으로 성장하는 것을 보는 것은 말로 표현할 수 없는 기쁨이었다."

고인은 1939년 은퇴한 후 미국으로 돌아왔습니다. 감리교 은퇴선교사들의 보금자리인 로빈크로프트에는 1946년 3월 15일 입주했습니다.

영결식에서 발표된 일대기만 읽어 보아도 감리교 여선교사 앨리스 H. 샤프는 한국인을 위한 선교와 여성교육에 일생을 바친 인물임을 쉽게 알 수 있다.

한편 저자에게는 본명인 앨리스 H. 샤프도, 샤프 부인도 낯선 이름이다. '미세스 샤프(Mrs. Sharp)'의 직역이기 때문이다. 대신 '사애리시 부인'을 간략히 부르는 '사부인'은 매우 낯익은 이름이다. 저자의 할머니(고 강게순 권사, 1806-1996)가 생전에 "'사부인'의 전도로 예수를 믿게 되었다."라고 기회가 있을 때마다 말씀하셨기 때문이다. 50년대 초등학생(당시는 국민학생) 시절과 60년대 중·고등학교에 다닐 때도 할머니는 가정예배 때나 일반 대화 중에도 가끔 '사부인'에 대해 말씀하시며 일화를 말씀하시고 잊을 수 없는 분이라고 수시로 그리워하셨다.[6] 어릴 때부터의 기억 때문에 '사부인'이란 호칭은 저자에게 낯익고 친근하다.

---

5) 성경공부를 하는 사경회를 비롯해 한글 강좌와 직업, 위생 강좌 등.
6) 이 책에서는 저자에게 익숙한 '사부인'이라는 호칭을 사용한다. 그러나 특수한 경우에는 본명을 사용하기도 했다.

사부인은 감리교 은퇴 선교사들의 보금자리인 캘리포니아주 파사데나시 소재 로빈크로프트에 입주한 1946년 3월 15일 이후 종종 그의 근황 및 이력서를 감리교 선교본부에 보고했던 듯하다. 영결예배에서 밝힌 일대기도 그 이력서를 토대로 한 듯 내용이 상당 부분 겹친다. 그러나 본인이 쓴 것인 만큼 일부 내용은 좀 더 구체적이기도 하다.

앨리스 H. 샤프.

나는 (캐나다) 노바스코샤(Nova Scotia)주, 야머스(Yarmouth)시의 세보규(Chebogue)에서 1871년 4월 11일에 태어났다. 나는 기독교 가정에서 자랐고 10대 시절에 하나님은 나에게 매우 풍부한 경험을 하도록 해주셨으며 그것은 나에게 매우 값진 것들이었다. 나의 마음속의 바람은 하나님의 발자취를 따르고 그의 뜻을 실천하는 것이었다. 10대 초반에 나는 기독교 신앙인으로 일해야겠다는 소명을 느꼈으나 나의 준비가 불충분했기 때문에 기다리면서 하나님이 인도해 주실 것을 기도했다. 그런데 당시 한 친구가 교회 선교 관련 일꾼을 선교 분야에서 활동할 수 있도록 훈련해주는 선교 학교가 미국 뉴욕 브루클린에 있다고 말해주었다. 이 학교는 은퇴 감리교 선교사들이 설립하고 운영하는 학교로 초교파적인 성격을 갖고 있었다. 나는 1897년에 입학해 1900년에 졸업하고 졸업하던 바로 그해 한국으로 갔다.

한국에서 나의 업무는 대부분 전도 업무로 시골을 여행하고 성경공

ALICE H. SHARP

I was born on April 11, 1871, in Cheboque, Yarmouth, Nova Scotia. I was brought up in a Christian home, and when in my teens, God gave me a very rich experience and became very precious to me. My heart's desire was to follow in His footsteps and do His will.

In my early twenties I felt a call to Christian work, but as I was ill-prepared, I waited and prayed for guidance. Then a friend told me of a missionary training school in Brooklyn, New York, where workers were trained for the mission field. This school which was founded and run by a retired Methodist missionary was interdenominational. I went there in 1897, and was graduated in 1900. In that same year I went to Korea.

My work in Korea was mostly evangelistic, traveling in the country, holding meetings, and in the winter when the women were not busy holding classes. At first I traveled by chair, then by horseback, and later by car.

Much satisfaction and joy were mine during the thirty-nine years of service in Korea. Seeing children educated in our schools, trained in our Sunday Schools and churches, grow up to become workers for Christ as preachers, teachers, Bible women, doctors, and nurses was a joy that words cannot express.

I retired in 1939 and came to America. It was on March 15,1946, that I came to Robincroft to make my home.

39 years

사부인의 이력서. 아래 부분에 한국 봉사 39년을 뜻하는 '39 years'가 쓰여 있다.

부 등 각종 모임을 주재하는 것이었다. 특히 여자들이 바쁘지 않았던 겨울에 각종 모임을 열었다. 처음에는 가마를 타고 다녔고 얼마 후에는 말을 타고 다녔으며 후에는 차를 탔다.

한국에서 봉사한 39년은 너무나 만족스럽고 기쁨이 넘치는 것이었다. 내가 세운 학교에서 어린이들이 교육받는 것을 보고 주일학교와 교회에서 훈련받은 어린이가 전도사, 교사, 전도부인, 의사, 간호사가 되는 것을 보는 것은 말로 표현할 수 없는 기쁨 그 자체였다.

나는 1939년 은퇴했고 미국으로 왔다. 로빈크로프트[7]에 온 것은 1946년 3월 15일이었다.

타이프라이터로 친 영문 23줄밖에 안 되는 사부인 자신의 소개서는 너무나도 간명한 내용이지만, 하나님 사업에 헌신하겠다며 10대 당시의 다짐을 실천하려는 의지와 선교 봉사의 삶 자체가 감사와 기쁨이었음을 진심으로 느끼게 해주는 내용이다. 그러나 39년의 한국 선교 봉사 활동을 짧은 서술형 이력서로 대치하는 것은 불가능한 일이 아닐 수 없다. 23줄짜리 이력서보다 조금 더 상세한 내용이 소천(召天) 1년여 전인 1971년 4월 11일[8] 로빈크로프트에서 열렸던 백수(百壽) 축하 파티에서 사회자와 사부인이 나눈 대화록에서 나온다.

대화록은 백수 축하 파티 참석자 여러 명이 나와 사부인과의 관계를 설명하고 사부인이 중간중간 말하는 순서로 진행됐다. 사회자는 사부인의 평생 친구이자 한국에서 동료로 활동했던 미스 헤이젤 해치(Miss Hazel Hatch)가 맡았다. 미스 해치는 1920년 내한하여 공주에서 사부인과 함께 활동하다 1932년 귀국한 여성선교사이다. 비록 '미스'라는 호칭을 썼지만 백수 축하

7) 캘리포니아주 파사데나시 소재 감리교 은퇴 선교사, 목사 요양원.
8) 이날은 일요일로 부활절 주일.

JOYOUS 100 YEARS—Mrs. Alice Hammond Sharp, right, honored at reception at Robincroft on her 100th birthday, looks over book of mementoes of missionary days in Korea with her life-long friend, Miss Hazel Hatch.

Former Missionary Honored On Birthday

Still active at 100, Mrs. Alice Hammond Sharp, a resident of Robincroft Home in Pasadena, calls her 39 years of evangelistic work, "joyous service."

Most of those years were in Korea where she began her missionary work in 1901 and where she was married in 1903. Several of Mrs. Sharp's old time friends with whom she had worked or whom she knew in Korea, were among the guests celebrating her 100th birthday at a reception

... rea where he practiced dentristry as a Presbyterian missionary; Ein Sang Yoo, Misses Mabel Metzger, Ethel Ard, Catherine Baker, Mmes. Anna Chaffin and Grace Williams, and Miss Hazel Hatch, the honoree's life-long friend and fellow worker in Korea.

Miss Hatch presented the "This Is Your Life" type of program honoring Mrs. Sharp, who was born April 11, 1871, in Nova Scotia.

Others attending were Mrs. Beulah Pounds, president of ...

... served as master of ceremonies for the program which included two of Mrs. Sharp's favorite hymns, one tune "What A Friend We Have in Jesus," sung with words written as a tribute to Mrs. Sharp by Dora Wagner and sung by Mrs. Ethel Paton.

Congratulatory letters from Gov. Reagan and Pasadena Mayor Walter Benedict were read at the event. A message from President Nixon arrived afterward.

백수 생일을 보도한 1971년 4월 「스타 뉴스」 기사.

파티를 보도한 「스타 뉴스(Star News)」(1971. 4.)에 게재된 사진 오른편에는 주인공 사부인이 있고 왼쪽에는 한국 선교 기념 책자를 함께 보는 미스 해치가 있는데 백발이 성성한 할머니 모습이다.

이날 백수 축하 파티에서 사부인과 인연이 있는 여러 사람이 나와서 축사를 했지만 축사 내용은 생략돼 있다. 사회자 미스 해치가 사부인의 건강을 위해 2분 이내로 짧게 해 달라고해 축하 발언이 길지는 않았을 것으로 생각된다. 다행히도 사부인과 미스 해치의 사진을 게재한 「스타 뉴스」에 참석자들의 이름이 소개되어 있고 같은 해 봄호로 나온 로빈크로프트 리플랙션(Robincroft Reflections) 회보도 참석자를 소개하고 있어 축하 파티 분위기를 엿볼 수 있다.

100세로 여전히 정정하게 로빈크로프트 요양원에 거주하고 있는 앨리스 H. 샤프 부인이 39년간 한국에서의 선교활동이 '즐거운 봉사' 였다고 회고했다. 39년의 대부분을 한국에서 보낸 샤프 부인은 1901년부터 선교 업무를 시작했고 1903년에 결혼했다. 한국에서 함께 활동했거나 알게 됐던 몇 명의 친구들이 백수 축하 파티에 참석했는데 파티는 샤프 부인의 생일인 4월 11일 로빈크로프트 집회실에서 열렸다.

축하객으로 류형기(H.J. Lew)[9] 감독 부부, 한국에서 장로교 선교사 겸 치과의사로 활동하여 알게 된 앨버트 맥칸리스 박사, 유인상(Ein Sang Yoo), 미스 메이블 메츠거(Mable Metzger), 에델 아드(Ethel Ard), 캐서린 베이커(Catherine Baker), 안나 채핀(Anna Chaffin), 그레이스 윌리엄스(Grace Williams) 부인 등이 있었다. 이날 미스 해치는 '이것이 당신의 삶입니다(This is Your Life)'라는 이름으로 축하 파티 프로그램을 샤프 부인에게 헌정했다. 또 다른 참석자로는 로빈크로프트 이사장인 미세스 뷸라 파운즈(Beular Pounds)를 비롯해 윌라드 스톤(Willard Stone), 로빈크로프트 요양원 원장, 플레처 쉐러(Fletcher Shearer) 박사, 도날드 제섭(Donald Jessup) 목사[10] 등이 있었다.

축하 행사는 로빈크로프트의 주거 담당 책임자인 미스 마게리트 트위넴(Marguerite Twinem)이 기획해 주관했고 샤프 부인이 평소 애창하던 찬송 '죄짐 맡은 우리 구주(What a Friend We Have In Jesus)'를 에델 페이톤(Ethel Paton) 부인이 불렀다. 특별히 가사 일부를 도라 와그너(Dora Wagner)가 개사해 샤프 부인에게 헌정하기도 했다. 현장에서는 축하 전문이 소개되기도 했는데 레이건(Ronald Reagan)[11] 캘리포니아 주지사, 월터 베네딕트(Walter Benedict) 파사데나 시장이 축하의 글을 보내왔다. 행사 후에 도착하긴 했지만,

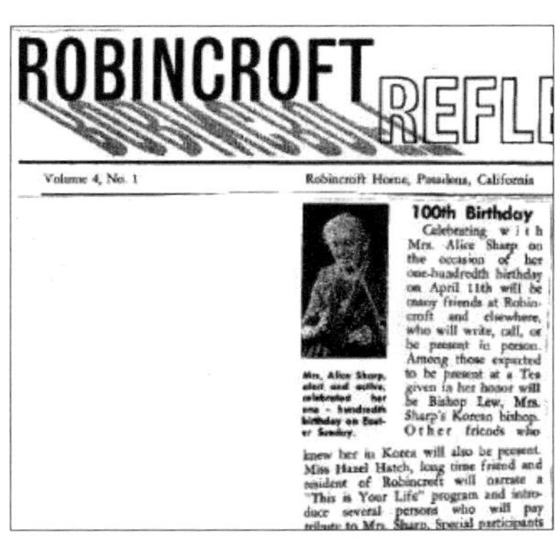
ROBINCROFT REFLE

Volume 4, No. 1 — Robincroft Home, Pasadena, California

100th Birthday

Celebrating with Mrs. Alice Sharp on the occasion of her one-hundredth birthday on April 11th will be many friends at Robincroft and elsewhere, who will write, call, or be present in person. Among those expected to be present at a Tea given in her honor will be Bishop Lew, Mrs. Sharp's Korean bishop. Other friends who knew her in Korea will also be present. Miss Hazel Hatch, long time friend and resident of Robincroft will narrate a "This is Your Life" program and introduce several persons who will pay tribute to Mrs. Sharp. Special participants

Mrs. Alice Sharp, alert and active, celebrated her one-hundredth birthday on Easter Sunday.

사부인이 은퇴 후 여생을 살았던 로빈크로프트 양로원 소식의 백수 생일잔치 기사.

9) 류형기 감독의 영문 이름은 Hyungki J. Lew, 류 감독은 1958년 은퇴 후 미국에서 생활했다.
10) 백수 축하 파티 1년 후 사부인 소천 시 영결 예배 집전.
11) 1967-1975년 33대 주지사로 활동했으며 1981-1989년 미국 40대 대통령. 100세를 맞는 미국인에게 보내는 주지사의 축하 편지.

대통령 리처드 닉슨(Richard Nixon)[12]도 축하 전문을 보내왔다. 축하 행사는 샤프 부인의 조카들로 산 라파엘(San Rafael)에서 온 올가 던(Olga Dunn) 부인과 살리나스(Salinas)에서 온 안나 메시아(Anna Messia) 부인이 도우미로 수고했다.

영결 예배 때 소개된 사부인의 부모 이름과 고향을 근거로 가족과 어린 시절을 알기 위해 다방면으로 노력한 결과, 인터넷 야후USA(yahoo usa)에서 다양한 정보를 얻게 되었다. 사부인의 아버지 '해먼드 선장(Captain William E. Hammond)'의 출생지인 '셰보규 노바스코샤(Chebogue Nova Scotia)'와 함께 입력하면 셰보규 타운 포인트 공동묘지(Chebogue Town Point Cemetry)에 묻혀 있는 매장자 명단에 '캡튼 윌리엄 E. 해먼드(Capt. William E. Hammond, 1838-1872)'가 나온다. 또한 윌리엄 E. 해먼드(William E. Hammond)는 같은 공동묘지에 묻혀있는 윌리엄 해먼드(William Hammond, 1809-1887)와 애비게일 해먼드(Abigail Hammond, 1806-1901)의 아들이라는 설명도 나온다. 여기에서 의문은 사부인의 아버지 윌리엄 E. 해먼드의 사망연대가 1872년이라는 사실이다. 이에 따르면 사부인은 1871년 출생이고 태어난 다음 해에 아버지는 사망한 것이 된다. 그러나 사부인은 백 세 생일 파티에서 부모님과 26년을 함께 산 것으로 밝혔다. 사부인의 증언이 우선이겠지만 셰보규라는 조그만 마을에서 해먼드 선장이 같은 시기에 둘일 가능성은 거의 없을 것이므로 혼란스럽다. 그러나 이런 혼란스러움은 야후에서 'chebogue william e hammond'를 검색한 결과 어느 정도 추측과 정리가 가능했다. 설명문과 비석 사진이 검색되었다. 설명문의 내용은 이렇다.

"윌리엄 E. 해먼드는 1838년에 태어났다. 그는 와이먼 로드에 농장을 갖고

12) 1969-1974년 37대 대통령. 100세를 맞는 미국인에게 보내는 대통령의 축하 편지.

①

②

① 사부인 아버지 윌리엄 E. 해먼드 선장이 1872년 10월 25일 펜사콜라(미국 플로리다)앞 바다에서 머틀호와 함께 실종됐음을 기록한 묘비.

② 사부인 조부모의 묘비. 같은 묘비 오른쪽에 사부인 아버지의 실종을 알리는 내용이 음각돼 있다.
(2019년 4월 현지 촬영)

있었고 그곳에서 살았다. 그의 아버지 역시 아들과 같이 선장이었고 선장을 지낸 집안 출신이었다. 그의 집은 1866년에 지어졌는데 여전히 와이먼 로드에 있다. 그의 배의 이름은 머틀(Myrtle)이었다. 그는 앨리스 J. 브라운(Alice J. Brown, 이는 결혼 전 이름으로 사부인도 어머니 이름이 Alice J. Hammond라고 밝혔다.)이라는 이름의 부인이 있었고 4명의 자녀가 있었다. 한 아이는 웨일스(Wales)와 가까운 배 위에서 태어났는데 두 달 만에 죽었다. 두 사람에게는 성장한 뒤 한국에서 선교사로 활약한 다른 어린이가 있었다. 그는 1872년 11월 바다에서 실종될 때까지 6년간 결혼 생활을 했다.

젤리사 펠즈(Jalisa Fells)와 조시 솔니어(Josee Saulnier) 씀"

위의 글을 쓴 펠즈와 솔니어는 2011년에 열렸던 사부인 고향인 야머스

카운티의 정착 250년 행사에 참석한 현지 아카디아(Arcardia) 종합학교 학생들이다. 두 사람은 묘비 탁본을 뜬 후 그 내용을 토대로 현지 박물관 겸 기록보존소의 도움을 받아 묘비와 관련된 인물의 삶을 소개한 후 사진과 함께 그 내용을 학교 홀에 전시했다. 이런 사실을 야후에서 'chebogue fells Saulnier'를 검색 "선조 탁본 뜨기(rubbing shoulders with our forebears)" 항목에서 확인한 것이다.

한편 윌리엄 E. 해먼드의 비문에는 "1872년 10월 25일 펜사콜라(Pensacola)로부터 항해 중 실종된 '머틀' 호의 선장 윌리엄 E. 해먼드를 추모하며"라고 쓰여 있다. 특이한 것은 사진에서 보이는 비석 왼쪽 정면에는 사부인의 아버지인 윌리엄 E. 해먼드 선장의 부모 즉 사부인의 조부모 윌리엄 해먼드와 에비게일 해먼드의 이름이 새겨져 있다는 점이다. 추측이 가능하다면 1901년 에비게일 사후 사부인의 조부모 윌리엄 해먼드와 에비게일 해먼드의 묘비를 세우면서 머틀호의 실종으로 시신조차 없는 사부인 아버지 윌리엄 E. 해먼드를 추모하는 내용을 같은 묘비 오른편 측면에 새긴 것으로 보인다. 펠즈와 솔니어의 글이 더 신빙성이 있는 것은 "성장한 뒤 한국에서 선교사로 활약한 다른 어린이가 있었다."는 내용이다. 이는 윌리엄 E. 해먼드의 사망연대가 1872년임을 더 믿게 해 주며 윌리엄 E. 해먼드가 사부인의 친부임을 확신하게 해 준다.

위와 같은 기록들을 종합적으로 고찰해보면 사부인의 친부는 사부인이 2세 때 타고 있던 배가 실종돼 사망했고 사부인이 말한 대로 부모님과 26년간 살았다면 그것은 어머니가 재가해 의부와 살았을 가능성이 제기된다. 또 다른 가능성은 불의의 사고로 죽은 아버지 대신 훨씬 오래 산 조부모와 함께 살았을 가능성이다. 사부인이 고향 셰보규에서 누구와 살았던지 그것은 그의 선교사역과는 직접적인 관계가 없는 일이다. 그러나 일찍부터 깊은 신앙심을 갖게 된 데는 이런 가정환경도 영향을 미쳤을 가능성이 있다.

제7장 후손들이 전해주는 사부인에서 어린 시절의 과거에 대해 자세히 밝히겠지만 결론부터 밝힌다면 어머니가 재혼했음이 확인된다.

백수(百壽) 기념 생일파티에서 사부인의 회고는 다시 계속된다.

그러나 나는 병으로 인해 학교를 포기할 수밖에 없었고 내가 할 수 있는 한 집에서 혼자 공부할 수밖에 없었습니다. 나는 11살이 되어서야 세례를 받았지만 훌륭한 기독교 신앙을 가진 집에서 클 수 있었습니다. 이런 집안의 영향으로 기독교 전도사업에 나의 전 생애를 헌신하기로 결심했습니다. 하나님은 나에게 풍성한 경험을 주셨으며 나에게 매우 귀한 존재가 되셨습니다. 그럴수록 더욱더 나의 가슴속의 열망은 하나님의 발자취를 따르고 그의 뜻을 실천하는 것이었습니다.

나는 20대 초에 기독교 전도사업에 헌신하라는 부름을 느꼈지만 잘 준비가 되지 않아 기다리면서 인도해 달라고 기도로 간구했습니다. 그때 한 친구가 뉴욕의 선교사 훈련학교를 소개해줘 1897년부터 1900년까지 다녔습니다. 나는 특별히 한국에 가겠다는 생각은 없었지만 주님께서 원하신다면 어디라도 갈 준비가 돼 있었습니다. 당시에 나를 필요로 하는 곳은 한국이었고 1900년 졸업 직후 한국으로 보내졌습니다.

내가 선교사 훈련원에 재학 중일 때 '서부에서 말 타고 온 젊은 로친바르[13]'가 그의 '날카로움(sharpness)[14]을 과시하려는 듯 다음과 같이 나에게 말하는 것이었습니다. "샤프 부인(Mrs. Sharp)이 되어 주시지 않겠습니까?" 우리는 바로 결혼하지 않았고 나는 한국으로 갔습니다. 그는 2년 후 한국으로 왔고 1903년 서울에서 결혼했습니다. 이렇게 해서 39년간 살아온 한국에서 제2 조

13) Lochinvar는 월터 스코트 경의 서사시 '마미온(Marmion)'에 나오는 발라드의 주인공. 일반적으로 로맨틱한 구혼자를 일컫는다. 나중에 남편이 된 로버트 샤프를 의미한다.
14) 후에 결혼하는 로버트 샤프 목사의 성 샤프(sharp)를 이용해 명사형으로 재미있게 표현.

백수 생일 기념 케이크의 촛불을 끄는 사부인. ⓒ드루대학교

국의 삶이 시작됐습니다. 그러나 샤프 목사는 그렇게 오랫동안 사는 것을 감당할 수 없었던지 3년 만에 하늘나라의 고향 집으로 떠나갔습니다.

나는 한국에서 1939년까지 계속해서 일했고 그 대부분은 복음 전도사업이었습니다. 내가 한국에서 본 특별한 경험 중 하나는 '대 부흥회(Great Revival)' 였고 이를 통해 많은 사람이 그리스도에게로 나왔고 그것도 거의 무더기로 무리를 지어 나왔습니다. 나는 과거에 많은 부흥회를 보았지만 그처럼 집단으로 믿음을 갖는 것은 본 일이 없습니다. 그런 모습은 나에게 하나님이 어떻게 인간의 마음속에서 섭리하는지를 보여주는 놀라운 일이었습니다. 내가 일했던 것에 대한 만족감과 즐거움은 '우리의 학교에서 배우고 주일학교와 교회에서 훈련받은 어린이들이 전도사, 교사, 전도부인, 의사, 간호사가 되는 것을 볼 때' 더욱 커졌습니다. 그 기쁨은 말로 표현할 수 없을 정도로 큰 것이었습니다.

그 후 나는 로빈크로프트 요양원에 살기 위해 왔는데 이곳으로 온 첫날을 잊을 수 없습니다. 내가 과거에 살았던 곳과 이 도시는 너무 달라 엄청 이상했는데 그날 포드 자동차를 몰고 나타난 미스 메츠거는 키도 크고 위엄 있어 보여서 나를 안심시켜줬습니다.

이날의 백수 파티는 함께 삶을 살았던 많은 친구 동료들이 회상하는 형식으로 진행됐다. 사부인은 요양원의 행정책임자인 미스 메츠거와 실무자인 미스 아드, 피아노를 잘 치고 항상 시를 쓰던 미스 베이커 캐서린을 소개했다. 특히 캐서린은 샤프 부인에게 헌정하는 시를 낭독하기도 했다.

사부인은 또 기억나는 사람으로 안나 채핀(Anna Chaffin)을 꼽고 한국에서 일할 때의 회고담을 이야기해달라고 요청했다. 다른 사람들의 회고담은 없지만 채핀의 회고담은 다행히 다른 소식지[15]에 실려 있는데 다음과 같은 내용이다.

포드자동차를 타게 된 후 사부인은 갈 수 없는 곳이 없게 되었다. 그래서 순회여행을 종종 떠났다. 가끔은 정말 멀고 깊은 곳까지 들어가 그곳 사람들과 만나고 봉사하기를 즐겼다. 특히 그녀는 한국의 산을 뒤덮은 진달래와 개나리 그리고 하얀색 라일락꽃의 풍경을 정말 좋아했다. 또한 그녀는 믿음으로 기도하는 가운데 위대한 성령의 감동 감화하심을 받아 3개 구역을 순회하며 열심히 일했다. 그곳의 모든 한국인은 남녀노소를 가리지 않고 그녀를 진심으로 흠모하고 존경했다.

15) 미국 감리교 선교부 소식지인 '인터프리티브 서비시즈(Interpretive Services)'에서 매갈리스(Elain Magalis)가 사부인과 인터뷰를 하던 중 한국에서 사부인과 함께 선교활동을 했으며 인터뷰 자리에 동석하고 있던 채핀으로부터 사부인의 한국 생활 일화를 듣고 소개했다.

사부인의 소천에 즈음한 영결예배와 그 1년 전에 가졌던 백수(百壽) 축하 파티를 통해 그녀가 어떤 삶을 살았는지 편린을 볼 수 있었다. 그러나 한두 장으로 표현된 글만으로는 사부인의 한국과 한국인 사랑을 알기는 애초부터 불가능한 것이었다.[16]

이를 극복하기 위해 저자는 국내외에서 구할 수 있는 관련 자료들을 찾았는데 그중에서 사부인의 글이 주로 실려 있는 '감리교한국여성선교사회연회 보고서(Annual Report of the Korea Women's Missionary Conference of the Methodist Episcopal Church: 이하 KWMC 보고서)'[17]를 중심으로 연대기를 엮듯이 전기가 구성될 수밖에 없음은 불가피한 선택이었다. 이처럼 문헌 자료는 많지 않았지만, 드루대 감리교 아카이브에서 찾을 수 있었던 사부인 관련 사진은 그 부족함을 메우는 데 큰 도움이 되었다.

16) 감리교한국연회 회의록(Official Journal-Minutes of the Korea Annual Conference: 이하 연회 회의록)에도 사부인은 자주 언급됐으나 남성 선교사나 감리사의 시각에서 본 것이고 사부인이 직접 쓴 보고서가 실린 것은 KWMC 보고서였다.

17) 감리교한국여성선교사회연회 보고서는 1회 때(1899년)는 'First Annual Meeting of the Woman's Conference of the Methodist Episcopal Church in Korea'로 명칭을 붙였다. 2회부터 32회까지는 "Annual Report of the Korea Woman's Conference of the Methodist Episcopal Church"로 변경했다. 그러나 국내에는 1908, 1924, 1927년 보고서가 결본돼 있어 다른 남성 선교사 자료 등을 이용해 간접적으로 사부인의 활동을 추적하는 수밖에 없었다. 2019년 4월 미국 드루대 감리교 아카이브 기금(florence Allen Bell) 연구원으로 선정된 것을 마지막 기회로 여기고 아카이브에서 면밀히 조사한 결과, 한국에 없던 보고서를 모두 찾아 사부인의 직접 보고서를 확인해 이용했다. 또 1931년 33회부터는 횟수 표시가 없어지고 명칭도 "Annual Report of the Members of the Woman's Foreign Missionary Society in Korea"로 바뀌었다. 1932년부터는 한국인 위주의 연회로 제도가 바뀌어 각 지방 감리사들의 연회보고서로 대신했다.

빛과 어두움의 굴레에서 1

1899년은 19세기를 마감하고 20세기를 준비하는 희망의 1년이어야 했다. 그러나 당시 쇠미해진 조선왕조로서는 주변 열강의 이해 다툼을 버텨내기조차 힘든 상황이었다. 15년 전 한국선교를 시작한 감리교는 교육 의료 사업을 병행하며 전도에 총력을 쏟아 초기 정착 단계를 넘어서 성장을 위한 채비를 하고 특히 여성 문제에 눈을 돌리기 시작했다. 남존여비 사상이 심했던 당시 상황에서 여성의 계몽은 쉽지 않은 일이었다. 하지만 여성들의 종교 성향을 고려하면 여성 상대 선교는 효율적인 전도 방안이었다.

사부인 내한 전 1899년 여성선교사회 창립

감리교한국여성선교사회(KWMC) 연회는 1899년 5월(13-19일) 서울 이화학당에서 열린 주한 감리교선교사연차총회 중 여성선교사들이 별도 모임을 하고 구성하면서 시작됐다. 1899년은 후에 사부인이 된 앨리스 해먼드가 한국에 오기 1년 전이었기 때문에 창립총회 명단에 당연히 그녀의 이름은 없다. 사부인은 없지만 당시 상황을 파악하기 위해 제1회 보고서를 토대로 정황을 보면 크랜스턴 감독의 인도로 제일감리교회(정동)에서 열린 한국

선교회 연회 첫날 여성 외국인 선교사 5명이 이화학당 응접실에 별도로 모였다. 아펜젤러 부인과 브룩스 부인을 임시 의장과 총무로 뽑고 정관을 만들었다. 그리고 셋째 날 회의에서 스크랜턴 부인을 의장으로 선출했으나 휴가로 인해 불참하여 제1 부의장으로 선출된 미스 페인을 의장으로 하고 친목, 절제, 실행 등 3개 위원회를 설치하기로 했다. 여성선교사들은 이제부터 별도로 조직된 여성선교사회를 통해 선교, 의료, 교육 분야에서 1898년부터 최근(1899. 4.)까지 이뤘던 성과를 각각 보고했다. 그러나 앞서 말한 것처럼 사부인은 1900년 말 한국에 도착하여 창립총회나 연회보고서에 그의 이름은 나오지 않는다.

감리교의 선교지역 표시. 서울·평양은 장로교와 함께하고 영변, 해주, 수원, 공주, 원주는 감리교 단독 선교지구이다. ⓒ드루대학교

11명이 모인 1900년 여성선교사회

제2회 KWMC 보고서는 1899년부터 1900년 4월까지의 활동을 담고 있다. 보고서에 따르면 여성선교사회에는 스크랜턴 부인을 포함해 11명이 참석했고 3명의 선교사 부인이 참석했다. 이들은 3쪽 분량의 보고서에서 이화학당과 달성(현 상동)교회 등 서울의 상황과 평양 제물포의 선교 상황에 대하여 업무별로 보고하고 있다. 이 해의 보고서에서 주목되는 것은 이화학당의 설립자 스크랜턴 부인이 한국의 여성 교육 상황을 보고하는 글이다. 당시 여성의 대부분이 문맹인 상황에서 여성에 대한 교육이야말로 한국을 문명화

시키고 기독교 전파에 핵심적 수단임을 잘 설명하고 있다.

사부인은 이 해(1900) 연말에 한국에 왔기 때문에 제2회 여성선교사회 연회에 참석하지 않았고 주한 선교사 명단에도 없다.

1901년 사부인 이름 처음 등장

1900년 5월부터 1901년 4월까지 주한 여성선교사의 활동을 기록한 제3회 KWMC 보고서에 사부인은 '미스 앨리스 J. 해먼드(Miss Alice J. Hammond)'라는 이름으로 처음 등장한다. 남편이 된 로버트 샤프(Robert Sharp)가 내한하기 이전이었기 때문에 그저 '미스 해먼드'로 불렸다. 연회보고서를 보면 1901년 3회 연회는 5월 9일부터 14일까지 서울에서 열렸고 연회에서 의장은 스크랜턴 부인, 미스 해먼드는 회계를 맡은 것으로 기록돼 있다. 3회 연회에서 무어(David H. Moore) 감독은 스크랜턴 부인과 함께 미스 해먼드를 미드기념교회[1]와 주간학교 및 이남지역 선교 담당자로 임명했다.

당시 미스 해먼드였던 사부인은 미드기념교회, 즉 달성교회(현 상동교회)의 선교 담당자로 임명받아 첫 번째로 한 일은 주간학교에서 영어를 가르치는 일이었다. 제3회 연회에서 서울 달성교회의 선교활동에 대해 보고한 미스 넬리 피어스(Miss Nellie Pierce, 연회 연락총무 겸 전도부인 훈련학교, 한국 남부지역 선교 업무 담당)는 "크리스마스 직후 미스 해먼드가 (달성교회로) 왔고 그녀는 심혈을 기울여 영어 교육을 맡았으며 학생들을 돌봤다."라고 전하고 있다. 미스 해먼드가 영어 교육을 맡게 된 계기는 많은 여학생이 달성교회의 주간학교에 출석했는데 대다수 학생이 영어를 배우기 원했기 때문이다. 미

1) 미드기념교회는 현재의 남대문 부근 상동교회로 건립 초기 대성전을 짓기 위해 스크랜턴 부인이 미국의 친지들에게 호소, 코네티컷주에 사는 미스 미드(Miss Mead)가 그의 어머니를 기념해 5000달러를 보내와 준공하면서 미드기념교회라고 불렸다. 상동교회는 원래 달성궁(현재의 한국은행 자리)에 있었으므로 달성(Talsung)교회로도 불렸다.

1900년 초 미드기념교회 혹은 달성교회로도 불렸던 상동교회의 모습. 사부인의 첫 근무지이다.

스 해먼드가 달성교회에 오기 전까지는 스크랜턴 부인이 맡았는데 그녀는 1900년 가을부터 12월까지 매일 오전 영어 교육을 하다 마침내 건강이 나빠져 할 수 없을 때까지 최선을 다했다. 스크랜턴 부인이 못하게 되자 크리스마스 직후부터 당시 미스 해먼드였던 사부인이 후임을 맡은 것이다. 이는 연회보고서에 기록된 사부인 최초의 선교활동이기도 하다.

평양에서 열린 연회에 첫 보고서 제출

1902년 5월 16일부터 21일까지 평양에서 열린 제4회 KWMC 연회에서 미스 해먼드는 한국에 온 후 처음으로 독자적인 보고서를 제출했다. 그녀는 달성교회(현 상동교회)와 주간학교의 선교 담당자로서 이남지역 선교를 혼자 담당했다. 지난해에는 스크랜턴 부인과 함께 맡았으나 스크랜턴 부인이 서울 남쪽 50리 지점의 무치내에 여학교를 세우고 그곳으로 떠남에 따라 홀로 담당을 하게 된 것이다. 1900년 내한 이래 3년 차에 접어든 미스 해먼드는 미드기념교회(현 상동교회)와 이남지역의 선교를 담당하며 당시 한창 배워야 할 한국 여성들이 집안에 갇혀있는 실정을 보면서 자신이 해야 할 미래의 선교 방향을 구상했다.

1901년 회의에서 나는 미드기념교회와 한국 남부지역의 선교와 달성궁(현 한국은행자리)에 있는 주간학교의 업무를 보고하도록 지명받았다. 특히 주간학교 보조는 한국에 도착한 지 얼마 되지 않은 시점에서 바로 맡아 현재까지 하고 있다. 비록 나의 업무는 작은 것이었지만 내가 담당하는 분야에서 도착하자마자 주님 나라의 전진에 무엇인가 할 수 있는 특권을 주신 데 대해 하나님 아버지께 감사드린다.

우리 학교에는 21명의 여학생이 등록해 있고 평균 15명이 출석하고 있다. 학생의 대부분은 기독교인 부모의 자녀들이지만 몇 명은 종교가 없거나 이교도 가정 출신이다. 학생들은 아직 그들의 마음속에 예수를 모시지 않고 있지만 우리는 어린 학생들뿐만 아니라 그들의 부모들도 예수 믿는 것을 배울 날이 머지 않게 해달라고 기도하고 있다. 지난가을 (1901) 학교를 열기 직전에 나와 미스 피어스는 13세 된 소녀가 있는 집을 방문했다. 집을 나오기 전에 학교를 열게 되면 그 아이가 올 수 있는지를 물어봤다. 이에 대한 어머니의 답변은 실망스러운 것이었다. “안됩니다. 그 애는 한글을 잘 알고 있고 읽거나 쓰기도 잘하기 때문에 이제는 집에 있으면서 요리와 바느질을 배워야 합니다.”라고 말했기 때문이다. 이 어머니의 말은 우리의 마음을 슬프게 하는 것이었다. 왜냐하면 어머니는 자기 딸이 한글을 읽고 쓸 만큼 충분히 파악했으며 이제는 시어머니에게 보낼 때까지, 즉 시집갈 때까지 집에 갇혀 있어야 함을 뜻했기 때문이다.

지난해 우리는 주간학교에 좀 더 고급 코스로 한문반을 추가했다. 이는 저학년에서 좀 더 부지런히 공부하도록 하기 위해서였다. 나는 이들 어린이의 환한 얼굴을 보면서 미래 교회의 희망이 이들에게 놓여있다고 생각했다. 많은 사람이 주님의 유능한 일꾼이 되도록 함께 모일 수 있게 되기를 바란다.

지난가을에는 엡윗청년회(Epworth League)[2] 소녀 모임을 했는데 매주 한 번 오후에 모여 학생 중 가난한 사람에게 옷을 만들어 주기 위한 모임이었다. 참석 학생들은 진정한 마음으로 기꺼이 참석해 친구들에게 필요한 무엇인가를 해 줄 수 있는 것에 대해 즐거워하였다.

지난해 연회 이후 전도부인(Bible woman)과 함께 우리 교회 교인의 집 대부분을 방문했다. 모든 집에서 성경을 읽고 설명했으며 한 곡 또는 두 곡의 찬송을 부르고 기도를 드렸다. 나는 비록 한국말로 말할 수 없었지만, 나의 손이 무엇인가와 묶이는 것 같은 느낌을 받았다. 나는 하나님이 나에게 보내준 사람들과 말할 수 있게 될 때가 그렇게 멀지 않음을 믿고 있다.

지난 10월 이래 매주 목요일마다 집회를 인도하기 위해 10리쯤 떨어져 있는 마을 동막(東幕)[3]에 가고 있다. 이 일은 스크랜턴 부인이 얼마 전에 시작한 것으로 스크랜턴 부인이 할 수 없게 되자 참석자의 관심도 작아졌다. 내가 처음 동막에 갔을 때는 6-8명이 모였는데 이제는 20명이 출석하고 있다. 이 같은 수확에 대해 하나님께 감사하며 곧 축복의 소나기가 내리기를 기도한다.

나는 지난 1년간 두 번의 지방여행을 했는데 모두 합해 25개 지역을 방문했다. 어떤 때는 한 곳에 몇 시간 머무르는 게 고작이었지만 그래도 복음의 씨를 던져 옥토에서 싹이 잘 터서 주님 앞에 몇 배의 결실이 있기를 간구했다. 나는 이곳저곳을 다니면서 위대한 선교 사역이 행해지는 것과 훌륭한 가능성을 보고 진심으로 "추수할 것은 많은데 일꾼은 적다"는 것을 실감했다. 좀 더 많은 일꾼이 주님을 위한 영혼을 모으는 원대한 사업에 뛰어나와 추수할 수 있도록 주님께 기도하기 바란다.

이상 보고자 앨리스 해먼드(Alice Hammond).

---

2) 1889년 미국 오하이오에서 시작된 감리교 청년 단체.
3) 동막은 서울 마포 대흥동 일대로 구한말 미곡 등 물산의 집결지.

보고서에서 보듯이 사부인은 스크랜턴 부인이 건강 문제로 할 수 없었던 일을 맡아 대신하면서 앞으로 한국 선교를 위한 한국어 공부를 하고 있었다. "나는 비록 한국말로 말할 수 없었지만, 나의 손이 무엇인가와 묶이는 것 같은 느낌을 받았다. 나는 하나님이 나에게 보내준 사람들과 말할 수 있게 될 때가 그렇게 멀지 않음을 믿고 있다."와 같이 곧 한국어로 전도할 것임을 밝히고 있다. 저자의 조모로 사부인에 대해 자주 말씀하셨던 강계순 권사는 1930년대 사부인의 한국어 실력은 전도와 의사소통에 문제가 없었다고 기억했다.

결혼 전 미스 해먼드로 제5회 연회 보고서 제출

1903년 5월 서울에서 열린 제5회 여성선교사회(KWMC) 연회에 사부인은 회원으로 참석했다. 결혼 전이기 때문에 이름은 여전히 앨리스 J. 해먼드(Alice J. Hammond)였다. 연회에서 무어 감독은 사부인을 미드기념교회(현 상동교회)와 주간학교 및 이남지역 선교 담당으로 임명했다. 1902년 사부인 보고서는 2쪽에 불과할 만큼 짧았던 데 비해 1903년 보고서는 3.5쪽의 비교적 긴 보고서를 올리고 있다. 한국 생활에 익숙해지면서 활동의 폭도 넓어졌기 때문으로 보인다.

> 지난 한 해의 날들과 주(週), 달(月)을 돌이켜 볼 때 하나님 아버지께 감사하지 않을 수 없음을 느끼게 된다. (지난 한 해 동안 헤쳐 온) 길은 항상 편안하지는 않았는데 주님이 걸었던 길에 가시가 없었던 적이 없고 수없이 주님의 발을 찔렀으나 주님께서는 참으면서 쓰러진 자를 격려하고 낙심한 사람에게 위로를 줬음을 알기에 우리는 그의 행동을 따르고 비록 수없이 우리의 마음이 찔리더라도 용감하게 나아가야 한다. 우리는 왜 어떤 일이 우리에게 닥쳐오도록 허용되

는지에 대해 의구심을 갖게 되는데 모든 일을 주관하시는 하나님은 우리의 복이나 그의 영광을 위해서가 아닌 것은 허용하지 않을 것이다. (즉 두려워하지 말라. 왜냐하면 하나님은 우리의 선함과 그에게 영광이 되는 일을 하시는 분이기 때문이다.)

미드기념교회에서 담당했던 업무는 우리가 원하는 만큼 강해졌거나 번성하지는 못했다. 그러나 천천히 꾸준히 움직여 나가고 있다. 지난해 연회에서 최병헌이 현지인 목사로 임명됐고 신앙심이 깊고 헌신적인 최 목사는 자신의 신앙을 증명해 보여주고 진실한 목자의 자세로 그의 양 떼들을 돌보고 있다.

나는 신실한 전도부인인 한나와 함께 우리 교회 교인들의 집을 수없이 방문했는데 방문 때마다 주님을 향한 신실하고도 진정한 예배의 필요성을 인상 깊게 하도록 하기 위해 노력했다. 한나는 지난 7월 이래 기록이 정확하다면 1,286명의 사람을 만나 전도했다. 나는 한나가 찬사를 받을만한 가치가 있는 사람으로 생각하는데 그 이유는 그녀가 행한 충실한 업무뿐만 아니라 남편의 박해에도 보여줬던 하나님을 향한 충실성 때문이다.

그녀의 남편은 수년 동안 믿음을 멀리한 사람으로 한나의 삶은 남편의 구박이 심해 비참한 상태였고 그 때문에 그리스도를 따르기가 쉽지 않았다. 그러나 한나는 쉬지 않고 기도를 했고 하나님이 언젠가는 기도를 듣고 남편을 구해줄 것으로 믿었다. 하나님이 그녀의 믿음에 대해 상을 주셔 마침내 지난겨울 남편은 구세주 주님 앞으로 돌아왔다. 한나는 "남편이 더 이상 나를 구박하지 않고 친절해졌다. 남편은 자신의 성경을 읽고 기도하며 우리 집안에는 행복이 넘친다."고 말했다. 한나는 나와 남편 문제에 대해 대화를 나눌 때 "나는 하나님이 남편을 구할 것으로 알았고 하나님이 그렇게 했다."고 말했다. 나는 하나님의 사랑의 빛으로 빛나는 한나의 진지한 얼굴을 주의 깊게 살피면서 "이는 나에게도 교훈이 된다."고 생각했다. 그래서 나는 하나님의 도움을 청하기 위해 좀 더 진지하게 기도하기로 결심했고 하나님이 응답해 주실 것이라는 믿음을 확신하고 있다.

한나는 사람들 사이를 다닐 때 즐거운 경우도 많았고 실망한 경우도 많았다. 어느 날 나는 한나의 활동과 관련해 결혼 잔치에 참여하라고 권유해도 약속이나 한 듯 만장일치로 온갖 핑계를 대며 거절한 혼인 잔치의 우화 마태복음 22장 2-3절을 생각했다. 그 우화와 마찬가지로 한국인들은 더 이상 변명거리가 없을 때까지 핑계를 만들었다. 이런 때 나의 마음은 내 속에서 가라앉히고 나는 하나님께 인내와 지혜를 구했다.

주인이 결혼 잔치에 초청해도 온갖 핑계를 대며 참석을 거절한 것처럼 사부인도 주민을 상대로 선교하며 여러 가지 핑계로 믿기를 거부하는 많은 사람을 만났다. 그러면서 한 마을에서 두 가구만 빼고 전부 믿는 지역을 방문했을 때의 행복감을 보고서에 담고 있다.

9월의 대부분을 나는 지방에서 보냈다. 숙박시설이 있는 이천으로 갔는데 내가 활동할 중심지로 그곳을 생각하고 때때로 하루나 이틀씩 주변 마을로 나갔다. 그러나 나쁜 날씨와 남자의 등에 업혀 건너기 전에는 다른 방법이 없을 정도로 불어나는 냇물 탓에 희망한 만큼 돌아다닐 수가 없었다. 한 집에서 나를 불렀을 때, 한 여자노인은 신자가 아니었고, 사교적이지도 않아 하룻밤이 지났지만 대부분의 시간을 등을 돌린 채 보냈다. 그의 태도를 전혀 이해하지 못했는데 저녁예배시간이 됐을 때 이 여자노인은 들어오려고 하지도 않고 신자인 아들이 오는 것도 허락하지 않았다. 나는 잠시 아주 당황했지만 할 수 없이 사경회 대표의 집으로 묵기 위해 갔다. 그곳에 도착한 후 알게 되었지만 이 대표의 집은 우리 모두가 들어가기에는 너무나 작은 집이었다. 그래서 우리는 밖에서 야외예배를 드렸다. 다른 집을 방문하기 위해 출발한 다음에 앞서 말했던 여자노인과 아들은 함께 와서 예배를 봤던 곳으로 다시 와줄 것을 간청했다. 그들은 자신이 나에게 불친절하게 대한 것을 용서해 달라고 빌었다. 그녀는 곧 신자가 됐으며 다음 기회에 내가 그곳을 다시 갔을 때는 팔을 벌리고 가슴을 열어 나를 반겼다. 11월에는 15일 내지 20일 예정으로 전도 여행을 다시 시작했으나 심한 감기에 걸려 열흘 만에 돌아올 수밖에 없었다. (… 중략 …)

한 마을은 우리가 '천국'으로 부르고 있는데 그 이유는 두 가구를 제외한 모든 가구가 그들의 마음을 예수님께 바쳤기 때문이다. 그곳에 머문 날은 가장 즐거운 날이었는데 저녁예배에서 노인부터 젊은 사람에 이르기까지 모두 일어나서 그들은 천국에 가기 위해서 살고 있다고 말했다. 이런 큰 선교 현장을 돌아다니면서 느끼는 부족함이 하나 있다. 내 느낌을 표현할 말이 없다는 것이다. 여성들의 무지는 소름이 끼칠 정도인데 그들에게 공부할 것을 강조하면 그들은 '시간도 센스도 없다.'라고 말했다. 나는 비신자 여성들과 이야기할 때 그들은 다음과 같은 말을 했다. "우리는 온종일 일해야 하는데 기독교인이 될 수 있을까요?" 이런 때 나는 예수 그리스도의 종교는 우리의 일을 방해하는 것이 아니고 우리의 일을 더 잘할 수 있도록 해 준다고 말했다. 이렇게 말할 수 있는 것이 너무나 즐거웠다.

교인들은 내가 마을에서 다른 마을로 갈 때마다 나에게 계속 같은 말을 했다. "부인, 만약 우리에게 자주 와서 가르쳐 주시면, 좀 더 많은 사람이 믿을 텐데…." 물론 좀 더 많은 사람이 구세주 앞으로 나오는 것을 보고 싶었고 한 편으로 우리는 주님의 이름 앞에 고백한 사람들에게 그리스도의 삶이 어떤 것인가를 가르치는 것을 고민했다. 만약 새로 고백한 사람들이 성실하고 진실한 사람이 된다면 그들의 비신자 자매들도 빛의 유혹을 받고 그리스도에게 끌려 나올 것으로 생각했기 때문이다. (… 중략 …)

이 보고서를 정중히 제출합니다.

앨리스 해먼드

결혼을 한 달여 앞두고 제출한 보고서에서 사부인은 앨리스 해먼드의 이름으로 보고서를 내고 있다. 이제 한국 생활에 적응하고 한국인들의 성향도 파악한 듯 전도와 교육과정에서 겪은 에피소드와 다양한 인간관계 등을 엿볼 수 있는 자료들이 보고서에 담겨 있다.

이화학당 본관에서 열린 로버트 샤프와의 결혼식

로버트 A. 샤프 선교사

1903년이나 1904년 KWMC 보고서에서는 찾아볼 수 없지만 사부인 일생에서 가장 중요한 순간 중 하나는 결혼식이었을 것이다. 당연히 웨딩 사진을 찍었을 텐데 어느 곳에서도 찾지 못했다. 그나마 다행인 것은 사부인과 불원천리 사랑하는 이를 찾아 서울에 온 로버트 A. 샤프 선교사의 결혼식 기사가 존재한다는 사실이다.

이 기사는 사부인의 결혼 전 이름인 '앨리스 해먼드'와 결혼 후 이름인 '앨리스 샤프'로 당시 발행되던 1903년도 「코리아 리뷰」 지(誌)를 일일이 조사하던 중 찾았다.[4]

6월호 결혼란에 실린 내용은 노블 박사의 주례로 이화학당 본관에서 많은 서울지역 선교사들의 축복 속에 예식이 거행됐다는 것이다.

목사인 미스터 샤프와 미스 해먼드의 결혼이 오랜 약혼 기간 동안 '진심으

4) 두 사람의 결혼 뉴스는 「코리아 리뷰」 1903년 6월호 263, 264 쪽에 실렸다. 「코리아 리뷰」는 1년을 전체 페이지로 계속 펴냈는데 예를 들어 1월호는 1페이지부터 시작하고 매월 50페이지씩 발행했다. 「코리아 리뷰」는 외국인 중 최고의 독립운동가 중 한 사람인 호머 B. 헐버트(Homer B. Hulbert)가 만든 개항기 월간 영문 잡지다. 헐버트는 1901년 1월 월간 영문 잡지 「코리아 리뷰」를 창간해 편집과 인쇄, 경영을 맡았는데 일제에 의해 1906년 폐간 될 때까지 발행했다. 이 잡지는 조선에 관한 모든 것을 게재하고 전 세계 19개국에 배포함으로써 조선을 알리는데 중요한 역할을 했다. 헐버트는 특히 타임지 특파원(1898년)과 AP통신 특파원(1903-1905년)으로도 활약하면서 조선의 실상을 외국으로 전달하는 파이프라인 역할을 했다.

로 원했던 것의 행복한 완성(consummation)' 5이라고 공중에 나는 새도 속삭였다. 미스 해먼드는 선교 현장인 서울에 먼저 도착했고 한국어 공부와 감리교 여학교와 관련한 선교 업무에 2년을 보냈다. 미스터 샤프는 같은 시기에 미국에서 대학을 다니면서 그의 필생의 사업이 될 신학을 공부하고 금년 5월 한국에 왔다.

이화학당의 마당과 베란다는 여러 개의 등불로 아름답게 밝혀졌고 실내는 초록색의 잎사귀와 조팝나무 그리고 아름다운 엷은 잎의 식물로 우아하게 장식돼 있었다. 6월 30일 저녁 8시 조금 지나 결혼행진곡의 음악이 하객들을 넓은 복도로 향하도록 알리는 가운데 선택된 신부와 신랑은 넓은 계단을 내려와 식장으로 입장했다. 두 사람은 하객을 마주 보며 돌출된 퇴창(退窓) 앞에 섰고 한편 이날 주례인 평양에서 온 W. A. 노블 목사는 신랑 신부를 마주 보고 객석을 등진 채 섰다. 이는 아마도 하객 대부분을 배려하는 작은 시도로 우리 모두를 즐겁게 하려는 '개혁'으로 보였다. 신부는 하얀 비단 가운을 입은 가장 사

1900년 지어진 이화학당의 메인홀. 로버트 샤프와 앨리스 해먼드의 결혼식은 건축된지 얼마 안 된 메인 홀에서 거행됐을 것으로 보인다.

5) consummation, 결혼과 관련해서는 첫날 밤 치르기를 의미.

랑스러운 모습이었으며 순백의 하얀 스위트피[6] 부케를 들고 있었다. 엄숙하면서도 전통적이지만 또 전혀 새로운 흥미로운 예식이 축복 속에 끝난 다음에 하객들은 신랑 신부 앞으로 줄지어 지나가며 따뜻하게 손을 잡고 샤프 부부에게 적절한 축하 인사를 건넸다. 평상시처럼 관례적으로 신부의 처녀 때 성을 불쑥 부르는 장난기 넘치는 사람은 없었고 신부의 행복만을 기원했다. 그러나 행사의 떠들썩함은 마찬가지였다. 이어서 신랑 신부 행복한 두 사람은 최고의 즐거운 만찬이 제공되는 식당으로 길을 인도했다. 샤프 목사 부부는 휴가로 하반기에 집을 비우는 D. A. 벙커 목사의 집에서 신혼살림을 하게 된다.

사부인의 결혼 소식을 전하는 「코리아 리뷰」에는 '외국인과 한국인의 질병'[7]이라는 제목으로 전염병을 주의하라는 기사가 눈길을 끈다. 사부인의 행복한 결혼을 시샘하는 전조였을까, 이 질병 기사에 나와 있는 발진티푸스에 걸려 로버트 샤프 목사는 1906년 2월 소천하게 된다. 본인의 결혼 소식이 실린 「코리아 리뷰」를 읽어 보고 좀 더 주의했으면 하는 아쉬움이 크다. 이 기사를 보면 당시의 전염병 상황과 선교사들이 얼마나 열악한 조건에서 활동했는지 짐작할 수 있다.

외국인과 한국인의 질병

한국의 잔디 밑에서 잠자고 있는 모든 외국인 사망자들의 명단을 보면 네 명은 천연두로 죽었고 다섯 명은 발진티푸스로 죽었으며 두 명은 이질로 죽은 것을 확인하게 된다. 더 많은 사람이 있을 수 있는데 다른 사람들은 질병으로부터 심한 공격을 받았지만 회복된 경우도 있다.

---

6) Sweet pea, 콩과 식물로 은은하면서도 진한 향기의 흰색 꽃이 핀다.

7) 1903년 6월호 265-266쪽.

마찬가지로 세 가지 전염병은 한국인에게도 흔하게 나타나는데 외국인들이 한국인들과 빈번하게 접촉하게 되면서 적절한 주의에 실패하게 되면 위험이 증가하게 된다. 종종 전염의 위험을 피한다는 것이 불가능할 때가 있다. 한국 내륙으로 여행할 때가 그렇다. 최소 1명 이상의 외국인에게 천연두 환자가 묵었던 여관방이 제공된 적이 있었다. 우리는 의사가 아니고 이 글은 질병이나 예방에 대한 논문도 아니다. 그렇지만 몇 가지 간단한 주의사항을 조심스레 제시하려고 한다.

1. 맞을 기회가 있으면 모든 예방주사를 맞아라. 백신을 맞지 않는다면 주사를 맞을 때 느끼는 따끔한 통증은 없을 것이다. 그러나 맞는다면 생명 보존책이 될 것이다. 최근에 맞은 백신 흉터 자국도 믿어서는 안 된다. 계속해서 시도해야 한다.
2. 의심스러운 물을 마셔서는 안 된다. 목마른 채 그대로 있거나 가능한 한 손쉬운 방법으로 물을 끓이거나 여과시키거나 정수해 안전하게 만들어 마셔야 한다.
3. 자연 상태의 과일은 깨끗한 물에 씻거나 껍질을 깎기 전에 먹어서는 안 된다.
4. 환자와 가까운 공간에 가게 되면 바람이 불어오는 쪽을 등지고 서 있도록 한다. 환자 앞에서 손가락을 입에 넣거나 침을 삼키지 않는다.
5. 위에 언급한 주의 사항과 의사가 이미 알려준 다른 사항들을 지킨 다음에는 세균에 대해서는 걱정하지 말아야 한다. 우리는 한 여성이 콜레라균에 대해 거의 몰라 심각한 위험에 처했던 경우를 알고 있다. 충분한 수면을 비롯해 깨끗한 음식과 야외운동, 즐거운 마음을 갖게 되면 모든 세균이 달아나게 될 것이다.

1904년 연회서 충청도 첫 선교 경험 보고

사부인은 1903년까지 '앨리스 해먼드'로 보고서를 썼으나 1904년부터는 '앨리스 샤프'로 성을 바꾸고 있다. 1904년 제6회 KWMC 보고서 역시 사부인이 속했던 서울 미드기념교회와 한국 남부지역이 중심 내용인데 특히 충청지방에 대한 내용이 눈길을 끈다. 처음으로 자신의 평생 활동지를 찾아 나선 것이다.

이제 우리에게는 또 다른 해의 끝이 다가오고 있다. 지나온 날과 달들을 되돌아보면 우리에게 구세주의 세계를 알도록 인도한 하나님께 사람들을 인도할 수 있었던 그 모든 사역을 과연 우리가 했던 것인지 놀라 의문이 생길 정도다. 지난 연회(1903)가 끝난 후 충청지방으로 순회전도를 나갔다. 나로서는 충청지방 여행이 처음이었는데, 내가 했던 여행 중 가장 힘든 여행이었다.

많은 곳에서 나는 한국인들이 처음 보는 외국인이었다. 어떤 때는 놀라기도 했고 내가 그들에게 다가가면 도망가기도 했다. 그런가 하면 내가 실제 어떤 종류의 사람인지 보기 위해 다시 주변을 맴돌기도 했다. 내가 방문한 곳 중 마을에서 최초로 교인이 된 남자를 만나기도 했는데 지난가을 마을에서 몇 명이 교인이 되었다는 말을 해오기도 했다. 이와 같이 복음의 씨앗은 뿌려졌고 하나님은 씨앗에 물을 주시고 자라도록 해주시고 있다. 우리의 남부지역 전도사업은 보살필 수 있는 것보다 빨리 성장하고 있고 더 많은 일꾼이 우리에게 오지 않는 한 우리는 그 일을 현재 인원으로 감당해야만 한다. (… 중략 …)

9월에 다시 충청지방 전도를 시작했다. 내가 방문했던 몇 군데 새로운 장소 중 하나는 전체 마을이 38가구였는데 모두 기독교인이 되었다. 결코 잊을 수가 없다. 내가 한 말을 한마디도 흘려듣지 않고 어찌나 잘 듣던지 비록 내가 더듬거리는 한국어로 말했지만 그들의 관심은 열렬했다.

악귀가 붙어 있어 오랫동안 아팠던 여인을 위해 사부인은 열이 나는 이마를 씻어준 후 부드럽게 찬송하고 기도했다. 그 여인에게 사부인을 데려간 사람들은 병이 낫기만 하면 마을 전체가 믿을 것 같다고 말했다. 예수님의 기적처럼 그 여인도 나아 실제 마을 사람 절반이 교인이 되었다는 보고이다.

토요일과 일요일에 그곳에서 묵었는데, 일요일 오후 그곳 사경회 대표가 5리쯤 떨어진 작은 마을에 가지 않겠느냐고 물었다. 나는 내가 어느 곳에서든지 좋은 일만 할 수 있다면 기꺼이 가겠다고 말했다. 대표는 나에게 "그곳에 악귀가 붙어 오랫동안 아픈 여인이 있는데 우리가 그 여인을 방문해 함께 기도했지만 차도가 없다. 만약 그 여자가 낫기만 하면 마을 전체가 교인이 될 것 같다."고 말했다. 가서 보니 그 여자는 매우 아픈 상태였다. 환자의 가족은 환자의 식욕이 나도록 할지 모른다고 생각하여 옆에 맛있고 큰 하얀 무를 놓아두었다. 나는 그들에게 무를 치우는 게 좋겠다고 말했다. 내가 그녀의 열이 나는 이마를 씻어준 후 우리는 부드럽게 찬송가를 부르고 기도했다. 그리고 예수님과 그의 잃어버린 죄인들을 향한 사랑에 대해 조금 이야기를 해주었을 때 그녀는 교인이 되겠다고 말했다. 몇 달 동안 그 여인에 대해서는 아무 소식도 못 들었는데, 얼마 후 그곳 교인들은 나에게 그 여인이 건강해졌고 그 마을 사람들의 약 절반이 교인이 되었다는 말을 해줬다.

가을에 했던 두 번째 전도 여행에서 나는 다양한 경험을 했다. 이동수단으로 말을 탔던 것이다. 내가 탄 말은 성질이 소심한 동물인 탓인지 자주는 아니었지만 가끔 특이한 장소에서 주저앉는 경우가 발생했다. 한 번은 꽤 넓은 개울을 건너는데 허우적거리다 넘어져 마부가 나를 그의 팔로 받아 둑으로 다시 데려다준 경우도 있었다. 그래서 마부에게 말을 건너편 둑으로 먼저 함께 가고 마부만 다시 건너와 나를 데려다주도록 요청하기도 했다. 나는 말이 넘어지는 바람에 약간 젖었지만 뜨거운 햇볕이 그런 작은 문제는 곧바로 해결해 주었다. 이번 여행에서도 몇 곳의 새로운 지역을 방문했다. 그곳에서 예수그리스도의 교리에 대해 더 많이 알기를 바라는 커다란 염원이 있는 것을 확인했다. (… 중략 …)

수원에 있는 주간학교는 미세스 리의 지도하에 잘 운영되고 있다. 이런 사업은 매우 빠르게 성장하고 있다. 지난번 수원에 있는 동안 모였던 여성의 수가 많아 크게 자신감을 느끼게 되었다.

이천에 있는 학교는 다른 곳처럼 유망하지는 않지만, 그렇다고 포기할 생각은 없으며 언젠가 우리는 그곳에 좋은 학교가 세워질 것으로 믿는다.

미스터 샤프와 나는 지역(충청) 선교사로 임명받게 됨에 따라 가능한 한 빨리 편리한 대로 그곳에 가서 살게 될 것이다. 나는 이런 분야의 일을 하다 떠나는 것이 섭섭하지만 하나님이 충청도 순회지역의 교회로 잃어버린 양들을 데려오도록 하는 데 우리 부부를 사용해 달라고 기도하고 있다.

존경을 담아 이 보고서를 제출합니다.

앨리스 H. 샤프

사부인은 1904년 공주지역으로 선교지가 지정됨에 따라 서울과 경기도 일대의 정들었던 지역과 교인들과 이별하는 것을 아쉬워했다. 또 충청지역에 시험 삼아 전도 여행을 함으로써 경험을 축적하는 모습이다.

1905년 연회 손풍금 전도에 몰려든 현지인 보고

1905년 6월 23일부터 27일까지 서울에서 열린 제7회 KWMC 연회에서 사부인은 미드기념교회(상동교회)와 남부지역 복음 사업에 대해 보고했다. 연회 총회 회장은 스크랜턴 부인이었고 사부인은 회원으로 참석했다. 사부인은 이 해의 보고서에서 남편과 함께 충청도 지방으로 기차여행도 해보고 손풍금 전도에 몰려든 현지인에 대한 인상 등을 적고 있다.

이 보고를 함으로써 또 다른 한 해의 마감을 하게 된다. 우리는 하나님께 영광을 드리는 일들이 점점 향상되고 있다는 사실을 보고하는 데 대해 기쁘게 생각한다.

지난번 연회(1904. 6.)의 마지막 회합 이후 우리 선교구역의 모든 곳은 아니었지만 많은 곳을 여행할 수 있는 특권을 가졌다. 공주에 집을 짓는 건축 문제는 이번 여행을 하느라 지난 2월 이후 진행되지 않았다. 또 지난해 6월까지는 사회적 불안(의병 활동)으로 인해 지방에는 갈 수가 없었다. 여자 혼자서 여행을 한다는 것은 사려 깊지 못할 뿐만 아니라 남편 샤프가 서울에서 학교 일을 맡고 있어 떠날 수가 없었기 때문이다. 그러나 나는 서울에서 교인들의 집을 방문하고 신자로서의 생활을 군건하도록 북돋느라 바쁘게 지냈다. 또한 미세스 스크랜턴이 맡고 있던 주간학교를 부인이 돌아올 때까지 돌보고 있었다.

한국에 온 후 배재학당에서 가르치던 로버트 샤프 선교사는 충청도 담당 선교사가 되기 위해 학교를 그만두자 사부인은 남편과 함께 본격적으로 충청도 선교 준비에 착수했다. 당시 기차를 이용해 천안까지 빨리 갈 수 있었으나 검은 연기를 뿜어 대는 화물열차를 타고 연기를 마시며 여행했던 이야기는 어려웠던 선교 과정을 실감 나게 해준다.

1904년 6월, 남편 샤프가 학교 일을 그만두게 된 후 2주간 전도 여행을 시작했다. 우리는 짐을 먼저 보내고 기차로 갔다. 이렇게 말하면 지방 여행이 아주 호화롭게 들리겠지만 그렇지 않다. 여러분도 앞으로 경험하겠지만 우리는 마치 화물처럼 기차를 타고 갔고 결코 안락한 여행이 아니었다. 심지어 철도로 갈 때 온종일 앉지 못하는 경우도 있었다. 그런데도 기차를 타는 것은 가마나 말로 가는 경우 최소한 3일이 걸리고 4일 이내로 갈 수 있다는 보장이 없기 때문이다. 이처럼 비록 천장과 벽이 없는 제작 중인 기차를 타야 하고 우리를 아랑곳하지 않고 내뿜는 기차 연기와 검댕을 모두 마셔야 하지만 중요한 것은 기차가 우리에게 아주 소중한 시간을 절약하도록 해준다는 점이다.[8]

우리 부부는 우리 짐이 도착하기로 한 날 저녁 첫 번째 머물기로 한 장소에 도착했다. 우리는 덮을 만한 정도의 보자기를 덮고 한국식 마루에서 잠을 자야 했다. 식사용으로 닭과 약간의 쌀을 샀고 이런 식으로 여행을 했다. 그 이후 여러 번 비슷한 경험을 했다. 우리는 교회에 갈 때마다 주님과 더 가깝게 살도록 교인들을 북돋우면서 도와주려 했고 교회에 많은 도움이 필요함을 확인했다.

6월과 8월에는 서울에서 우리가 할 수 있는 일은 무엇이든 연구하고 실천하면서 보냈다. 9월 첫날에는 다시 길을 떠났다. 이번에는 기차를 이용하지 않았다. 이유는 우리가 머물려고 하는 지점이 기차역으로부터 먼 거리에 있었기 때문이다. 이번 여행을 통해 많은 새로운 장소를 방문했고 많은 전도 서적을 팔았다. 나는 조그만 풍금[9]을 갖고 갔는데 날씨가 따뜻해 밖에 세워놓자 순식간에 한 무리의 사람들이 우리를 에워쌌다. 2, 3곡의 찬송가를 부른 후 조사 중 한 명이 말을 하고 사람들이 책을 사도록 요청했다. 복음서와 기독교 입문서, 교리 문답서를 가지고 다녔는데, 가장 기뻤던 것은 대부분 책을 여성들이 샀다는 것이다. 나는 그들이 읽는 것을 배우게 되면 곧 다른 책들을 원하게 될 것이고, 그러면 우리는 이 여성들에게 다른 것을 공급할 기회가 오리라는 것을 알았다. 한 여성은 기독교 입문서와 두 복음서를 샀다. 그러나 이 여성은 자신이 교인이 될 수가 없다고 했다. 이유는 술을 팔기 때문이라고 했다. 나는 이 여성에게 술 파는 것을 포기하도록 설득했으나 그녀는 술 파는 것이 자신의 유일한 생계 수단이라고 말했다. 비록 나의 말은 아무 소용이 없었으나 주님의 말씀은 확실

---

8) 기차를 타고 간 곳은 천안일 가능성이 높다. 두 사람은 공주선교부를 맡았는데 천안도 공주선교부 소속이다.

9) 논산 광석면 광리교회 김영한 원로장로의 증언(306쪽)에 따르면 이 풍금은 접으면 상자처럼 되는 이동용으로 지게꾼이 지고 다니다 어느 곳에서나 펼쳐 연주가 가능했다고 한다.

히 그녀를 주님에게 인도할 것이라 믿고 하나님 아버지께 기도했다.

사부인과 남편 로버트 샤프는 본격적으로 공주 일대에서 선교활동을 펼쳐 준비해간 전도지가 다 떨어지자 보충을 위해 귀경했다 다시 충청도에 왔다. 사부인은 남자들이 예수를 믿는 것과 마찬가지로 여자들이 예수를 믿는 것은 그들의 특권이라고 설득했다. 또 충청도 여행이 아주 어려웠다고 말했는데 그 이유는 산이 끝도 없이 많아 어떤 날은 산을 7개나 오르내렸기 때문이라고 말했다.

① 30년 전 F. E. C. 윌리엄스 선교사에 의해 전도 받은 이 나이 많은 한국 교인은 시골 마을에서 첫 교인이 되었고 마을에 교회를 세웠다. 현재 이 마을의 주민은 모두 교인이다.(1950년)
② 천안지역 마을. 초가집 중 한 곳이 기도처다.(1950년)
③ 천안의 일본 신사 앞에 서 있는 테일러 선교사.
④ 크루세이드(Crusade) 기금으로 재건축된 천안교회. 여신도들은 결혼반지를 헌금하기도 했다. ⓒ드루대학교

9월 말, 우리가 준비한 책의 재고가 거의 떨어져 새로 보충하기 위해 서울로 돌아왔다. 한 주일쯤 서울에서 머물다 다시 출발했다. 이번 전도 여행에서 우리는 담당구역 중 가장 남쪽지역과 우리가 살게 될 것이 확실시되는 흥미로운 곳(공주)을 방문했다. 이제까지 외국인이 방문해 본적이 없는 이곳 사람들은 긴장하고 진지해 보였다. 한 교인의 집에서 잠시 쉬고 난 후 교인들을 따라 교회로 갔다. 교회는 조그만 건물로 50센트에 해당하는 금으로 값을 치렀다고 한다. 교회 안에 우리가 가져온 상자들과 조그만 침대를 집어넣자 거의 빈틈이 나지 않아 우리가 거기에 있는 동안 예배는 다른 곳에서 드릴 수밖에 없었다. 이 때문에 남자뿐만 아니라 여성 신자가 와도 충분할 정도로 큰 공간을 다른 곳에 준비했는데, 이때까지도 이곳 교인들은 남녀를 구별하여 예배를 드리고 있었다. 남녀 신자의 분리를 위해 커튼 하나를 걸었고 남자신도들에게 부인과 딸들을 데리고 나오라고 말했다. 여자들이 함께 나왔고 그들 중 일부는 매우 주의 깊게 경청했다. 예배가 끝난 후에 나는 여신도들과 이야기를 하며 남자들이 예수를 믿는 것과 마찬가지로 여자들이 예수를 믿는 것은 그들의 특권이라고 설득했다. 그곳을 떠나기 전, 나는 남자신도들이 여자들을 예배에 데리고 나오도록 약속할 것을 요청했다. 이에 대해 남자신도들은 "여자들을 위한 공간이 없고 아무튼 여자들은 아무것도 모른다."고 말을 했다. 계속해서 남자신도들을 설득하자 그들은 여자들도 오도록 하겠다고 약속했다. 몇 주 전에 이 문제를 물어보니, 남자들이 여전히 교회를 독점하고 있음을 알았다. 확실히 남자들은 자기들만 하늘나라에 갈 것을 기대하고 여자들은 혼자 몸부림치도록 남겨놓으려는 속셈이 아닌가 싶었다. 약간 실망스러웠다.

이번 여행은 지금까지 해온 것 중 몹시 어려운 여행 중의 하나였는데, 이유는 육체적으로나 정신적으로나 아주 힘들었기 때문이다. 산들은 끝도 없어 보였는데 하루는 일곱 개의 산을 오른 적도 있다. 어떤 곳에서는 여자신도들이 내가 기대했던 것에 비해 배우려는 열망이 없는 것처럼 보이기도 했다. 그러나 많은 사람은 내가 달콤하게 옛날 복음의 이야기를 할 때 경청했고 몇 명의 가슴에는 감동을 줬을 것이라고 믿는다. 이 큰 지역에 겨우 전도부인이 한 명 뿐이어서 우리가 해야 할 일의 절반도 할 수 없는 상황이나 우리는 최선을 다했고 나머지 결과는 하나님께 맡기려고 한다.

공주에서 처음 열은 사경회에는 12살부터 60살까지 다양한 연령대의 신도들이 모였는데 문제는 나이 든 여성들이었다. "배울 수가 없다. 너무 늙었다."고 말하며 돌아앉는 경우가 많아지자 사부인은 우리 교회에서는 누구도 " '할 수 없다' 는 말을 할 수 없다."고 말해줬다.

공주에 온 이후 나는 주일학교 소녀반에 대해 매우 흥미를 갖게 되었다. 일요일 오후에 있는 여신도 헌신예배에는 참석자들도 많고 항상 영적으로 새로워짐을 느끼게 된다. 한글 독해가 가능한 사람이 많지는 않지만, 일주일에 한 번씩 야간 사경회를 시작했다. 이 사경회 참석자는 12살부터 60살까지 연령대가 다양했었다. 특히 나이 든 여성들이 조금 공부를 하다 말고 "배울 수가 없다. 나는 너무 늙었다."고 말하며 돌아앉는 경우가 많아 그들에게 자꾸 권유하며 북돋아 주느라 계속 바쁠 수밖에 없었다. 나는 항상 그들에게 우리 학교에 오는 사람은 누구도 " '할 수 없다' 는 말을 하면 안 된다."고 말해줬다.

화요일 저녁에는 세례문답반을 열었다. 이 반은 세례를 받지 않은 사람들을 위한 특별반인데, 희망하는 사람은 모두 올 수 있었다. 금요일 오후에는 성경 이야기에 이어 노래반을 열었다. 여자들은 이 시간을 매우 좋아했다.

나는 여러 가정을 방문하고 시간이 날 때마다 심방을 하려는 목표를 갖고 있다. 공주에는 유급 전도부인이 한 명도 없는데, 대신 두 명의 신도가 가정방문 전도 일을 훌륭하고 충실하게 수행해주고 있다. 두 사람은 글을 읽을 수는 없었지만 말은 할 수가 있었고 어떤 노력도 아끼지 않았다. 이들은 매일 몇 집을 찾아가서 교회 예배에 참석해 더 큰 신앙을 가질 것과 기독교인으로서의 삶을 더 진실하게 살 것을 권면했다.

6월 초에는 공주에서 70리(25마일) 떨어진 곳에 새 교회가 열림에 따라 며칠간 떠나가 있었다.[10] 미스터 샤프가 갈 수가 없어서 그를 대신해 내가 갔다. 그곳에는 남성 신도는 많았으나 아직 여신도는 몇 명 되지 않았다. 그날은 한국의 휴일이었고 많은 사람이 왔다.

그날 교회는 온종일 붐볐는데, 이야말로 우리에게는 설교를 할 수 있는 훌륭한 기회였다. 날이 저물 무렵, 15명의 여신도가 믿기를 원했다. 나는 오늘 전도의 영향을 받아 더 많은 사람의 심령이 그리스도를 찾을 것으로 믿는다.

정중하게 이 보고서를 제출합니다.

앨리스 H. 샤프

드루대 감리교 아카이브에서 사부인 부부의 충청도 활동을 조사 하던 중 공주로 추정되는 지역을 처음 방문하고 당시 경험을 일화로 기록한 로버트 샤프의 친필문서를 찾을 수 있었다. A4용지 절반 크기의 종이 위에 펜으로 쓴 글의 제목은 "모자 건네기(Passing the Hat)". 단정해 보이는 글씨체로 로버트 샤프의 파일에 끼어 있었다. 우측 상단에는 샤프(Sharp)가 필자임을 알게 해주는 글씨가 쓰여 있다.

충청도 동남쪽에 있는 한 작은 읍(공주로 추정됨)에 도착했을 때는 추운 11월의 저녁이었다. 이곳은 전에는 외국인을 한 번도 본 적 없는 곳이었다. 우리는 도착했을 때 따뜻해지기 시작하려는 방바닥에 앉아 있었다. 3명의 방문객이 우리와 안면을 익히기 위한 인사를 왔는데 그들 중 한 사람만 갓(hat)을 쓰

10) 공주–논산 거리가 25마일(40km)이고 1905년 6월 새 교회가 논산에서 봉헌됐으므로 이는 논산교회를 가르치는 것이 분명하다. 사부인의 보고서를 토대로 정확한 봉헌예배 일자를 알 수 있다.(58쪽)

Passing the Hat Sharp

It was a cold November evening we had arrived at a little town in the South East part of Chung Chung Do. where no foreigner had ever been seen. We were seated on the floor trying to get warm when in came three callers to make our acquaintance only one of whom wore a hat. He bowed himself before us and after the usual salutations asked a number of questions then taking off his hat handed it to gentleman No 2 who donned it and likewise prostrated himself saluted us and asked a few of his inquisitive wonderings. Then taking off the hat proffered it to gentleman No 3 who went through the same rounds and then passed it back to No 1 who owned the hat. As it would not have been polite according to Korean Custom to greet us without a hat on and as the two had none of their own had to borrow for the occasion. The greetings all over they wished us a peaceful sleep and departed.

로버트 샤프 선교사가 첫 지방 선교 후 남긴 글.
'한국인의 모자 빌려 쓰고 인사하기'. ⓒ드루대학교

고 있었다.

갓을 쓴 한 사람은 우리 앞에서 큰절을 하고 여러 가지 질문이 섞인 통상적인 인사말을 한 후 두 번째 사람에게 갓을 벗어 주자 이 남자도 갓을 쓴 후 똑같이 절을 하고 비슷한 질문과 인사말을 한 후 갓을 벗어 세 번째 남자에게 주는 것이었다. 똑같은 행동을 한 번 더 한 뒤 세 번째 남자는 갓을 벗어 원래의 소유자였던 첫 번째 사람에게 건넸다.

한국식 관습에 따르면 첫 대면을 할 때 갓을 쓰지 않고 만나는 것은 점잖지 못한 행동이었고 두 사람은 갓을 쓰고 나오지 않았기 때문에 일어난 일이었다. 인사가 모두 끝나자 그들은 우리에게 편안히 주무시라고 말하고 떠났다.

양반 전통에 따라 수인사를 할 때는 '의관(衣冠)을 정제해야 한다.'는 관습과 더구나 외국인을 처음 만나면서 일어난 일로 20세기 초 한국인의 행동과 서양인의 차이를 잘 보여주는 일화가 아닐 수 없다.

한편 각주(10)에서 밝힌 것처럼 1905년 사부인의 KWMC 보고서에서 알게 된 흥미로운 사실은 저자의 모 교회 논산제일감리교회의 최초 예배당 헌당 예배일을 사부인 보고서를 통해 알게 됐다는 점이다.

『논산제일감리교회 106년사』(65쪽)에 따르면 논산교회는 1903년 후반기 공주교회에 이어 설립된 것으로 나타나 있다. 첫 예배처가 '서익보(徐益補) 참판 댁이 아니었나?' 하고 추정할 뿐이다. 이때부터 15개월 정도 지난 1905년 6월 연회에서 선교사 맥길은 "나는 공주에서 70리 떨어진 놀뫼에서 몇 가정을 인도하고 그곳에 김 씨[11]를 보내(1904. 11. 17.) 일하게 했다. 현재 이곳에는 교인이 100명이고 출석 교인이 70명인 교회가 있다. 이 교회는 예배당을 짓기 위해 70엔 이상을 모금했으며 지금은 거의 완성 단계에 있다. 하지만 아직 여성 신자들이 많지 않다."고 보고하고 있다.

이 같은 기록을 토대로 『논산제일감리교회 106년사』는 "…1905년 여름부터 논산의 신앙공동체는 반월동 언덕의 새 성전에서 예배를 드리게 되었다. 실로 김상문 전도사가 논산으로 파송 받아 온 지 겨우 반년 만에 논산교회를 세우게 되었다."고 기록 하고 있다.

『논산제일감리교회 106년사』에서는 교회 건축을 위해 70엔을 모금해 거의 건축이 완성단계에 있다고 밝혔을 뿐 정확한 헌당 날짜는 기록하지 못했다. 그러나 사부인의 보고서에서 논산제일감리교회 최초 교회당의 헌당 예배 일자를 추정할 수 있는 단서를 발견하게 되었다. 논산교회라고 밝히지는 않았으나 보고서 끝부분에서 "6월 초에는 공주에서 70리(25마일) 떨어진 곳에 새 교회가 열림에 따라 며칠간 떠나가 있었다. 미스터 샤프가 갈 수가 없어서 그를 대신해 내가 갔다. 그곳에는 남성 신도는 많았으나 아직 여신도는 몇 명 되지 않았다. 그날은 한국의 휴일이었고 많은 사람이 왔다."라고 기록하고 있다. 『논산제일감리교회 106년사』에서 맥길 선교사도 논산이 공주에서 70리 떨어져 있다고 했는데, 사부인도 70리 떨어진 곳에 새 교회가 문을 열었다고 기록하고 있다. (… 중략 …)

---

11) 김상문 전도사.

『논산제일감리교회 106년사』는 막연하게 "1905년 여름부터 … 새 성전에서 예배를 드리게 되었다."고 밝히고 있을 뿐이다. 정확한 날짜를 밝히기 위해 사부인의 보고서를 주목해서 보면 "6월 초 남편 샤프 선교사가 갈 수가 없어서 그를 대신해 내가 갔다. 그날은 '한국의 휴일(Korean Holiday)'이었고 많은 사람이 왔다…."고 되어 있다. '6월 초(A few days the first of June)'와 '한국의 휴일(Korean Holiday)'을 결합해 1905년 6월의 달력을 검색해 보면 구한말 한국의 휴일로는 단오(端午) 밖에 기록돼 있는 것이 없다. 1905년 단오절(음력 5월 5일)은 6월 7일이었다. 이를 통해 논산제일감리교회의 최초 예배 장소는 개인 집이었으나 첫 교회당의 헌당예배 일자는 1905년 6월 7일 단옷날이었다는 사실을 확인할 수 있다.

남편 잃은 슬픔 속에 보고한 1906년 연회

1906년 6월 8일부터 14일까지 서울에서 열린 제8회 KWMC 연회에서 사부인은 충청지방 사역 보고를 하고 있다. 사부인 보고서에서 가장 주요한 내용은 1906년 3월 5일, 발진티푸스로 사랑하는 남편 로버트 샤프를 잃었다는 사실이다. 불과 석 달 전 남편을 잃은 슬픔 속에서 충청지방에 대해 보고를 하고 있다. 사부인은 보고 후 여름이 되자 본국으로 돌아갔다가 1908년 말 다시 한국으로 돌아와 1939년 정년까지 일한 후 완전히 귀국한다. 절망감 속에서도 신앙에서 희망을 찾는 사부인의 모습이 보고서 속에 절절히 배어 있다.

> 지난번 남편과 사별할 때, 나의 사랑하는 남편이 하늘에서 보고하기 위해 장차 우리가 다시 모이게 될 그 하늘나라의 회의로 부름을 받아 갈 줄은 꿈에도 상상하지 못했다.

"하나님의 길은 우리의 길과 다르고, 그의 생각은 우리 생각과 다르다."[12] 그래서 비록 그분이 나에게 깊은 슬픔을 주셨지만 나는 다른 사람들을 생각하면서 그 슬픔을 잊으려고 노력할 것이고 또한 그분이 나에게 맡기신 일을 더욱 열심히 할 것이다. "이별은 이미 지나갔고 만남이 앞에 있다."라는 것을 알기 때문이다.

"참 절망적인 해로군!" 우리는 이렇게 말할 수도 있을 것이다. 그러나 모든 어려움과 손실 중에서도 어떤 방법으로든 하나님이 선을 가져다주실 것을 알기 때문에, 우리는 믿음을 가지고 두려워하지 않을 것이다.

지난해에 우리는 집을 짓는 관계로 전도 여행을 많이 할 수 없었다. 그래서 우리의 수고는 공주와 그 집에 한정되었다. 우리는 우리에게 허락된 자금으로 건축을 맡을 청부업자를 구할 수 없어서 일용직(비숙련) 노동자를 이용하여 집을 지었다. 이것은 그 일에 계속적인 감독을 해야 함을 의미했다. 우리는 여름 내내 돌 두 개 사이에 솥을 놓고 불을 지피는 작은 한국식 집에서 살았다. 그리고 침실은 너무나 지붕이 낮아서 일어설 때 항상 머리를 부딪칠 걱정을 하였다. 그러나 우리는 곧 편안한 숙소를 가지게 될 것이기 때문에 모든 불편함을 즐거워했다.

사부인은 너무나 적은 건축비 때문에 전문기술자가 집을 짓지 않고 남편 로버트가 벽돌을 굽고 재목을 직접 날라 새집을 지었다고 말했다. 그러나 두 사람은 새집에서 불과 석 달밖에 살지 못했다.

이 집의 건축에 사용되는 모든 것은 즉석에서 만들어졌다. 심지어 벽돌도 거

12) 이는 이사야 55장 8-9절의 "이는 내 생각이 너희의 생각과 다르며 내 길은 너희의 길과 다름이니라. 여호와의 말씀이니라. 하늘이 땅보다 높음 같이 내 길은 너희의 길보다 높으며 내 생각은 너희 생각보다 높으니라."에서 원용.

Sharp.

Chemulpo Korea
May 26th 1906

Dr. A. B. Leonard,

Dear Dr. Leonard;

Your kind letter reached me on my return to Kong ju a few weeks ago. After my husbands death I went to Seoul for a rest and change, then went back to pack up preparatory to going home.

I am very grateful for your sympathy and provision you have made for my need certainly you have been very kind to me.

I feel very keenly the loss of my husband some days it seems almost more than I can bear. It is hard for us to understand why God took him at this time, when to us, it seems he was so much needed. Surely "Gods ways are not our ways."

2

After loosing my husband the next hardest thing was, to leave the place we had called "home". and our dear people. They plead with me to stay and although I would gladly have done so, the mission would not allow me.

I trust if it is Gods will to go back and work among them once more. I hardly know how to take up the work alone, but there is one who has promised to be with me to the end and I know He will help.

I am in Chemulpo for a few days - I go back to Seoul next week to remain until after conference, then I expect. (D.V.) to start for home reaching New York sometime in August.

Thanking you again for all your kindness.

I am, Yours sincerely,
Alice H. Sharp

1906년 5월 26일 남편 사망 후 미국으로 귀국하기 전 제물포에서 미국의 레어드 박사에게 위로에 감사하며 쓴 사부인의 친필 편지. 사부인은 편지에서 남편 소천 후 가장 힘든 일은 남편과 함께 홈(home)이라고 불렀던 곳을 떠나는 것으로 특히 이 곳의 사랑하는 사람들과 떠나는 것이라고 말했다. 사부인은 사람들이 미국으로 귀국하지 말 것을 간청하고 있지만 선교부가 허락해 주지 않고 있다면서 하나님의 뜻이 있으면 그들에게 다시 돌아올 것을 믿는다고 쓰고 있다. 편지 내용처럼 사부인은 1908년 12월 다시 한국에 와 1939년 은퇴할 때까지 한국 선교에 헌신했다. ©드루대학교기에서 구웠고 모든 나무도 우리의 감독하에 마련되었다. 남편 샤프는 수 마일을 가서 나무를 구해왔고, 한 번은 그의 작은 말 '딕'을 타고 급류를 건너다가 거의 빠져 죽을 뻔했다. 그리고 여러 번 그는 비에 흠뻑 젖어 진흙을 옷에 잔뜩 묻힌 채 집으로 돌아와 아무도 그의 옷 색깔을 알아보지 못할 지경이었다.

우리는 유리를 잘라서 거의 모든 창에 끼웠고, 페인트칠, 기름칠 광내기를 직접 했다. 11월에 새집으로 이사해 들어갔으나 하나님은 우리가 4개월 동안만 이 집에서 즐거이 살도록 해주셨다. 그 후 하나님은 남편을 위해 오랫동안 준비해오시던 더 밝은 그의 집으로 남편을 데리고 가셨고, "여기에는 우리에게 영원한 처소가 없다"는 것을 나에게 더욱 확실히 알게 해 주셨다.

여름 내내, 나는 주일학교 이외에 부녀자를 위한 강좌를 매주 4번 가졌다. 매주 금요일 오후 우리는 성경을 공부하면서 즐거운 시간을 많이 가졌다. 구약을 끝마친 후 복습을 시키고 구두시험을 봤다. 그들은 한 명만 제외하고 모두 잘 대답하였다. 그 한 부인은 노아가 누구냐는 물음에 "아브라함의 부인입니다."라고 대답하였다. 또 다른 한 부인은 요나에 관해 공부할 때, "저는 이전에 한 번 그에 관한 설교를 들었는데 그것을 이해할 수 없었습니다. 그런데 지금은 이해가 갑니다."라고 말했다. 교사가 없을 때도 그들이 배운 모든 것들을 잊지 않도록 기도했다.

주일 오후반은 특히 흥미로웠는데, 여름 내내 많은 사람이 출석하였다. 나는 매번 생각할 재료를 제공하였고, 우리는 그 후에 기도와 신앙고백을 하였다. 우리는 복된 시간을 많이 가졌다. 주님은 기다리는 우리 영혼들을 시원하게 하셨다.

지난해 가을에 남편 샤프가 수많은 모임을 돌보기 위해 외출하려고 했을 때, 나는 집에서 마무리 작업에 신경 쓰고 있었다. 그리고 계속 찾아오는 사람을 위해 책을 공급해야 할 필요성을 느꼈다. 매일 많은 사람이 생명의 길을 물으러 왔고, 어떤 날은 끼니를 거를 지경이었다.

우리 집은 모든 사람에게 호기심 거리였다. 집 구경을 위해 사람들이 와서 이 방 저 방으로 다니면서 하는 말을 듣는 것은 즐거운 일이었다. 어떤 사람은 "목사(moksa), 당신은 천국에 갈 필요가 없겠소."라고 하고 또 어떤 사람은 "우리가 돼지같이 사는군. 여기는 얼마나 깨끗한가." 또는 "숨넘어갈 지경이군!" 이라고 하였다. 그래서 우리는 그들이 이를 통해 더러움과 깨끗함의 차이를 알게 되었다는 것과 천국의 영광과 아름다움에 대한 그들의 생각이 얼마나 미약한가를 알게 되었다. 2월에 남편 샤프가 최근의 전도지역으로 여행하고 있을 때, 나는 공주 동쪽으로 100리 떨어진 한 중심지로 부녀자 사경회를 열기 위해 갔다. 미스 밀러도 이 사경회에 참여하기로 하였으나 병 때문에 갈 수가 없었다.

우리는 5일 동안 유익한 시간을 가졌고 그때 그들이 많은 도움을 받았을 것으로 나는 믿는다. 한 소년이 교회에 와서 사랑하는 주님에 대해 배운 후에, 집으로 가서 어머니와 아버지에게 그것을 말하고 그들을 믿게 하기 위해 노력하였다. 부모는 처음에는 들으려 하지 않다가 마침내 생각해 보겠다고 대답하였다.

내가 갔을 때 그의 어머니는 사경회에 나왔고 그리스도를 따르기로 결심했다. 아버지도 역시 그 아이의 열심을 보고 그때 마음을 정하였다. 그리하여 이 부모들은 작은 아이를 통해 그리스도께 인도되었다. "한 작은 아이가 그들을 인도할 것이다.(A little child shall lead them, 사 11:6) 어린아이가 그들을 이끌고 다닌다."는 말씀이 이 경우에 해당한다고 생각했다.

사부인 부부는 사경회 인도와 선교를 위해 떨어져서 활동하다가 남편이 아프다는 소식을 듣고 공주 집으로 귀가하여 간호했으나 일주일 만에 로버트 샤프는 소천했다.

나는 현재 하고 있는 사경회를 떠나 남쪽으로 140리 떨어진 다른 곳으로 가는 중이었는데 남편 샤프가 아프다는 말을 전해 들었다. 그래서 논산을 거쳐 공주로 가는 것이 좋다고 생각했다. 그날 아침, 내가 빗속을 뚫고 작은 말을 재촉해 갈 때 2주도 안 되어 내가 홀로 남겨지리라고 어떻게 생각이나 했겠는가? 집에 도착했을 때 알게 된 남편의 병세는 그가 나에게 보낸 편지의 내용보다 훨씬 위중한 것이었다. 그러나 나는 그렇게 심각하다고 생각하지 못했다.

나는 다음 날 아침 일찍 닥터 스크랜턴에게 연락을 보냈고 그 후 기도하면서 지켜보고 기다리는 날들이 계속되었다. 우리는 한 번 그의 삶에 절망을 준 후 하나님은 그를 다시 보내주실 것으로 생각했다. 그러나 일주일이라는 짧은 시간 후에 그의 영혼은 그로부터 날아가 그날 밤 안식에 들었다. 고통으로 지친 나날을 보낸 후 그의 모습은 아주 평안하게 보였다. 그가 그의 상을 받으러 천국에 들어갔을 때, 하늘나라의 기쁨이 있었을 것이다.

우리는 그의 유해(form)를 시내가 내려다보이는 아름다운 작은 지역에 모셨는데 그곳은 우리가 홈(home)이라고 불렀던 곳에서 가까웠다. 장례를 마친 후 나는 변화와 휴식을 위해 서울로 왔다. 얼마나 즐거이 한국에 머물 수 있으며

공주 영명고 뒷산에 있는 로버트 샤프 선교사의 묘소. 비석에는 'R. A. 샤프 추모(IN MEMORY R. A. SHARP, 1872-1906년)'가 음각돼 있다.

나의 일을 해나갈 수 있을지 생각해 보았지만 그것은 현명한 생각이 아니었다.

4월 8일 나는 미스 밀러와 마커와 함께 고향 미국으로 돌아갈 짐을 꾸리기 위해 3주 예정으로 공주에 돌아갔다. 내가 공주에 머무는 동안 미스 밀러가 여성들을 위해 진행하던 사경회를 도왔다. 한 여성은 밀러의 가르침을 통해 그녀가 조그만 여자종을 계속 데리고 있다는 것이 죄짓는다는 것을 깨닫고 교회에서 나쁜 행동을 고백한 후 공개적으로 어린 여종의 자유를 선언했다. 나는 사경회를 통해 이 일보다 더 훌륭한 좋은 일이 없을 것이라고 느꼈다. 우리는 공주와 논산에서 봉사한 미스 밀러에게 크게 감사한다. 미스 밀러의 사랑과 진정성은 모든 사람의 마음을 열었다.

4월의 마지막 날에 나의 마음속에 그렇게 소중하게 키워왔고 이제는 나와 모든 기쁨과 슬픔, 즐거움과 시련을 나눠왔던 사람[13]이 마지막 나팔소리가 울릴 때까지 잠자고 있는 고장을 떠나야만 했다.

몇 명의 교인은 나와 함께 강을 건너왔고 그곳에 서서 우리는 눈물로 작별했다. 고국인 미국의 사랑하는 친구들이 울고 있는 한 무리의 교인들을 볼 수 있었으면 얼마나 좋을지 생각했다.[14]

나는 미국 친구들의 가슴이 우리를 선교사로 보내도록 도움 준 데 대해 감동하게 될 것이라고 확신한다. 하나님이 우리에게 주셨던 위대한 사업을 살피고 돌볼 사람이 아무도 없는지? 이 위대한 하얀 들판에 뛰어들 사람이 없는지? 보낼 사람이 아무도 없는지? 우리는 기도가 필요한 더 많은 영혼을 위해서가 아니라 하나님이 이미 우리에게 주신 사람들을 안내할 교사를 확보할 수 있도록 기도할 필요가 있다. 우리 선교사들은 이런 사명을 특권으로 알고 깨달아 전선 앞으로 길을 재촉해 나아가야 한다.

---

13) 남편 샤프 목사.
14) 선교자금을 보내주는 미국 친구들에게 사부인과의 헤어짐을 슬퍼하며 우는 한국교인이 있음을 보여주고 싶은 사부인의 마음이 나타난다.

나는 우리가 목사 없이(샤프 없이) 남겨지게 된 이 위대한 전도사업을 위한 순례에 여러분이 함께 할 수 있기를 바란다. "내가 여기 있습니다. 주님, 나를 보내소서. 나를 보내소서." 하는 말이 들릴 것으로 확신한다. 공주에는 여성들이 머물 수 있는 집과 두 명의 전도사업 담당자가 몹시 필요하다. 할 일은 엄청나고 그 짐을 홀로 감당하기는 너무나도 벅찬데 도울 사람이 없다.

사부인은 남편을 이역만리 땅속에 묻고 떠나면서 목사가 없는 자신의 선교구역을 걱정했다. 한 전도부인은 "부인과 함께 올해 내내 전도 여행을 할 것으로 생각했어요. 그러나 부인은 떠나고 우리는 홀로 남게 되었다."면서 사부인과의 이별을 안타깝게 생각했다.

공주의 전도부인들은 모두 전도사업을 잘 수행했다. 한 전도부인은 겨우 잠깐 고용했을 뿐인데 매우 성실했고 그 자신을 생각하지 않고 항상 다른 사람을 배려했다. 이 전도부인은 전도를 듣는 모든 사람에게 간단한 복음 이야기를 온 힘을 다해 말했다. 이번에 미국으로 떠나기 위해 공주선교부로 가는 길에, 이 전도부인은 다음과 같이 말했다. "나는 부인과 함께 올해 내내 전도 여행을 할 것으로 생각했어요. 그러나 부인은 떠나고 우리는 홀로 남게 되었습니다." 비록 전도부인은 그렇게 느낄지 모르나 그들은 홀로 있는 것이 아님을 알기에 나는 무척 기뻤다. 왜냐하면 나는 우리를 사랑하는 목자 주님께서 계속 그들을 지켜주시고 돌봐주실 것을 알고 있기 때문이다.

전도부인 조세피아(Josephia)는 그녀가 담당하고 있는 동쪽 구역 100리의 복음사역 이외에 순회해야 할 마을이 약 200곳이나 된다. 조세피아의 보고와 죽은 남편 샤프가 분기 회의에서 보고한 내용에 따르면 그녀는 매우 만족스럽게 전도사업을 수행했다. 그러나 전도사업의 모든 일이 순조롭게만 진행되지는 않았다. 조세피아는 지난가을 순회전도 중 강도를 만나 모든 돈을 빼앗겼고 책이 파손되었으며 구타를 당하기까지 했다. 식량인 쌀을 살 돈도 없고 구타로 인한 심한 상처로 조세피아는 집으로 돌아올 수밖에 없었다.

나는 1년 넘게 그녀가 담당했던 전도지역을 방문하지 못했는데 3월에는 조세피아의 집에서 사경회를 열 예정이었다. 그러나 남편 로버트의 갑작스러운 와병과 죽음으로 인하여 전도지역에 가는 것이 불가능해졌다.

공주지역의 또 다른 전도부인인 조세핀(Josephine)은 두 가지 일을 하고 있다. 하나는 오전에 주간학교에서 가르치는 일을 하고 오후에는 교인 집을 방문해 교인들이 주님을 더욱 가까이 할 수 있도록 권면하는 일을 했다. 어떤 때는 비신자의 집도 방문해 우리 교인의 대열에 참여할 것과 왕이신 예수를 위해 싸우도록 설득하는 노력도 했다. 내가 공주를 떠나게 되면서 나의 사역의 일부도 맡았다.

주간학교는 내가 실망하지는 않고 있지만 내가 원했던 만큼 크지는 않았다. 그러나 여전히 큰 학교를 갖게 될 것으로 믿고 있다. 현재 평균 출석 인원은 12명밖에 안 되지만 그들 중 몇 명은 내가 한국에서 본 적이 없을 만큼 사랑스럽고 똑똑한 어린 여자아이들이다. 곧 정규 주간학교 교사가 배치되기를 희망하고 있다.

공주지역에는 35명이 넘는 학생이 있는 남자학교가 있다. 우리는 지난가을과 여름에 그들에게 노래를 가르쳤고 그들은 배운 노래로 성탄절 오락 시간에 실력을 뽐냈다. 우리 학교의 교사인 윤성렬은 특기할 만한 가치가 있는 사람이다. 남편 샤프가 타계하는 시간까지 그는 학교와 공주교회의 사역을 감당했으며, 공주의 주변지역에서 오는 모든 사람을 면담했다. 아주 젊은 그에게 너무나 과중한 업무였음에도 불구하고 그는 즐거이 모든 일을 감당했다. 하루는 내가 공주를 떠나기 전에 남편 샤프에 관해 이야기를 나누었는데, 그는 "나는 설교할 때 미스터 샤프가 나의 오른쪽에 서서 나를 돕고 있는 것처럼 느낀다."고 말했다. 그래서 아마도 남편 샤프는 영혼을 통하여 그가 우리 가운데 육신으로 함께 있을 때보다 더 우리를 도울 것이라는 생각이 든다.

지난 몇 주 동안 나는 미세스 스크랜턴이 했던 수요일 아침 모임을 담당해 나갔다. 다른 사람을 돕는 가운데 은혜를 받았으며 같이 모인 한국인 자매 성도들도 축복을 받았을 것으로 믿는다.

주님께서 특별히 올해 충청지방에 축복해 주실 것과 전도사업을 맡을 훌륭한 인물을 보내주셨으면 하는 것이 나의 진심에서 나오는 기도이다.

이 보고서를 정중히 제출합니다.

앨리스 H. 샤프

사부인이 쓴 위의 KWMC 보고서 중 "한 소년이 교회에 와서 사랑하는 주님에 대해 배운 후에, 집에 가서 어머니와 아버지에게 그것을 말하고… 그리하여 이 부모는 작은 아이를 통해 그리스도께 인도되었다. '한 작은 아이가 그들을 인도할 것이다. 어린아이가 그들을 이끌고 다닌다."라는 내용이 저자의 가슴에 와 닿았다. 20여 년 후 저자의 집안에서도 비슷한 일이 일어났기 때문이다.

여기에서 '한 작은 아이'는 저자의 세 분 고모 중 큰 고모님 임분식(1922-1996) 권사에 해당한다. 저자 조부모의 장녀였던 고모님은 8살(1930) 무렵 논산교회를 다니기 시작했는데 바로 사부인의 전도를 받았다. 1996년에 작고한 할머님은 생전에 가족 예배 중 자주 기독교 신앙을 받아들이는 과정에 대해 말씀하시곤 했다. 그것은 큰 고모님이 성경공부를 하고 와서 자랑스레 이야기하는데 자신이 들어도 옳은 말이었다는 것이다. 그래서 사부인이 논산교회에 왔을 때 말씀을 듣고 믿음을 갖기 시작했다고 밝혔다. 집안의 어른이었던 시아버님(저자의 증조부)의 반대가 심해 할머니와 큰 고모님은 "늘 대문 옆 사랑방에 기거하시는 증조할아버지의 눈과 귀를 피해 집 뒤편 짚으로 엮은 울타리에 '개구멍'을 내고 교회에 다녔다."라고 말씀하셨다.

이런 할머님의 말씀을 떠올리면 '어린아이가 그들을 이끌고 다닌다.' 라는 성경 구절이 그냥 읽히지 않는다. 우리 집안을 복음화시킨 큰 고모님과 할머니의 고충이 어떠했을지 상상하지 않을 수 없게 만들기 때문이다.

한편 위의 보고서에 나타나 있는 것처럼 남편 샤프 선교사는 전도 중 3월 5일 발진티푸스에 감염돼 소천했다. 로버트 샤프 선교사의 소천에 관해서는 같은 해 6월호 「코리아 리뷰」에 스크랜턴 박사(의료 선교사)의 추모사가 게재(148-151쪽)돼 있다. 이 추모사는 드루대 감리교 아카이브에서 찾은 것이다. 국내 기독교역사연구소 소장 영인본에는 스크랜턴이 추모사 저자라는 표시가 되어있지 않다. 그러나 드루대 감리교 아카이브 자료에는 '로버트 아서 샤프(Robert Arthur Sharp)' 라는 제목 아래에 손글씨로 '스크랜턴 박사 추모사(A memorial by W. B. Scranton)' 라고 쓰여 있다. 이로 미뤄볼 때 「코리아 리뷰」의 추모사는 그를 진찰했던 스크랜턴 박사의 것이라고 결론 내릴 수 있다.

스크랜턴 박사는 "로버트 샤프는 온정 많고 독실한 신앙인이었다며 그를 비록 눈물 속에 보내지만 그 눈물을 통해 '몸이 다시 사는 것과 영원히 산다.' 라는 사도신경의 진리를 배우게 된다."라고 추모했다.

> 아마도 많은 사람이 샤프 선교사의 삶은 '때 이르게 끝난' 혹은 '그의 일이 이제 겨우 시작됐고 끝나지 않았다' 라고 말하며 '부러진 자루(broken shaft)' 와 같은 인생이라고 말할 것 같습니다. 그러나 더 진실하게 그의 삶을 표현한다면, 어떤 시간이 우리 각자 앞에 도달한 것인데, 그 시간이 과녁에 도착했을 때나 표적에 닿았을 때 그의 역할은 미완으로, 더 이상 연습이 필요 없이 끝난 것입니다. 비록 우리는 눈물을 통하여 그 신비를 배우게 됨에도 불구하고 우리는 눈물 때문에 '몸이 다시 사는 것과 영원히 산다.' 라는 사도신경이 우리에게 주는 위로에 눈을 감고 외면해서는 안 됩니다. 사도신경의 말씀과 같이 인간의 삶은 오직 준비 단계일 뿐입니다. 그래서 가능하다면 우리는 사도 바울이 "죽

는 것도 유익하다.(빌 1:21)"고 한마디로 표현한 말씀을 위로 속에 더 큰 소망으로 삼아야 할 것입니다.

우리 모두가 알고 인정하듯이 우리의 형제 샤프는 온정 많고 독실한 사람이었습니다. 그의 삶은 지치지 않고 끊임없이 계속되는 노력으로 가득 찬 끈기 있고 열정적인 것이었습니다. 그는 다른 모든 사람에게는 부드러움 그 자체였으나 자신에게는 철저했습니다. 선교사로서 우리가 그와 알게 된 시간은 겨우 3년밖에 안 되는 짧은 시간이었지만 그의 삶이 최근 우리가 알게 된 것이 전부라고 생각한다면 그것은 너무 공허한 일이 아닐 수 없습니다. 출생을 비롯해

148 THE KOREA REVIEW.

A Memorial — **Robert Arthur Sharp.** — by W. B. Scranton.

Probably many would say that his life should be represented by a broken shaft; that it was untimely ended; that his work was only just begun, and not finished. And yet the truer view is that a time arrives in the life of each one of us, when the mark has been reached, or the goal touched, the character finished in the rough, and the probation no longer necessary. Though we study the mystery through our tears, let us not permit them to blind us to the consolation of our Creed, "the resurrection of the body, and the life everlasting," for which this life is only the preparatory stage; and if possible, let us lay hold, with comfort, of the larger hope expressed by St. Paul, in the words, "to die is gain."

It will be granted by all who knew, our Brother Sharp, that he was a man of "kindliness," or "godliness," either and both. His was a persistent and eager life, filled to the full with effort, tireless and unremitting. He was gentleness itself to all others, but merciless to himself. Although our acquaintance with him in the Mission has been short,—just under three years,—yet it would be vain for us to imagine that such a character as his had been but recently attained, and only lately arrived at its fullness. His origin, his parents, his brothers and sisters, the whole trend of his life, and his various occupations up to the time of his acceptance by our Missionary Society, all betoken a man in the making, whose course and end should be devoutly marked by us.

Brother Sharp was born in Caistorille, Ontario, March 18th 1872. His parents were both God-fearing in heart and practice. His father was a Local Preacher in the Methodist Church, and held an office in the local government of the town. Brother Sharp himself was brought up on the farm with five brothers, and three sisters. One of his brothers is in the direct ministry of the Church,

의료 선교사 스크랜턴 박사가 쓴 로버트 샤프 추모사. 발진티푸스에 전염돼 사망 했음을 밝히고 있다. 손글씨는 W. B. Scranton이다. ⓒ드루대학교

부모, 형제자매와 그의 삶의 전체 흐름, 우리 선교 사회에 올 때까지 그가 거쳤던 다양한 직책, 그가 선교사가 되기 전에 행했던 모든 행동, 그가 거쳤던 과정과 목표는 모두 우리에 의해 경건하게 표현되어야 합니다.

샤프 형제는 1872년 3월 18일 캐나다 온타리오주의 캐이스토빌(Caistoville)[15]에서 태어났습니다. 그의 부모님은 마음으로나 행동으로나 하나님을 경외하는 분들이었습니다. 샤프 형제는 다섯 형제와 세 자매와 함께 농장에서 자라났습니다. 그의 형제 중 한 명은 교회의 총괄 목사이고 모든 가족의 직업과 삶은 훌륭한 천부적 자질을 가졌다고 말할 수 있습니다. 우리의 형제 샤프도 어떤 일이 닥쳐와도 기독교인으로서 적극적으로 실천했습니다. 그는 그리스도의 편에서 영적으로 열렬히 주님을 섬겼고 영혼 구원의 일에 결연하게 서서 열심히 일했습니다. 특별히 그는 미국에서나 한국에서나 젊은이들에게 매력적으로 다가가고 그들을 이끌었습니다.

삶의 후반에 그는 분명히 더 큰 봉사를 하라는 소명을 느끼고 스스로 뉴욕 브루클린 연합선교훈련원에서 그 소명을 감당하기 위한 준비를 시작했습니다. 훈련을 마친 후 샤프는 오벌린 대학으로 가 오하이오주 펜필드(Penfield)에 있는 교회를 맡아 보람 있게 3년을 보냈습니다. 수년 동안 보여준 고인의 생각이나 기도, 선교 관련 글들을 보면, 미래의 봉사지역으로 그는 남미를 염두에 두고 있었던 것 같습니다. 더 나아가 고인은 모든 선교업무와 형태에 대해 깊은 관심을 가졌습니다. 그리고 마침내 북 감리교의 임명을 받아 한국에서 일하게 되었습니다. 고인이 우리 곁에 온 것이 꼭 3년 전은 아닙니다. 그보다 먼저 같은 교단의 외국 여성선교사로 한국에 온 약혼자 앨리스 해먼드 양과 결혼하게 되기 때문입니다. 그 후 거의 3년 동안, 고인은 묵묵히 불굴의 노력으로 첫 1년 동안 한국어 공부에 몰두하면서 제일감리교회(정동) 목회와 소년학교(배재)

15) 나이아가라 폭포가 있는 토론토에서 가까움.

에서 가르치는 일을 했습니다.

마지막 2년 동안 고인과 그의 부인은 아무에게나 맡기기에 너무나도 큰 짐을 맡아 용감하게 나섰습니다. 그 짐으로 부부가 맡은 곳은 넓이가 수백 마일에 달하는 선교구역과 띄엄띄엄 흩어져 있는 교인 무리, 수백 개를 헤아리는 교회와 2,000명이 넘는 교인들이었습니다. 두 사람은 자신들의 집을 짓고 감독하고 훈련할 조사(helper)들의 강습을 맡았습니다. 그들은 동료 선교사들에게서 떨어져 혼자 있었지만, 눈앞에서만 일하며 인간을 즐겁게 하려는 사람으로서가 아니고 마음으로 하나님의 뜻을 행하는 그리스도의 종으로 일했습니다. 이와 같은 모든 외로움과 무거운 근심 걱정에도 불구하고 우리는 고인이 늘 쾌활했던 모습을 기억합니다. 그리고 사방의 압력에도 불구하고 낙담하지 않았으며 업무로 인한 스트레스나 당혹스러운 일에 결코 화내지 않고 참아냈습니다. 대신에 고인은 자신이 아니라 하나님의 힘에 의지하며 "속사람 안의 모든 권능을 강화"하는 준비를 했습니다. 거의 1년 전 그의 생명을 구하기 위해 서울에서 경찰 출동을 요청해야 할 필요가 있을 만큼 일본인 폭도와 친일 한국인들로부터 큰 위협을 당했습니다. 그는 폭동이 빈번했던 지역에 살았습니다.

고인이 최근 현장에서 해낸 일의 분량은 대단한 것이었습니다. 그가 한 일의 대부분은 비범한 방법과 질서정연한 사고방식에 의해 이루어졌음을 알 수 있습니다. 그는 자신뿐만 아니라 그의 조사들이 이젠 모두에게 알려진 새로운 교육 도구인 벽걸이 지도나 차트 시스템을 사용했습니다.

최근 발견된 일기는 너무 완벽하게 신경을 써서 유지해온 터라 갑자기 그리고 뜻밖에 앓아눕고 부름을 받은 샤프 형제의 일을 후임자가 파악하는데 참고자료로 무한한 가치가 있는 것으로 확인되었습니다. 고인이 선교 구역에서 혼자 있는 동안 기록한 그의 일기를 통해서 마지막 질병을 알 수 있게 되었고, 그의 마지막 지친 발걸음이 산 고개를 넘어 신자들이 사는 들판의 아주 작은 마을에 있었음이 추적됩니다. 그는 하인과 한 명의 조사와 함께 모두 티푸스 열병[16]에 걸렸습니다. 그는 공주 집으로 오는 동안 아프기 시작한 지 닷새 만에 모든 여행을 함께 했던 그의 충직한 말 '딕(Dick)'의 안장에 묶인 채 타는 듯 열이 나는 몸으로 도착했습니다.

샤프 부인도 멀리 다른 선교구역에 나가 여성 성경 강의에 참석하느라 그의 질병에 대해서는 알지 못했고 목요일에 도착한 집에는 연락을 받을 때까지 도착할 수 없었습니다. 가장 가까이 있는 의사는 서울에 있었는데 의사가 처음 고인을 본 것은 토요일로 열이 난 지 8일이 지난 때였습니다. 삶을 향한 고통스러운 몸부림과 지난 몇 달간 반복해서 했던 일로 인해 탈진해 보이는 지친 헛소리 끝에 아프기 시작한 지 17일 만에 그의 육신은 우리 동료들을 떠났습니다. 영혼의 감독께서는 그를 위해 새로운 약속을 주셨습니다. 그가 진정으로 씨앗을 뿌리고 그의 뒤를 이어 전도사업이 행해지고 그 효과가 커짐에도 불구하고 고인은 그의 일에서 쉬게 되었습니다. 그의 삶은 배울 만하고 닮을 만한 점을 갖고 있습니다.

"의로운 사람을 추억하도록 하는 평화가
해가 지날수록 더욱더 푸르게 자라고
세월의 흐름 속에 꽃피우도록 하자.
캔버스 위에는 그의 고요하고
자애로웠던 모습을 그대로 그려보자.
하늘나라가 아닌 광경은 모두 피했던
그의 사랑의 행위 위에 빛이 흐르도록 해보자.
그리고 명예를 담는 책에 그의 영광스러운 선함을 기록하자.

16) 의사로서 추모사를 쓴 스크랜턴 박사는 글에서 샤프 선교사의 사인을 티푸스 열병(typhus fever)이라고 밝히고 있다. 이는 발진티푸스로서 타이포이드(typhoid) 또는 티푸스 애브도미날리스(typhus abdominalis) 등으로 불리는 장티푸스와는 다르다. 일부 샤프 선교사 관련 기록에 사인을 장티푸스 전염 때문이라고 기록한 것은 두 병명이 비슷해 생긴 오류이다.

그의 선행을 내세워 사람들에게 권하고

그가 거둔 승리를 그들에게도 요구하자,

그리고 그로부터 소중한 불꽃을 받도록 하자." 17

선교의 꽃을 제대로 피워보기도 전에 요절한 사부인의 신랑 로버트 샤프의 삶은 너무나 짧은 것이었다. 이를 보완하기 위해 자료를 찾던 중 몇 가지 새로운 사실들이 확인되었다. 추모사와 이력서 등 기록에 나와 있는 대로 캐나다 온타리오주의 캐이스토빌(Caistoville United Church Cemetry-Lincoln County Ontario)에 대해 인터넷으로 검색하던 중 로버트 A. 샤프의 묘비 기록을 찾을 수 있었다. 캐나다 온타리오주 링컨 카운티의 캐이스토빌 연합교회 뒤편에 있는 묘지 기록과 사진을 보면 부모와 로버트의 기록이 함께 있음을 확인할 수 있다.

먼저 아래 영문 기록을 보면 로버트 A. 샤프는 목사(Rev.)임을 밝히고 1906년 3월 5일 34세로 한국 공주 선교지에서 소천했으며 H. J.와 사라 C. 샤프(H. J. & Sarah C. Sharp)의 아들임을 밝히고 있다. 같은 기록에서 H. J.는 헨

사부인의 남편 로버트 샤프의 고향 케이스토빌(캐나다 온타리오주)에 있는 추모비.

17) 추모사 끝에 있는 시는 19세기 미국 시인 윌리엄 C. 브라이언(William C. Bryant)의 장시 '디 에이지(The Age)" 중 세 번째 시다. 브라이언은 시인 겸 언론인으로 뉴욕 이브닝포스트에서 편집자로 일했다.

리 J. 샤프(Henry J. Sharp)임이 확인된다. 비문 기록에 따르면 아버지 헨리 샤프는 1892년 아들 로버트 샤프가 20세가 되던 해에 66세로 소천한 것으로 돼 있다. 본래 성이 케네디(Kennedy)였던 어머니 사라 C. 샤프(Sarah C. Sharp)는 1842년생으로 1933년까지 장수(91세)했던 것으로 나타나 있다. 아버지 헨리와 어머니 사라는 16년의 나이 차이가 나지만 어머니 사라가 장수했기 때문에 아들 로버트의 부음을 듣고 비석에 공주에서 선교사로 활동했던 사실을 명확히 올릴 수 있었던 것으로 추측된다. 로버트 샤프의 실제 묘소는 공주 영명고등학교 뒷산 선교사 묘역에 있어 캐이스토빌의 로버트 샤프 묘비는 어머니 사라가 멀리 타국에서 선교 중 요절한 아들을 추모하기 위해 비석만 세운 것으로 보인다.

만약 로버트 샤프 선교사가 화장되었다면 일부 유골을 고향으로 가져가 묘와 묘비를 조성했을 수도 있으나 당시 화장했다는 기록이 없다. 특히 사부인은 1906년 6월 KWMC 보고서에서 남편 로버트의 장례에 대해 보고하며 "우리는 그의 유해(form)를 시내가 내려다보이는 작고 아름다운 터에 모셨는데 그곳은 우리가 홈(home)이라고 불렀던 곳에서 가까웠다."고 밝혔다. '유해를 모셨다.'는 표현을 사부인은 "had laid his form"이라고 하고 있는데 이로 미뤄볼 때 화장보다는 유해(form)를 매장한 것으로 보는 게 타당할 것으로 생각된다.

충청 여성 선교의 개척자 2

1907년 연회, 스웨어러 "사부인 빈자리 너무 아쉬워"

제9회 KWMC 연회는 1907년 6월 19일부터 27일까지 서울에서 열렸다. 연회보고서에는 모든 지역의 선교 보고는 있으나 공주지역 보고서는 빠져있다. 다만 여성 선교회 명단에 공주지역 담당으로 앨리스 해몬드 샤프가 기록되어 있다. 보고서 발표 목차에는 괄호 안에 "휴가에서 돌아오는 대로 보충할 것임"이라고 게재되어 있다. 따라서 사부인은 남편 타계 후 미국으로 귀국해 휴가 중이고 한국에 올 예정임을 알 수 있다.

따라서 사부인이 남긴 공주지역의 1907년 선교 보고는 연회회의록을 통해 파악할 수밖에 없다. 스웨어러(W. C. Swearer) 선교사[1]가 연회에서 1907년 공주지방 보고(39-49쪽)에 사부인과 여성 전도와 관련된 내용을 포함하고 있어 참고가 된다.

… 나(스웨어러)는 공주에 땅을 사서 전도사업을 시작했고 그곳에서 맥길 형

1) 한국명 서원보(徐元輔). 1906년 11월 샤프 선교사 후임으로 공주지방 감리사로 부임, 병환으로 고생했지만 1916년 소천할 때까지 공주지역 감리교 발전을 위해 헌신했다. 『논산제일감리교회 106년사』 91쪽.

제와 샤프 형제가 지도하는 가운데 교회가 밝은 전망을 보이기 시작했다. 그래서 신자들의 영향력이 이곳에서 사방으로 퍼져 나갔다. … 나는 이곳에 왔을 때 한 명밖에 없는 일꾼인 샤프 형제가 죽었고, 그 후 오랫동안 이곳은 아무런 교역자의 관리를 받지 못했지만, 성장의 폭이 더욱 늘어난 것을 발견하였다. 그들의 성장은 너무나 커서 조직하고 적당한 교육을 받도록 하는 일뿐만 아니라 위치와 신자의 수나 필요한 것들을 알기 위해 그들과 접촉하는 것 자체가 하나의 과제가 되었다.

교인 중에는 선교사를 본 적도 없는 사람도 있었는데 내가 방문한 공주 남쪽의 경우 이런 곳이 40개소나 있었다. 공주 동쪽, 청주지역, 충청북도에서 경상도에 이르기까지 수십 개의 마을에서도 전도사업이 이루어지고 있고 자신이 감리교인이라고 주장하는 많은 사람이 정식 인정과 관리를 요구하고 있다.

… 공주는 선교기지로서 처음 전도사업이 시작되었다. 언덕 위의 집 뒤쪽에는 덤불과 작은 꽃나무들로 둘러싸인 작은 무덤이 하나 있다. 이 속에는 한 젊은이가 누워있는데 그는 4년 전 주님을 사랑하고 오랫동안 주를 위해 봉사하리라는 희망을 품고 한국에 왔다. 그 집은 그의 기념물로서 서 있고 한 영웅적인 영혼이 자기희생을 한 것을 나타내 준다. "친구를 위해 자기 목숨을 버리는 것보다 더 큰 사랑은 없다." 그러나 이 사람은 친구와 가족을 떠나 이곳에 처음 왔을 때 자기를 유치한 호기심으로만 대해주던 이곳 사람들을 위해 목숨을 버렸다.

그가 행한 3년간의 봉사가 어떤 변화를 일으켰던가! 저 남쪽에 있는 어떤 한 선교사는 샤프 형제가 죽은 직후에 공주에서부터 온 한 신자의 이야기를 하였다. 그 신자가 선교사가 있는 곳으로 왔을 때 그 선교사는 말했다. "샤프 형제는 참 안됐습니다." 그러자 그 신자는 "그래요, 그러나 좀 나아지고 있지 않습니까?"라고 대답했다, 선교사는 " 예? 샤프 형제가 죽었다는 소식을 못 들었습니까?"라고 말해주었다. 그러자 그 신자는 못 들은 양 잠시 멍하니 있다가 얼굴을 찡그리고 눈물을 흘리면서 아무 말도 없이 가버렸다. 그 선교사는 나에게 말했다. "만약 한국인들이 샤프 형제를 사랑한 만큼 나를 사랑해 준다면 나는 어떤 것이라도 내놓을 텐데…." 그렇다. 샤프 형제는 갔다. 그러나 그의 충실한 봉사의 결과는 계속 남아 있다. 그래서 우리는 그의 고귀한 봉사의 결실들이 보존되기 위해서 즉시 충분한 사역자들이 이곳에 보내지기를 요청한다. 지금 공주에는 160명의 입교인과 학습인들이 있고 많은 관련 사업들이 있다.

스웨어러 선교사는 전임 로버트 샤프 선교사의 빈자리를 너무나 아쉬워하며 한편으로 "이 거대한 사업구역 전체에 현재 여선교회 사역자가 한 명도 없다는 사실"을 한탄하고 있다. 그는 "6,000명의 부녀자가 교육과 양육을 필요로 하고 수천 명의 소녀가 학교에 가서 기독교 교육을 받아야 한다. 이들은 선생님을 간청하고 있다. 여성들이 이 사업을 돌보는 데서 그들의 명확한 길을 찾을 수 있어야 한다."라고 강조하며 여성 사역자 존재의 중요성을 강조하고 있다. 이에 응답해 사부인은 1908년 다시 공주에 와 30여 년을 선교에 바친다.

… 내가 절실히 느끼고 있는 것을 하나 더 말해야겠다. 그것은 이 거대한 사업구역 전체에 현재 여선교회 사역자가 한 명도 없다는 사실이다. 6,000명의 부녀자가 교육과 양육을 필요하고 수천 명의 소녀가 학교에 가서 기독교 교육을 받아야 한다. 이들은 선생님을 필요로 하고 있다. 여성들이 이 사업을 돌보는 데서 그들이 나아갈 명확한 길을 찾을 수 있어야 한다. 그러나 우리에게 필요한 것은 여성 사역자들뿐만이 아니다. 우리가 이 광활한 지역에 흩어져 있는 수천 명의 신자를 잡고 가르치기 위해 선교부로부터 더 많은 선교사가 여기에 와야 한다.

… 마지막으로 말하고 싶은 것은 하나님 아버지께서 우리에게 주신 큰 영적

은혜에 관해서다. 공주에서는 담임 전도인이 약해지고 그에 따른 유혹과 죄에 빠지게 되었고 또 샤프 형제가 죽음으로 교회는 침체하고 싸움과 언쟁이 가득 차게 되었다. 그러나 몇 달 전 성령이 놀라운 방법으로 우리에게 임했다. 우리 교회가 매일 모이고 또 며칠간은 온종일 모이는 가운데, 모든 신도는 크게 번민하고 부르짖음과 눈물로서 자기들의 죄를 공공연히 회개하면서 훔친 물건도 돌려주고 서로 화해하며, 그들의 죄를 씻음 받고 보다 새롭고 나은 생활을 시작했다. 전에는 그들의 분쟁 때문에 이 교회를 방문하는 것이 걱정거리였는데 지금은 이것이 기쁨이 되었다. 나는 모든 선하고도 완전한 선물을 주신 그분의 놀라운 역사 하심을 찬양하고 경배한다.

케이블 부인이 보고한 1908년 연회

1908년에 열린 KWMC 연회보고서는 사부인이 여전히 본국에서 휴가 중인 관계로 공주지역 담당 선교사인 케이블 목사의 부인 머틀 E. 케이블에 의해 작성됐다. 3월 8일 서울에서 열린 연회회의록을 보면 사부인은 여전히 회원이지만 '휴가에서 귀임하는 대로' 공주지역의 선교업무를 맡는 것으로 돼 있다. 케이블 부인도 휴가에서 귀임 후에 한 달 동안 이사하고 정리하느라 그동안 4개월 밖에 일하지 못했다면서 공주의 사정을 보고하고 있다.

케이블 부인에 따르면 선교지역의 한 곳에서는 여성들 사이에서 세례 받는 것에 큰 관심을 보이며 학습하고 준비하는 데 반해 다른 곳에서는 남자 신도들만 있을 뿐이라며 여신도는 한 명도 찾아볼 수 없다는 것이다. 그 이유를 물어보면 여자들이 어떻게 믿어야 하는 지를 아무도 가르쳐주지 않기 때문이라는 대답이 돌아온다. 이런 현상에 대해 케이블 부인은 말씀이 돌 위에 떨어진 것 같아 그 의미를 주우려 하지 않았기 때문이라고 보았다. 현실이 이런 상황인데도 불구하고 해당 지역에는 전도부인이 없어 그들의 가슴

공주의 남학생과 여학생. 1908년 크리스마스에 촬영했다. ©드루대학교

에 감동을 주도록 가르칠 수가 없고 교리문답서를 읽고 학습할 수 있는 여건도 안 되어있다고 안타까워했다. 모든 곳에서 그들을 가르쳐주기를 염원하고 있고 한 노인은 무엇이 옳은지 그른지 아무도 나에게 말해주지 않고 있다며 가르쳐주면 그대로 따를 것이라고 말하기도 했다.

위와 같은 사실을 통해 유추해보면 케이블 부인이 직접 언급은 하지 않았으나 사부인이 빨리 귀임해 여성 전도의 중책을 맡았으면 하는 바람이 느껴진다. 케이블 부인은 다른 지역에서 활동하는 엘렌 박, 조세파 박이 전도부인으로서 훌륭하게 활동 중이라고 밝히고 있다. 또 조세핀은 전도부인이지만 하루의 반은 공주에서 선교업무를 하고 반은 여학교에서 가르치고 있다고 바쁜 전도부인들의 일과를 소개했다.

케이블 부인은 보고서 끝에 필요한 사항을 적으며 300명이나 기다리고 있는 여성 신도들을 가르칠 최소한 2명의 선교사가 급히 있어야 하고 전도부인은 10명이 있어야 이미 여기저기 조직된 그룹들을 일으켜 세울 수 있다고 건의했다. 현지인들과 한국말로 대화할 수 있는 사부인과 같은 존재가 얼마나 필요한지를 케이블 부인의 보고서는 알게 해준다. 케이블 부인의 보고에서 여성선교사가 없어 부녀자 대상 선교가 지지부진하고 사실상 방치돼 있음을 알 수 있다. 1908년 말 사부인의 내한으로 공주선교부의 여성 선교가 다시 활기를 띠게 되는데 이는 사부인의 역할을 다시 보게 한다.

한편 케이블 선교사와 함께 근무한 윌리엄스(Frank E C Williams) 선교사가 1908년의 연회에서 사부인이 부재중 1908년 남 충청구역과 교육사업(연회보고서 58-61쪽)에 대해 보고하고 있어 참고가 된다. 윌리엄스 선교사의 발표 중에 사부인 및 여성 전도와 관련된 내용은 샤프 형제의 집을 칠하고 수리한다는 내용이 있어 로버트 샤프가 지은 집을 가족이 있는 윌리엄스 선교사가 살게 됐음을 알 수 있다.

> … 서원보 형제(선교사 Wilbur. C. Swearer ? -1916)가 새 건물을 짓고 있는 동안 샤프 형제의 집을 칠하고 수리하기 위해 나는 7월 첫째 주간에 공주로 내려갔다. 내가 거기에 내려간 지 며칠밖에 되지 않고 새 건물의 기초도 2피트밖에 만들어지지 않았을 때 서원보 형제가 병이 났다. 그래서 3주일 동안 나는 그 집의 건축을 대신 맡고 서원보 부인은 계속 희망과 용기를 가지고 서원보 형제를 간호하였다. 그러던 중 8월에 크리첏(Critchet) 형제가 와서 친절하게도 그 건축을 대신 맡아 주었다. 이곳에서 집을 짓는 방법은 서울이나 제물포의 경우와 다르

남편 사별 후 미국으로 귀국했다가 1908년 12월 다시 한국에 와서 3년간 살았던 사부인의 초가집. ©드루대학교

다. 우리는 어디서든 구하는 대로 통나무를 다듬어서 목재를 만들어야 했다. 그리고 벽돌을 만들기 위해서 나무를 사서 장작으로 만들어 가마로 가지고 갔다. 벽돌이 구워진 다음에는 그것을 지게로 지고 1.5마일 떨어진 집으로 다시 가지고 왔다. 그래서 우리는 총 16만 8,000장의 벽돌을 만들었고 그중 약 8만 5,000장의 벽돌을 사용해서 집을 지었다.

공주 밖 40리까지는 오지 않았지만, 우리가 집을 짓는 동안 나라 방방곡곡에는 의병이 많았다. 그래서 어떤 때는 벽돌을 나를 일꾼을 구하기가 매우 어려웠다. 일본군이 그들을 강제로 군대로 끌고 갔기 때문이다. 거의 매일 신자들이 나에게 와서 부당하게 잡혀서 매를 맞은 어떤 사람을 풀어달라는 편지나 일본군에게 보여줄 표를 써 달라고 부탁했다. 이런 부탁에 나의 마음은 여러 번 한국인들에게 전적으로 동감하였지만 한 번도 그들을 돕지는 못했다. 나는 내가 그 문제에 대해 바른 판단을 할 수 있을 만큼 오랫동안 이곳에 살지 않았다고 생각했기 때문이다.

이 보고서를 쓴 윌리엄스 선교사(한국명 禹리암, 1883-1962)는 1907년 공주에 부임한 후 40년간 근속했다. 공주교회 담임목사를 지냈고 영명학교를 세워 지금도 공주 영명고 교정에는 사부인 기념비와 그의 흉상이 함께 세워져 있다. 천안지방 감리사를 지낸 후 일제에 의해 1940년 강제 출국 당했으나 1945년 미군정청 농업정책 고문으로 다시 내한했고 6·25 전쟁 후 나가사키로 전보됐다. 1954년 캘리포니아에서 은퇴했고 1962년 샌디에이고에서 소천했다. 그의 부인 그레이스 윌리엄스(Grace Williams)는 사부인의 1971년 백수(百壽) 생일 파티에서 축사하기도 했다.

또 그는 한국에서 태어난 아들(조지 Z. 윌리엄스, 1907-1994)의 이름을 광복(光復)을 염원하는 뜻으로 우광복(禹光福)으로 짓기도 했다. 우광복은 해방 후 미군정에 참여했으며 영명고 재건에 큰 공헌을 했다. 어릴 때 죽은 여동생 옆에 묻히기를 원해 공주 영명고 뒷산 선교사 묘역에 묘소가 있다.

귀임한 사부인과 케이블 부인의 공동 보고(1909년)

1909년 제11회 KWMC 보고서에는 사부인이 머틀 케이블 부인과 함께 보고한 공주지역 전도사업 보고가 들어 있다. 사부인이 다시 내한한 지 얼마 되지 않은 때라서 보고서는 공동 보고자로 돼 있으나 작성은 케이블 부인이 한 것으로 내용은 사부인이 하던 일들에 관한 것이다. 예를 들면 박 씨라는 사람이 몇 년 전 다리를 다쳤을 때 사부인이 얼마나 진실하게 대했던지 그 모습을 보고 박 씨의 조카가 교인이 되었다는 이야기를 담고 있다.

> 지난해 내려주신 모든 은혜와 한국에서 다시 전도사업의 영광을 감당하도록 해주신 하나님께 감사를 드린다. 우리가 가치 있다고 여기는 것보다 하나님의 선하심은 훨씬 크셔서 하나님은 우리의 가치를 따지지 않고 우리의 필요에 따라 은혜를 내려주시는 데 대해서도 주님을 찬양하게 된다.
>
> 비록 모든 힘을 다해 노력했지만, 우리가 이 넓은 담당지역에서 한 것을 보면 너무나 보잘것없는 것처럼 보인다. 그러나 보잘것없어도 그것은 우리가 볼 수 있도록 허용된 것보다 더 많은 것인지도 모른다. 하나님은 항상 우리에게 한 번에 결과를 보여주시지 않고 가끔 우리를 시험하기 위해 기다리게 하고 격려하시기 위해 무엇인가를 주시기 때문이다. 예를 들면, 다음과 같은 것이다.
>
> 사경회를 위해 가는 길에 전도사업을 펼치고 있는 한 여인과 예배를 드리기로 한 마을에서 머물기 위해 하루를 빨리 갔다. 다음날 아침기도 후에, 한 남자가 들어와 미세스 샤프에게 말했다.[2]

2) 이 보고서는 케이블, 샤프 공동 보고자로 돼 있으나 실제 보고서 작성은 케이블이 했기 때문에 '미세스 샤프'로 호칭.

"부인, 나를 아시겠습니까?" 그러나 샤프 부인은 기억하지 못했다. 그는 "내 이름은 박(Park)이고, 몇 해 전 다리를 다친 공주에 사는 '미스터 박'의 조카입니다. 나는 박 씨가 다쳐서 아플 때 부인을 봤습니다. 당시 나는 교인이 아니었고 사악한 삶을 살고 있었습니다. 그런데 부인과 목사님이 박 씨를 위해 얼마나 진실하게 대해주시는지를 보고, 마음속에 있는 하나님의 사랑이 부인과 목사님이 하시는 일과 같은 행동을 하게 하신다면, 나는 교인이 되겠다고 생각했습니다."

우리의 마음은 한 영혼을 하나님 나라로 인도하는 데 도움을 주었다는 생각에 하나님을 찬양했다. 우리는 사경회의 대표가 진리를 증명하고 우리가 사랑하고 섬기는 구세주에게 다른 사람들도 인도하도록 해 달라고 기도했다.

사부인은 여자선교사와 전도부인을 요청하는 곳이 너무 많아 기다려 달라는 말만 계속하고 있다면서 어찌나 일이 많은지 몸이 몇 개였으면 좋겠다는 하소연을 하고 있다. 전도부인들을 칭찬하며 그들을 고용할 수 있도록 해준 후원자들에 대한 감사도 잊지 않고 있다.

전도 활동을 하면서 모든 곳에서 듣는 요청은 "와서 우리를 가르쳐 줄 수 없느냐"는 것이다. 우리는 모든 이런 요청에 대해 할 수 있는 한 응하도록 마음에 새기고 있지만, "조금만 더 기다려 달라"고 말하지 않을 수 없다. 가끔 더 많은 일을 할 수 있도록 우리 몸이 몇 개였으면 좋겠다고 생각하지만, 우리가 할 수 있는 것은 오직 최선을 다할 뿐이고 결과는 하나님께 맡길 수밖에 없다.

우리는 현재 함께 여행할 수 있는 전도부인이 두 명밖에 안 돼 절대적인 숫자가 부족한 상태이다. 오랫동안 함께 사역했던 전도부인 조세파(Josepha)가 죄악에 빠져 우리를 실망시켰기 때문에 해고했다. 그렇게 오랫동안 믿고 의지했던 사람이 사탄의 힘 아래로 떨어져 가는 것을 보는 우리의 마음은 슬프다. 우리의 기도는 조세파가 방황하는 곳에서 빠져나와 하나님께 돌아오도록 해달라는 것이었다.

개별적으로 전도부인에 대한 행정적인 보고 이외에 사부인과 케이블 부인은 선교 중에 있었던 재미있는 일화도 소개하고 있다. 교회를 소홀히 한 채 딸을 조혼시킨 데 대해 후회하는 여인의 이야기도 있고 어린이들의 크리스마스 공연 이야기도 있다.

공주에서는 전도사업이 빠른 걸음으로 진행되고 있다. 주일예배에는 여성 신도 좌석에 70-75명이 앉아 있다. 그들이 보이는 관심을 보면서 우리의 마음은 큰 기쁨을 얻는다. 이곳 교회에는 전도부인이 없지만, 업무는 3개 성경공부반의 대표가 자신들의 사경회를 이끌면서 각자 할 수 있는 한 최선을 다해 심방을 하고 있다. 한 성경공부반의 대표는 4명의 자녀와 남편, 시동생이 있고 자신도 삯바느질하고 있지만, 이 여성 대표는 다른 여성들을 매주 방문하기 위해 시간을 내고 있다.

우리는 특별히 예수를 믿다가 믿음이 식은 사람들을 여러 번 방문하고 있다. 그들 가운데 몇 명은 믿음의 혼수상태에서 깨어나 일어나기도 하지만 나머지는 아직도 헤매고 있다. 우리가 들렀던 한 집에서는 어머니가 15살 된 딸을 막 혼인시키려고 하고 있었다. 함께 간 사경회 대표가 "집안에 들르지 않는 것이 좋겠다."고 권하여 우리는 우리 교인이 교회의 규칙을 지키도록 배웠는지에 대해 궁금해하면서 무거운 마음으로 발길을 돌렸다. 몇 주 후에 다시 들러 그 어머니가 아주 많이 뉘우치고 있음을 알게 되었다. 그녀는 나를 "부인"이라고 부른 후, "첫 번째로 나의 마음이 차가워졌고, 교회에 가는 것을 소홀이 여겼으며 내 딸이 충분히 나이도 들기 전에 결혼을 시켰다."고 말하며 "최근 나에게 많은 문제가 잇따라 생기는 것을 보아 하나님이 벌주시는 것 같다."고 고백했다. 우리는 그녀와 함께 기도하고 다시 하나님께 나오도록 권유했다. 또 우리는 하나님의 사랑으로 그녀의 마음을 따뜻하게 해주고 그녀가 약속한 대로 교회 예배에 출석하도록 권유했다. 그 후 여러 차례 이 여신도를 교회에서 보았다. (… 중략 …)

올해 상반기는 사경회 프로젝트에 시간을 보냈고 하반기에는 순회전도여행에 시간을 보냈다. 시골을 다니며 전도하는 사역이야말로 가장 흥미롭고 힘이 솟는 일임을 알게 되었다. 전에 보았던 어떤 경우보다 여성들 가운데 성경공부의 열정이 꽉 차 있고 일깨워 주시는 상징을 보면서 우리는 하나님께 찬양을 드렸다. 확실히 새날의 새벽은 동트고 어둠은 사라지고 있다.

한편 사부인과 케이블 부인은 보고서에서 교회 출석도 제대로 못 하는 여성 신자들의 상황에 대해 안타까움을 표시하고 있다. 예를 들어 어느 교회에 가면 남자만 있는데 그 이유는 여자는 남자의 허락이 있어야 외출을 할 수 있었기 때문이었다. 이 때문에 두 여선교사는 남자신도들에게 가족과 함께 나올 것을 강조하고 있다.

우리는 예배를 위해 모이는 73곳의 교회나 마을을 방문할 수 있었다. 우리가 가는 곳마다 "더 머물 수 없느냐? 최소한 며칠이라도 머물면서 우리를 가르쳐 달라."는 요청을 받았다. 그러나 "우리는 두 명밖에 없고 사업을 해야 할 곳은 넓어 이번에는 짧은 방문으로 만족할 수밖에 없다."라고 말해야 했다.

올봄에는 방문 전도사업을 좀 더 일찍 시작했는데, 그 이유는 우리가 다뤄야 할 것과 어느 곳의 사역이 약하고 강한지, 어느 곳이 성경공부 준비가 되어 있는지를 알고 싶었기 때문이다.

이 지역에는 남자신도들만 있는, 한국인들의 표현에 따르면 수없이 많은 '홀아비 교회'들이 있다. 그 이유는 전도사업을 뒷받침해 줄 수 있는 전도부

공주의 전도부인 훈련반 기념 촬영(1913년). ⓒ드루대학교

인이 없기 때문이다. 이런 상태가 더 이상 존재해서는 안 되고 이런 일이 바로 잡힐 수 있어야 한다. 우리는 선교사의 남자조사(helper)들이 전보다 훨씬 더 여성 전도에 관심이 있음을 확인할 수 있다. 어떤 곳에서는 조사들이 여전히 옛 관습을 붙들고 있어 여성을 가르칠 수 없다고 생각한다. 그러나 대다수의 여성 전도가 이루어지고 있는 지역에서는 성경공부반의 대표와 조사들이 여성들을 가르치고 있다.

3월 말에는 공주 북부지역(천안구역)의 전도사업을 시작했다. 우리가 전도한 첫 지역은 공주로부터 90리 떨어진 곳이었다. 5리쯤 떨어진 곳에서 우리는 조사와 몇 명의 남자신도, 그리고 좀 더 떨어진 곳에 있는 여성 신자들을 만났다. 여자신도가 앞에 서고 남성 신도가 뒤에 서서 우리를 위해 노래를 불러 환영했다. 우리가 도착하자, 여신도 중 한 명이 "5리쯤 떨어진 곳에서 오랜 시간 기다렸고 한밤중까지도 기다리려고 했다."고 말했다. 우리는 다음날 온종일 머물며 그들을 가르쳤다. 이들은 정말 진지하게 집중하여 들었다. 이번 여행을 하는 동안 2주일이 걸렸는데, 우리가 다녀야 했던 거리에 따라 먼 곳은 하루에 한 번, 가까우면 네 번까지 가서 예배를 드렸다. 모든 곳에서 우리를 따뜻하게 환영하는 것을 확인했고 "좀 더 머물러 달라" 혹은 "다음번에는 더 길게 머물겠다고 약속해 달라"는 똑같은 요청을 받았다. 우리는 오직 우리가 할 수 있는 한 최선을 다하겠다고 말할 수밖에 없었다.

두 사람이 보고서에서 선교사 일행의 여행 도구를 싣고 강을 건너던 말이 도중에 놀라 침구를 몽땅 적셨다는 내용도 있다. 침구가 젖어 계속 전도여행을 할 수 있을지 망설이고 있는데 "쟁기를 손에 쥔 채 뒤를 돌아보는 자는 하나님의 나라에 합당하지 않다"는 성구에 힘입어 강행군했음을 밝히고 있다. 열악한 교통상황에서 고군분투했던 초기 선교 상황을 짐작하게 해주는 대목이다.

우리의 다음 전도 여행지는 서쪽 지방이었다. 이 지역은 외국 여성이 한 번도 간 적이 없었던 지역이어서 많은 곳에서 적지 않은 소동이 벌어졌다. 우리가 공주를 떠나는 날은 화창하고 따뜻한 날이었다. 90리나 되는 먼 길을 가야 하므로 아침 일찍 출발했고, 짐 실은 말은 30분 전에 출발시켰다. 강을 향해 절반쯤 갔을 때, 한 마부가 짐이 없는 말을 끌고 오는 것이 보였다. 가까워졌을 때 보니, 그 말은 우리 짐을 실었던 말이었다. 마부의 말에 의하면 말이 강물을 보자 갑자기 놀라 달려가면서 짐을 던져버려 침구류가 물에 젖었다는 것이다. 침구류가 너무 젖어 우리는 가야 할지 돌아가야 할지 판단이 서지 않았다. 이때 생각난 것이 "쟁기를 손에 쥔 채 뒤를 돌아보는 자는 하나님의 나라에 합당하지 않다."(눅 9:62)라는 말씀이었다. 이에 우리는 스스로 "필요한 영혼들에게 예수님을 가르치기 위해 전도 여행을 시작하면서 침구가 젖는 것과 같은 사소한 일로 방해를 받는다면 우리는 하나님의 이름을 품을 가치조차 없다"라고 말했다. 그래서 우리는 짐을 다시 말에 싣고 돌아갈 것을 생각했던 데 대해 마음속으로 부끄럽게 생각하면서 계속 걸어 나갔다.

강가(금강)에 도착했을 때 배는 건너편을 향해 출발했고 이쪽으로 돌아올 때는 강의 중간 모래톱에 30분이나 걸려 있었다. 마침내 배는 모래톱을 빠져나와 강을 건넜고 머지않아 우리 일행은 다른 강에 도착했다. 그 강에는 조그만 다리가 있었고 그 다리는 말이 건널 수 있을 만큼 아주 튼튼했다. 우리가 말에서 내렸을 때 깨끗한 흰옷을 입고 빌린 모자를 쓴 채 가방을 멘 소년은 타고 건널 수 있다고 생각했는지 이 소년은 말을 탄 채 출발했다. 그러나 말과 소년이 조금 갔을 때 말은 자신의 등 위에 탄 사람이 얼마나 승마를 잘하는 사람인지 시험해 보고 싶은 생각이 들었던 듯하다. 말은 감리교 선교사의 소유물이 아니라 서커스에 속해 있는 것처럼 소란을 피웠다. 결국 흰옷 입은 소년은 물속으로 빠졌고 말은 전속력으로 달려갔다. 소년은 마치 물에 빠진 생쥐처럼 되었다. 그러나 젖은 옷을 벗고는 말을 잡기 위해 달려가는 모습이 활력 넘치는 추격극을 보는듯했다. 결국 말은 잡혔지만 30분 이상을 말을 잡는 데 허비했다. 우리 일행은 소년이 젖은 옷을 입은 채 먼 거리를 어떻게 갈지 걱정했으나 그는 보통 때보다 더 진지하게 "걱정하지 마십시오. 나는 괜찮습니다."라고 말했다.

여관에서 점심을 먹으며 젖은 침구를 말렸는데 햇볕이 말리는 작업을 정말 잘해주었다. 시간이 좀 지나 출발할 때쯤 되자 침구들이 거의 말랐고 소년의 옷도 꽤 잘 말랐다. 시간이 너무 걸려 목적했던 곳에 도착할 수 없어 여관에서 머물 수밖에 없었다. 아주 곤혹스럽게도 여관에는 일본사람이 있었는데, 그들은 우리 일행을 전혀 화나게 하지 않아 다음 날 아침 떠나면서 매우 즐겁게 작별 인사를 했다.

이 밖에도 보고서는 사부인이 만났던 여성들이 얼마나 신앙에 열심인지를 보여주는 내용이 많아 초기 신자들의 열정을 느낄 수 있다. 밤 10시까지 사경회를 인도했는데 그 후 찬송가 몇 개를 가르쳐 달라고 요청해와 목은 피곤했지만 응하지 않을 수 없었다고 했다. 특히 올해 다닌 지역은 아픈 사람이 많아 의학적 치료가 필요하다는 지역 형편도 보고하고 있다.

이번 여행 중 몇몇 곳에서 여성들이 성경공부를 하는 것을 확인했고 상당수가 학습과 세례를 받을 수 있을 것으로 보았다. 한 곳에서는 우리에게 먹고 자도록 하기 위해 열심히 간청하기도 했다. 우리는 이들을 밤 10시까지 가르쳤으며 그날 밤 그곳에서 머물고 아침에 다시 그들과 만날 것이라고 말했다. 그러나 그들은 가기 전에 찬송가 몇 개를 가르쳐 달라고 말했다. 그래서 목은 피곤했지만, 그들과 함께 찬양했다. 우리는 그들을 가르쳤다고 말할 수 없다. 왜냐하면 처음 시작했을 때 가르치기보다 같이 노래하는 과정을 통해 그 이상 노래를 더 잘 부를 수 있는 것을 본 적이 없기 때문이다. 그러나 그들은 우리와 함께 찬송을 부르면서 더 잘한다고 느꼈고, 물론 우리 역시 그렇게 느꼈다. 한 마을에서는 일요일을 그곳에서 보냈는데 여신도들이 아무도 아기를 데려오지 않는 것이었다. 이는 아주 흔한 일이 아니어서 그 이유를 물어보았다. 이에 대해 여신도들은 집에 두고 온다고 말했다. 우리는 더 많은 곳에서 이들의 사례를 따라 주기를 원할 수밖에 없었다.

공주 남부지역 전도사업은 두 번으로 나눠 순회 여행을 했는데 두 번 다 아주 흥미로웠다. 우리는 많은 사람에게 의학적 치료가 필요하다는 사실을 알고 마음이 아팠다. 이 지역에 빨리 좋은 의사가 있기를 바라고 그가 업무를 시작한다면 너무나 바쁠 것이라고 확신한다. 한 곳은 외국인을 한 번도 본 적이 없었던 곳이어서 남녀노소 구경꾼들로 우리는 거의 뒤덮일 지경이었다. 그러나 그들은 우리의 말을 아주 잘 경청했다. 우리가 그곳을 떠날 때 어떤 성과가 있을지 궁금했는데 밖에 서 있던 조사(helper)가 "믿기를 원한다."고 말하는 많은 남자들이 있다고 말해주었다. 우리가 최소한의 것을 이루었다고 느끼는 때가 가끔 있는데, 그때야말로 복음의 씨앗이 그들의 마음속에 뿌려졌을 때다. "너는 아침에 씨를 뿌리고 저녁에도 손을 놓지 말라. 이것이 잘 될지, 저것이 잘 될

지 혹 둘 다 잘 될지 알지 못함이라"(전 11:6)는 말씀이 이 경우다.

교회를 부흥시키는 방법으로는 부흥회와 사경회를 꼽는데 사부인은 사경회를 자주 열어 새신자를 만들고 신앙을 강화한 것으로 나타났다. 사경회 내용 중에는 성경이나 교리 공부 이외에 청결 교육과 어린이 목욕시키기 같은 내용도 있다.

지난해 동안 이루어진 전도사업 중 가장 큰 특징은 지역의 가장 중심지에서 사경회를 6개월이나 했다는 것이다. 10개의 사경회에 총 345명이 참석했다. 주요 강의 주제는 세례 문답, 예수의 일생, 성경 이야기책, 누가복음, 산상수훈, 어머니와의 대화 등이다. 사경회의 특징은 말씀 공부에 대한 진지한 염원과 그것을 더 잘 알기 위한 열망이다. 각 사경회의 출석률은 홍역을 비롯해 백일해와 몇몇 어머니들을 못 나오게 만든 더 큰 질병도 있었지만 매우 좋았다. 한 엄마는 외아들을 잃었는데도 불구하고 결석하지 않았다. 이 엄마는 "나는 슬프지 않다. 왜냐하면 나의 아들이 예수님과 함께 행복하게 있기 때문이다."라고 말했다. 또한 그녀는 "나는 늙었고 곧 예수님과 아들을 만날 텐데 내가 왜 불행하겠느냐"고 반문했다. '어머니와의 대화' 시간에 하는 주제 중의 하나는 청결과 어린이 목욕시키기다. 사경회의 교실에 조그만 아기가 있으면 실제로 목욕 시범도 보였다. 한 교실에서는 아기가 여러 명 있었는데 한 명뿐 아니라 여러 어머니가 자신의 아이가 씻을 수 있기를 기대했다. 목욕 후에 어린이들은 아주 깨끗하고 멋있어 보여서 한 엄마는 아기를 보고 활짝 웃으며 "오늘은 정말 아기를 위해 행복한 날이다"라고 말했다. 작은 생명들에게 오늘은 최소한 행복한 날이었다.

봉암(Pong-am)에 있는 교회의 경우, 박해와 좌절의 포위를 뚫고 나아가야 했지만, 사경회에 대한 관심과 출석은 양호했다. 한 젊은 여인은 시어머니에게 박해를 받아 교회에 나올 수 없었다. 그 시어머니는 우리 체면을 봐줘 며느리가 성경공부 첫날 출석할 수 있도록 허락했지만 아무리 설득해도 나머지 사경회 출석은 허락하지 않았다. 작별모임을 갖는 마지막 날 저녁에 여자신도는 심부름하는 척하면서 교회 옆을 지나가다가 잠깐 들어왔다 갔다. 무릎을 꿇고 기도할 때 그녀는 마치 가슴이 무너져 내리듯 통곡하며 울었다. 그때 우리는 이 여인을 위하여 잠시 기도를 올리며 하나님이 그녀가 받는 시련을 이기도록 힘을 주실 것과 어떤 방법으로든 박해하는 시어머니가 개심하도록 해 줄 것을 간청했다. 그녀는 일어나 들어올 때처럼 조용히 교회를 빠져나갔다. 몇 년 동안 이 여인은 예수님께 매달렸으며, 우리는 그녀의 믿음이 보상받기를 기도했다.

논산에서 사경회를 마친 사부인은 8km 거리에 있는 강경으로 다시 사경회를 위해 떠날 때 놀라운 광경을 만나게 되었다. 언덕 아래 어떤 지점에 도착했을 때 남자학교 어린이들이 사부인 일행을 시내로 모셔가기 위해 마중을 나온 것이다. 이 남자학교는 1909년 윌리엄스 선교사가 세운 만동학교로 사부인은 1913년 만동여학교를 세운다. 당시 강경교회는 활터 덕유정을 빌려 예배를 드렸고 사부인도 덕유정에서 사경회를 인도했을 것으로 보인다. 『강경제일교회 100년사』에 따르면 교인들이 모여 예배를 드린 것은 1907년이며 정식 교역자(이용주 전도인) 주재로 예배를 드린 것은 1908년으로 돼 있다. 이런 신생

강경교회의 초가집 예배당과 종루. 강경교회는 덕유정(활터)을 빌려 예배를 드리다 초가집 예배당을 갖고 있던 장로교가 전북으로 철수하자 덕유정 교인과 초가집 예배당 교인이 통합해 감리교 강경교회가 됐다. 사부인은 새 교회당이 절실히 필요하다고 말하고 있다. ⓒ드루대학교

교회를 성장시키기 위해 사부인은 사경회를 열고 교인들의 신앙심을 고양하는 데 앞장섰다.

놀미(논산)에서는 사경회에 최대 인원이 출석했고 글을 읽을 수 있는 여성들의 비율도 가장 높았다. 어떤 날 오후에 우리는 눈물을 흘리며 최근 믿기로 결심한 한 여성의 집에 있던 우상 숭배물을 불태우기도 했다. 이 여인은 우리가 운영하는 주간학교에 다니는 딸의 노력 끝에 교인이 되기를 결심했다. 논산을 떠나 강경포 사경회를 향해 길을 갔을 때 언덕 어귀 아래 있는 남자어린이 학교의 어린이들이 우리를 시내로 모셔가기 위해 마중 나온 것을 알았다. 그들은 우리를 만나기 위해 20리를 걸어왔고 밥도 먹지 못한 채 우리를 인도해 다시 20리를 돌아갔다. 몇 명의 작은 애들은 거의 돌아갈 수 없을 정도였다. 이들 아이는 지치고 발이 아팠음에도 불구하고 "부인 괜찮습니다."라고 말했다. 그들은 우리에게 이런 식으로 환영할 수 있게 된 것을 기뻐했다.

인내(In-nai)지역에서는 여신도들이 우리에게 선물해야 한다고 하면서 매일 무언가 새로운 것을 가져왔다. 우리는 선물로 고기, 닭고기, 생선, 감, 밤 등을 받았다. 어느 날 저녁에는 막 예배를 시작했는데 한 여신도가 더럽고 낡은 보자기에 삶은 감자를 가져와 미세스 샤프에게 선물을 주기도 했다. 이 여신도는 말할 필요도 없이 잠깐 종교적인 마음 상태가 아니었던 것 같다.[3] 각각의 사경회에서는 저녁에 예배를 드렸다. 이 예배에는 수많은 비신자 여성들이 참석했다. 그들 중 일부는 아주 큰 호기심을 보여 사경회에 여러 날 나오기도 했다. 뿌려진 복음의 씨앗들이 자라 이런 여성들도 그리스도를 알도록 인도해 주기를 소망한다.

---

3) 예배를 막 시작했는데 삶은 감자 보자기를 선물로 줬으므로 이 글을 쓴 케이블부인은 '종교적 마음 상태가 아니었던 것' 같다고 은유함.

사부인은 전도뿐만 아니라 일찍부터 여성 계몽은 교육을 통해 가능하다고 보고 이화학당을 모델로 한 여학교를 선교구역 곳곳에 세웠다. 공주의 한 여학생이 학교에서 배운 대로 어머니에게 '미신의 희생물이 되지 마라'고 말했다가 어머니로부터 구타당했음을 보고하며 교육을 통한 여성 계몽의 필요성을 강조하고 있다.

> 공주 여학교는 지난 1년간 번성하는 한해였다. 1년 동안 등록 학생은 42명이었다. 할 수 있는 한 이화학당과 거의 비슷하게 주요 과정을 따르려고 하고 있다. 고맙게도 테일러 부인이 영어를 가르쳤고, 반 버스커크 박사가 음악을 가르쳐준 덕분이다. 한문과 한문 작문, 수학은 외부의 특별한 선생들이 가르쳐 주었다. 마지막 시험 결과에 따라 4명의 소녀가 다음 해에 현재의 코스를 마치도록 허락하는 진급 증명서를 받았다. 몇 명의 다른 학생들은 한 학년씩 진급했다.
>
> 사부인이 여학교 건물을 사용하고 있어 학교는 여전히 방 하나와 현관까지 학생들로 붐볐다. 우리는 WFMS(감리교 여선교사회) 건물이 올해 중 건립을 끝내 학교가 좀 더 크고 편리한 곳으로 옮길 수 있기를 희망하고 있다. 우리는 또 다음 해에 이화학당에서 좀 더 좋은 교육을 받은 선생님을 구하고 싶다. 많은 어린 소녀들이 진정한 기독교인이 되었고 심지어 그들 중 몇 명은 집안 박해로 고통당하고 있다. 한 어린 소녀는 "부인, 난 매번 일요일마다 웁니다. 왜냐하면 나의 어머니가 교회에 가지 못하게 하고 교인이 되는 것도 못 하게 하기 때문입니다. 하루는 내가 어머니에게 미신의 희생물이 되지 말라고 말했는데, 그 이유는 미신의 희생물이 되는 것이야말로 나쁜 일이기 때문입니다. 이에 어머니는 나를 때렸습니다."라고 말했다. 그런데도 그녀의 어린이와 같은 순수한 믿음은 흔들리지 않고 있다.

논산 학교의 경우, 개교할 때 학생이라고는 조사(助師)의 딸과 15세 소

공주 여학생들이 낡은 학교 앞에 서 있다. ⓒ드루대학교

녀 두 명뿐이었는데 15세 소녀의 아버지는 딸이 학교 다니는 것을 못마땅하게 여겨 조혼시키려고 했다. 이에 사부인이 아버지를 만나 딸을 괴롭히지 않으면 공부를 시켜 이화학당에 보내줄 것이라고 설득해 겨우 동의를 얻었다고 보고하고 있다.

> 논산의 학교는 2명의 어린이로 시작했는데 한 명은 조사(helper)의 작은 딸 메리이고, 다른 한 명은 15살 된 소녀였다. 조사의 부인 제인(Jane)이 두 아이를 가르치고 있었는데 다른 아이들이 들어왔다. 15세 소녀의 아버지는 교인이 아니어서 딸이 학교에 다니는 것을 알고는 가지 못하게 했다. 그러나 배움의 열망이 있던 소녀는 몰래 집을 빠져나오다가 아버지에게 붙잡힐 때마다 매를 맞았다. 미국의 어린이는 학교를 결석해서 매를 맞는데 이 아이는 배우고 싶다는 열망 때문에 아버지에게 매를 맞았다. 그러나 불행하게도 이 이야기가 끝이 아니다. 소녀의 아버지는 소녀를 그가 원하는 남자와 혼인하도록 위협도 하고 있다는 것이다. 이는 그 남자가 비기독교인일 가능성이 높고 만약 그 소녀가 그

런 남자와 결혼한다면 기독교와 소녀의 관계는 단절된다는 것을 의미했다. 불쌍한 소녀의 인생은 비참했지만 여전히 이 소녀는 밤에 몰래 나와 할 수 있을 때 공부를 했다. 우리는 논산에서 사경회를 운영하고 있을 때 이 이야기를 듣고 만약 아버지가 좋아하고 그녀를 괴롭히지 않는다면 학교에서 딸을 이화로 보내줄 것이라고 말했다. 이에 대해 그가 동의해 우리는 그 소녀를 지난가을 올려보냈다.

논산의 학교는 현재 40명으로 성장했고 교사인 제인은 조사의 부인으로 그녀가 할 수 있는 한 최선을 다해 일하고 있다. 제인은 학교 선생으로서 조건이 딱 맞지는 않지만, 학생들을 훌륭한 전도부인으로 만들고 있다. 제인은 교사 일을 열심히 하고 있는데 교사를 구할 수 있을 때까지 그 빈틈을 메워줘야 하기 때문이다. 조사인 그녀의 남편은 한문을 가르치고 있고 한 남자신도가 산수를 가르치고 있다. 우리는 교사와 학교 건물이 동시에 필요한 실정이다. 어린이들은 조사의 집에서 공부하고 있는데 너무 비좁고 불편하다. 만약 우리가 학교 건물과 교사만 있다면 단기간에 학생 수를 두 배로 늘릴 수 있다고 확신한다. 논산의 학생과 교사는 그들이 할 수 있는 모든 것을 하고 있지만, 외부의 도움이 필요하다. 이 어린이들을 교육하는 은혜로운 사업에 동참할 사람을 찾고 있다.

누동(Nu-tong)에서는 학생 10명으로 여학교를 막 시작했다. 이 지역에는 이들 세 학교 외에 아무런 학교 기관이 없다. 교육 기관이 없다고 해서 이런 여자 아이들이 교육받을 필요가 없다는 뜻은 아니다. 학급대표의 부모는 소녀들도 읽는 것을 배워야 한다는 열망을 하고 있다. 아직 조직적인(정규) 학교는 없지만 우리는 부모들이 그들의 딸이 글을 읽을 수 있게 가르치도록 강력히 권유하고 있다.

공주지역은 올해 여성 사역자를 위한 집이 필요하고 또 2명 이상의 여성 사역자가 필요하다. 해야 할 일이 급속히 늘어나고 있고 곧 우리의 한계를 넘어

설 것 같다. 비록 학부모 자신들의 희생을 통해 이루어지고 있지만 학부모회는 결국 이 훌륭한 교육사업의 필요성을 인식하기 시작했다. 몇 명의 지치고 피곤한 여성 사역자들이 몸부림치다가 포기할 때까지 우리 여성들이 또 기다려야 할지 의문이다. 우리는 그런 경우가 일어나지 않도록 기도할 것이다. 주간학교와 교사도 필요하다. 우리는 하나님이 우리의 요청을 듣고 우리가 필요한 모든 것을 주실 것으로 믿는다.

이 보고서를 정중히 제출합니다.

머틀 케이블·앨리스 샤프

긴 보고서의 내용 중 "놀미(논산)에서는… 어떤 날 오후에 우리는 눈물을 흘리며 최근 믿기로 결심한 한 여성의 집에 있던 우상숭배 대상물을 불태우기도 했다. 이 여인은 우리가 운영하는 주간학교에 다니는 딸의 노력 끝에 교인이 되기를 결심했다."는 부분이 머리에서 사라지지를 않는다. 바로 저자의 할머니께서 1950년대 초에 단행한 일이기 때문이다.

할머니께서는 1930년대 중반 복음을 받은 후 집안에서 지내는 유교식 제사가 늘 거북하셨다고 한다. 그러나 남편(저자의 조부, 1943년 소천)과 시아버님(저자의 증조부, 1948년 소천)이 엄존해 계시는 상황에서 제사 개혁은 꿈도 꿀 수 없었다. 그러나 시아버님이 1948년에 별세하신 것을 계기로 제사 개혁을 준비해 6·25전쟁으로 어수선해져 제사를 제대로 챙기지 못하는 형편이 되자 50년대 초 추도 예배로 바꿔 제도화했다. 시동생과 시누이들의 반발이 있었고 비신자 친척 중 일부는 각자 제사를 지내고 식사만 모여서 하는 거북한 상태가 몇 년간 계속되다 마침내 60년대 초 적극적 참석은 아니어도 추모 예배를 다 함께 드릴 수 있었다고 한다. 당시 할머니께서는 가정예배를 인도하시면서 온 집안이 복음화돼 조상님들의 추모를 하나님 은혜 속에 함께 할 수 있도록 해달라고 간절히 하시던 기도가 지금도 기억난다. 보고서가 밝힌 지역도 할머니가 사셨던 논산이어서 사부인의 전도 당시 비슷한 사건이 흔했음을 알 수 있게 해준다. 신앙심에 따른 개혁이 얼마나 어려운 것인지는 겪어보지 않은 사람은 알 수가 없다. 이런 과정 없이 값없이 신앙을 갖게 되는 것은 하나님의 축복에 따른 것이지만 신앙의 선조들이 가졌던 고통과 그 고통을 통해 배양된 신앙의 깊이를 후손들은 본받을 필요가 있다.

사경회 시험공부 하는 여신도들(1910년)

1910년 제12회 KWMC 보고서는 사부인 단독으로 공주지역 복음 사업의 결과를 보고하고 있다. 이는 사부인이 남편 사후 1년 넘게 미국으로 돌아가 휴가를 보낸 후 다시 한국에 돌아와 본격적으로 선교활동에 나섰음을 의미한다. 사부인은 직접 교인의 집을 방문하고 등불 밑에서 여러 차례 사경회를 주관했다. 짐을 실은 말이 물에 빠져 음식이 못 먹게 되기도 하고 자신의

1909년 혹은 1910년에 찍은 주한 감리교 여자선교사들. 사부인은 뒷줄 맨 왼쪽에 있다. ⓒ드루대학교

죄를 회개하는 여성과 한마음이 되기도 했다. 사경회 참석자들이 "우리에게 언제 또다시 와서 가르쳐 주실 건가요?"라는 물음에서 사부인의 진심이 교인들과 통했음을 보여준다.

연회에 참석한 후 공주로 돌아와 미세스 케이블의 도움으로 바로 전에 한 달간 고용한 몇 명의 전도부인을 위한 강좌를 열었다. 그 후에는 내가 공주 밖의 사경회 강의를 위해 나가야 했던 8월 말(1909)까지 공주지역 교인들의 집을 심방했다.

공주 밖에서 열린 사경회는 비록 날씨는 더웠지만 정말 좋은 시간을 보낼 수 있었다. 사경회에서 여성들은 복습을 위한 질문에 답변할 수 있도록 그들이 배운 것을 기억하기 위해 등불 아래서 열심히 성실하게 공부했다.

사경회를 마치고 공주 집으로 가는 길에 돌발사고가 있었는데, 그 이유는 내 짐을 실은 말이 놀라 물에 빠진 것이다. 말과 짐을 모두 잃을 뻔했는데 서너 명의 남정네들이 구해주러 왔고 물에 빠진 모든 것을 건져 올렸다. 음식 상자는 물이 찼고 옷과 책은 흠뻑 젖었다. 음식이 많이 못 쓰게 됐는데 집으로 돌아가던 중이어서 그나마 다행이었다. 이를 통해 한국에서는 자신의 물건이 상하고 못쓰게 되더라도 즐겁게 받아들이는 것을 배우게 되었다.

잠깐의 휴식 후에 나는 한 달 동안 2번의 사경회를 열었다. 나머지 시간에는 순회전도를 하기 위해 서쪽 지방으로 여행을 떠났다. 주님은 이번 여행에 나선 나를 크게 축복해 주셨다. 나는 귀하게도 하나님의 존재가 가까이 있고 나를 돕는다고 느꼈다. 한 사경회에서는 오전 강의를 하고 몇 가지 설명을 한 후에 기도하기 위해 한 여성의 집을 방문한 적이 있다. 이 여성은 쓰러지면서 겨우 몇 마디 소리를 지른 후, 마치 가슴이 무너져 내리는 듯한 통곡을 했다. 그녀는 주님께 자신이 얼마나 큰 죄인이었는지를 말하고 앞으로는 하나님께 더 가까이 가는 삶을 살고, 하나님의 뜻을 더 완벽하게 실천하기를 원한다고 말했다.

나는 성령이 그들 가슴 속에 역사하는 것을 보았고 기도하면서 보낸 한 시간이 성경공부를 하는 것보다 더 유익하다는 것을 느꼈다. 하나님은 확실히 당신의 말씀을 기다리는 사람들의 마음을 새롭게 하여 주셨다.

다음 사경회는 남편 샤프가 개척했던 곳에서 개최되었는데 '미스터 샤프'는 그들을 방문할 기회를 얻지 못했다. 우연히 나는 그곳에 가는 첫 번째 외국인이 되었는데, 그들은 나를 충분히 대접할 수 없어 차마 부르지 못했던 것 같았다. 나는 그곳에서 작지만 멋있는 사경회를 열었다. 참가자들은 영적인 것에 대해 이해를 하는 것 같았다. 떠나올 때 그들은 어른이나 아이 할 것 없이 나에게 매달려 울었다. 한 할머니는 거의 반마일 가량 배웅을 나오면서 얼굴에 눈물범벅이 되어 말했다. "우리에게 또다시 와서 가르쳐 주지 않을 건가요?"라는 물음에 나는 "가능한 한 빨리 다시 오겠다."고 약속할 수밖에 없었다.

계속되는 보고서에서 사부인은 1909년 연말과 1910년 새해에 했던 활동에 대해 보고하고 있다. 10월에는 충남의 남쪽지역, 즉 공주의 남쪽지역으로 논산, 강경, 부여 등지를 찾아 사경회를 열고 12월에는 천안 등 동북지역을 찾아 사경회와 순회전도를 하는 강행군을 펼쳤다. 여성들이 신앙에 눈뜨는 모습이 "꼭 꽃이 피어나는 것 같다"는 표현이 인상적이다.

10월 말 약 한 달 동안은 남쪽 구역에서 전도사업을 하기 위해 출발했다. 나는 순회하면서 세 곳에서 사경회를 열었다. 여행 중 몇 곳에서는 나에게 먹고 잘 시간도 거의 주지 않았다. 나에게 전도를 하도록 힘을 주신 하나님을 찬양했다. 특히 한 사경회의 경우, 그들의 진지함 때문에 오히려 격려를 받는 느낌을 받았다. 지난해에는 사경회에 오도록 하는 것이 아주 힘들어 낮에 한 번만 수업하고 저녁에는 예배를 드렸으나 올해는 권고할 필요도 없었다. 그들은 오전, 오후, 저녁을 가리지 않고 공부할 준비가 되어 있었다.

12월에 북동부지역으로 전도 여행을 가서 사경회를 한 번 열고 크리스마스 며칠 전까지 순회전도를 했다. 새해가 된 후에는 더 많은 사경회를 시작했다. 처음에는 여성 참석자들이 정말 드물었다. 그래서 첫째 날과 두 번째 날에는 어떻게 해야 할지 몰랐다. 그러나 나는 사경회가 중반에 접어들어 그들이 깨우치기 시작할 때까지 온 힘을 다했다. 여성들이 어떻게 진리를 받아들이고 믿는지 보는 것은 경이로운 일이 아닐 수 없었다. 내가 생각을 표현하면 '그 모습이 꼭 꽃이 피어나는 것 같다.' 는 것이다.

다른 곳에 가는 길에 잠시 한 곳에 들러 몇 명의 여성이 세례를 받을 수 있는지 조사했다. 내가 조사한 한 여성은 "부인, 당신이 여기를 떠나면서 우리에게 가르친 것을 공부하라고 말했습니다. 그래서 나는 공부를 시작했고 너무나 큰 기쁨을 알게 되었습니다. 주님은 나를 축복했고 주님이 사부인도 축복해 사부인으로 하여금 나를 깨닫게 하는 도구로 만드셨다고 생각합니다."고 말했다. 다음 사경회에서 우리는 실제로 예수 그리스도 안의 천국에서 함께 앉아 있다고 생각했다. 성령이 우리와 함께 계신다고 느낀 것이다. 이 여성은 열심히 공부했을 뿐 아니라 실제로 영적인 도움을 받는 것처럼 보였다. 이어지는 사경회는 겨울의 추운 날씨 속에서 진행됐다. 비록 몸은 공부하는 동안 추웠지만, 하나님은 우리의 가슴을 따뜻하게 지켜주었다.

"이 추운 날씨에도 나같이 가난하고 무지한 여자들을 가르치기 위해 온갖 곳을 다니는 부인을 생각할 때 울 수밖에 없다."는 한 젊은 여신도의 눈물을 보면 사부인은 모든 어려움이 사라진다고 했다.

내가 그곳을 떠나려 준비할 때 한 무리의 젊은 여인들이 방으로 들어왔다. 인사를 나눈 후에 나의 일을 계속하는데 얼마 후 흐느끼는 소리가 들려 올려다보니 한 여성이 눈물을 흘리고 있었다. 왜 우느냐고 물었는데 처음에는 대답하지 못하다가 다음과 같이 말했다.

"이 추운 날씨에 나같이 가난하고 무지한 여자들을 가르치기 위해 온갖 곳을 다니는 부인을 생각할 때 울 수밖에 없습니다."

추운 겨울에 춥고 연기 나는 방에서 지내는 것은 힘들지만 그런 눈물을 보면 모든 어려움이 사라진다.

또 내가 가르쳤던 다른 사경회에서 한 여성은 다음과 같이 말했다.

"교인이 된 지 1년이나 됐는데도 우리는 주일을 지키지 못하고 있습니다. 남편들은 우리에게 일요일에도 일하라고 요구하기 때문인데 이제는 그들의 말을 듣지 않을 것입니다. 이제부터는 하나님의 도우심으로 그날을 성스럽게 지키겠습니다."

같은 사경회에서 한 여성은 이런 고백도 했다. 이교도인 이웃 사람과 다툼이 있었다. 그녀는 죄를 짓고 있다는 확신이 들자 이웃에게 가서 문제를 바로잡았다. 이를 보면서 나는 사경회가 진행되는 동안 아무것도 진전되는 게 없는 것 같았지만 실제로는 많은 열매가 맺어지고 있음을 느꼈다.

사부인은 공주지구(충청남도)의 선교를 실질적으로 대표하는 입장에서 지휘하고 있는 전도부인과 협력해주는 선교사 부인들에 대한 평가와 업무 소개도 하고 있다. 또 미국 본국에서 자신의 선교사업을 지원해 헌금해주는 후원자들에 대해서도 빠짐없이 감사를 표하고 있다.

내가 데리고 있는 전도부인들은 모두 훌륭하게 일을 해왔다. 그들은 하는 일에 충성하고 힘들어하지 않았다. 줄리에트는 더 시골로 재배치하는 것이 좋겠다고 생각했던 봄까지 공주 시내에서 정말 사역을 잘 수행했다. 훌다(Huldah)는 새 전도부인으로 서쪽 지방에서 일을 잘했다. 구역의 모든 사람이 그녀를 좋아했다. 내가 들었던 유일한 불만의 소리는 훌다가 좀 더 자주 방문했으면

공주시가지와 산성이 찍힌 사진 엽서. 뒷면에는 사부인이 뉴저지의 코넬부인에게 보내는 크리스마스와 새해인사가 써 있다. ⓒ드루대학교

하는 것이었다. 나는 다른 전도부인을 찾는 대로 바로 그녀의 사역을 나누어주려고 한다.

지난해 사역을 시작한 조안나(Joanna)는 충실하게 일했다. 조안나는 교인이 된 후 많은 핍박을 받았다. 조안나가 사는 마을 사람들은 거의 모두 친척들이었는데 조안나가 주님을 영접했을 때 마을 사람들은 머리 깎은 친구들(상투 자른 학교 교사를 뜻함) 뒤를 따르기 위해 조안나가 버선발로 달려갈 것이라고 말하면서 비웃었다. 조안나가 집에서 예배를 시작할 때 사람들은 방망이를 갖고 와서 문과 창문을 두드렸다. 그러나 조안나는 주님이 자기 안에 계시는 한 아무도 자기를 해칠 수 없다고 말했다. 요즘은 친척들이 그녀를 인정하기 시작했으며 일부는 교인이 되었다.

아직 급여를 책정하지 않은 사랑스러운 작은 여성인 윌라(Wilar)는 자신의 사역에 대단히 열심이어서 나는 윌라가 음식과 구두를 살 수 있도록 충분한 급여를 주려고 한다. 윌라는 나와 함께 처음으로 짧은 여행을 다녀왔다. 그녀의 재치와 현명함이 만족스러웠다. 두 번째 여행은 윌라 혼자 갔는데 그녀가 없는 동안 두 살짜리 아이가 죽었다. 고통 속에 슬픔을 겪으면서도 윌라는 아이가 예수님과 함께 평안히 있는 것을 안다고 말했다. (… 중략 …)

한편, 우리가 절실하게 필요로 하는 집을 갖는 것이 가능하도록 해주고 겨울이 오기 전에 그 안식처에서 편안히 지낼 수 있도록 해준 신시내티 지회의 여성 신도들에게도 신실한 감사를 드린다. 계속해서 새집을 짓는데 필요한 설계도를 그려주고 계약을 하도록 도와준 미스 프라이와 미스터 노블에게도 감사드린다.

올 한 해도 실망과 시련이 없지는 않았다. 그러나 하나님은 아주 자애로우시고 후원자들을 통해 모든 것을 우리에게 도와주셨다. 우리는 내년에도 우리에게 사랑을 주시고 우리를 위해 자신까지 주신 주님을 위해 더 많은 일을 할 수 있기를 기도한다.

사부인의 1910년도 보고서 중 다음의 내용은 생전 저자의 할머니(고 강계순 권사)가 사부인을 회고하며 말씀하셨던 것과 같아 복음을 받아들이는 사람은 '모두 비슷하다.'는 생각이 든다. "다른 곳에 가는 길에 잠시 이곳을 들러 몇 명의 여성이 세례를 받을 수 있는지 조사했다. 내가 조사한 한 여성은 '부인, 당신이 여기를 떠나면서 우리에게 가르친 것을 공부하라고 말했었다. 그래서 나는 공부를 시작했고 너무나 큰 기쁨을 알게 되었습니다. 주님은 나를 축복했고 나는 주님이 사부인도 축복해 사부인을 나를 깨닫도록 하신 도구로 만드셨다고 생각합니다.'라고 말했다. 다음 사경회에서 우리는 실제로 예수 그리스도 안의 천국에서 함께 앉아 있다고 생각했다. 성령이 우리와 함께 계신다고 느낀 것이다. 이 여성은 열심히 공부했을 뿐 아니라 실제로 영적인 도움을 받는 것처럼 보였다."

위의 사례와 비슷하게 사부인이 전도한 저자의 할머니 강계순 권사도 "나를 믿게 해 우리 집안을 구하고 논산지역 전도에 나서는 도구로 쓰기 위해 하나님이 사부인을 도구로 사용하셨다."고 늘 말씀을 하셨다. 가정 예배에서 그런 말씀을 하셨던 할머니의 기억이 또렷한데 사부인 보고서에서도 같은 내용을 보니 20여 년의 시간 차이는 있으나 1910년 보고서 속의 여신도나 1930년대 초반 저자의 할머니나 믿음은 같은 것임을 새삼 느끼게 한다.

사부인의 선교보고서만 읽으면 당시 조선왕조는 단조로운 일상이 계속되는 듯 보이지만 이 해(1910) 상반기 대한제국은 국권을 상실해 가고 있었다. 전국 각지에서 의병이 일어났고 3월 안중근 의사가 여순감옥에서 처형돼 순국했으며 경찰권이 일본으로 넘어갔다. 마침내 8월에는 강제합방조약이 체결돼 대한제국은 멸망했다. 이 같은 국권 상실의 시기에 백성들은 의지할 곳이 없었다. 이때 배우지 못하고 있는 소년·소녀들에게 교육의 기회를 제공해주고 삶의 희망을 잃고 있는 민초들에게 복음을 전달했던 선교사들은 나라가 못한 일을 대신해 준 '하나님의 도구' 였다.

선교사들은 평일에 수업하는 주간학교는 성경을 가르치기 위한 목적으로 한글을 가르쳐 많은 한국인이 문맹 상태를 벗어나게 했다. 그것은 일제강점기에는 계몽과 독립운동의 바탕이 되었고 해방 후에는 민주주의와 경제발전의 원동력이 되었다. 그것은 누구도 부인할 수 없는 사실이다. 1910년 대한제국은 종언을 고했으나 교육과 신앙을 통한 한반도 구원의 역사는 선교사들에 의해 면면히 이어져 갔음을 사부인의 보고서는 명쾌하게 확인시켜준다.

궤도에 오른 충남의 여성 선교(1911년)

1911년 6월 27일 서울 이화학당에서 열린 제13회 KWMC 보고서에는 사부인의 선교활동이 본격적인 궤도에 오른 '공주지구 전도사업 및 주간학교' 라는 제목으로 선교 전반에 대해 보고하고 있다. 지난해 KWMC 정기 연회 이후 공주로 돌아와 가장 몰두했던 일로 여성선교사들이 살 집을 건축하는 것이었다고 밝히고 있다. 건축 틈틈이 했던 전도 여행과 어린이들이 하는 길거리 전도 방법도 전하고 있어 선교사로서의 본분도 다하는 모습이다.

공주 중학동 영명고 뒤편에 있는 선교사 사택. 사부인도 다른 선교사와 함께 한국을 떠나기 전에 살았던 곳이다. 민간소유이며 등록문화재 233호.

올해 했던 일을 한 단어로 표현한다면, 그것은 '건축'이다. 지난해 정기 연회 이후 공주로 돌아와 이 일을 즐겁게 담당했다. 여름 내내 목수, 석공과 함께 서서 지내는데 너무 가까이에서 그들을 감시해 그들 스스로 "부인이 늘 지키고 있으니 속이는 것이 거의 불가능하다"고 말할 정도였다. 그러나 내가 그렇게 가까이에서 감독하고 있어도 나는 그들이 나를 속이지 않을까 걱정했다.

여름에는 한 주일 동안 전도부인들을 위한 성경 교실을 열었다. 본래는 좀 더 길게 하고 싶었지만 건축하는 일에 시간을 쏟느라 그렇게 할 수가 없었다. 특히 올여름 성경 교실은 읽기가 가능한 사람들만 참석해 즐거웠다. 우리는 그리스도 예수와 함께 하늘나라에 함께 앉아 있는 것 같은 시간을 보냈다.

초가을에는 2, 3차례 짧은 전도 여행만 했는데, 집 짓는 일로 장시간 떠나있을 수가 없었기 때문이다. 건축으로 인한 압박감 때문에 잠시 기분전환을 위해 빠져나오고 싶어서 한 여행이었다. 날씨가 너무 추워 목수들이 일할 수 없게 되었을 때, 다시 한번 지역 전도 활동을 자유롭고 편하게 했다. 시간은 부족하고 해야 할 일은 많았기 때문에 내 생각으로는 사경회에 내 시간을 좀 더 유익하게 쓰고 싶었고 그 결과 실제 순회전도는 조금밖에 할 수 없었다.

1911년 6월에 촬영한 공주 선교사 가족. 맨 앞 왼쪽에서 두 번째가 사부인. ⓒ드루대학교

나라 잃은 백성들의 한탄을 사부인의 보고를 통해 들을 수 있다. 사부인은 내용 중에서 "사람들은 현재 존재하는 것 자체가 어려운 실정이고 오히려 좌절하고 있으며 하나님이 그들을 돌보지 않는다고 느끼고 있음"을 보고하고 있다.

> 어떤 면에서 나는 전도사역은 빠져나가기만 하고 밀려들어 오지는 않는 낮은 썰물 같다고 생각하곤 한다. 왜냐하면 전도의 열매가 보잘것없기 때문이다. 사람들은 현재 존재하는 것 자체가 어려운 실정이고 오히려 좌절하고 있으며 하나님이 그들을 돌보지 않는다고 느끼고 있다.
>
> 한겨울에 한 곳을 방문했는데 나의 마음을 감동하게 한 것은 많은 숫자의 교인이 아니라 한 노부부의 믿음이었다. 비록 두 사람은 그 마을의 유일한 신자였지만 두 사람 다 처음에는 읽을 줄도 모르고 기도나 찬송을 부를 줄도 몰랐다. 그러나 그들은 기도하는 법과 찬송가를 배웠고 신심을 다하여 찬양했다. 노부부에게는 그들이 극진히 사랑하는 4, 5세가량의 손녀딸이 있었는데, 그들은 손녀에게 찬송을 가르치고 있었다. 내가 그곳을 방문하던 날 할아버지는 손

녀딸에게 나를 위해 찬송을 부르도록 청했다. 손녀가 방안으로 들어왔을 때, 나는 "무슨 찬송을 나에게 들려줄래?"라고 묻고 "아무거나 아는 것을 들려 달라."고 늘 하던 방식으로 요청했다. 손녀는 5, 6개의 찬송가를 완벽하게 불렀는데, 찬송하는 동안 계속 작은 손으로 박자까지 맞추며 불렀다.

이 노부부의 기도를 통해 세 사람이 치유를 받았는데 한 사람은 정신이상자였던 며느리이고 다른 사람은 기형의 엉덩이를 갖고 있던 4살짜리 어린아이였다. 또 한 사람은 7년 동안 위장장애의 일종인 질병을 앓아온 여인이었다. 이 여인은 집 가까운 곳에 다른 예배 장소가 있었지만, 노부부 집에 오기 위해 더 먼 길을 걸어서 왔다. 이렇게 하는 이유는 노부부가 그녀를 도와주고 그녀의 가족을 교회로 인도했기 때문이었다. 노부부는 자신의 집을 부근 마을의 교인들이 매주 만나 하나님께 예배드리는 장소로 바꿨다.

선교가 성공할 때도 있었지만 선교사를 배척하는 분위기가 있을 때는 역경 속에서 오직 기도와 금식으로만 헤쳐나가야 하는 악한 곳도 있었다. 예를 들면 선교사를 장사의 손님 정도로만 대한다든가 선교사가 자기에게서 빨리 떠나기만 바라고 사경회에 가겠다고 거짓말하는 경우가 대표적이다.

전도 활동을 위해 우리는 공주시를 몇 개의 구역으로 나누었다. 케이블 부인과 윌리엄스 부인 그리고 나는 매일 전도부인을 바꿔 몇 명씩 다른 사람과 함께 나갔다. 우리는 한 번에 도시 전체에 있는 몇 명 안 되는 노동자를 상대로 전도하면서 다양한 경험을 했다. 어떤 사람은 우리가 갖고 있는 전도용 소책자를 모른 척했고 어떤 이는 우리가 오는 것을 보면 숨었다. 어떤 사람은 한 벌의 옷이나 심지어 장사하는 장소를 팔려고 했다. 어떤 사람은 즉석에서 믿는 사람도 있었지만, 말로만 믿겠다고 했기에 우리는 여전히 그들이 오기를 기다리고 있었다.

이번 마지막 사경회는 정말 힘들었다. 왜냐하면 우리 선교사들을 빨리 나가도록 할 목적으로 사경회에 오겠다고 거짓말 하는 이들을 상대하기가 힘들었기 때문이다. 그들 중 몇 명의 표정을 보면 진정성이 없다고 생각됐지만, 면전에서 그들의 말을 의심한다고 말할 수는 없었다. 공주는 오직 기도와 금식으로만 헤쳐나갈 수 있는 악한 것이 있는 곳으로 매우 힘든 곳이다.

어린이 사업은 흥미롭게 진행되고 있다. 여자아이들은 매일 오후 젊은 사람이나 나이 든 사람을 찾아가 예수에게 오도록 초대하고 있다. 11살인데 6세 정도로밖에 보이지 않는 한 작은 소년은 고양이가 쥐를 잡으려고 기다리듯이 울타리 아래에 쭈그리고 앉아 있다가 교회 가는 사람이 아닌 모든 행인에게 뛰쳐나가 교회에 가서 예수님 말씀을 들으라고 했다. 한 주일 동안 58명의 여성과 소녀가 이름을 등록했다. 이들 중 어떤 사람은 진심이었고 어떤 사람은 떨어져 나가기도 했다. 떨어져 나간 사람들은 한 줄기의 빛을 보았지만, 그 후 다시 어둠 속으로 돌아갔다.

가을과 겨울에는 다른 곳에서 15번의 사경회를 열 수 있었다. 이들 사경회에는 내가 그들을 보고 싶어 하는 만큼 많은 학생이 참석하지는 못했다. 그러나 많은 참석자보다 더욱더 좋았던 것은 때로는 적은 수라도 수료자가 있는 경우였다. 첫 번째 사경회는 공주에서 열렸는데, 미스 에스테이가 영변지역에서 전도부인과 함께 와서 이곳의 전도부인과 함께 나를 도와주었다. 이곳에서 우리는 아주 행복한 시간을 보냈다. 놀미(논산)에서도 재미있는 일이 있었다. 오전에는 사경회를 진행했고 오후에는 전도 활동을 벌여 많은 여성이 이름을 등록했다. 그들 모두 진심으로 등록했음을 확신하며 그들이 밝은 빛 속에서 살아가기를 우리 모두는 소망한다.

나는 모친이 교인이었던 한 집을 방문했는데, 그 집에는 예쁘장한 두 소녀가 있었다. 엄마는 교인이었지만 영적인 생활에서 냉담해 있었다. 나는 다시 예수님께 돌아오기를 간곡히 권유하고 자녀들도 학교로 보내라고 말했다. 그녀는 거리를 다니기에 자신이 너무 늙었다고 했으며, 다만 애들의 아버지가 동의하면 학교에는 보내겠다고 말했다. 나중에 들은 이야기인데 그녀의 남편은 귀가해 내가 그 집을 방문했다는 것을 알고 나와 무슨 일이 있었느냐며 부인을 폭행했다고 한다. 하나님께서 돌덩이 같은 그의 마음을 어루만져서 하나님의 뜻 안으로 들어오기를 기도한다.

대전의 사경회에서는 여자들이 잘 참석했고 진지하게 공부했음을 보고했다. 특히 대전은 교회를 짓기 위해 유일한 재산인 암소를 팔고 한 여신도는 머리카락을 잘라 팔았다고 소개하며 아직도 건축 때문에 생긴 빚은 많으나 곧 작지만 멋진 교회에서 예배드릴 날이 올 것을 전하고 있다.

또 갑산(Kapsan)지역의 사경회에서도 큰 보람을 느꼈다고 보고하고 있다. 이곳은 책을 읽을 수 있는 사람이 여성 신도 한 명밖에 없어 모든 신자가 찬송가를 가져왔지만, 찬송을 부를 때면 한 사람 한 사람씩 어디를 부르는지 찾아주어야 하는 형편임을 알리고 있다. 갑산의 신도들은 문자를 하나도 몰랐지만, 하나님의 말씀을 듣는데 큰 관심을 보였다면서 "우리 같이 무지한 여자들을 가르치기 위해 여기까지 오신 데 대해 우리는 빚을 진 마음입니다."라는 신도들의 말을 전하고 있다.

대전에서는 여자들이 잘 참석했고 진지하게 공부했다. 이곳에 새로운 교회를 지었는데 한 남성 신도가 거의 유일한 생계수단인 하나뿐인 암소를 팔아 헌금했는데도 불구하고 교회는 건축 때문에 진 빚을 청산할 수 없는 상태였다. 한 여성 신도는 머리카락을 잘라 팔았고 다른 희생들이 있었지만 빚은 여전히 남아 있다. 내가 대전에 있는 동안 전과 같이 이번에도 성공적인 노력이 행해졌다. 교인들의 마음속에 빛이 생겼고 나는 그들이 전보다 더 즐거운 마음으로 멋진 작은 교회에서 예배를 드릴 것이라고 확신한다.

갑산(Kapsan)지역에서는 책을 읽을 수 있는 사람이 여성 신도 한 명밖에 없었다. 모든 신자가 찬송가를 가져왔지만, 찬송을 부를 때면 한 사람 한 사람씩 어디를 부르는지 찾아주어야 했다. 그들은 문자를 하나도 몰랐지만, 하나님의 말씀을 듣는데 큰 관심을 보였다. 내가 떠날 준비를 하고 있을 때 그곳의 대표는 다음과 같이 말했다. "우리 같은 무지한 여자들을 가르치기 위해 여기까지 오신 데 대해 우리는 빚을 진 마음입니다." 나는 그들이 도움을 받아 글을 읽을 수 있고 사경회의 은혜가 하나님의 말씀에 굶주린 그들의 마음에서 부흥하기를 기도했다.

노루목(No-ro-mok)에서 열린 사경회는 숫자는 많지 않았지만 전도부인들의 학습과 관련된 진지함은 대단했다. 그곳에 머무는 동안 전도부인들은 나에게 3, 4개월 동안 병석에 있던 젊은 여성을 하나님이 어떻게 회복시켜주었는지 전해주었다. 그녀의 어린 아들은 이제 막 걸음마를 하고 말하기 시작했는데, 엄마 옆에 무릎 꿇고 앉아 기도하려 애썼다. 그가 할 줄 아는 말이라곤 "하나님 아버지, 고맙습니다."뿐이었다고 한다. 그 아들은 끊임없이 이 말만을 반복해서 했다는 것이다. 그 아이는 다른 사람들이 기도하는 것을 듣고 삶과 죽음의 갈림길에 서 있는 엄마를 구할 수 있는 분이 하나님임을 알았다. 그 젊은 여성은 병이 나았는데 하나님은 그 어린 것의 울부짖음을 듣고 엄마를 회복시켜 주셨음이 확실하다.

사부인은 공주교회의 선교사업 진척이 느려지자 도시 전체를 일정한 구역으로 나누어 각각의 사경회 대표들에게 구역을 맡아 전도하도록 하였다. 그리고 한 달에 한 번 했던 일을 주제로 토론하는 시간을 갖는 선교전략을 시행하기도 했다.

공주교회의 선교사업은 우리가 원한 만큼 진척되지는 않았다. 그러나 지난

공주 최초의 교회와 현재 박물관으로 쓰이는 옛 교회의 모습(공주제일감리교회).

몇 달 동안 예배 참석자 수가 개선되고 있음을 확인할 수 있었다. 1년 동안 122명의 여성과 소녀를 교회로 인도했다. 이곳에는 정규 전도부인이 없어서 나는 도시 전체를 일정한 구역으로 나누어 각각의 사경회 대표들에게 구역을 맡아 전도하도록 하였다. 그리고 한 달에 한 번, 그들이 했던 일을 주제로 토론하는 시간을 가졌다. 집안일과 육체적으로 쇠약해 전도하는 일에 장애가 되었지만 각자 최선을 다하고 있다.

금요일 저녁 모임에 대한 관심은 지난 3개월간 눈에 띄게 증가하였다. 참석하는 수도 늘었을 뿐만 아니라 사경회에도 큰 관심을 보이고 있다. 지난 두 달간 나는 매주 토요일 저녁 주일학교 교사들을 위한 성경공부반을 운영해왔다. 이는 다음 날 주일학교에서 성경을 가르치기 위한 것이었다. 여성 교사들은 내가 그들을 도와주는 노력에 매우 감사하고 있다.

사부인은 전도부인들이 "길을 잃어 밤새 걸었던 일도 있고 어떤 경우는 장소가 잠을 잘 수 없을 정도로 지저분하여 갖고 다니던 깔개를 펼친 후 그 위에 앉아 동이 틀 때까지 기다리는 일도 있다."라면서 역경 속에서 활동하고 있음을 보고했다. 이처럼 훌륭하게 이루어진 전도사업과 비교할 때 우리가 이룬 성과는 작아 보이지만 하나님 아버지는 우리에게 감사하는 마음을 갖도록 힘을 주시고 있다면서 내년에는 더 큰 성과를 낼 것을 다짐했다.

우리 지역의 전도부인들이 항상 즐거운 길로만 순회 여행하는 것은 아니다. 한 번은 길을 잃어 밤새 걸었던 일도 있고 어떤 경우는 장소가 잠을 잘 수 없을 정도로 지저분하여 갖고 다니던 깔개를 펼친 후 그 위에 앉아 동이 틀 때까지 기다린 일도 있었다. 이 전도부인들은 그날 밤은 어떤 밤보다 길게 느껴졌고 아침이 되자 그렇게 반가웠을 수가 없다고 말했다.

공주 선교지역에서는 두 곳에서 주간으로 여학교를 운영하고 있는데 한 곳은 공주고 다른 한 곳은 논산에 있다. 공주의 학교는 스웨어러 부인이 맡고 있음으로 그녀가 보고할 것이다. 논산에 있는 학교에는 거의 50명의 학생이 출석하고 있는데 여자교사를 구할 수 없어 임시로 남자교사를 투입하고 있다. 학교는 잘 운영되고 있지만, 가끔은 가정방문을 할 수 있는 여교사가 있으면 더 많은 학생을 모집할 수 있을 거라는 생각이 든다. 이번 가을에는 여교사를 채용할 수 있기를 바라고 있다.

지난해 인내(Inai)에는 조그만 학교가 있다고 보고했는데 그 학교에 있던 학생 거트루드(Gertrude)가 올해 이화로 진학해서 갔고 거투르드의 뒤를 이을 학생이 없어 학교는 문을 닫았다. (… 중략 …)

훌륭하게 이루어진 전도사업과 비교할 때 우리가 이룬 성과는 작아 보이지만 하나님 아버지는 우리에게 감사하는 마음을 갖도록 힘을 주셨다. 내년에는 우리에게 너무나 소중한 목표를 위해 더 많은 것을 이룰 수 있도록 기도한다.

1911년 사부인의 보고서 중 "사람들은 현재 존재하는 것 자체가 어려운 실정이고 오히려 좌절하고 있으며 하나님이 그들을 돌보지 않는다고 느끼고 있다."라는 내용은 나라 잃은 백성의 마음이 느껴져 마음을 붙잡는다. 일제 총독 데라우치(寺內)에 대한 암살미수 사건을 조작해 민족주의자들을 대거 검거하고 식민체제를 강화하던 일제강점기 초기에 한국인의 삶이 얼마나 고단한 것이었는지 사부인의 보고서는 증언하고 있다. 존재 자체가 어렵고 하나님이 돌보지 않는다고 느끼는 당시 나라 잃은 백성들의 삶이 어떠했을지는 짐작이 가고도 남는다. 이런 여건에서도 복음을 전도하는 사부인은 욥의 고난을 예로 들면서 하나님에 대한 믿음과 예수의 복음만이 구원의 길임을 계속 설교했으리라 생각된다.

다음은 사부인이 담당했던 공주선교구 동부지역과 공주시의 선교에 대해 미스 케이블이 연회에서 했던 보고서다. 특히 유관순 열사의 모 교회였던 지령리교회의 발전에 대한 보고가 주목된다. 지령리교회는 한 사악한 배교자의 행위로 없어졌는데 그 결과 사경회 대표의 집에서 만나고 있다가 봄에 건물 한 채를 구입해 리모델링하고 현재 예배드리고 있다는 내용이다.

> 이 지역의 여성 전도사업은 우리가 바라던 목표에는 못 미쳤지만, 하나님 아버지가 역사하심으로써 수적으로나 영적으로나 꾸준히 성장하고 있다. 지난 1년간 등록한 학습교인, 세례교인, 입교인의 비율은 과거 어느 때보다도 높다. 또한 공부를 하는 사람들의 숫자도 더 늘었음을 보여 주고 있다.
>
> 1년간 두 번의 순회전도여행과 특별전도 집회가 열렸다. 이런 순회전도를 통해 가장 크고 중심적인 그룹을 만났다. 이런 그룹에는 인근 마을의 여성들이 속해 있어 우리와 함께 만날 수 있었다. 분기별로 지방회가 개최될 때에는 성만찬이 진행되었고 성만찬 참가자 수는 이전보다 훨씬 많았다. 참가자들은 성만찬에 참여하는 특권을 대단히 감사해했다. 참가자 중 일부는 성만찬에 처음

참여하는 사람들이었다.

갑산에서 1년 전 조직된 새로운 예배그룹은 5명에서 시작하여 20명으로 늘어났다. 1년간 그들 중 3명이 죽었지만, 그들은 실망하지 않았고 신앙의 열정도 꺾이지 않았다. 그들은 최근 완성된 새 교회를 자랑스러워하고 있다.

장명(chang meung)[4]에서는 지난 1, 2년간 중단상태에 있던 교회가 특별부흥회에 힘입어 다시 도약을 시작하였다. 5명의 열렬한 신도가 출석했는데 이제는 30명이 되었다. 여성 신도들은 성경공부를 매우 열심히 하고 있다. 어떤 주일날에는 그들 중 20명이 분기별 지방회가 열리는 곳에서 열리는 예배에 참석하기 위해 아기를 등에 업고 산 고개를 넘어왔다.

지령리(chi-reung-i)[5]의 교회 건물(현 매봉교회)은 3년 전 한 사악한 배교자의 행동으로 없어졌는데 그 후 교인들은 사경회 대표의 집에서 만나고 있다. 일부는 실망해 떠났지만 믿음이 좋은 몇 명은 남아 예배할 교회를 다시 가질 수 있도록 기도하고 있다. 올봄, 그들은 건물 한 채를 살 수 있었고 리모델링을 하여 현재는 모든 예배를 그곳에서 드리고 있다. 떠났던 교인들도 일부 돌아오고 새신자도 몇 명 들어왔다.

봉암(Pongam)은 약 200가구가 사는 마을인데 특별 전도부흥회를 통해 완전히 일어났다. 두 명의 전도부인과 다른 열성 신도들이 마을을 8개 구역으로 나눠 맡아 매일 모든 집을 방문해 저녁예배에 참석하도록 초대했다. 남자들도 같은 방식으로 동시에 실시했다. 예배에는 많은 사람이 참석했고 참석자 수가 3분의 2나 증가했다.

---

4) 천안시 동남구 수신면 장산리의 자연마을을 표기한 것으로 추정된다. 장산리는 1914년 행정구역 통폐합으로 장명리, 남산리, 상리, 사창리 각 일부를 병합하여 장명리의 장자와 남산리의 산자를 따서 장산리로 했다. 유관순의 지령리교회와 멀지 않다. (네이버 지식in 오픈백과 '천안시 수신면 장산리 지명 유래' 2016. 7. 12 검색)

5) 지령리는 충남 목천군 이동면 지령리를 가르킨다. 이는 유관순열사가 태어날 때의 주소로 현재는 1995년 천안시와 천원군이 통합돼 충남 천안시 병천면 용두리 388번지에 해당한다. 박충순, "유관순과 3·1운동" 『유관순의 생애와 3·1운동』, 백석대 유관순 연구소 편, 22-23쪽, 2014.

배교자였던 아들이 돌아오기를 기도했던 어머니의 뜻이 이뤄져 친척들의 계속되는 배교 유혹을 이겨내고 신학교에 가기로 결정했다는 보고는 선교의 열매가 맺어지는 사례로 주목된다. 또 사경회에서 시험을 본다고 하자 성경공부의 열기가 대단해졌음을 보고하기도 했다.

한 여신도는 최근 감옥에서 풀려난 배교자였던 아들을 위해 몇 년간 기도해왔는데, 이 아들은 어머니를 기쁘게 하기 위해 몇 주째 주일예배에 참석하고 있다. 특별예배시간에 이루어진 면담에서 그는 확실히 예수님 편에 서기로 결심했지만 하루는 이교도인 친척들이 항의하고 그를 만나 첩을 얻어야 한다고 통고했다. 이런 일이 일어나고 있는 동안 어머니는 아들이 동요하지 않도록 기도했고 아들은 그의 결심이 진정이라면서 "나의 반생은 이미 낭비됐다. 나는 하나님을 위한 일을 하려고 한다."고 말했다. 그는 굳건한 신앙 위에 섰을 뿐 아니라 그해 겨울에는 사경회의 대표가 되었고 올가을 신학교에 가기로 결심했다.

계모에게 교회 참석을 금지당했던 한 어린 여성은 3년간의 심한 박해 끝에 커다란 은혜를 받았다. 교회 출석을 허락받았을 뿐만 아니라 계모도 믿기로 마음을 바꾼 것이다.

우리 자신은 부흥회와 같은 행사를 개최할 수 없지만, 전도사와 전도부인들은 9곳에서 부흥회를 열어 매우 좋은 결과를 얻었다.

가을에는 특별전도부흥회를 열었는데, 공주시를 몇 개의 구역으로 나누고 구역마다 다양한 전도 사역자를 임명했다. 각각의 전도 사역자에게는 조사를 두고 매일 가정을 방문해 전도 책자를 주면서 예배에 참석하도록 사람들에게 권유했다. 교인이 되기로 하고 자신들의 이름을 등록했던 사람 중 일부는 실제로 그렇게 했다. 이렇게 모인 숫자가 많지는 않았지만, 한국인 전도 조사들은 개별전도사업의 필요성과 시행 방법을 배웠다.

겨울에는 개인 전도자반을 열어 한 달 동안 계속했다. 참가자는 19명이었는데 이는 지난해보다 7명이 더 많은 숫자다. 반 버스커크 부인이 찬송을 가르쳤고 윌리엄스 부인이 사도행전, 나는 빌립보서와 빌레몬서를 가르쳤다. 나는 이제까지 그렇게 진지한 마음으로 공부하는 반을 가르쳐 본 적이 없었다. 우리는 처음 시작할 때 학생들에게 끝날 때쯤 필기시험이 있을 것이라고 예고했었다. 이런 일이 공부를 하도록 만드는 장려책이 되어 비록 많은 학생의 경우 시험이 처음이었음에도 불구하고 결과는 매우 만족스러웠다.

내가 데리고 있는 두 명의 전도부인은 1년 내내 힘든 일을 해내었다. 개별 방문하는 전도사역을 전보다 더 이교도 마을에서 벌였다. 그들의 노력을 통해 많은 새로운 가정들이 그리스도를 믿기로 결심했다. 그들은 아홉 번의 전도 노력에 참가해 도움을 줌으로써 교회에 나온 여성들이 성경공부를 하게 하였고 그 여성 중 많은 숫자가 이미 예비신자가 되었다.

주님은 우리 지역의 모든 사역에 우리와 함께하셨다. 우리 전도사업이 번영을 시작한 것은 모든 것이 하나님의 권능을 통한 은혜였다. 우리는 오는 해에도 많은 새로운 영혼을 위해 기도하고 있다.

공주구역에 대해 세 번째로 보고한 스웨어러 부인은 여학교 단독 캠퍼스가 없어 일어나는 어려움을 토로하고 있다. 사부인이 살고 있는 한옥을 궁극적으로 여학교에서 사용하려는 희망은 아직도 실현되지 않아 사실상 여전히 연기되고 있다면서 이 나라에서 건물의 완공과 관련된 희망은 뜻대로 되는 것 같지 않다고 호소하고 있다. 그 결과 여학교는 매우 좁은 곳에서 제한적으로 활동하고 있으며 따뜻한 계절에는 여학생들이 밖에서 수업을 할 수가 있어서 큰 문제가 되지 않으나 추운 계절에는 교사나 학생에게 너무나 고생스러운 일이어서 대책을 세워야 함을 강조했다.

지난여름, 학교 개학 무렵에 여학생들이 모여 공부할 곳이 없다는 사실을 알게 되었다. 작년까지 사용했던 건물은 학부모위원회가 임대했던 것이었으나, 지난가을부터 학부모위원회는 그 건물을 다른 용도로 사용하고 있었다. 현재 미세스 샤프가 살고 있는 한옥은 앞으로 여학교에서 사용할 예정이었고 샤프 부인의 새집이 12월까지 완공될 것으로 굳게 믿었기 때문에 우리는 그때까지 3개월만 보낼 수 있는 장소가 있으면 충분할 것으로 생각했다. 학부모위원회가 다시 우리를 도와주어서 도시 반대편에 있는 건물을 임대해 교사들이 생활하면서 여학생들도 모여 공부할 수 있게 되었다. 앞서 말했던 미세스 샤프가 살고 있는 한옥을 여학교에서 사용하려는 우리의 궁극적 희망은 아직도 실현되지 않아 사실상 여전히 연기되고 있다. 이 나라에서 건물의 완공과 관련된 희망은 뜻대로 되는 것 같지 않다. 그 결과 여학교는 매우 좁은 곳에서 제한적으로 활동하고 있다. 따뜻한 계절에는 여학생들이 밖에서 수업을 할 수가 있어서 큰 문제가 되지 않았다. 그러나 추운 계절에는 교사에게나 학생에게나 너무나 고생스러운 일이었다.

지령리교회에서 맺은 유관순과 신앙의 어머니 사부인

1911년의 천안지역 보고 내용 중에 있는 지령리교회가 언급된 것을 계기로 유관순과 사부인이 관계를 맺는 과정에 대해 이제까지 학계와 향토사 연구자들이 논의하고 발표한 결과를 종합해볼 필요가 있다. 여성 독립운동의 최고 아이콘(icon)인 유관순 열사가 사부인을 만나지 못했다면 다른 운명의 삶을 살았을 것이기 때문이다. 결론적으로 보면 유관순이 공주 영명여학교에서 사부인의 보살핌 속에 2년간 수학한 것은 사실로 보인다. 여러 당시 인물들의 증언 이외에도 1915년 영명여학교 졸업생 5명이 이듬해(1916) 이화학당에서 계속 공부하기를 원한다는 사부인의 1915년도 보고서[6]의 내용처럼 유관순도 공식적으로는 1916년 이화학당에 입학했기 때문이다. 5명 중 유관순이라는 이름이 명시적으로 보이지 않는데 이는 해방 이후 유관순 열사는 최고의 독립운동가 중 한 사람으로 추앙받고 있지만 영명여학교에서 사부인의 도움으로 수학할 때(1910년대 초)만 해도 아주 유명하지 않았음을 살펴 볼 필요가 있다.[7]

우선 학계와 향토사 연구자들이 논의하고 발표한 결과를 종합해 보면 지령리교회는 1901년경부터 존재했을 것으로 보이는데 그 근거는 선교사 스웨어러의 보고 중 "'북 충청'에 목천과 진천뿐만 아니라 청주, 충주에서도 사업을 시작하였다"는 기록[8]이 나오기 때문이다. 특히 「대한매일신보」는 1907년 8월 16일 자에 실린 국채보상 의연금 수입 광고 중 '충남 목천이동면 대지령야소교당(忠南 木川二東面大志靈耶蘇敎堂)' 명의로 80여 명이 헌금한 기사가 있으며 황성신문은 그해 11월 2일 '목천군에서 일병이 야소 교당을 충화(衝火)하였다'는 기사를 싣고 있다.[9]

위와 같은 보도 기사와 지명 변경 과정 등을 종합할 때 지령리교회는 현재 충남 천안시 병천면 용두리에 있는 매봉교회가 확실하다. 일병에 의해 불탄 지령리교회는 유관순 열사의 할아버지와 동렬인 유빈기(柳斌基, 1883-1928)와 조인원(趙仁元, 조병옥의 부친) 등에 의해 1908년 재건되는 것으로 확인된다[10]. 유빈기는 1907년부터 천안지역 선교사로 활동하던 케이블(E. M. Cable, 奇怡富, 1874-1949)과 깊은 관계가 있었고 유관순이 어려서부터 기독교 신앙을 갖도록 하는 데 중요한 배경이 되는 인물이다. 유관순은 전통적 유가

---

6) 151쪽, 1915년 보고서 참조.
7) 1915년 KWMC 보고서. 저자는 이 전기를 작성하는 지난 6년 동안 드루대 감리교 아카이브 등 여러 기관에서 사부인이나 다른 선교사의 1910년대 문헌에서 유관순 이름을 발견하려고 노력했으나 찾지 못했다. 윌리엄스 감리사의 1919년 3·1운동 보고에서 유관순이라는 이름 없이 교인 부부가 만세운동 현장에서 일경에 의해 죽고 딸은 감옥에 있다는 내용 정도만 확인했다.
8) 홍석창, 「1902-1930년, 천안, 공주지방 교회사 자료집」, 26-27쪽.
9) 박충순, '유관순과 3·1운동' 25쪽, 『유관순의 생애와 3·1운동』, 백석대 유관순 연구소, 2014.
10) 위의 논문, 25쪽.

에서 출생했으나 유빈기와 생가 근처에 있었던 지령리교회의 영향으로 5, 6세부터 기독교를 접했으며 교회에서 놀고 공부할 수 있었다. 또 이런 과정에서 1904년부터 공주, 천안 지역에서 본격적으로 선교활동을 하게 된 사부인과 접촉하게 된 것은 자연스러운 일이었다. 유관순은 사부인을 통해 기독교 서적은 물론, 당시 발간된 잔 다르크에 관한 책[11]을 읽을 수 있었다.[12]

유관순(좌측). 보통과 입학 직후(1915-1916년 추정).
ⓒ이화여자대학교

이처럼 어린 나이에 사부인을 만난 것이 유관순이 이화학당으로 유학을 하는 계기가 되기도 했다. 서울에서 활동하며 이화학당을 설립한 스크랜턴 부인이나 운영자였던 프라이 등을 잘 알고 있었던 사부인은 자신이 공주에서 운영하던 영명여학교의 졸업생 중 우수한 여성 인재를 상당수 이화학당에 진학시켰다.

교회사 연구자 홍석창은 유관순의 이화학당 진학 과정을 다음과 같이 밝히고 있다.

> "그 당시 공주의 선교사업을 위해 남편인 샤프(Robert Arthur Sharp)와 같이 온 사애리시(史愛理施 Mrs Alice H. Sharp) 선교사도 예외는 아니었다. 그래서 이 동리에 세워진 교회를 통해 많은 인재를 유학 보내던 중 유관순 양을 발견하고, 그

11) 장지연이 1907년 광학서포(廣學書舖)에서 번역해 낸『애국부인전』.
12) 박충순, 앞의 논문, 26쪽.

녀의 가정이나 그녀 자신의 됨됨이를 보고는, 훗날 크게 쓸 재목으로 인정하여 학교를 소개하게 되었다. 이렇게 해서 그녀가 제일 처음으로 간 학교가 공주 영명여학교였다. … 유관순 양이 언제 이 학교에 와서 몇 년간을 배우다가 서울 이화학당으로 갔는지 확실한 기록이 남아 있지 않다. 그러나 사부인이 그녀를 처음에 유학하도록 주선했으며, 또한 그때 공주에는 사촌과 친오빠 등 여러 친척이 살기도 하고 또 공부도 하고 있었기 때문에 그녀가 공주 영명여학교에 가서 얼마 동안 있었다는 것은 틀림없는 사실이다." 13

위와 같은 논문과는 별도로 공주 영명중·고가 2007년 펴낸 『영명 100년사』에는 영명여학교 재학을 증언하는 4명의 증언(592-593쪽)을 싣고 있다. 강신근(4·1 공주 읍내 장 만세 시위의 주도자 강윤의 3남, 현재 미국 거주), 황용배(황인식 영명고 교장의 손자, 현재 서울 거주), 박홍순(현 영명고 행정실장, 공주제일교회 장로), 박광희(영명고 44회 졸업생, 현 공주 거주)의 증언이다. 이들의 증언을 토대로 『영명 100년사』는 사부인, 유관순 열사, 영명여학교와의 관계를 다음과 같이 기술하고 있다.14

사애리시 여사가 관순을 처음 알게 된 것은 천안에 있는 지령리교회(현 매봉교회)를 심방하는 자리에 동행하면서였다. 사애리시 여사는 관순의 두터운 신앙심과 교회 주일학교를 열심히 인도하는 것을 보고 관순을 사랑하게 되었고, 관순도 사애리시 여사의 적극적이고도 헌신적인 사회봉사 활동에 감화를 받아 그녀를 존경하게 되었다. 사애리시 여사는 관순의 그윽한 눈매와 자신감 넘치는 모습에서 한국의 이상적인 소녀상을 발견했다.

사애리시 여사는 관순을 조용히 불러 "관순 양이 공부하기를 원하면 내가

---

13) 홍석창, 앞의 책, 26-27쪽.
14) 『영명 100년사』, 588쪽.

서울의 이화학당에 보내줄 테니 우선 영명학교에서 교육을 받아 보는 것이 어때요"하고 관순의 의향을 물었다. 관순의 아버지는 홍호학교를 경영하다 빚을 졌던 교육자였다. 그는 그 고장에서 고리대금업을 하던 일본인 고마다한테서 빚을 내 학교 부채를 갚았으나 고리대금을 갚지 못해 집을 빼앗겨 관순은 학교에 다닐 수 없는 형편이었다. 아버지의 뜻을 잘 아는 관순은 그 이튿날 사애리시 여사를 따라 공주에 왔다.

사애리시 여사는 관순을 영명여학교 보통과에 입학시켜 2학년을 수료시켰다. 1916년 4월, 3학년 초에 사애리시 여사는 약속대로 관순을 서울로 데리고 올라가 이화학당에 전학시켜 주었다. 관순은 이화학당에 전학한 후에도 방학때면 고향에 내려와 문맹 퇴치에 앞장섰고, 모교인 영명여학교에 찾아와 옛 선생님과 벗들을 만나 서울 이야기를 들려주고 선생님의 가르침을 받기도 하였다. 이처럼 영명에서 배움의 길을 연 유관순이 3·1 독립 만세를 주도하다 일경에 잡혀 꽃같이 산화한 일은 결코 우연이 아니었다.

위와 같은 사실을 모두 고려할 때 유관순 열사는 사부인을 따라 공주에 와서 영명여학교 보통과를 2년간 다녔는데 사부인이 유관순의 총명함을 확인하고 교비생으로 이화학당에 추천하였다고 하는 그간의 통설이 합리적이고 논리적인 판단이라고 생각된다. 학적 논란과 관계없이 유관순을 천안 병천의 시골에서 넓은 세계로 인도한 사람은 영명여학교 설립자였던 사부인이었다. 또한 유관순을 이화학당 교비생으로 편입시킨 사람도 사부인이었다.

이처럼 1910년 한일 강제합병이 이뤄지는 시기를 전후해 사부인과 유관순 열사의 운명적 만남은 이뤄진다. 나라가 평온한 시기였다면 두 사람의 만남은 기독교적인 관점에서 정치나 사회, 여성운동 방향으로 큰 발전을 이뤘을 것이 틀림없다. 일제강점기 이화학당 출신들이 각계에서 두각을 나타낸 것을 미뤄보면 쉽게 짐작이 된다. 그러나 국권이 상실되는 역사의 소용돌이 속에서 유관순 열사에게 사부인이 준 기독교 교육은 마태복음의 핵심 구절 중 하나인 "너희는 먼저 그의 나라와 그의 의를 구하라. 그리하면 이 모든 것을 너희에게 더하시리라."는 의미로 다가왔을 것으로 생각된다. 이런 말씀이 체득되지 않았다면 어떤 말로도 유관순 열사의 순국 열정이 설명되지 않는다.

"강건하라!" 시 읽으며 각오 다진 1912년 보고

1912년 KWMC 연회는 3월 12일부터 16일까지 서울에서 열렸다. 사부인은 공주지역 복음사역과 지방학교 사업에 대해 보고하며 "강건하라"는 시를 보고서의 첫 부분에 소개하고 있다. 선교가 얼마나 힘든 것인지를 역설적으로 표현하며 의지를 불태우는 사부인의 모습이 그려지는 시이기도 하다. 여성선교사들이 생활할 수 있는 집이 마련됐음도 보고하고 있다.

"강건하라!
우리는 이곳에 놀기 위해,
꿈꾸기 위해,
표류하기 위해 있는 것이 아니다.
우리는 해야 할 어려운 일과 들어올려야 할 짐들이 있다.
싸움을 피하지 말고 마주쳐라, 그것은 하나님의 선물이다.
강건하라! 강건하라!" 15

15) 위의 시는 '강건하라(Be strong)'는 제목의 미국 시인 뱁콕(Maltbie D. Babcock, 1858–1901)의 시 중 첫 구절이다. 목사이기도 했던 시인은 찬송 '참 아름다워라, 주님의 세계는(This is my Father's world)'의 작사자이기도 하다.

지난 연회 이후 1년간을 돌아보면, 하나님의 돌보심과 모든 일을 하는 데 힘을 주신 데 대해 감사할 뿐이다. 연회 이후 공주로 돌아와 우리는 새집 완공을 확인했다. 완전히 끝내기 위해서 해야 할 몇 가지 일들 때문에 10월까지 완공이 미뤄졌지만, 7월 말 새집으로 우선 이사했다. 현재는 편안한 집에서 살고 있다.

건축과 이사 등으로 돌봐야 할 일이 많았기 때문에 가장 즐거운 사역인 전도부인을 위한 여름철 정규 사경회를 할 수가 없었다. 8월 말이 되어서 사경회를 하기 위해 논산으로 갔다. 논산에서는 매년 이때쯤 내가 그곳으로 오는 것을 좋아했는데, 그 이유는 교회가 언덕 위에 있어서 시원한 바람이 불어 더위를 신경 쓰지 않아도 되기 때문이다. 논산의 사경회는 내가 가졌던 것 중 가장 참석자가 많았고 전체 기간 동안 호응도 좋았다. 사경회는 매년 더 성장하고 있다고 생각한다. 논산에는 남녀유별이라는 사회적 분위기 탓에 남자들을 향해 직접적으로 열변을 토해내고 있지는 못하지만 전도사업에 아주 열성적인 몇 명의 여성 신도들이 있다. 이들 중 흥미로운 인물은 전에도 두 번이나 사경회에 참석했지만 흥미를 못 느껴 배우려는 노력도 하지 않았던 한 젊은 여성이다. 이 여성은 올해 성경공부를 하고 싶고 주님을 위한 일꾼이 되고 싶다고 말하며 아주 열심히 공부했다.

전도 여행에서 돌아와 보니, 한 번도 가본 적이 없는 마을 사람들이 와서 가르쳐 달라는 요청의 편지가 와 있어 사부인은 숨 돌릴 틈도 없이 즉시 달려갔다고 한다. "전도사업 부문을 살펴보면 우리는 하나님이 인간을 위해 행하신 것에 대해 찬양을 드려야 할 엄청난 이유를 찾게 된다."면서 전도에 올인하는 모습을 보인다. 이처럼 분주히 다니다 한 번은 한밤중에 길을 잘못 찾아 엉뚱하게 구세군 군영에 도착하는 소동을 빚기도 했다.

여행에서 돌아와 보니, 한 번도 가본 적이 없는 마을 사람들로부터 "와서 가르쳐 달라"고 요청하는 편지가 와 있었다. 나는 즉시 가기로 하고 준비를 했다. 그 마을에 도착해 보니, 많은 수는 아니었지만 모두 진정성을 가지고 있었다. 1년 중 가장 바쁠 때(추수)였지만 교인들은 서로를 도와 모두가 성경공부를 했고 주님은 모든 예배에 우리와 함께하셨다.

이 사경회를 끝낸 후 다시 40리쯤 되는 다른 마을로 갔다. 이 마을은 전에 여러 번 갔던 곳인데 많은 사람이 이사를 하고 새로 이사 온 사람이 너무 많아 처음부터 다시 시작할 수밖에 없었다. 사경회의 참석자 대부분은 할머니들이었는데 가르침을 듣고 질문에 대답하는 과정에서 나의 마음을 기쁘게 했다. 할머니들은 "나는 늙고 감각도 무딘데…."라고 자주 말했다. 나는 이들이 말씀을 받아들이려고 열심히 노력하는 것을 보면서 마음이 행복했다.

11월에는 한 달간 사경회를 진행하기 위해 서쪽 지방으로 갔다. 어떤 곳은 참석자가 적었지만 모두 진지하게 참석하는 특징을 보였다. 세 번째로 머문 곳은 방문하기가 몹시 어려운 새로운 곳이었는데, 같은 이름의 다른 마을을 찾아가는 어처구니없는 일이 일어났다. 우리가 그 마을에 대해 처음부터 잘못 물은 탓에 엉뚱한 마을로 향했다. 그러나 우리는 잠자리를 펴고 저녁 준비가 끝날 때까지 이 사실을 모르고 있었다. 그때 그곳 사람들과 대화를 나누는 과정에서 우리가 있는 곳이 감리교회가 아니라 구세군 군영(barrack)이라는 것을 알게 되었다. 시간은 이미 저녁 9시가 되었고 우리가 오늘 사역했던 곳에서 30리나 떨어진 곳이었다. 밤새 머물러서 상황이 나아지도록 하는 것 말고는 아무것도 할 수가 없었다. 우리가 다음날 사경회를 하기 위해 가고자 한 마을과는 50리나 떨어진 곳이었다. 구세군 군영의 사람들은 우리에게 친절하게 대해주었고 우리가 온 것에 대하여 진심으로 반가워했다.

가려고 했던 마을에 하루 늦게 도착해 마을 사람들은 무척 걱정하면서 흥분된 상태였다. 마을 사람들은 잘못된 방향으로 갔다고 생각하지 않고 길을 잃고 어둠 속에서 방황하고 있다고 생각했다. 그래서 마을 사람들은 등불을 들고 밤

새도록 길 잃은 '선생'을 찾아 나섰다. 다음 날 아침, 마을 사람들은 두 갈래로 나눠 찾아 나섰지만 우리를 찾지 못했다. 내가 마을에 도착했을 때 그들은 돌아와 점심을 먹고 막 다시 찾아 나서려던 참이었다. 나는 그들의 사랑과 헌신에 감동을 하였다.

하루를 방황한 탓에 시작은 하루 늦었지만, 사경회는 훌륭하게 진행되어 좋은 시간이 되었다. 처음 하는 성경공부였던 탓에 그들은 어떻게 공부를 해야 하는지부터 배워야 했다. 수강생들은 열심히 노력했다. 그 결과 몇 명의 수강생이 열망을 갖게 되었다.

한편 이 해의 사부인보고서에서 주목되는 부분은 귀국하는 영변지역 담당 선교사 미스 에스테이를 돕기 위해 영변에서 사경회를 인도했다는 대목이다. 영변은 평양 선교부 소속으로 감리교의 선교활동이 활발했던 지역이다. 드루대에서 사부인 관련 자료를 조사할 때 선교사들이 촬영한 수백 점의 100년 전 영변사진이 나왔는데 그중 우리에게도 잘 알려진 영변의 약산동대 등은 사부인도 영변을 방문한 길에 들러보았을 것으로 추정된다.[16]

지난 12월 말 미국 고향으로 돌아가는 여행 준비를 하는 미스 에스테이를 돕기 위해 영변에 갔는데 영변에서는 기쁨과 슬픔을 동시에 맛봤다. 정말 기뻤던 일은 한국을 떠나야 하는 미스 에스테이의 힘든 시간에 내가 줄 수 있는 도움을 그녀에게 제공하는 것이었다. 슬펐던 일은 그렇게 진실하고 충성스러운 일꾼에게 작별 인사를 하는 일이었다. 미스 에스테이와 함께 있는 동안 사경회를 돕는 영광을 가졌다. 사경회의 보통과 여성 수강자들이 그렇게 오랫동안 알고 사랑했던 에스테이가 떠나갈 준비하는 것을 보면서 느끼는 슬픔은 비극적

16) 영변의 약산은 김소월의 시 '진달래꽃'으로도 잘 알려진 곳이다. 최근에는 영변의 핵시설로 더 잘 알려져 있다.

이었다.

나는 영변에서 연회가 열리는 6월까지 사경회를 가진 후 공주로 돌아올 작정이었으나 무산되었다. 미스 에스테이가 떠난 후 한국의 설날이 다가와서 여성 신자들이 사경회에 참석할 수 없도록 너무 바빴던 탓이다. 그래서 본래 여섯 번 하기로 했던 사경회를 두 번만 하고 돌아왔다.

왕치(Wangchi)에서 열린 사경회는 처음 하는 사경회였고 어떻게 공부하는 것인지 원칙도 모르고 있었다. 그렇지만 얼마나 열심히 노력하는지 보는 것만으로도 흥미로웠다. 나는 마음으로부터 하나님의 말씀을 좀 더 강렬하게 알고 싶어 하는 사람 몇 명을 볼 수 있었다. 그러나 반대되는 경우도 있었다. 사경회 대표 중 한 사람은 중간에 떨어져 나가면서 몇 명을 데리고 나가기도 했다. 그러나 상당수는 여전히 남아 핍박을 당하면서도 진리를 붙들었다.

사부인은 이 해 보고서에서 전도부인의 활약상을 자세히 전하고 있다. 한 사람은 하루 13번이나 허리까지 빠지는 물을 헤치며 건넜다는 사실에서 전도부인들의 열정을 확인할 수 있다.

전도부인 지나(Zeena)로 하여금 시골 사경회 하나를 맡도록 하였다. 지나가 수행한 전도사역은 내가 만족할 만큼 훌륭했다. 지난가을, 지나는 단독(丹毒)병[17]에 걸려 생명을 잃지 않을까 걱정했는데 하나님이 우리의 기도를 들으시고 회복의 은총을 내려주셨다.

하나님은 또 지난가을, 전도부인 윌라(Willa)의 집에 아들을 보내주셨다. 2년 전, 윌라가 집을 떠나 시골에서 전도하고 있었을 때 집에 있던 아들이 죽었다. 당시 윌라는 집에 도착하기 전에 아이가 매장되어 시신조차 보지 못했다. 하나

17) 단독은 erysipelas라고 하는 피부 밑 조직의 세균감염 질환.

님께서는 한참 후에 윌라를 위로하기 위해 아들을 주셨는데 윌라의 전도사업에 방해가 될까 봐 즐거워할 수도 없었다. (… 중략 …)

모든 전도부인들은 이번 가을에 여행할 때 특히 힘들었다. 가을에 폭우가 내렸기 때문이다. 다리가 무너지고 대부분의 개천이 범람했다. 훌다의 경우 하루 동안 13번이나 허리까지 빠지는 물을 헤치며 걸었는데, 결국 물을 보는 것이 무섭다고 말할 정도였다. 훌다가 얼마나 물을 무서워했는지 나도 똑같은 경험을 했기 때문에 이해가 되었다.

사부인은 교육을 통해 여성을 계몽시키고 여성을 속박하는 전통적 관습에서 해방시키기를 원했다. 그러나 공주에 두 곳의 관립학교가 세워져 경쟁할 수밖에 없는 상황이 되자 예산 문제로 또 다른 고민을 하게 된다.

공주의 학교는 9월에 자체 건물로 이사했다. 학교 건물은 학생들이 이제까지 사용했던 어떤 건물보다 커지고 좋아졌지만 벌써 학생들은 공간을 나눠 좀 더 많은 방을 만들어 달라고 나에게 요청하고 있다. 우리 앞에는 모든 여학생을 현재대로 유지할 수 있을지에 대한 의문이 놓여 있다. 일본인들이 공주에 2개의 학교를 열었고 이들 학교에 다니는 남자아이들이 누나와 여동생을 우리에게서 데리고 나가려 하기 때문이다. 현재까지 가려고 하는 아이는 거의 없지만 나중에도 남는 것을 원할지, 원하지 않을지는 의문이다. 아무튼 우리는 어린이들을 계속 데리고 있을 수 있기를 희망하고 있다.

지난가을에는 교사인 에델(Ethel)을 논산으로 데려가 새집에 기거하면서 선교와 교육사업 진행 상황을 보았다. 사람들은 에델이 온 것을 환영했다. 일주일 전에는 학교를 방문했는데 방학 중이었다. 에델의 보고에 따르면 올해 출석 학생 수가 줄어들었는데 부모들이 어린이들을 학교에 보내지 않는 등 여러 이유가 있었다. 그러나 학교에 나오지 않는 대부분의 여학생들이 다 큰 처녀임을 보면, 가장 중요한 이유가 혼인 준비 때문으로 생각된다. 새로 신입생이 많이 들어와 평균 출석 인원은 30명가량이 되었다. 이들 학생은 1년간 열심히 공부했다.

교육사업을 위해 핵케츠타운(Hackettstown)의 다넬(Darnell) 박사가 15달러를 기부해 주었다. 또 훌륭한 성탄 선물을 선교용 선물꾸러미로 보내 준 오하이오 플레밍 부인과 맥도널드시의 베이커 부인, 롱아일랜드의 호프 부인에게도 감사드린다. 선교용 선물꾸러미는 성탄절에 우리 어린이들을 기쁘게 해주었다.

선교부에서 일하는 직원 하나를 줄일 수밖에 없어 유감이지만 그 공백은 곧 채워질 것으로 믿는다. 1년 동안 12개의 사경회를 열었는데, 내가 계획했던 대로 된 것은 아니지만 할 수 있는 한 최선을 다했다. 내년에는 복음사역을 더 잘할 수 있도록 지혜 주실 것을 기도한다.

한편 14회 연회는 회의록 자체가 있어 보고서보다 자세한 내용을 파악할 수가 있다. 공주지역의 감리사(District Superintendent) 스웨어러(한국명 서원보) 선교사는 42쪽에서 사부인의 부지런함에 대해 특별히 기록하고 있다.

사부인은 전도 여행을 너무나 많이 다녀 우리에게는 이방인처럼 느껴진다. 내가 어디를 가든지 교회의 여성들에게서 듣는 이야기는 사부인에 관한 것이었다. 부녀 교인들은 사부인의 방문을 무척 좋아하고 빠른 시일 안에 다시 방문해 주기를 바라고 있었다. 사부인은 모든 곳에 나타날 정도로 환상적인 활동을 하고 있다. 만약 사부인의 몸이 세 쪽이라면 각각 다른 세 지역에 나눠 보냈으면 좋겠다.

빈 배, 마른 풀 위에서 밤새운 섬 지방 전도(1913년)

1913년 제15회 KWMC 연회보고서(6. 6.-11.)는 사부인이 공주선교구동, 서구역의 선교사업과 주간학교에 대해서 보고하고 또 스웨어러 부인이 공주 주간학교와 선교사업, 반 버스커크 부인이 공주시 여성 사업에 대해 각각 보고하고 있다.

서울 동대문교회에서 6일 저녁 열린 연회에서 사부인은 기도 인도를 했으며, 1913-1914년 선교기간 중 제2 부회장으로 임명되었다. 섬지방 선교를 위해 빈 배에서 잠을 자거나 마른 풀 위에서 밤을 새우는 등 사도 바울의 선교 여정을 생각나게 하는 보고 내용도 있다.

> 또 한 번 선교의 해를 마감하면서 지난 몇 달간을 되돌아볼 때 새롭게 보고할 것이 거의 없음을 느낀다. 우리 공주선교부는 대부분의 시간을 사경회를 개최하고 순회전도를 하는데 보냈다. 우리는 힘들게 1년을 보냈고 몇 가지 사도 바울과 같은 경험을 하기도 했다. 그러나 우리를 모든 곤경에서 벗어나도록 인도해 주시고 필요한 때마다 바로 도움을 주시는 주님을 항상 발견하고 있다.
>
> 사역을 위해 여행을 다니면서 몇몇 곳에서는 발전이 이루어지고 다른 몇 곳은 현상 유지를 하고 있음을 확인했다. 한편, 몇 곳은 여전히 옛 모습 그대로인 곳도 있다. 옛 모습 그대로인 한 마을에 수요일 밤에 갔는데 그날따라 일이 많은 날이라 저녁 8시가 될 때까지 도착하지 못했다. 마을에 들어섰을 때 예배 시작을 알리는 종소리가 들렸다. 우리 일행은 그 종소리가 나는 곳에서 교인을 만날 것을 기대하고 갔으나 그곳에는 겨우 사경회 지도자와 부인, 친척 아주머니만 있을 뿐이었다. 우리가 마을에 들어섰을 때, 종이 울렸다고 말하자 사경회 지도자는 항상 예배시간에 맞춰 예배를 알리는 종을 울리지만, 사람들이 모이지 않는다고 말했다. 가족을 제외하고는 아무도 오지 않음에도 불구하고 매

일 같은 행동을 하는 그를 보는 것이 너무 애처로웠다. 우리 일행은 눈물을 참을 수가 없었다. 하나님께서 그의 신실함을 축복하시고 그곳에 하나님의 영광을 드러낼 교회를 세워주실 것을 확신하며 기도드렸다. 이런 지역은 실망스럽지만 그러나 다른 방법으로 성장하는 곳도 있다.

우리의 도서지방 전도사업은 매우 희망적이다. 섬으로 가는 것이 훨씬 어렵지만, 우리가 경험했던 것 때문에 큰 용기를 내고 있다. 저녁도 먹지 못한 채 빈 배와 마른 풀덤불을 침대 삼아 밤을 보내기도 했고, 모든 어려움을 딛고 찾아가 만났던 사람들로부터 환영을 받았을 때를 잊을 수가 없다. 우리가 안면도에 있는 작은 교회를 찾아갔을 때 교회 안은 꽉 차 있었고 밖에도 그만큼 많은 교인이 있었다. 교인들은 감미롭고 오래된 복음의 이야기를 들려줄 때 모두 귀를 기울여 들었다. 교회에 모인 사람 중에 글을 읽을 수 있는 사람은 한 명이나 두 명밖에 없었지만, 가을에 교인들을 가르칠 사람을 보내면 성경공부를 하겠다고 약속했다. 가끔 여자뿐 아니라 남자도 왔다. 본래 우리는 여성 전도를 우선으로 했지만, 여성들만 만난다는 것은 쉽지 않았다. 한 곳에서는 한 남자노인이 선생님이 왔기 때문에 꼭 와서 들어야 한다며 성경과 찬송을 가지고 미리 와서 앉아 있었다. 그러자 젊은 여성들이 들어오지 않으려 했고 다른 방도 없었기 때문에 하는 수 없이 우리가 이곳에 와서 만나려고 하는 사람들은 형제들이 아니고 자매라는 사실을 말해야 했다.

김 작업을 하는 안면도 사람들. ⓒ드루대학교

그래서 우리는 예배 전에 남자신도들은 나중에 다시 모이도록 말하겠다고 생각했는데, 이번 봄에 저녁예배를 위해 갔을 때 예상을 뛰어넘는 신도들이 와 있었다. 말할 것도 없이 예배를 짧게 할 수밖에 없었다. 이번 전도여행 기간 중에 몇 명의 이탈 신자들을 개심시킬 수 있어서 즐거웠다.

공주시에서는 사부인을 비롯해 남성 선교사의 부인들까지 총출동해 선교를 위해 작은 일, 큰일 가리지 않고 나서고 있음을 보고하고 있다. 윌리엄스, 반 버스커크, 테일러 선교사의 부인들이 기도모임, 주일학교 교사, 주중 성경공부반, 학교 자모회 등을 맡아 지역 복음화에 헌신한다는 내용이다.

공주시에서의 사역은 선교사 부인들이 전보다 더 많은 시간을 낼 수 있었기 때문에 올해는 훨씬 더 고무적이었다. 윌리엄스 부인은 매주 여신도 기도모임을 하고 있다. 여신도들은 윌리엄스 부인이 한 계절 동안 그들을 떠나는 것에 대해 애석해하고 있다. 여신도 중 한 명은 그분으로부터 얼마나 많은 사랑을 받았는지 모르는데 지금은 마음이 슬프지 않을 수가 없다고 말했다. 우리는 윌리엄스 부인을 아쉬워하면서도 또한 그녀가 휴식과 변화를 하게 된 것을 기뻐하고, 휴가가 끝나는 대로 우리 곁으로 돌아오기를 하나님께 기도드린다.

스웨어러 부인은 집에서 주일학교 선생님 모임을 하고 또 주일학교에서 한 반을 맡아 가르치고 있다. 반 버스커크 부인은 일주일에 두 번 성경공부반을 하고 있는데 하나는 초보자반이고 하나는 중급반이다. 반 버스커크 부인은 또 방문 전도를 하고 있고 이제 막 시작된 어린이 주일학교의 감독을 맡고 있다.

테일러 부인은 한 달에 한 번씩 자모회를 가질 예정이었으나 몸이 아프고 다른 방해되는 일 때문에 매월 하지는 못하고 있다. 테일러 부인은 주일학교에서 한 반을 맡고 여학교에서 하루에 두 시간씩을 맡고 있다. 이런 모든 것이 교회에 대한 관심을 증대시키는 데 크게 도움이 되고 있으며 교인수가 주목할 만

진료소 앞에 서 있는 반 버스커크 박사 부부. ⓒ드루대학교

큼 증가하고 있어 우리는 기뻐하고 있다. 주일 아침 여성 좌석은 거의 항상 꽉 차고 있다. 우리는 자주 도지사와 판사의 어머니가 교회에 출석하는 것을 즐겁게 맞이하고 있는데, 그들의 집을 방문했을 때, 그들도 우리를 다정하게 맞아주고 '예수님의 가르침'을 열심히 배우려 했다.

사부인은 사경회에서 참석한 여성들이 우는 것을 보기 좋아했다. 이유는 울고 난 후 그 여성은 성경지식이 형편없다는 것을 자각하고 엄청 열심히 공부하기 때문이라고 말했다. 이 해의 보고서는 특히 참석자들의 반응을 전하는 내용이 많다.

스웨어러 부인과 전도부인의 도움으로 과거 어느 때보다 더 많은 사경회를 두 지역에서 개최할 수 있었다. 공주시 사경회는 그중에서도 최고였다. 몇 명의 한국인 선생님들과 함께 모든 선교사 부인들이 우리를 도와 여자수강생들이 열심히 공부하도록 지도했고 학생들은 공부를 즐겼다. 한 수강생은 "이런 식으로 1년을 공부할 수 있다면 뭔가 알 수 있을 것 같다."고 말했다. 우리가 오직 바라는 것은 수강생들이 늘 하는 일에서 벗어나 1년 동안 철저히 공부를 할 수 있게 되는 것이다.

몇몇 지방의 사경회는 전년보다 출석이 좋지 않았다. 그러나 참석자들이 공부에 더 큰 흥미가 있고 하나님의 말씀을 더 알려고 염원하는 것을 보고 무척 기뻤다. 지난해의 경우, 한 곳은 겨우 한두 명만 글을 읽을 수 있었는데 올해는 6명 이상이 공부 중인 것을 확인했다. 그들의 진지한 태도는 많은 영감을 주었다. 그들은 성경공부를 아침 일찍부터 밤늦게까지 했으며 읽고 이해가 안 되는 부분이 생기면 답이나 도움을 줄 수 있는 사람을 만나기도 했다.

우리의 두 개 선교구역에 있는 여성들은 매우 무지한데, 교인이 되기 전에는 어떻게 글을 읽는지 알았던 사람이 거의 없었다. 그러나 여성들은 깨어나고 있다. 그들이 지방사경회의 도움과 우리가 가까운 장래에 공주에서 시행하려고 계획하고 있는 사업의 도움을 받게 되면 우리 교회는 곧 훨씬 지적인 사경회를 운영할 수 있을 것으로 믿는다. 한 여성은 올 한 해 자신의 일을 떠나 문맹인들을 위해 한글반을 운영하려는 계획을 하고 있다. 또 우리 선교구역은 오는 가을 "사람을 보내주면 성경공부를 하겠다."는 몇몇 지역에 사람을 보내겠다고 약속을 해놓고 있다.

한 곳에서는 전도부인이 사경회를 열고 있는데 거의 끝나갈 무렵 참석자들이 "사경회가 처음에는 전혀 재미가 없으리라 생각했는데, 그 이유는 어떻게 공부할지를 몰랐기 때문이다. 이제 막 어떻게 공부하면 되는지 알게 되었으므로 좀 더 머물러 주기를 바란다."고 말했다.

한 젊은 여성 수강자가 처음으로 사경회에 왔는데, 복습하는 날 이 수강자는 비통하게 울었다. 그 이유는 다른 수강자들처럼 대답할 수가 없었기 때문이었다. 우리는 그녀를 위로하면서, 그녀는 처음이지만 다른 사람들은 사경회를 여러 번 경험했기 때문이라고 설명해 주었다. 우리는 수강생들이 우는 것을 보기 좋아했는데 그러고 나면 그들이 모두 열성적으로 바뀌는 것을 알기 때문이다.

이 해에도 사부인은 함께 데리고 활동하는 전도부인의 활약상을 전하며 전도부인에 대해서는 칭찬밖에 할 것이 없다는 평가 소감을 밝히고 있다.

나의 책임 아래 있는 전도부인들에 대해서는 칭찬밖에는 할 말이 없다. 그들은 모두 열심히 그리고 충실하게 일하고 있다. 조안나(Joanna)는 그녀에게는 너무 넓은 구역임에도 불구하고 전도지역을 세 번이나 다녔다. 그런데도 그녀는 머뭇거림 없이 일하고 있으며 지나가는 말이라도 일이 너무 고되다고 말한 적이 한 번도 없다. 나는 당장 두 명의 전도부인이 더 필요하지만, 내년에는 최소한 한 명이라도 확보해 조안나를 돕도록 할 수 있기를 희망하고 있다.

지난겨울 조안나의 외아들은 거의 죽음의 문턱에 누워 있는 것처럼 보였다. 여러 날 동안 어린 아들은 아무도 알아보지 못했다. 엄마인 조안나는 아들을 지켜보면서 기도했는데, 마침내 몸이 지쳐 아들 옆에 조금이라도 더 누워 있어야 하겠다고 생각하고 아들 옆에 누었다. 이때 갑자기 방이 밝은 빛으로 가득 차며 눈을 뜨게 되었다고 그녀는 말했다. 아들도 역시 눈을 뜨며 "엄마 왔어요?"라고 말했는데, 그때부터 아들의 병이 치료되기 시작했다. 조안나는 하나님이 바로 죽음의 문 앞에 있던 아들을 그녀에게 돌려주셨음을 느꼈다.

헐다(Huldah)는 기력이 완전히 나빠져 포기해야 할 때까지 일했다. 그녀의 구역은 두 사람이 맡아도 될 정도로 넓었다.

유니스(Eunice)는 전도부인으로서 존재를 인정받고 있는데 육체적으로는 강하지 않지만 믿음이 강한 사람이다. 그리고 맡은 기간이 얼마 되지 않았음에도 불구하고 이미 모든 사람이 그녀와 사랑에 빠져 있다. 유니스는 사람들이 거부할 수 없도록 만드는 '설득하는 수단'을 타고났다. 그녀를 도와줄 사람이 꼭 있어야 하는데 그렇지 않으면 유니스도 헐다처럼 조금 있다가 똑같은 경우를 당할 수 있다.

지나(Zeena)와 김학이(Kim Haki) 두 전도부인 모두 우수하게 일을 잘하고 있다. 그들은 사경회에서 나를 크게 돕고 있다. 지나는 올해 초부터 시내 전도사 역을 해오고 있다.

메리(Mary)는 지난 2월까지 일했는데, 아이 문제로 전일 근무를 할 수가 없었다. 그러나 하나님은 자신만의 방법으로 최선의 것을 행하셨다. 아이가 사망한 이래 메리는 꾸준히 전도사업을 하면서 자신의 모든 관심을 그에 집중하고 있다.

월라는 논산에서 전도 일을 하고 있는데 많은 새신자와 신앙을 버린 사람들이 다시 신앙을 갖도록 했음을 보고하고 있다.[18]

학교에 대해서는 관립학교와의 경쟁 때문에 걱정했으나 학생들이 돌아오고 있고 새로운 학생도 오고 있어 큰 걱정은 덜었다고 보고하고 있다. 그러나 관립학교와의 경쟁을 위해서는 새로운 현대식 건물의 건축이 필수적이라고 보았다.

공주의 학교는 점점 증가하고 있다. 지난해 '학생들을 많이 잃지 않을까, 그리고 일본학교 때문에 학교가 망하지 않을까' 하고 한때 두려워했다. 그러나 많은 학생이 다시 돌아오고 새로운 학생들도 꾸준히 오고 있다. 그러나 학생들을 잡으려면 꼭 새 건물이 있어야 하는데 현재의 건물은 우리의 요구를 만족시키기에는 전혀 적합하지 않다. 스웨어러 부인은 체육시간을 야외에서 가르쳐야 했는데 추운 날씨에는 너무 불편해서 연기할 수밖에 없었다. 일본학교와 경쟁하려면 새 건물이 절대적으로 필요하다. 일본당국은 새로운 학교 건물을 세

---

18) 월라는 육월라(陸月羅)로 논산교회 김상문 전도사의 부인. 1910년부터 사부인을 도와 전도부인으로 활동했다. 『논산교회 106년사』 78-81쪽.

우고 여학생들을 다른 곳으로 보내도록 권유하고 있다. 올해 학교 담당자인 스웨어러 부인은 학교에 대해 좀 더 자세히 보고할 예정이다.

논산의 학교는 올해 우리가 하고 싶었던 것을 모두 이루지 못했다. 첫째는, 교사인 에델(Ethel)이 한동안 아팠고 둘째로는, 내가 다른 할 일이 많아 밀착 감독을 할 수 없었기 때문이다. 올봄, 새 출발을 했는데, 모든 일이 좀 더 빠른 속도로 움직이고 있다. 현재는 35명이 등록해 있고 그중 32명이 출석하고 있다. 우리는 내가 한국에서 겪었던 중 최악의 폭풍우가 불던 날 첫 번째 반을 졸업시켰다. 많은 사람이 행사를 지켜보기 위해 모였고 두 어린 소녀가 졸업장 받는 것을 보았다.

우리는 지난가을, 둔포(Tung po, 충남 아산 둔포감리교회)에 새로운 학교를 열었다. 이화 출신의 안나(Anna)가 그곳에서 가르치고 있는데 만약 우리가 교육여건만 잘 지원해주면 좋은 학교가 될 것으로 전망된다. 나는 아직 이 학교에 대해 아무런 지원도 해주지 못하고 있는데 몇 명의 개인적 기부금을 받아 지원을 시작하려고 한다.

우리가 맡은 동쪽과 서쪽 2개의 선교구역 몇 곳에서 학교를 세워 달라는 요청이 있지만, 우리는 돈도 없고 보내줄 교사도 없다. 그래서 자포자기한 소녀들이 남자학교로 가기도 했다. 우리는 그렇게 열심히 공부하려는 소녀들을 위해 학교를 제공해 줄 수 있는 도움을 누군가 우리에게 줄 것으로 믿는다. 우리의 희망은 어린이들에게 있고 장래 강력한 교회를 갖기 원한다면 이들 어린이를 지원해야 한다.

어린이들의 마음을 신나게 하는 데 도움을 줄 크리스마스 선물상자를 보내준 뉴저지 트렌튼의 웰슬리 여성 외국인 선교협회에 너무나 고마운 마음을 전한다. 우리는 많은 사람이 보기 위해 모여들고 이제까지 본 적이 없는 가장 아름다운 크리스마스 트리를 어린이들에게 보여 줄 수 있게 되었다.

한편 15회 연회회의록에는 공주 동·서지구 이외에 추가로 남부지구를 별도 항목으로 정리하고 있는데 여성을 위한 사업에 대해서도 보고하며 사부인의 활동을 전하고 있다.

사부인은 공주 동부지역뿐만 아니라 다른 여러 구역에서도 언제나 다름없이 충실하게 그리고 효과적으로 선교활동을 해오고 있다. 사부인의 활동은 최고의 찬사를 받을 가치가 있다. 우리는 아무리 강하고 계속해서 동서남북을 다니며 활동하는 사람일지라도 혼자 90만 명이 사는 지역의 15개 구역에 흩어져 있는 교회와 학교를 돌보기 위해 뛰어다닌다는 것은 불가능하다는 것을 잘 알고 있다. 심지어 사부인은 자신의 선교사업을 도와주는데 필요한 전도부인을 훈련하는 것조차 할 수 없을 정도로 바쁜 상황이다. 공주 선교본부는 최우선으로 즉시 2명 이상의 여성선교사를 보내주도록 요청한다. 이렇게 함으로써 우리는 구역에서 일하는 여성들이 예비교육을 준비할 수 있기를 희망하고 있다.

선교구역 두 번씩 순회하며 여성 구원(1914년)

제16회 연회는 1914년 6월 3일부터 9일까지 이화학당에서 열렸으며 사부인은 컨퍼런스 위원회 위원이 되었다. 이 해의 연회보고서는 32-39쪽에 걸쳐 공주선교부의 보고서를 담고 있다. 그중 2쪽에는 사진 3장이 게재되어 있어 눈길을 끈다. 첫 사진은 공주구역 전도부인 사진이고, 나머지는 평양과 이화학당 관련 사진이다. 보고서는 사부인이 공주 선교구의 동부와 서부의 전도사업과 주간학교에 대해 5쪽, 스웨어러 부인이 공주 선교사업에 대해 3쪽 분량의 보고를 하고 있다. 먼저 사부인은 공주선교부가 담당하는 충남지역을 두 번씩 순회전도 했음을 밝혔다. 이 과정에서 거짓 신앙을 가진 남편으로부터 버림받은 여성이 구원을 받는 일화와 무릎까지 빠지는 눈 속을 걷다 동상에 걸리는 전도부인의 이야기를 통해 전도의 보람과 어려움을 동시에 전하고 있다.

지난 1년 동안 받은 많은 축복 가운데 특별히 하나님께 감사한 일 두 가지가 있다. 첫 번째는 미스 배어(Blanche Bair)를 동역자를 보내주신 것이고, 두 번째는 우리를 전적으로 보살펴주셔서 사역을 잘할 수 있도록 건강을 주신 것이다.

1년간 우리는 두 선교구역의 거의 모든 곳을 두 번씩 순회했다. 연회가 일찍 열리기 때문에 몇 곳은 봄 순회전도여행지에서 제외되었다. 전도사업은 고무적인 측면도 있지만, 여전히 실망스러운 측면도 있다. 올해의 통계를 작년 것과 비교해 보면, 교인 숫자가 증가하는 대신 줄어들었음을 확인하게 된다. 이는 부분적으로 교인들을 유지하기 위해 전념해서 담당해야 할 몇몇 지도자들이 충실하지 못했기 때문이다. 또 그들이 전도 여행 중 너무 많은 수의 사람들을 만났기 때문이기도 하다. 이들 중에는 단순히 몇 가지 일시적 도움 때문에 믿는 사람들이 있었는데 그들은 곧 도움을 받을 것으로 기대했으나 당장 도움을 받지 못한다는 사실을 알면 실망하고 떠난 것이다. 예를 들자면 한 여자는 과거 믿음이 있었던 사람이었는데 다른 사람에게 다음과 같이 말했다고 한다. "믿는 것이 무슨 소용이 있나? 만약 얼마라도 돈을 받기 위해 직책을 얻을 수 있다면 그곳에서 있을 수 있는 이유가 조금이라도 되겠지만 그저 단순히 믿는 것은 내가 보기에는 아무런 이득도 없다." 슬프게도 이처럼 말하는 사람이 한 사람뿐이 아니라는 사실이 두렵다. 그들은 물질로 이뤄진 이 세상 이상의 것은 볼 수가 없는 상태다.

그러나 그리스도만을 위해 모든 세상적 위안을 기꺼이 포기하는 사람들의 이야기를 들으면 방금 이야기했던 슬픔과 두려움을 극복하게 된다. 지난겨울, 우리는 그 같은 사례를 알게 되었다. 사례의 주인공은 젊은 과부로 그녀는 남편의 집안이 기독교인인 것으로 알고 재혼을 했는데 시집에 가서야 알게 된 것은 그 집안에서 남편만 유일하게 교인이었다는 사실이었다. 그것도 부인을 얻기 전까지만 믿었고 결혼 후에는 신앙을 던져 버린 것이었다.

이 젊은 과부는 헤아릴 수 없을 만큼 비탄에 빠지게 되었다. 이런 그녀에게 이웃들은 "왜 걱정을 하고 그렇게 슬퍼하느냐? 당신 남편은 부자이고 그래서 먹거나 입고 싶은 것에 대해 걱정할 필요가 없는데…."라고 말했다. 이에 대해 그녀는 "이런 모든 것이 나에게 무슨 좋은 일이겠는가? 그것들이 영혼을 먹여 살리는 것은 아니다. 나는 이 세상에서 아무것도 갖기를 원하지 않으며 차라리 이 세상의 모든 것을 갖기보다는 나의 영혼을 배부르게 하고 싶다. 나의 영혼이 굶주리면 내가 죽은 후 그때 나는 무엇이 되겠느냐?"고 답했다.

여성을 전도하면서 느끼는 큰 문제점은 그들의 무지와 공부에 관한 관심 부족이다. 어떤 곳은 글을 읽을 수 있는 사람이 겨우 한 명이나 두 명밖에 없고 그들을 가르치기 위해 전도부인을 보내도 배우려고 하는 의지가 없어 보인다. 이들 여성의 선생들은 어떻게 해야 그들의 관심과 열의를 깨울 수 있는지 방법만 알아도 기뻐할 정도다.

공주에서는 사경회를 끝낸 후 전도를 위해 일주일을 헌신할 신도를 모집해 노방전도를 처음 실시했다는 내용도 주목된다.

지난 6월 연회가 끝난 후 돌아와서 전도부인 훈련강습회를 개최했다. 사경회의 대표와 학교 선생들을 초청해 훌륭한 강습회를 열었으며 하나님의 말씀을 함께 공부하며 아주 즐겁게 지냈다. 강습 내용은 사도행전과 출애굽기, 성경지리, 위생이었다.

8월에는 논산에서 사경회를 열었는데 규모는 과거보다 크지 않았지만 왔던 사람들은 축복을 받았다. 9월에는 공주에서 사경회가 끝날 무렵, 우리는 교인들 가운데 교회 밖으로 나가 그동안 배운 것을 다른 사람에게 전달하기 위해 최소한 일주일 정도를 주님께 바칠 수 있는 사람을 찾았는데, 몇 명이 이에 응해왔다. 이들은 전도 후 돌아와 참신한 열성과 가슴 벅찬 내용을 보고하였다.

이런 종류(노방전도)의 시도는 우리가 처음 해 본 것이었다. 내년에는 더 많은 사람이 부름에 응할 준비가 있을 것이라고 믿는다. 아직까지 공주 시내 교회에서 가르칠 수 있는 교인은 겨우 몇 명밖에 안 되는 실정이다. 그러나 교인들을 위해 더 많은 것, 성경공부, 교육 등을 할 수 있어서 더 많은 사람을 주님을 위한 의욕적인 일꾼으로 만들 수 있다고 믿고 있다. 지방에서 개최된 사경회는 모두 고무적이었다. 많은 지역에서 말씀공부에 커다란 관심이 있는 것을 주목했다. 몇 명의 젊은 여성들은 서울로 가서 성경훈련학교에 출석하고 싶다는 염원을 밝혔다. 지난해에는 우리 사경회 출신 4명이 입학했다.

스웨어러 부인은 3개의 사경회를 맡아서 진행했고 한 곳의 사경회에서는 보조로 도움을 주었다. 전도부인과 지원자들이 나서 10개의 사경회를 맡았다.

한편 공주교회와 평일학교 여학생들의 모습을 전해주는 내용을 보면 당시 교인들의 믿음에 대한 뜨거운 열정과 학생들의 순수함이 읽혀진다. 예를 들면 마음에 무거운 짐 진 많은 사람이 구세주 발밑에 자신을 던져 구원을 받는다는 내용과 교사를 미워하고 부모님 속인 일을 고백하는 여학생들의 모습이 그런 것이다.

공주 시내 교회는 비록 우리가 하고 싶었던 만큼 많은 시간을 쏟지 못했음에도 불구하고 매년 성장하고 있다. 전도부인과 사경회 대표들이 교회 사역을 돕기 위해 각자의 몫을 모두 해내고 있다. 사경회 대표들을 격려하기 위해 매년 여러 차례 회의를 하고 있으며 업무에 관해 토론하고 그들의 보고서도 받고 있다.

3월에는 우리의 전도사인 미스터 김이 와서 10일간 부흥회를 열었다. 주님은 김 전도사의 노력을 크게 축복하셔서 마음에 무거운 짐을 진 많은 사람이 구세주의 발밑에 그들 자신을 내던져 구원을 받았다. 이런 부흥회의 결과는 그 성과가 지속할 것으로 믿는다.

미스 배어가 우리에게 온 후 미스 배어는 많은 가정을 방문했고 주일학교에서 한 반을 가르쳤으며 주간학교에서 두 시간을 강의하고 있다. 이미 미스 배어는 전체적으로 도움이 되고 있다.

테일러 부인은 주일학교에서 한 반을 가르치고 매주 금요기도회를 인도했으며 가을과 봄의 사경회를 도왔다. 올해 테일러 부인이 공주를 떠나게 돼 아쉽지만, 그녀가 가는 반면 기대했던 대로 윌리엄스 부인이 돌아오게 돼 기쁘다.

스웨어러 부인은 전도 여행을 떠나지 않고 집에 있을 때는 주일학교 강습을 위한 교사 스터디 모임을 하고 있고 공주 사경회를 돕고 있다. 올해는 미세스 반 버스커크가 없어 그의 공백이 아쉽다.

공주의 주간학교는 학생 수가 늘어나고 있어 현재 등록인원은 70명이다. 이 선생과 이화 출신인 그의 부인 엘라는 학교를 성공시키기 위해 쉬지 않고 노력하고 있다.(151쪽에 관련 사진) 많은 여학생이 모임을 통해 서로 돕고 있다. 모임에서 그들은 선생님이나 학생 서로 간에 미워했던 일을 비롯해 갖고 싶은 몇 가지 물건을 사기 위해 책을 살 때 필요한 돈보다 더 많은 돈을 달라고 해 부모를 속인 일들을 고백했다. 학교 건물들은 필요한 수리를 제대로 하지 못하고 있다. 학교는 새 건물이 있어야 하고 또 다른 교사들이 있어야 한다.

논산의 학교(영화학교)는 올해 관심이 높아지고 있다. 학생 수도 늘어 현재 50명이다. 이화 출신의 교사 에델(Ethel)이 유능하게 일하고 있다. 올봄에는 논산 출신으로 이화에서 5년 동안 있었던 다른 여성이 논산에 있는 남자학교의 교사 중 한 사람의 아내가 되어 내려왔다. 이 여성도 학교에 모든 시간을 헌신하고 있어 새로운 교사가 추가되어서 학교는 지속해서 성장할 것으로 확신한다.

둔포(Tung po)에는 공주의 졸업생 중 한 사람이 가르치고 있는데 훌륭하게 사역을 수행하고 있다. 이 여선생은 모든 사람에게 사랑을 받고 있다. 혼자서 30명을 돌보고 있는데 모든 것을 혼자 처리하는 데 따른 어려움을 겪고 있다. 도와줄 사람이 필요하나 교회에는 하루에 한 시간이라도 도울 수 있는 사람이 전혀 없다. 선교부에서는 학교에 대해 이미 하고 있는 것 이상의 추가 지원은 할 수 없는 형편이다.

입장(Ipchang)에서는 서울에서 남(南)감리교학교를 졸업한 젊은 여성이 결혼한 후에 남편과 함께 입장에서 살면서 주변에서 약 15명의 소녀를 모아 가르치고 있다. 선교부에서는 이 학교에도 지원하지 않고 있는데 우리가 매달 조금씩 도와주고 있다.

강경에서는 25명의 소녀를 모아 새로운 학교(만동여학교)를 열었는데 현재 도움을 간청하고 있다. 교사로 있는 젊은 여성은 모든 시간을 다 헌신해 가르치고 있다. 이곳은 중요한 지역으로 도움을 줘야 하지만 이미 우리가 직접 운영 중인 두 학교도 지원을 못 하고 있어 할 수 있는 방법이 없다. 시설만 설치해 운영할 수 있다면 공주와 같은 크기의 학교를 못 가질 이유가 없다. 이들 배움에 목말라하는 어린이들을 불쌍하게 여기고 우리에게 도움을 보내줄 사람이 아무도 없는지 아쉬울 뿐이다. 가까운 시일에 도움을 받지 못한다면 이들 학교는 문을 닫게 되고 이는 학생을 빛으로부터 몰아내 이교도의 어둠 속으로 떨어질 운명이 되도록 만드는 것이다. 이 지역의 다른 곳에서 학교를 열어 달라는 요청이 있으나 "좀 더 기다려 달라"는 말밖에는 할 수가 없다.

다가오는 해에는 좀 더 큰 결과를 볼 수 있기를 기도한다.

사부인의 보고 중 안타까운 내용은 "배움에 목말라하는 사람을 불쌍하게 생각하고 우리를 도와줄 사람이 없느냐?"고 물으며 "곧 도움이 없다면 이들 학교는 문을 닫을 수밖에 없고 이는 어린이들을 빛으로부터 차단해 그들의 운명을 이단의 어둠 속으로 보내는 것"이라고 지적한 부분이다. 너무나 적은 학생들을 가르치고 있는데 그나마 지원하지 못하고 있는 사부인의 안타까움이 절절히 배어 있다.

한편 선교활동과 관련해 공주 선교구지역에서는 사부인의 활동을 중심으로 보고서가 작성됐다.

사부인은 공주 선교구역의 여러 지역을 두 번에 걸쳐 순회 설교를 했다. 사부인은 선교활동을 통해 고무되기도 하고 좌절하기도 했다고 말하고 있다. 사부인이 데리고 있는 7명의 전도부인은 모두 부지런히 활동하고 영적으로도 뜨거우며, 그들의 삶에서 주님을 잘 모시고 있다. 전도부인 중 한 사람은 무릎까지 빠지는 눈 속을 걸어가 활동하다가 발이 동상에 걸려 통증을 느끼면서 한동안 누워 있어야 했다. 촌에 있는 학교 강좌는 주목할 만한 정도로 말씀공부에 고무돼 있고 모두 흥미를 갖고 있다. 공주에서 강좌가 끝나갈 무렵, 사부인이 그동안 주님에 대해 배운 것을 일주일 동안 학교 밖으로 나가 전하지 않겠느냐고 묻자, 여러 명이 응해 왔다. 이들은 전도 후 돌아와 가슴이 북받치는 내용을 보고하는 등 참신한 열성을 보였다.

사부인(사진 오른쪽)이 선발한 3명의 전도부인. 한 여성은 아이를 업고 전도하러 나간다. ⓒ드루대학교

① 스웨어러 목사와 책을 파는 매서인. ② 스웨어러 목사가 순회전도여행을 떠나는 모습. ⓒ드루대학교

이밖에 회의록 39쪽은 스웨어러 감리사의 보고로 공주 서부지역에서 행한 사부인의 활동을 소개하고 있다.

> 사부인은 여성 성경공부반을 이끌면서 교회의 정규 신도로 여성들을 준비시키기 위해 지칠 줄 모르고 서부구역을 순회했다. 우리는 사부인의 사역에 대하여 매우 감사를 드린다. 우리는 또 어학 수업을 훌륭하게 발전시키고 할 수 있는 한 선교사업에 도움을 주고 있는 미스 배어에게도 감사를 드린다. 만약 그녀의 열정을 기준으로 보면 미스 배어는 여성 신도들을 가치 있는 활동가로 만들게 될 것이다. 스웨어러 부인은 이 지역의 여성 강좌 활동에 헌신해 오고 있는데 다른 분야에서는 활동 자체를 크게 만족해하고 있다.

새 삶 찾는 사람을 보는 기쁨(1915년)

1915년 4월 22일부터 27일까지 서울 이화학당에서 열린 KWMC 연회는 31명의 외국인 여성선교사가 참석한 가운데 사부인이 상임위원회 위원으로 선출되었다. 사부인은 또 교육위원회 위원으로도 임명되었다. 한편, 회의에서는 사부인이 1915년 후반기부터 휴가를 하고 귀임하도록 해 달라고 요청하는 안건이 결의됐다. 이 해의 공주지역 보고서는 공주선교지역의 동·서구역 전도사업과 주간학교에 대해서는 사부인, 윌리엄스, 스웨어러 부인과 미스 배어(Bair)의 공동명의로 되어 있다. 그러나 마지막 주간학교에 대한 보고서는 사부인 단독으로 되어 있다.

두 보고서에서 사부인은 지난 1년 동안 최고의 성과를 거뒀다고 자평하며 그리스도 안에서 새 삶을 찾는 사람을 볼 때 우리의 가슴은 기뻤다면서 어렵지만 보람찬 역정을 밝히고 있다.

지난 1년간 우리 4명의 선교사 생활을 되돌아볼 때 모든 것이 최고였다고 말할 수 있다. 왜냐하면 과거의 어떤 1년보다도 훨씬 큰 성과를 올렸기 때문이다. 사람들이 그리스도 안에서 새로운 삶을 찾는 것을 볼 때, 우리의 마음은 크게 기뻤다. 또 우리는 새로운 신자들이 자신들이 행한 믿음의 고백에 충실히 한다면 훌륭한 결과가 뒤따를 것으로 확신한다. 신자들의 영적인 상황이 활발해지면서 그들은 자연스럽게 하나님 말씀을 공부하는 데 보다 큰 열성을 보이고 있다.

사경회는 두 달간의 순회전도여행 기간을 보낸 뒤 8월에 시작돼 올해 4월 8일까지 계속됐다. 1월 이후 사경회는 부흥회와 함께 열렸다. 여성들은 부흥회에서는 공부할 수 없었지만, 그들이 얻은 유익함이 사경회가 그들에게 가져다줬던 유익함보다 더 컸을 것으로 믿는다. 겨울 부흥회가 특히 훌륭했는데, 이런 날을 볼 수 있도록 허락해 준 우리 주님께 감사를 드린다.

겨울 부흥회가 성공했던 이유로 사부인은 부흥강사들이 교회에서 교인들과 철야 기도했던 것을 첫 이유로 꼽았다. 추운 겨울날 일찍 새벽 기도회에 나오는 게 쉽지 않은 신도들은 함께 밤을 새우며 교회의 부흥에 대한 염원을 기도해 부흥회를 성공으로 이끌었다는 것이다.

우리가 거둔 첫 행운은 사경회와 부흥회를 하러 갔던 귀메골(Kui-me-gol)에서 나왔다. 사경회는 남녀 신도를 위한 것이었는데 우리는 그곳에 도착했을 때 부흥회가 가능할지 의심하지 않을 수 없었다. 왜냐하면, 그곳에는 살아있는 것이라고는 아무것도 없는 것처럼 보였기 때문이다. 귀메골에는 좋은 교회건물과 꽤 많은 신도가 있었으나 모든 것은 어떻게 할 수 없을 정도로 활기가 없어 무엇보다 살아 숨을 쉬도록 할 필요가 있었다.

귀메골 교회 부흥회는 우리와 함께 4명의 부흥강사들이 있었는데, 그중 3명은 한마음 한뜻을 갖고 있었다. 날씨는 우리가 경험했던 어떤 겨울보다도 추웠는데 그런 날씨도 세 사람을 위협하지 못했다. 세 사람은 부흥회가 끝난 후에도 추운 교회에 머물렀고 아침 새벽 이른 시간까지 기도했다. 하나님은 그들의 기도를 들어주시고 응답했다. 우리 부흥회의 가장 큰 특징 중 하나는 5시 반에 시작하는 새벽기도회다. 추운 겨울 아침, 일찍 일어나 교회로 가는 것은 육체적으로 쉽지 않은 일이나 비록 바깥은 추워도 사람들의 마음은 따뜻했다.

첫 주일에 많은 사람이 회개(특히 믿음을 멀리했던 사람들의 갱생)를 했지만, 성령은 부흥회가 일주일 동안이나 계속됐는데도 오시지 않았다. 그런데 그날 우리는 아침 일찍 새벽기도회에 갔는데, 오후 1시 반이 되어도 숙소로 돌아갈 수가 없는 대단한 날이었다. 부흥강사 모두 회개의 고백을 했다. 그들은 처음에는 교회의 부흥을 위하여 기도했지만 다른 사람을 위하여 기도할 때 성령을 받아들이도록 만드는 커다란 염원이 그들의 가슴속에 자랐다.

이러한 염원과 함께 한 가지 확신이 떠올랐는데, 그것은 그들 자신의 마음속이 하나님과 관계없었다는 것이었다. 그래서 그들은 차가운 믿음과 영성의 부족을 회개했다. 우리 모두가 기도하는 동안 성령이 오셨고 교인들은 발을 굴러 뛰어오르며 하나님을 외치고 찬양했다. 여러 시간 동안 무릎 꿇고 있었고 우리가 일어났을 때 교회 안의 마루는 우는 얼굴을 바닥에 댄 사람들의 눈물로 젖어 있었다. 전에는 슬퍼 보였던 얼굴들이 이제는 빛이 났다. 한 남자의 얼굴색은 거의 해와 같아 보였다.

부흥회 기간 가장 감동적인 장면은 사경회 대표 중 한 사람이었던 오 씨와 그의 어머니의 대화였다. 오 씨는 은혜를 받은 후에 믿지 않는 어머니가 부담되었다. 어느 날 저녁 이야기를 하던 중 그는 "나의 어머니가 비록 믿는다고 고백을 했음에도 불구하고 아직 개종하지 않았음을 알고 있다. 어머니가 구원을 받을지도 몰라 교회로 모시고 왔으나 아직도 자신의 죄를 회개하지 않고 있다. 여러분 모두가 어머니를 위해 기도해 주기를 바란다."고 말했다. 우리가 기도할 때 목사는 강단에서 내려가 어머니를 강단으로 인도했다. 어머니는 순종하는 자세로 올라왔다. 그녀가 무릎을 꿇을 때 아들인 오 씨는 그의 손을 어머니의 머리 위에 얹고 어머니에게 죄를 고백하라고 말했다. 불쌍한 할머니는 영적인 것에 대해 무지해서 기도를 어떻게 하는지 몰랐다. 그녀는 우리가 이해할 수 없는 어떤 내용을 웅얼웅얼 말했으나 아들인 오 씨는 이해하고 "어머니, 그것은 죄가 아니에요, 잘못 이해하고 있어요, 제가 어머니를 위해 고백할게요."라고 말했다. 그래서 오 씨는 자신의 손을 어머니 무릎 위에 얹은 채 무릎 꿇고 눈물을 흘리면서 주님께 어머니의 죄를 말했다. 오 씨가 죄의 이름에 대해 말하자, 어머니는 그것들을 알아듣고 울며 기도하며 용서를 간구했다. 이런 일이 있고 난 뒤, 그녀는 새로운 여성으로 일어섰다. 그 어머니는 다음 날 맑은 음성으로 자신의 증언을 간증했다. 몇 주 후에 오 씨는 우리에게 "우리는 지금 새로운 가정이 되었다."고 말했다.

사부인은 갈산교회의 사경회가 귀메골보다 더 좋았다고 전하고 있다. 그 이유는 교인들이 구원을 받았다고 생각하자마자 친척한테 가서 교회로 나오도록 했기 때문이다. 또 갈산교회 부흥회에서는 새로운 기도 형태로 산상기도가 있었음도 알리고 있다.

갈산교회의 사경회는 귀메골교회의 사경회보다 훨씬 더 좋았다. 갈산 사경회의 특징은 교인들이 구원을 받자마자 그들의 친척한테 가서 친척들을 교회로 나오도록 하였다는 점이다. 또 다른 특징은 산속기도를 했다는 것이다. 아침에 산기슭으로 나가보면 무릎 꿇고 기도하는 한 두 사람을 보게 된다. 주님은 우리에게 큰 승리를 안겨줬는데, 갈산 사경회에서는 195명이 믿겠다고 고백했으며 많은 사람이 성령을 받았다.

한 남자는 3명의 부인이 있었는데, 교회로 와서 새로운 삶을 영위하기로 결심했다. 그의 아내들도 처음에는 모두 교회로 나왔고 한 명이 집에 있는 동안 두 명은 사경회에 참석했다. 교회에 머물렀던 두 명은 큰 은혜를 받았고, 그 후 두 사람은 집에 가고 남편과 세 번째 부인이 교회에 나왔다. 그들은 함께 와서 제단 앞에 앉았는데 두 사람은 몸부림 끝에 승리했고 그 시간 이후 다른 삶을 살기로 결심했다.

교회에 온 다른 양반 가족은 모두 엄청난 양의 담배를 피우는 사람들이었다. 간증 시간이 끝난 후 여성 중의 한 명은 "나는 교회에 올 때 교회에 머무는 동안 무엇을 먹을까에 대해 생각해 본 경험이 없어서 한 달간 내가 충분히 피울 수 있는 담배를 가져왔다."고 말했다. 그러나 사경회 간증 시간에 이 가족은 모두 흡연습관을 포기했다.

한 젊은 여성은 기독교인이었는데, 남편이 교회에 나가지 못하게 했기 때문에 지난 3년 동안 교회 출석을 못 했다. 부흥회 첫날 밤, 그녀는 광명을 찾을 수 없었고 심지어 기도조차 할 수 없었다. 그래서 우리는 그녀를 집으로 가도록 하고 다음 날 밤에 오도록 했다. 그녀가 다시 온 뒤 우리 모두가 함께 기도하자 그녀는 큰 소리로 울면서 거의 미친 듯이 그 자신을 내던졌다. 우리는 할 수 있는 한 빨리 그녀에게 가서 위무하고 위로하려고 애썼다. 우리가 할 수 있는 것이라고는 그녀를 붙잡고 있는 것이었다. 이 젊은 여성은 마침내 우리의 팔에 안겨 의식을 잃는 것처럼 보였다. 얼마 후 그녀는 스스로 깨어나 다시 악령과 싸우는 것 같았다. 우리는 그녀와 함께 기도하고 대화를 나눴으며 모든 참석자도 그녀를 위해 기도했다. 마침내 이 젊은 여성은 예수님이 그녀의 죄를 용서해 주셨음을 믿는다고 말했다. 우리는 '구주의 십자가 보혈로'를 부르기 시작했고 그녀는 함께 찬송했다. 그녀의 찬송은 마음에서부터 바로 나오는 것이었다.

삼상리(Sam-sangli)의 사경회는 다른 곳과는 조금 달랐는데, 그곳에서 여성 참가자들은 그들의 죄를 고백하기 위해 저녁예배 때까지 기다리지 않았다. 그들은 사경회 중에 고백을 시작했다. 어떤 날 오전에 우리는 전혀 성경공부를 못했다. 예배 후 한 여신도가 울음을 터뜨리면서 그녀의 죄를 고백하여 그 후 우리는 기도를 하고 찬송하는 모임을 했다. 성령이 어떻게 임하시는지 보는 것은 경이로운 일이다. 한 여성 참석자는 그녀는 죄가 없다고 주장했다. 그러나 사경회와 부흥회가 진행되면서 가책을 받기 시작했고 죄도 많을 뿐 아니라 매우 큰 죄를 발견했다. 그녀는 힘든 일과 밥을 주지 않음으로써 며느리 중 하나를 죽이려고 했었다. 왜냐하면 그 며느리는 경련증세가 있고 아이를 결코 못 낳으리라 생각했기 때문이다. 한국인들은 애를 못 낳으면 충분한 이혼 사유가 된다고 생각하며 남편이나 시어머니가 며느리를 자주 구박하는 사유가 되기도 한다. 엄청난 몸부림 끝에 이 여성 참가자는 그녀의 죄를 십자가 밑에 내려놓고 평화를 찾았다.

어린이를 교회로 나오도록 하는 방법을 고민하다 사부인이 낸 아이디어는 비신자 어린이가 교회에 오면 카드를 준다는 간단한 것이었다. 75명밖에 안 되던 주일학교 학생 수가 220명이나 된 것을 보면 이 계획은 간단하지만 큰 성공을 거둔 것으로 보인다. 그 결과 주일학교 교사를 더 구해야 한다는 행복한 고민을 하게 됐다.

어린이 사업은 올해 성장했는데 작은 아이들이 더 강해지도록 힘쓰는 열정을 보는 것은 즐거움이 아닐 수 없다. 처음에는 기독교 집안 어린이들이 오는 경우를 제외하면 거의 없는 상태였다. 그래서 비신자 어린이들을 오도록 하는 최고의 방법이 무엇인지 궁리한 끝에 우리는 교회에 다니는 어린이와 교사가 모두 거리로 나가 그룹을 이루어 시내와 각 가정으로 찾아가 비신자 가정의 어린이에게 교회에 오도록 하는 특별초청장을 전해줬다. 유일한 유인책은 새로 오는 사람에게 카드를 준다는 약속뿐이었다. 이 카드는 가정에서 사용되던 단순한 우편엽서로 이런 목적으로 그들에게 보냈다.

어린이들을 초대하는 동안 우리는 교회 어린이들이 열심히 전도할 뿐만 아니라 지난 주일에 처음 나왔던 어린이들이 그들의 놀이 친구를 데려오려고 더 간절히 노력하는 것을 알았다. 성과를 내기 위해 하는 특별한 노력은 매우 성공적으로 보였다. 왜냐하면 처음에는 겨우 75명에서 80명의 어린이가 대부분 교인 자녀였는데 220명이 될 정도로 많이 모였고, 주일 참석 어린이는 220명도 넘어 두 사실을 비교했을 때 성공적으로 보인 것이다.

결과적으로 이런 커다란 증가로 인해 주일학교의 각 반이 너무 커져 주일학교 교사를 더 찾아야 했다. 교인 중에서 몇 명의 교사를 확보하기 위해 열심히 노력했으나 해당자 중 몇 명은 성경공부에 바쁘거나 가르칠 능력이 안 되기 때문에 우리는 할 수 없이 학교의 상급학생으로 방향을 돌려 그들을 교사로 만들었다.

지난가을, 금요저녁기도회 방식을 바꾸기로 결정하고 단순히 한 곳에서 모이는 대신에 각 반의 대표나 두 반의 대표를 결합해 반원의 집이나 구역에 사는 교인의 집에서 모임을 하도록 했다. 이 제도 변경은 전반적으로 성공적인 것으로 입증되고 있다.

우리는 주님의 축복과 매일 함께하심과 이런 일에 조금이라도 참여할 수 있도록 특권을 주신 데 대해 감사한다.

다음은 사부인이 단독으로 보고한 1915년 주간학교에 대한 보고서 전문으로 5명의 소녀가 공주에서 초등과정을 마친 후 1년 뒤 이화학당에 입학하기를 희망한다는 내용이 포함돼 있어 특별히 관심을 끈다. 5명 중 한 명이 1916년 이화학당에 편입한 유관순일 가능성도 있기 때문이다.

공주의 주간학교는 등록된 학생 수가 지난해와 같은 70명이다. 교사인 미스터 이와 그의 부인 엘라는 여전히 학교를 성공시키기 위해 모든 노력을 쏟아붓고 있다. 지난 3월부터 교과과정에 1년을 추가했는데 몇 명이 자원봉사자로 나서 가르치고 있다. 5명의 소녀가 초등과정을 졸업했는데, 그들은 1년 후 공부를 계속하기 위해 이화로 가기를 희망하고 있다.

1915년 7월에 찍은 공주 여학교 사진. 맨 뒷줄 오른쪽에서 두 번째가 한문 담당 이선생, 다섯 번째가 사부인, 왼쪽 다섯 번째가 이 선생의 부인으로 한글 담당인 엘라. ⓒ드루대학교

이 부분의 원문은 "Five girls were graduated from the primary grade and after another year we hope they will go to Ewha to continue their studies."로 돼 있다. 원문 중 'after another year'는 '1년 후'를 의미하므로 이는 1916년 이화에 입학함을 의미한다. 1년 후 입학하게 된 졸업생 소녀 5명 중 한 사람이 유관순일 가능성이 있는데 그 이유는 공식적으로 유관순은 1916년 이화학당 보통과에 입학한 것으로 기록돼 있기 때문이다.[19] 유관순 열사가 영명여학교에서 공부했음은 앞서 여러 사람의 증언으로 확인된 사실이다. 이에 덧붙여 1915년 5명의 여학생이 졸업해 이듬해 이화학당 진학을 희망한다는 보고서 내용은 유관순 열사의 영명여학교 수학을 뒷받침하는 문헌 기록이 될 수 있는 것이다. 각 지역 학교에 대한 사부인의 보고는 계속된다.

> 부흥회 기간 동안, 우리 학교 소녀들은 모두 구원을 받았다. 죄 사함의 구원을 받은 후 여학생들이 믿지 않는 친척들을 위해 어떻게 짐을 지려는지 보는 것은 흥미롭지 않을 수 없었다. 현재 공주여학교는 적합한 학교 건물이 없어 비좁은 막사에서 공부하고 있고 3년 동안이나 기다려 왔기 때문에 내년에는 우리의 어린 여학생들이 좀 더 안락한 장소에서 공부할 수 있도록 건물이 세워질 수 있기를 희망한다.
>
> 논산의 학교(영화학교) 상황은 지난해와 거의 비슷하다. 이화 출신인 에스더와 루스가 그곳에서 가르치고 있다. 현재 한국에서는 성장한 소녀가 밖으로 나다니는 것을 금기시하고 있다. 그 이유는 정숙하지 못한 처녀로 소문이 나기 때문이다. 이런 탓으로 부모들은 다 큰 여학생은 요리나 바느질을 배우는 것이

19) 그러나 사부인의 휴가(1915년 9월-1916년 2월) 중 대리로 근무했던 1916년 미스 배어의 보고서에는 5명이 이화에 진학했는지 여부가 기록돼 있지 않다. 이렇게 된 사정을 유추해 보면 1915년 졸업생이 1년 동안 준비과정을 거쳐 이듬해 이화학당 보통과에 입학 했지만 사부인은 휴가 중이고 미스 배어의 1916년 보고서에서도 누락됐을 것으로 생각된다.

사부인이 세운 강경의 학교와 유치원. ©드루대학교

더 유익하다고 생각하면서 학교에 보내려고 하지 않는다.

강경의 학교는 35명의 학생이 등록해 평균 27명이 학교에 다니고 있다. 2년 전 선교사업이 교파적으로 조정될 때 장로교로부터 우리에게 온 2명의 '소녀 선생'이 강경에서 가르치고 있다. 한 한국인 양반이 강이 내려다보이는 언덕 꼭대기(옥녀봉)에 있는 가장 아름다운 장소에 있는 건물(황금정)을 우리에게 빌려 주어 어린이들은 그곳에 매일 모여 공부를 하고 있다. 이곳은 집이 크고 주변에 여학생들을 위한 다른 학교도 열지 않아 우리는 이 학교를 좋은 학교로 만들기를 바라고 있다.[20]

둔포의 학교는 공주학교 졸업생이 여전히 혼자서 가르치고 있다. 그녀는 훌륭하게 가르치고 있는데 어린이뿐 아니라 그 지역의 사람들에게도 사랑을 받고 있다. 이 학교에는 55명이 등록해 있고 평균 35명이 출석하고 있다. 이 학교의 하나뿐인 선생님은 하루에 한 시간 성경공부 시간만 다른 사람의 도움을 받을 뿐, 어떤 도움도 받지 않고 가르치고 있다. 혼자 모든 일을 하는 것이 매우

20) 위의 본문 중 '한 한국인 양반'은 침례교의 전도를 받은 지병석이고 황금정 교육기관은 만동학교와 황금정 유치원을 말한다. 『강경제일감리교회 100년사』.

어려운 일이지만 학교를 지원할 힘이 전혀 없어 선교부에서 선생을 위해 더 이상 할 수 있는 게 없다. 우리는 특히 이 학교에 대해 염려하고 있는데, 그 이유는 어린이 자신의 장래뿐 아니라 교회의 생사가 달려있기 때문이다.

입장에서 가르치고 있는 젊은 여성은 일을 포기하기 원해 그곳으로부터 10리쯤 떨어진 양대로 학교를 옮겼다. 양대에는 36명의 학생이 등록해 있고 출석 평균 인원은 32명이다. 안나는 교회를 학교로 이용하고 있는데, 만족스럽지 못한 상황이어서 조속히 학교 건물이 확보될 수 있기를 바라고 있다.

지난가을, 경천에 세운 새 학교는 또 다른 공주학교 졸업생이 맡고 있다. 그녀는 주변에서 20여 명의 어린이를 모아 조그만 방에서 그들을 가르치고 있다. 그러나 이번 봄 아주 괜찮은 값으로 집을 구할 수 있었고 그 결과 현재는 편안하게 공부할 수 있다. 마지막 이들 세 학교(둔포, 양대, 경천)를 위해 우리 공주선교부는 아무런 지원도 못 해주고 있는데 도움이 시급히 오지 않으면 세 학교는 문을 닫게 된다. '깨어나기를 갈구하는 이들 어린 학생들을 불쌍히 여겨 그들에게 도움을 주러 올 사람이 있을지?' 간곡히 바라고 있다. 우리 공주의 남·북선교구역 학교에

경천의 학교는 학생들이 사용하기에는 시설이 미흡했다. ⓒ드루대학교

경천 마을학교에서 방문한 교계 인사들에게 인사하고 있다.
ⓒ드루대학교

다니는 우리 어린이들을 행복하게 만든 모든 선교용 선물상자와 엽서 카드를 보내주신 것에 대해 정말 감사를 드린다.

배어 선교사 "사부인 공백이 크게 느껴진다."(1916년)

1916년의 KWMC 보고서는 사부인이 휴가(1915. 5.)를 떠나 미스 배어가 대신 작성했다. 미스 배어는 보고서에서 사부인의 휴가로 인한 부재의 공백이 매우 크게 느껴진다고 술회하고 있다. KWMC 총회는 1916년 3월 9일부터 14일까지 이화학당에서 열렸다. 미스 배어의 보고서는 제목이 '공주 선교구 동서구역 선교업무 및 학교 현황보고'로 사부인의 공백이 크게 느껴진다는 내용이다. 사부인은 휴가를 떠나기 직전까지도 사경회에서 교사와 전도부인을 맡아 진행했고 휴가를 떠나자 스웨어러, 윌리엄스, 테일러 부인 등이 사경회와 지역순회전도에 나섰음을 보고하고 있다.

지난해는 어떤 놀랄만한 결과를 기록하지 못했지만, 교인들은 영적 성장과 축복을 받은 한 해였다. 하나님은 사랑과 권능을 여러 가지 방법으로 드러내 보이셨다. 선교사들의 수고가 뒷받침되어 훌륭한 부흥회 보고서를 지난해 제출할 수 있었는데, 올해도 모든 구역 내 교회들에 대해 정말 좋은 보고를 하게 되어 기쁘다. 지난 연회 이후 나는 동부구역에 있는 모든 교회를 두 번에 걸쳐 순회방문을 하였다. 그리고 10회의 사경회를 열고 가르쳤다.

미세스 샤프(사부인)의 공백이 매우 크게 느껴진다. 선교본부뿐 아니라 한국인 사이에서도 공백을 느끼고 있다. 그러나 미세스 샤프가 하던 일은 스웨어러 부인에 의해서 순회선교와 성경공부반 등 맡은 구역에서 충실히 소홀함 없이 진행되고 있다. 스웨어러 부인은 가을에 19일 동안 순회전도를 떠나 섬으로 가기도 했고 사실상 공주 서쪽 지방을 전부 돌아봤다. 그 결과 훌륭한 성과를 안고 공주선교부로 돌아왔다. 이번 순회전도는 스웨어러 부인이 처음으로 한 단독여행이기도 했다. 지방선교에 대한 스웨어러 부인의 열정은 훌륭하게 보낸 선교기간이 짧게 느껴질 정도였다. 왜냐하면 순회전도 내내 스웨어러 부인은 즐거웠기 때문이다. 많은 사람은 외국에서의 선교업무가 슬프고 어두운 측면과의 만남이라고 생각하지만 기쁨과 끊임없이 만나는 것이기도 하다. 이는 스웨어러 부인의 소감이다. 이 밖에도 스웨어러 부인은 가을과 겨우내 꾸준히 사경회를 열었다. 대부분 서로 협조를 하면서 우리가 깨닫게 된 것은 혼자서 하는 선교라면 여성이 더 유리하다는 것이었다. 성경공부 참석자들은 열심히 공부했고 더 큰 관심을 보이는 것 같았다.

대체로 사경회는 594명이 참석할 만큼 아주 성공적이었다. 전도부인과 선교사에 의해 총 41개의 사경회가 6월부터 1년 동안 열렸는데 가장 대규모 사경회는 봄 순회전도 직후에 열렸다. 미국으로 안식년을 가기 직전(1915. 5.) 샤프 부인(사부인)은 교사와 전도부인반을 진행했다. 가을과 겨울의 선교업무는 선교사들 간의 협조가 부분적으로 잘 이루어져 계속 기쁨 속에 진행되었다. 공주선교부에서 일하는 여성들은 하나님 나라 선교의 진전을 위해 최선을 다했다. 가정이 있는 선교사 부인들은 집에 머물러야 함에도 윌리엄스 부인은 몇몇 지역을 방

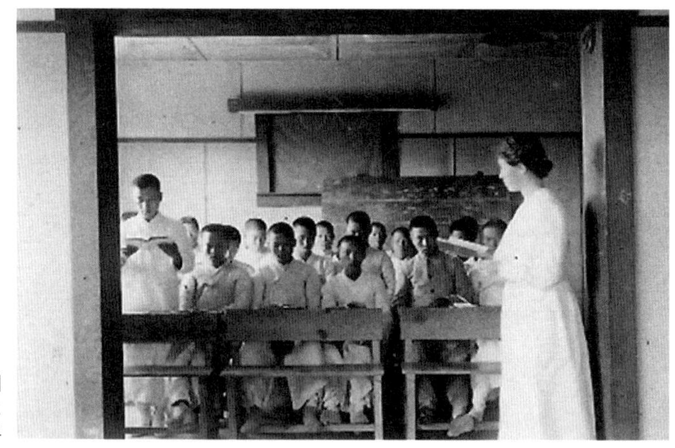

윌리엄스 부인의 영어교육시간. ⓒ드루대학교

문하고 게다가 남자학교에서 매일 가르치고 하급학년을 담당하고 있다. 또 매우 많은 여성이 참석하는 기도회를 이끌었다. 윌리엄스 부인은 기도회가 끝날즈음 이루어지는 간증회를 중단시키기가 어려운 일이라고 할 정도로 참석한 많은 사람이 비슷한 은혜를 받아 말하고 싶어 했다.

미스 배어는 계속되는 보고서에서 갑산 사경회에는 22km나 떨어진 곳에서 걸어온 여신도가 있었고 할아버지가 교회에 못 가도록 하자 감시를 뚫고 사경회를 찾아온 여학생의 예를 소개하고 있다. 당시의 시대상을 반영하듯 예수를 믿고 싶어 하는 남자가 첩이 있어 믿을 수 없게 되자 특별 식량과 집을 마련해 주고 첩을 정리한 후 교회에 왔다는 일화도 보고하고 있다.

최고의 사경회 중 하나는 갑산에서 열렸다. 공주선교부에서 200리나 떨어진 곳이었다. 윌리엄스 부인과 나는 모두 35명의 여성을 가르쳤다. 갑산은 매우 작은 마을이어서 사람들은 이웃 마을에서 오기도 했다. 어떤 사람은 12마일(약 19km) 떨어진 곳에서 오기도 했다. 한 여자신도는 성경공부를 위해 14마일(22km) 떨어진 곳에서 걸어오기도 했다. 그들은 우리에게 마음의 문을 열고 예수를 위해 견뎌야 하는 슬픔과 고통에 대해 털어놓았다. 몇 명의 여성 신도는 자기 아들과 친구에게 박해를 받고 있는데 우리는 예수님을 진실하게 따르라고 말하면서 격려해 주었다.

지난해 갑산에서 부흥회를 할 때 있었던 일로 성경공부를 했던 한 여자신도는 남편이 첩과 함께 살고 있어 괴로워하고 있었다. 이 신도의 남편은 부인의 전도로 믿고는 싶었지만, 돈이 없어 첩을 떼어 내보내지 못하고 있었다. 더구나 추운 날씨에 아무도 돌보지 않고 첩을 내보내는 일은 쉬운 일이 아니었다. 하지만 하나님의 뜻에 따르기로 결심한 남편은 특별 식량을 준비하고 집을 마련해 첩에게 주었다. 이런 소식을 듣고 나는 매우 기뻤다. 이는 주님께서 그 여신도의 기도를 듣고 그녀를 위해 응답해 주셨기 때문이다.

이 성경반과 관련 있는 또 다른 소식은 남성반과 함께 열렸다는 사실이다. 남성반은 아침과 저녁의 경건 훈련을 하는데 훌륭한 기회를 만들어 주기 때문이다. 테일러 목사는 매일 한 시간씩 여성반을 친절하게 가르쳐 주셨는데 수강생들도 그 시간을 즐거워했다.

갈산의 성경공부반에는 37명의 여성이 참석했다. 이 지역은 지난해 부흥회로 큰 은혜를 받았던 곳이다. 성경공부반은 남녀 한 반으로 강사로 참여했던 선교사와 전도부인들은 영적으로 훌륭한 상태임을 보고하고 있다. 그들은 하나님의 축복을 잃지 않고 기독교인으로서 아주 발전적인 삶을 살고 있었다.

배어의 보고서에서 또 주목되는 점은 사부인이 최근 미국에서 안식년을 마치고 돌아왔는데 공주에서 사흘간 머문 후 갈산 성경공부반을 이끌기 위해 출발했다는 내용이다. 특히 여성 신자들은 미세스 샤프를 만나자 팔을 들고 맞이했다. 기뻐서 눈물을 흘리기도 했다는 대목은 사부인이 한국인 신자들과 한마음이 돼 있음을 잘 보여준다.

미세스 샤프가 최근 미국에서 안식년을 마치고 돌아왔는데 공주에서 사흘간 머문 후 갈산 성경공부반을 이끌기 위해 출발했다. 여성 신자들은 사부인을 팔을 들어 맞이했고 기뻐서 눈물을 흘리기도 했는데 그 이유는 휴가에서 돌아온 미세스 샤프와 오래전부터 친밀하게 지냈기 때문이다.

귀메골 성경공부반에서 우리는 주님의 성령이 현존하고 있음을 느꼈다. 저녁예배가 특히 좋았다. 많은 사람이 빛을 찾고 있었다. 영적인 힘이 나타나는 분위기였다. 모든 성경공부반에서 여성들이 공부를 더 잘하고 모든 일에 매우 열심히 하는 것 같았다. 성경반과 더불어 전도부인들은 문맹자들을 위해 특별 읽기 교육을 시켰다. 문맹이었던 사람 중 일부는 짧은 시간에 발전을 이뤘다.

큰 기쁨이었다.

전도부인들은 1년 내내 충성스럽게 사역을 했다. 먼 거리와 높은 산을 지나 전도 여행을 다니면서 영혼 구원을 위해 몰두했다. 한 부인은 나에게 어려움을 말했는데 멀리 가야 할 때 서 있을 힘조차 없어서 울기만 한 적이 있다는 것이다. 특히 겨울여행은 많은 인내와 은혜가 필요하다.

학교는 잘 운영되고 있지만 한 여학생은 할아버지의 교회 출석 금지 명령으로 고통을 당하고 심지어 할아버지가 성경을 발기발기 찢어버렸어도 믿음을 잃지 않고 교회에 나오는 사연을 소개하고 있다. 또 다른 여학교에서는 이교도인 학생들이 학교에 다니며 마음에 변화의 움직임이 일고 있다는 내용을 보고하고 있다.

우리 지역의 학교는 잘 운영되고 있고 교회가 많은 은혜를 받았다는 보고를 할 수 있어 기쁘게 생각한다. 공주학교의 등록생은 72명으로 평균 출석 인원은 63명이다. 교사들은 열심히 일하고 있고 학생들도 부지런히 공부하고 있다. 많은 학생이 영적인 일에도 관심을 기울이고 있다. 어떤 학생은 부모님에게 권유하고 교회 일도 열심히 한다. 그러나 한 여학생처럼 교회 출석을 못 하도록 하는 할아버지로부터 박해를 당해 고통 받는 아이도 있다. 이 할아버지는 손녀의 성경책을 발기발기 찢기도 했다. 그런데도 손녀는 믿음을 저버리지 않고 교회에 나왔다. 학교에는 자원봉사 교사 외에 3명의 유급 교사가 있는데 내년에는 절대적으로 충원할 필요가 있다. 학교 건물도 너무 작아 개선해달라는 요구가 자주 들려온다.

둔포에 있는 여학교도 잘 운영되고 있다. 학생 수는 지난해와 비슷하다. 우리는 여러분이 여학생들의 밝고 행복한 얼굴을 보면 좋겠다고 생각한다. 그들은 확실히 선택된 우수한 학생들이고 우리는 그들을 훌륭한 여성으로 만들 것을 희망하고 있다. 많은 학생이 이교도 집안 출신인데 이는 매우 서글픈 일이다. 그러나 그들은 매일 배우는 내용을 통하여 학교에 다니지 못했을 때와는 다른 여성으로 변해가고 있다. 둔포에는 정부가 운영하는 학교가 없고 우리가 운영하는 것이 유일하다. 이 학교의 교사들은 마음가짐이 아름답고 매력적이며 부지런한 사람들이다.

양대에 있는 학교도 성장하고 있다. 서울의 남감리교학교를 졸업한 교사는 32명의 여학생을 가르치고 있다. 스크랜턴 박사가 30엔을 교회에 기부해 좋은 공간으로 이전할 수 있었으며 교회와 학교 건물 모두 아주 많이 개선되었다. 교회도 성장하여 여성 참석자 수는 지난해의 배가 되었다. (논산을 포함한) 남부지역의 학교들은 지난해와 비슷한 상황인데 강경의 학교는 교사의 변동이 있었다.

우리는 전도부인과 학교 교사들을 후원해준 분들에게 감사드린다. 이들 후원자는 특별기부로 전도부인들에게 도움을 주었고 어린이들을 위한 크리스마스 선물비용을 도와 축제 시즌(추수감사절부터 신년 초까지)을 즐겁게 해주었다. 미국에서 보내준 친절한 말씀과 기도에도 감사드린다. 그리고 우리가 즐겁게 일할 수 있도록 허락하신 하나님의 지속적인 은혜와 능력에 대해서도 감사드린다.

한국 땅 다시 디뎌 기쁘다(1917년)

1917년 연회는 예년의 경우와는 다르게 6월 20일부터 27일까지 평양에서 열렸다. 사부인은 공주선교부의 서부구역 복음사역과 주간학교에 대해 보고하고 있다. 동부구역 보고는 미스 배어(Miss Blanche Bair)가 했다. 보고서는 이제까지의 보고서 형태와 다르게 복음사업, 교육사업으로 나누고 다시 여러 분야로 나누는 상세한 형태를 취하고 있어 오랫동안 쌓아온 선교 경험이 발전하고 있음을 보여준다.

휴가에서 귀임한 사부인은 본격적으로 나선 선교사업을 보고하는 첫머리에서 "짧은 휴가 후에 내 발이 다시 한국 땅을 다시 디딜 수 있게 된 것이 얼마나 즐거운 일인지, 또 짧은 시간 동안 떨어져 살았던 사람들과 다시 만나는 게 얼마나 기쁜 일인지 이루 말할 수 없다."고 당시 기분을 밝히고 있다. 하지만 보고서에서 교회 예배를 허가받지 않은 집회라며 금지하는 일제 관료의 말에 토요 전도 집회는 물론, 주일예배도 할 수 없었다는 일도 전하고 있다. 3·1운동과 같은 조직적이고 대규모적인 시위가 발생하기 전에 이미 일제의 통제가 시작했음을 밝혀주는 내용이다. 이를 두고 사부인은 초대 교회에서 모든 것을 비밀리에 할 수밖에 없었던 일이 이해된다고 밝혔다.

공주 선교부 건물과 시가지 전경.

휴가에서 돌아온 후 나는 진지하게 과거에 했던 사업의 맥을 잇기 위해 일을 시작했다. 첫 사업으로 선교구역의 남쪽으로 여행을 했다. 지난번 연회에서 미스 밀러가 지난 수년간 실시해 대성공을 거둔 가정성경공부 과정을 채택하기로 했었는데 나는 정확히 어떻게 하는지 몰랐다. 그러나 여성들이 집중적인 관심을 보이고 꽤 많은 수가 성경공부에 참여하기로 결심하는 것을 보고 즐거웠다. 많은 곳에서 3, 4명의 여성이 이 과정에 참가했다. 몇 명은 이미 3년 차에 접어들었다. 젊은 여자들이 많이 있는 어떤 마을에서는 그들에게 가정성경공부를 해보도록 강력히 권했는데 이들은 심각하게 받아들이지 않다가, 이웃 마을 여성들이 권유하는 전단을 받고 나서야 그들이 공부하지 않았던 사실에 대해 한탄하기 시작했다. 이들도 현재는 가정성경공부를 하고 있다.

지난가을 우리 선교구역 중 큰 중심지역인 예산에서 기독교에 대한 관심을 불러일으키기 위해 전도사와 함께 그곳을 찾았다. 오전에는 교육하고 오후에는 가정방문을 했으며 저녁에는 전도집회를 가졌다. 젊은 사람들이 관심을 보였으며 모두 교회에 나오기를 원했다. 여성 신도들의 좌석이 붐볐기 때문에 우리는 토요일 오후 한 정부 관료가 와서 '허가가 나기 전에 집회해서는 안 된다.' 고 말할 때까지 하나님께서 교회를 축복하고 있다는 생각에 모두 행복해했다. 정부 관료의 말에 따라 이 선생이 서류를 만들어 신청했으나 허가는 나오지 않았다.[21]

이 같은 일은 처음이라 무엇을 해야 할지 걱정할 수밖에 없었다. 이유는 토요일 저녁 많은 사람이 교회에 나오기로 약속한 상태였고 오늘 저녁집회를 할 수 없다고 말하면 모인 사람들이 우리를 어떻게 생각할지 몰랐기 때문이다. 여러 번 논의한 끝에 우리는 명령을 따를 수밖에 없다는 결론을 내렸다. 저녁집회 시간이 되었을 때, 우리는 모두 모였고 전도사는 집회를 개최하는 허가를 받지 못했다고 공고했다. 그러나 단순히 기도만 하고 귀가하는 것은 괜찮다고 밝혔다. 정부 관료는 우리에게 찬송을 부르거나 설교를 하지 못하도록 했을 뿐 기도에 대해서는 어떤 말도 하지 않았기 때문이다.

이에 따라 전도사는 조용히 기도를 인도한 후 사람들을 흩어지게 했다. 교인들은 이런 사실에 대해 두렵게 생각했으나 우리는 이번 조치가 단기적 조치일 것이라며 교인들을 달랬다. 일요일에 우리는 여성 신자들을 교회에서 가까운 방으로 오도록 하여 함께 이야기하고 기도했으나 찬송가를 부르지는 않았다. 이런 일을 통해 초기 기독교인들이 모든 일을 비밀리에 할 수밖에 없었을 때의 느낌을 조금은 이해하게 되었다. 그러나 이내 모든 일은 과거의 것이 되

21) 일제는 1910년 무단통치를 시작하면서 언론, 출판, 집회, 결사의 자유 등 기본권을 박탈했다. 종교집회라도 일일이 허가를 받아야했다.

었는데 교회는 허가를 받았고 이제 우리 모두는 하루에도 몇 번씩 집회를 열 수 있고 우리가 좋아하는 만큼 큰 소리로 찬송가를 부를 수 있었다.

사부인은 지방전도를 하면서 보수적 관습의 남성, 특히 할아버지들이 젊은 여성의 교회 참석을 극구 반대하는 것 때문에 많은 어려움을 겪고 있다고 토로했다. 며느리와 딸이 댓돌 위에 신발을 올려놓아 방에 있는 것처럼 위장하고 뒷문으로 빠져나오는 수법을 쓴다면서 열악했던 선교 상황을 소개하고 있다.

올봄, 나와 전도사는 다시 예산에 가서 가을에 시작했던 전도사업을 끝내기 위해 노력했다. 그러나 이전의 전도과정에서는 없었던 현상을 이곳에서 볼 수 있었다. 어린 청소년들은 모두 믿고 싶어서 열중했지만, 노인들 특히 아버지들이 허용하지 않았다. 이런 완고한 노인들의 마음을 붙잡을 방법을 알면 좋겠지만 우리가 할 수 있는 유일한 방법은 기도밖에 없었다. 젊은 여성들은 교회에 참석하려는 강한 열망을 하고 있었지만, 시아버지가 허락하지 않자 교회에 나오기 위해 여러 방법을 사용했다. 예를 들면 닫혀 있는 방문 앞에 자기 신발을 놓고 다른 신발을 신고 교회로 빠져나가는 방법을 썼다. 만약 시아버지가 보더라도 며느리의 신발이 문 앞에 놓여 있는 것을 보고 방안에 잘 있을 것으로 생각하게 만든 것이다. 그러나 사실은 방은 비어 있고 며느리는 예배가 끝날 때까지 교회에서 즐거이 예배를 드리고 있었다. 물론 그 며느리는 시아버지의 눈에 띄지 않게 그렇게 돌아갈 수 있을지 크게 걱정했다. 어떤 때는 여신도들이 집회가 끝날 때까지 오지 않는 경우도 있었다. 이유는 시아버지의 눈을 피해 빠져나갈 수 있는 기회를 찾지 못했기 때문이었다.

지난해 봄과 가을에는 선교구역 안에 있는 모든 교회를 방문했었는데, 올봄에는 목수를 기다리는 일 때문에 모든 전도 여행을 할 수가 없었다. 비록 지난

16년 동안 한국의 언덕과 계곡을 셀 수 없이 여행했지만, 여행을 하다 보면 생기는 문제가 처음 했을 때와 마찬가지로 엄청나게 많다. 자동차를 이용하는 방법이 가장 문명적인 방법이기는 하지만 나 같은 여성에게 최선의 방법이 될지에 대해서는 확신이 서지 않는다. 개인적으로는 할 수 있을 때까지 먼 거리를 갈 때 말을 타고 전도하면 충분하다고 생각한다. 인력거는 어떤 때는 반 이상을 걷게 되고 가마는 너무 느린 것이 흠이다.

댓돌 위에 신발을 올려놓는 위장 수법은 저자의 할머니 강계순 권사가 여러 번 말씀 하시던 것이어서 "어떻게 이렇게도 사정이 비슷한지?" 의문이 들 정도다. 머리말에서도 밝혔듯이 저자의 증조부는 며느리인 강계순 권사와 장손녀인 임분식 권사의 교회 출석을 엄금했다. 증조부 추도예배 때 할머니로부터 여러 번 들은 내용은 증조부가 교회를 못 가게 하자 할머니와 큰고모님은 뒷마당 언덕 위 짚으로 된 울타리에 개구멍을 만들어 드나들었다고 말했다. 증조부는 주로 사랑채에 계셨는데 대문 옆이라 문 여닫는 소리가 나므로 대문을 통한 출입이 불가능했기 때문이다. 가을에 새로 짚 울타리를 하면 개구멍 내기가 쉽지 않아 울타리 옆 큰 감나무 가지로 올라가 울타리 넘어 길로 떨어진 적도 있다고 말하며 어떤 상황에서도 교회에 가야 한다는 굳은 생각을 가졌다고 말했다. 강계순 할머니께서는 장녀인 큰 고모님이 논산제일감리교회 부설 학교와 주일학교를 다니면서 딸을 통해 들은 복음의 내용이 너무 좋아 딸의 전도로 교회를 나가기 시작했고 사부인이 주도하는 사경회에서 한글도 깨우치고 성경공부를 했다고 여러 차례 말했다. 시아버지가 교회 나가는 것을 극구 금했지만, 꾸중 듣는 순간만 순종하는 체하며 몰래몰래 계속 다녔고 증조부께서도 몇 년 후부터는 알면서도 모르는 체 용인하시는 눈치였다고 말했다. 강계순 할머님은 처음 예수 믿기가 너무 힘들었다며 집안이 일찍 복음화된 것을 하나님의 은혜로 알고 온 일가친척이 깊은 신앙 갖기를 기회 있을 때마다 강조했다.

큰 고모님이 신앙을 처음 접한 것이 1930년으로 추정돼 위에 쓴 사부인의 보고내용과는 비록 14년의 시차가 있지만, 상황은 비슷해 젊은이는 새로운 종교의 복음을 믿으려 하고 노인은 전통적 가치관을 고수하려는 풍조가 일제강점기에 일반적인 현상이었음을 알 수 있게 해준다. 할머니는 "시아버님이 그렇게 교회를 못 다니도록 한 것은 하나님께서 자신의 믿음을 굳건하게 단련시켜 주님의 도구로 쓰시려고 그런 것 같았다."고 말하며 시아버지인 증조부를 "하나님께서 구원해 달라."고 늘 기도했다.

사부인은 성경공부반 교육에서 존 번연의 『천로역정』을 비롯해 제자학, 설교학, 지리학에 대해서도 가르쳐 그의 기독교 교육에 대한 이해가 상당했음을 보여준다. 고향 야머스에서는 정규 교육을 다 마치지 못했지만 뉴욕 유니온선교사 훈련원[22]에서 다양한 지식을 습득했음이 확인된다.

> 전도부인 훈련교실은 여름에 열렸는데 존 번연의 『천로역정』을 비롯해 제자학, 설교학, 지리학에 관해 공부했다. 성경공부반은 여자수강자들이 아주 좋아하는 시간으로 약간의 오락시간을 가진 후 집으로 행복하게 돌아갔다. 우리는 미스터 오를 선택해 논산 성경공부반에서 돕도록 했다. 그는 성경공부반 1기를 가르쳤으며 저녁집회를 담당했다. 매일 저녁 2, 3명의 젊은이가 자신의 이름을 등록하고 예수님을 따르겠다고 열정적으로 표현하는 것을 보는 것이야말로 가장 힘 솟는 일이 아닐 수 없다. 모든 교인이 큰 도움을 받았으며 교인들은 올여름 다시 와서 같은 프로그램을 해달라고 요청했다. 올해 처음으로 우리는 성경공부반 수료자를 상대로 날연보 제도(tithing)를 시행했다.[23] 많은 사람

22) 선교사 훈련원에 대해서는 174쪽에서 자세히 소개한다.

23) 교인들에게 전도사업을 위해 헌신하는 날을 갖도록 한 것. 한국 기독교 초창기 시절, 인력과 재정이 없었던 관계로 교인이 하루나 이틀 전도에 나섰는데 이를 헌금 개념으로 생각했다.

이 출석하도록 할 수는 없었지만 출석한 사람들은 세상에 나아가 훌륭히 전도 사업을 펼쳤다. 몇 명의 돕는 일꾼과 함께 십일조 성경공부반 수료자들은 23개의 성경공부반을 개최했고 그들이 보고한 모든 내용은 훌륭한 것이었다.

궁말, 해미, 강경에서 열린 성경공부반에 관해 설명한 사부인은 일주일을 가르쳐도 신앙적 변화의 움직임이 없는 것을 교인들 스스로 답답해했다고 한다. 참석자들 사이에서 "우리에게는 축복이 없는 것 아닌가?" 하고 의심하기 시작했을 때 회개의 움직임이 생기고 믿음에 대한 변화가 보였다고 보고했다. 사부인은 이를 안전한 방주 속으로 들어온 노아와 그 가족을 생각나게 하는 사건이라고 소개했다.

궁말(kung-mal)에서 열린 성경공부반에서 우리는 2년 전과 같이 신앙이 부흥하는 작은 기쁨을 맛보았다. 낮에는 남자반과 여자반이 따로 공부하다가 저녁 집회 때는 함께 만났다. 거의 일주일이나 됐지만 아무런 신앙의 변화 움직임이 없었다. 그래서 우리는 어느 날 저녁 '처음 움직임'이 있을 때까지 우리에게 축복이 없는 게 아닌가 걱정하기 시작했다. 처음 움직임이란 남녀 신도들이 온통 울면서 죄에서 구해주고 용서해달라고 기도하는 것이다. 8명으로 된 한 가족은 처음 움직임이 있었고 모두 큰 축복을 받았다. 우리는 안전한 방주 속으로 들어온 노아와 그 가족의 일이 떠올랐다. 어떤 사람들은 안식일을 지키지 못하고 신앙의 냉담자가 된 후 낙담하는 삶을 살았으며 기독교인으로서의 삶을 포기하기도 했다. 그러나 하나님은 그들에게 말했고 그들은 하나님 말씀에 귀를 기울였다. 그들의 얼굴을 보는 것만으로도 구하고 있던 축복을 받았음이 나타났다고 우리는 확신했다. 하나님은 그들이 은총 속에서 살아가도록 허락하셨다.

해미에서는 첫 번째 성경공부반의 경우, 거의 모두 여자였고 한 번도 공부를 한 적이 없는 사람들이었다. 어떤 곳에서든지 성경공부를 할 때 이렇게 힘든 적은 없었다. 매일 아침, 모든 힘을 쏟아 성경공부반을 진행했다. 그러나 반응이 없어서 몇 가지 발전하는 표시들이 보이기 시작할 때까지 우리가 어떤 인상을 그들에게 주고 있는지 걱정해야 했다. 매일 발전하는 여성 신자들의 모습을 보는 것은 마치 꽃이 피어나는 것 같다는 생각이 들게 했다. 친절하게도 미스 배어(Bair)가 이 성경공부반을 돕기 위해 왔고 우리 모두는 그녀의 도움에 감사한다.

나와 함께 일하는 전도부인들은 모두 자신의 사역을 잘 감당했는데, 그들이 전도하러 다니는 곳이 너무 넓어 인원이 항상 부족했다. 한 사람은 남자 4명이 하는 것보다 더 많이 다녀야 했고 다른 한 사람은 두 명이 하는 것보다 많았다. 그동안 부분적인 급료만 받고 일해오고 있던 김제나(Kim Zena) 전도부인을 1월부터는 정규직으로 끌어올릴 수 있었다. 김제나는 매우 유능하게 전도사역을 하고 있고 사람들의 마음속으로부터 사랑을 받고 있다.

강경에서는 정규 전도부인 없이 1년 동안 지내왔는데 성경공부반 대표 중 한 사람이 전도부인과 성경공부반 일을 함께 수행해 주었다. 서울에서 여성 성경훈련학교를 졸업한 마사(Martha)가 강경에 배치되었다. 여름방학 때 마사는 이미 강경에 가 있었기 때문에 강경 신도들의 마음을 사로잡고 있었으며 그와의 성경공부를 몹시 기다리고 있었다. 나는 마사가 강경에서 전도사역을 훨씬 더 빠르게 진전시킬 것으로 확신한다.

공주에서는 장제나(Zena Chang)가 집안일과 아이 때문에 예년보다 더 많은 일을 할 수 없었지만 733가구를 방문하여 953명에게 전도를 했다. 또 한 곳의 성경공부반을 돕고 주일학교 학급을 포함해 월 3회 학습반에서 가르쳤다.

지방 순회선교를 나갈 때를 제외하고 사부인은 항상 공주에 머무르며 관심은 지역 교회인 공주교회의 발전이었다. 발전을 위한 선교전략으로 일요일 오후 공주 시내를 7개로 나눠 냉랭해진 사람, 아픈 사람, 이교도의 집까지 일제히 심방하는 획기적 계획을 세우고 실천했다.

예배당 한가운데 쳐져 있는 커튼의 여성 신도 측 좌석은 출석자가 증가했다. 어떤 주일날에는 빈틈없이 차기도 한다. 흥미로운 사실 중 하나는 일요일 오후 사역이다. 일요일 오후 사역을 하기에 앞서 먼저 모든 사역 분야의 대표들과 비슷한 수의 신도들이 목사관에서 잠시 기도모임을 가졌다.

그 후에 모인 사람들은 시간 나는 대로 신앙이 냉랭해진 사람, 아픈 사람, 이교도의 집까지 심방하기 위해 흩어져 갔다. 공주시를 7개 구역으로 나누고 각각의 대표들이 공주시 전체를 한 번 순회할 때까지 각 구역을 순차적으로 교대해 다녔다. 각 대표는 일요일 오후에 참석하는 교인들과 1, 2명씩 동행했다. 이 일에 대한 각 대표의 열정은 아주 높았다. 지난여름, 전도사역 포기를 원했던 한 대표는 요즘 가장 진지한 일꾼의 한 사람이 되었다. 회합 때마다 이들은 전도부인을 지원하기 위한 계획을 모으고 있다.

휴가에서 돌아온 사부인의 고민은 배우고 싶어 하는 학생들을 다 받아들이지 못하고 심지어 야학까지 하겠다는 의욕 넘치는 교사들을 지원하지 못하는 데 있었다. 그런가 하면 적당한 교사를 찾지 못해 멈춰선 논산의 학교처럼 잘되면 잘되는 대로, 못되면 못 되는 대로 문제가 생기는 학교운영은 사부인이 짊어져야 할 십자가 같은 것이었다.

이곳에서 새로 시작하는 흥미로운 일 중의 하나는 야학이다. 지난봄, 수석교사인 이 선생이 나를 찾아와 야간학교 개교를 허락해 달라고 요청한 적이 있다. 이 선생은 공부하기를 원하는 많은 사람이 있는데 낮 동안에는 올 수가 없다고 말했다. 이에 대해 나는 야학을 운영해서라도 그들을 가르치는 것은 즐거워해야 할 일이지만 다른 교사를 대줄 수는 없다고 말했다. 또 이 선생과 부인이자 교사인 엘라(Ella)가 온종일 가르치고 또 저녁에 가르치는 것이 너무 과중하게 느껴진다고 걱정했다. 그러나 이 선생 부부가 야학하기를 원하고 있다고 말해 그들의 요청을 들어주었다. 야학교에는 약 20명의 학생이 나왔다. 이들은 대부분 이교도의 가정에서 오는 학생들이었다. 우리 선교부는 모든 선생님에 대해 최고의 찬사밖에는 할 말이 없다. 미스터 테일러는 그의 조사(helper)를 일주일에 4시간을 가르칠 수 있도록 허용해 주었다. 또 교회의 한 젊은이는 일주일에 2시간을 가르치고 있다.

강경의 학교로 보내질 기부금이 온다는 기쁜 소식으로 우리의 마음은 즐거움으로 가득 차 있는데 이 기부금은 독일의 교회가 감사헌금으로 보낸 것이다. 현재 강경학교는 세 들어 있는 건물에서 공부하고 있는데, 언제 쫓겨날지 모르는 상황이다. 4학년으로 나뉘어 40명의 학생과 2명의 교사가 사방 12m 크기의 교실 한 곳에서 수업하고 있다. 올해 4명의 여학생이 졸업했는데, 그중 3명은 계속 공부하기를 바라고 있다.

반대로 올해 논산의 학교는 실망스러운 상태에 있다. 적당한 교사를 찾을 수가 없었는데 교사였던 에델(Ethel)이 가사 때문에 교육 업무에 전념할 수가 없게 되자 학교가 멈춰 서게 된 것이다. 현재는 공주학교의 졸업생을 그곳에 보내 가르치게 하고 있는데, 벌써 아이들이 학교로 다시 오고 있다는 좋은 소식을 듣고 있다.

궁천(Kung chun)[24]에도 우리 공주의 졸업생 한 명이 가 있는데, 궁천학교에서도 좋은 소식이 들려오고 있다. 이 졸업생은 여자로 이교도들과 어린이들을 잘 가르친다고 이 여교사를 칭송하고 있다. 여포위(Yot Powie)에서도 남학생들을 위한 야학을 시작했다. 이곳의 교사는 낮 동안에는 여학생을 가르치고 있다.

24) 궁천(Kung chun)은 공주 경천(Kyung chun)의 오기로 추정됨.

20명의 어린 학생들이 있다. 봄 농사 때문에 야학은 문을 닫고 있지만, 남학생들은 3년 동안 초등학교에서 공부해온 한 젊은 여성을 여름방학을 할 때까지 선생님으로 확보할 수 있었다. 남학생들은 도움을 간청하고 있는데 부근에는 관립학교가 없다.

갈산에서도 다른 학교가 시작됐다. 학생은 7명의 소녀뿐인데 공주학교에서 2년을 공부했던 젊은 여성이 어떤 다른 교사가 올 수 있을 때까지 아이들을 도와주고 있다. 남부구역의 다른 세 곳에서는 여자아이들이 남자아이들과 함께 공부하고 있다.

위와 같은 사부인의 학교관련 보고서 중 주목되는 부분은 "강경의 학교로 보내질 기부금이 온다는 기쁜 소식으로 우리의 마음은 즐거움으로 가득 차 있는데 이 기부금은 독일의 교회가 감사헌금으로 보낸 것이다. 현재 강경학교는 세 들어 있는 건물에서 공부하고 있는데, 언제 쫓겨날지 모르는 상황"이라는 대목이다. 『강경제일감리교회 100년사』에 따르면 사부인이 말한 여학교는 1913년 자신이 세운 만동여학교로 송시열의 강학소였던 팔괘정(八卦亭)을 빌려 운영하고 있었다. 사부인은 학교 건축비용이 확보되자 1917년 황금정교회(강경제일감리교회 전신) 뒤편에 현대식 건물로 만동여학교를 신축했다. 이와 관련해 저자가 드루대 감리교 아카이브를 조사한 결과, 3장의 관련사진이 확인됐는데 모두 사부인이 들어있는 것으로 확인됐다.

사부인이 문지방에 앉아 있는 사진은 이제까지 '농촌선교 중 무엇인가를 기록하는 것'으로만 알려졌는데 함께 기록된 사진 설명에 따르면 "사부인이 강경 교회의 문지방에 앉아 기록 중인데 사부인은 여학교 건축을 감독하며 1918년 여름을 이곳에서 보냈다"고 돼 있다. 다른 두 장의 사진은 비슷한 내용으로 완공된 만동여학교 앞에서 사부인이 직원들과 대화하는 모습이 찍혀있다.

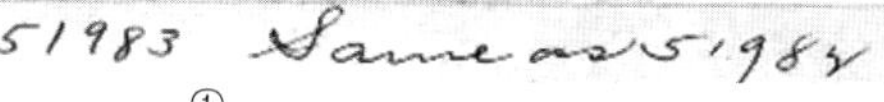

①

②

③

① 강경 만동여학교 건물을 짓고 사부인(오른쪽)이 직원들과 이야기를 하고 있다.

② 강경 만동여학교를 건축할 때 사부인은 초가교회에 머무르며 공사 감독을 했다.

③ 사부인(오른쪽)과 스웨어러 부인. 두 사람 모두 한국 선교 중 남편이 소천했다.

ⓒ드루대학교

보고서 끝에 사부인은 미국에서 투병 중이던 스웨어러(서원보) 목사의 소천 소식에 공주선교구는 슬픔에 잠겨 있다고 당시 분위기를 전하고 있다. 사부인 역시 11년 전 남편을 여윈 경험이 있어 동병상련의 심정으로 스웨어러 부인을 위로하고 그녀가 선교를 위해 미국에서 다시 공주로 귀임하는 것을 환영했다.

스웨어러 목사의 사망 소식으로 우리의 마음은 슬픔 가운데 있다. 그와 함께 오래 일했던 우리 모두에게 그의 사망은 친형제를 잃는 것과 같다. 오랫동안 자신들을 사랑하고 목회했던 스웨어러 목사가 그들을 떠났다는 소식을 전해 듣는 한국인 신자를 대해야 하는 것이야말로 안타깝기 그지없는 일이었다. 한국인 신자들은 스웨어러 부인이 돌아온다는 사실로 겨우 위안을 삼을 수 있었다. 스웨어러 부인이 9월경 돌아올 것이라는 소식을 듣고 기쁨 속에 기다리고 있다. 스웨어러 부인이 혼자 오는 것은 슬픈 일이지만 함께 살았고 사랑하던 한국 사람들 속으로 오는 것을 스웨어러 부인 자신이 열망하고 있다. 하나님은 스웨어러 부인에게 그녀의 앞날을 위해 힘과 은혜를 허락하고 남편의 삶에서 큰 부분을 차지하다 내려놓을 수밖에 없었던 선교사업을 오랫동안 잘 해내도록 해주실 것을 기도한다.

크리스마스 시즌에 우리 어린이들을 행복하게 만들었던 미국과 한국의 친구들이 보내준 선물들에 대해 고맙게 생각한다. 또한 주님에게 아주 소중한 일의 작은 부분을 하도록 특권을 주신 데 대해 감사한다. 오는 해에는 지난해보다 더 좋아지고 훨씬 더 큰 열매가 맺어지기를 기도드린다.

한편 1917년 전체 연회회의록은 남녀 선교사들의 활동에 대해 대략적인 소개를 하고 있다. KWMC 보고서에서 보고했던 내용을 축약해 소개하는 형식이다. 이 해의 회의록에서 눈에 띄는 대목은 공주 선교구역(사실상 충남지역)에 대한 개관도 하고 있는 점이다. 공주는 1,500년 전 백제의 수도였으며 논산에는 극동(Far East)에서 가장 큰 석불이 있는데 신라시대까지 연대[25]가 올라간다고 밝히고 있다. 또 공주선교구역에는 3개의 주요 철도역이 있고 많은 물동량을 실어 나르는 항구도 있음을 기록하고 있다.

한편 미스 배어는 공주선교구 동부지역의 선교와 교육사업에 대해 다음과 같이 보고하고 있다. 이 지역 역시 사부인이 맡았던 지역이나 선교지역이 너무 넓고 교회와 교인수가 많아짐에 따라 동부지역을 미스 배어가 담당

25) 이는 논산 관촉사 소재 은진미륵불을 가르키는 것으로 고려 광종 때 조성된 것이다. 따라서 신라시대까지 연대가 올라간다는 것은 오류다.

해 보고하고 있다. 미스 배어의 보고 내용은 예년 사부인이 했던 것과 비슷하나 천안교회 안창호 목사 부인 안베시가 죽음을 앞두고 찬송가를 부르며 소천하는 모습은 믿음이 무엇인가를 알게 해 주는 장면이 아닐 수 없다.

> 안 베시(Ahn Bessie)는 전도사의 부인으로 지난 연회 후 사경회를 돕고 있다. 그녀는 매우 능력이 많지만, 몸이 쇠약해서 하고 싶은 만큼 일을 할 수가 없다. 특히 그녀의 두 자식이 지난여름 죽은 것은 그녀에게 너무 큰 슬픔이어서 지난 가을 성경공부반에서 나를 돕는 동안 간증 예배시간에 하나님이 어떻게 그녀를 지켜주시는지에 대해 말하며, 그녀의 슬픔은 거의 참을 수 없었지만, 주님이 그녀에게 슬픔을 이길 수 있게 해 주셨다고 밝혔다. 나는 그녀가 어린 자녀들을 얼마나 사랑했는지 알기 때문에 그녀의 용감함에 대해 감탄하지 않을 수 없었다. 그런데 그녀는 이제 자녀들의 곁으로 떠나갔다.
>
> 안 베시[26]가 죽기 이틀 전 나는 그녀의 방으로 찾아갔는데 그는 자신을 위해 찬송을 불러주기를 원했다. 그가 선택한 찬송은 '저 뵈는 본향 집(One Sweetly Solemn Thought)'으로 내가 부르는 동안 그녀는 부분적으로 따라 불렀다. 그리고 '후일에 생명 그칠 때(Some day the silver cord will break)'를 불러 달라고 했다. 그녀도 함께 찬송했는데 육체적으로 매우 약해 있어서 모든 가사를 안간힘을 다해 부르고 있는 모습을 볼 때 놀라울 만큼 아름답게 찬송을 불렀다. 후렴의 마지막 연(聯) "그 은혜 찬송하겠네"는 그녀의 염원이었던 듯 쉼 없이 찬양했다.
>
> "그날을 예비하면서 내 등불 밝게 켰다가
> 주께서 문을 여실 때 이 영혼 들어가겠네

26) 안베시는 전도사 안창호의 부인으로 본명은 최배세이다. 최배세는 인천 서울의 감리사와 감신대 교수를 지낸 탁사 최병헌 목사의 딸이기도 하다. 1916년은 안창호 목사가 천안읍 교회를 목회하고 있을 때여서 안베시의 소천은 천안에 있을 때로 보인다.

내 주 예수 뵈올 때에 그 은혜 찬송하겠네
내 주 예수 뵈올 때에 그 은혜 찬송하겠네"

"잘 산다는 것은 잘 죽는 것이다(To live well is to die well)"

미스 배어는 전도부인에 대한 열악한 처우와 전도사 부인의 죽음 등을 전하며 선교의 어려움과 보람을 전했다.

사부인을 교육한 뉴욕 유니온선교사훈련원

사부인의 이력서에 나오는 유니온선교사훈련원(union missionary training institute)을 토대로 검색한 결과 「뉴욕 타임즈」가 1895년 11월 8일 자로 훈련원을 기자가 취재해 보도한 기사를 찾을 수 있었다. 선교사 양성을 위한 맞춤형 학교라고 소개한 뉴욕 타임즈는 학생들의 수업 모습은 물론, 교과과정과 기숙사 생활, 운영자 등에 대해 장문의 기사로 소개했다. 기사는 훈련원의 위치와 구성원

FITTED AS MISSIONARIES

Work of the Union Training Institute in Brooklyn.

SPECIAL STUDIES FOR MEN AND WOMEN

A Successful School Founded in 1888 by Mrs. Lucy D. Osborn—Supported by Voluntary Contributions.

"Union Missionary Training Institute" is the inscription on a sign placed on a small dwelling house in Waverley Avenue, not far from Myrtle Avenue, Brooklyn.

That is the only thing, except the unusual amount of cheerful life around it, to distinguish the house from an ordinary dwelling.

A young colored man, with a book in his hand, opened the door to a visitor yesterterday, and led the way into a pretty and cheerful parlor, which was furnished with a piano, a sofa, and comfortable chairs.

선교사 훈련원을 취재한 「뉴욕 타임즈」(1895년 11월 8일자)

에 대한 개략적인 내용을 밝히며 시작하고 있다.

'유니온선교사훈련원' 이라고 새겨진 간판이 브루클린의 머틀(Myrtle) 애비뉴에서 멀지 않은 웨이버리(Waverley) 애비뉴의 한 조그만 주택 앞면에 붙어있다. 이 집은 독특한 점이 한 가지 있는데, 평범한 다른 집과 구분되는 특징은 분위기가 엄청나게 즐거운 생활로 가득 차 있다는 점이다. 손에 책을 든 한 흑인 청년이 방문객(기자)에게 문을 열어주고 피아노와 소파, 편안한 의자들이 있는 멋지고 쾌적한 응접실로 안내했다.

이 훈련원은 1888년부터 같은 장소에 있었지만, 브루클린에서 매우 잘 알려진 곳은 아니다. 그러나 해외 선교현장에서 필요한 모든 인종의 남녀를 훈련하는 의미있는 곳이기도 하다. 올해의 경우를 보면 45명의 남녀가 몇 가지 다른 계통의 공부를 하고 있다. 예비과정을 보면 의사가 없는 나라에서 무척 중요한 생리학, 위생학, 간단한 치료 방법에 대한 수업들이 포함돼 있다.

훈련원에 대한 대략적인 소개에 이어 학생들이 어떻게 생활하고 있는지를 구체적으로 보도했는데, 식사를 학생들이 직접 준비하고 세탁도 스스로 하며 공부방과 휴게실이 있다고 훈련원 내부 모습을 전했다.

이 훈련원의 숙소는 올해 옆집을 빌려 양적으로 늘어나기는 했지만, 여전히 몇몇 학생은 다른 곳에서 기숙할 곳을 찾아야 한다. 훈련원은 또 자율적인 협동방식으로 운영되고 있는데, 예를 들어 방문객이 매우 이른 아침 부엌을 가보면 한 청년이 불을 지피기 위해 애쓰는 모습을 보게 될 것이다. 이 청년이 불을 지피는 데 성공하면 두 명의 여학생이 전문적인 요리 솜씨를 다해 아침 식사를 준비하기 시작한다. 점심 정찬을 위해서는 3명이 요리를 담당하고 간단한 저녁을 위해서는 2명이 요리를 한다. 이 밖에 남학생은 많은 양의 식품을 사지 않기 때문에 바구니를 들고 가서 식료품을 사온다. 또 다른 남학생들은 집안 운영에 필요한 일거리를 스스로 찾아서 한다. 이런 모든 일은 앞으로 선교사로서 직접 일을 하는데 필요한 것으로 젊은 남녀학생을 훈련하기 위한 것이다.

이 훈련원이 운영하는 두 번째 집은 남학생들이 차지하고 있는데 여성 사감의 감독 아래 최고의 질서를 유지하고 있다. 또 원래 훈련원이 있는 집에는 아름다운 응접실 뒤편에 방이 하나 있는데 이 방은 학생들이 공부할 때 쓰는 교실이다. 기숙사는 위층에 있고 지하에는 부엌과 식당이 있다. 취사 일은 여학생들이 주관해서 하고 있는데 따라서 남학생들이 요리하게 될 기회는 거의 없는 것처럼 보인다. 세탁하는 일에는 수많은 조력자가 있는데 한 번은 남자들에게 무명제품의 풀을 먹이고 다림질을 하도록 했는데 결과는 성공적이지 못했다. 결과가 항상 만족스럽지 않았고 세탁은 흑인 여학생들이 여러 일 중에서 가장 즐겨하고 싶어하는 것이었다.

이 훈련원의 특징은 미국 학생만 있는 게 아니고 다양한 국적의 학생으로 구성돼 있다는 점이라고 「뉴욕 타임즈」는 보았다. 정규 코스는 4년제지만 비영어권 학생들은 그중 1년은 영어를 배우게 돼 있어 캐나다 태생인 사부인과 이 학교에서 만나 남편이 된 로버트의 경우는 3년 만에 수료할 수 있었던 것으로 보인다.

학생들은 다양한 국적으로 구성되어 있는데 2명의 일본인을 비롯해 페르시아인, 아르메니아인, 전직 랍비(rabbi)였다가 개종한 사람을 포함해 2명의 유대인, 불가리아인, 영국인, 미국인, 유색인종 등이 있다. 불가리아인 학생은 지금은 불가리아에서 활동하고 있는 불가리아 선배의 소개로 훈련원에 왔다. 아르메니아인은 터키에서 토목기사로 활동했는데 기독교 목사의 아들이다.

학교의 정규코스는 4년인데 그중 1년은 공통영어 부문에서 일반적인 지도를 받아야하는 사람들(비영어권 외국인)을 위한 예비코스다. 정규학교나 대학 졸업자는 3학년이나 주니어반에 입학할 수 있는데 이 과정부터 선교업무관련 실습이 시작된다. 이들 과정의 마지막 2년은 성경, 도덕, 교회사, 신학, 비교종교학, 윤리, 선교역사, 선교대상 국가, 웅변, 음악, 의약 등을 집중적으로 가르친다. 학생들은 또 가능한 범위 내에서 그들이 사역할 나라의 언어를 배우게 된다.

이곳에서는 또 매일 미용체조를 실시하고 일주일에 한 번 생활 속의 에티켓과 오락에 대해 잠시 대화를 나누기도 한다. 대화 시간은 학교의 설립자인 오스본 부인이 인도에서 병환으로 누워있어 부재중인 관계로 교장 대행인 미스 헤스터 얼웨이에 의해 진행되고 있다. 미스 얼웨이는 키가 크고 가느다란 젊은 여성으로 풍성한 금발머리를 가진 귀여운 얼굴을 갖고 있다. 훈련원 본부가 있는 집의 홀 끝에 있는 미스 얼웨이의 사무실은 이 집에서 가장 아름다운 방 중의 하나다. 창가의 상자 속에서는 식물들이 자라고 방의 가장자리 주변으로는 담쟁이가 창문에 매달려 있다. 화병과 몇 개의 사진 액자가 책상 위를 장식하고 있다.

설립자 루시 D.
오스본 부인

책상 가까이에는 브루클린의 지도가 있고 반대편 벽에는 성경에서 인용한 이 훈련원의 신조 "하나님이 주실 것이다(God will provide)"가 적혀 있다.

교장 대행인
미스 헤스터 얼웨이

미스 얼웨이는 자전거 애용자로 자전거를 탈 수 있는 시간만 나면 자전거를 탄다.

"우리 학교의 가장 큰 특징 중 하나는 보통 또는 약간의 교육밖에 받지 못한 사람들을 받아들여 더 진전된 공부를 하도록 그들을 준비시켜주는 것입니다." 미스 얼웨이는 이런 방법으로 다른 학교에서는 받아주지 않는 학생들을 선발해 훌륭한 자격을 갖춘 선교일꾼으로 파견할 수 있었다고 말했다.

설립자인 루시 D. 오스본 부인이 투병 중이어서 교장 대리를 맡은 미스 헤스터 얼웨이는 가난해서 선교사 교육을 받지 못 하는 일이 없도록 수업료는 매우 적고, 상당한 의학 공부를 하므로 의사가 없는 곳에서는 대신 역할을 하기도 하고, 훈련원을 바탕으로 의학이나 신학 공부를 계속하는 학생들도 많다고 소개했다.

우리 학교의 수업료는 매우 적습니다. 그나마 응모자가 투철한 신앙이 있다면 재정적으로 능력이 없어 선교사 수업을 받지 못하지는 않습니다. 자신의 삶을 헌신하려는 뜻이 있는 사람은 환영을 받습니다. 우리 학교는 또 의학이나 다른 특별계통의 과정을 다른 기관이나 대학에서 더 철저하게 받고자 하는 학생들에게는 디딤돌 같은 역할을 하기도 합니다. 고등교육을 받고 싶어도 할 수 없는 학생들에게 도움의 손길을 내밀고 있습니다. 몇 명의 학생들은 의학과 신학을 공부하기 위해 대학에 진학하기도 했습니다. 이곳에서 우리가 제공하는 의학 수련은 선교사역 현장에서 이루 말할 수 없는 가치를 가지고 있습니다. 훈련원 출신 중 한 명은 여학교를 담당하기 위해 알래스카의 어널래스카(Unalaska)에 갔는데 그곳은 여름 몇 달 동안 체류하는 선의(船醫)를 제외하면 의사가 없는 곳입니다.(따라서 급할 경우, 이곳에서 배운 의학 지식으로 의사 대행을 할 수밖에 없다.) 롱아일랜드 의대에서 과정을 끝낸 우리 학생 중 한 명은 지금 한국으로 가는 중이고 다른 학생은 수단에서 선교사업을 펼치려 하고 있습니다. 내가 아는 한 수단에는 스웨덴 선교사 한 명밖에 없습니다.

얼웨이 교장 대행은 학교운영은 여전히 어렵지만 부족한 것은 늘 채워진다고 여러 사례를 소개했다.

"우리는 또 누구에게도 도움을 요청하지 않았습니다. 그러나 월요일 저녁에 갖는 기도모임에서 매일의 생계를 도와주도록 기도해 오고 있습니다. 나는 학생들이 필요한 것에 대해 우리에게 꼭 필요한 만큼만 주시도록 기도하고 있습니다. 나는 학생들에게 혼자 기도할 수 없고 여러분의 도움이 필요하다고 말합니다. 오스본 부인이 가졌던 훌륭한 믿음을 갖고 있지 못하기 때문입니다."

"또 우리는 가난하지만, 결코 가난 속에 있지는 않습니다. 우리 학교의 설탕그릇이 머지않아 텅 비게 되겠지만, 나는 학생들에게 여러분이 자기 부정적으로 되지 않을 것을 알고 있다고 말합니다. 그런데 20파운드의 설탕이 다음 날 아침에 왔고 얼마 후 7파운드가 더 왔습니다. 우리는 그 이후 설탕이 부족한 적이 없었습니다."

"얼마 전 한 흑인 여학생은 기도 중에 그녀는 식량과 돈을 달라고 했습니다. 그녀는 접시를 닦을 때 행주가 필요했기 때문에 그런 것을 기도 중에 원하기도 했습니다. 그녀는 기도를 끝낼 때 감사하다고 했는데 왜냐하면 그 흑인 소녀는 행주가 올 것이라고 알았기 때문이었습니다. 한 광주리의 감자가 다음 날 도착했고, 한 여성 후원자로부터 받은 10달러를 시내에 거주하는 프랜시스 H. 스튜어트 박사가 가져왔으며, 더 많은 식량이 다음 날 도착했습니다."

"아직도 접시 닦기용 행주는 도착하지 않았지만, 윌리엄스 부인은 그것들을 기다리고 있습니다."

그 후 이 이야기를 들은 한 방문자가 필요한 행주 구매에 사용하도록 조그만 금액을 후원했고 전에 노예였던 윌리엄스 부인은 그 돈을 받았다고 합니다. 윌리엄스 부인은 돈을 받고 들어오면서 행주를 보내준 주님을 크게 찬양한다고 말했습니다. 그녀는 잘 다듬어 말쑥해 보이는 여성으로 즐겁고 부드러운 얼굴을 하고 있습니다.

"내가 할 수 있는 것이라고는 주님을 찬양하는 것밖에 알지 못합니다. 왜냐하면 나는 언제나 주님께 감사해 오고 있기 때문입니다." 이렇게 말하며 그녀는 항상 방문자의 머리 위에 축복해 주시기를 기원했습니다.

저자는 위와 같은 기사를 4년 전에 읽고 전기를 완성하기 전 현지답사를 꼭 해봐야겠다는 계획을 세웠는데, 마침내 그 계획을 2019년 4월 19일에 실행할 수 있었다. 사부인 전기 작성 자료를 조사하기 위해 머문 드루대 감리교 아카이브와 훈련원이 있었던 뉴욕 시내는 대중교통을 이용해도 2시간이면 갈 수 있는 거리에 있었기 때문이다. 드루대가 위치한 뉴저지주 매디슨시에서 맨해튼의 펜실베이니아 역까지 1시간, 다시 뉴욕시 지하철과 버스로 갈아타고 브루클린지역까지 가는데 40여 분이면 충분했다. 「뉴욕 타임즈」에 보도된 대로 웨이버리 애비뉴와 머틀 애비뉴의 교차점을 구글 맵에서 찾아 휴대폰 화면에 띄워 놓고 쉽게 찾아갔다.

머틀과 웨이버리 애비뉴는 군데군데 현대식 건물도 있지만 대부분 5층

「뉴욕 타임즈」 보도에 따르면 머틀과 웨이버리 애비뉴가 교차하는 지점에서 멀지 않은 곳에 선교훈련원이 있었다.

뉴욕 브루클린 웨이버리 애비뉴의 옛건물들. 사부인이 수학한 유니온선교훈련원도 비슷한 모습이었을 것으로 추측된다.

이하의 붉은 벽돌 건물로 옛 모습과 크게 달라 보이지 않았다. 두 거리의 교차지점에서 웨이버리 애비뉴를 100m 정도 오가며 그중 오래된 것처럼 보이는 건물 몇 곳을 카메라에 담았다. 그러나 「뉴욕 타임즈」 기자가 찾아 갔음직 한 조그만 주택은 찾을 수가 없었다. 오래된 건물을 겉모습은 그대로 둔 채 내부만 리모델링하는 곳이 있어 역시 카메라에 담았다.

머틀과 웨이버리 애비뉴 명칭이 아래위로 함께 세워져 있는 도로 표지판을 보며 사부인도 3년이나 이곳에 살면서 익숙하게 왕래했을 모습이 떠올라 처음 보는 도로지만 전혀 낯선 도로 같지가 않았다. 특히 '머틀' 이라는 거리 이름 때문에 사부인은 이곳을 지나며 마음이 아프지는 않았을까 상상해 보기도 했다. 사부인이 두 살 때 플로리다 앞바다에서 선장이었던 아버지 윌리엄 E.해먼드를 태운 채 침몰된 범선의 이름이 머틀(Myrtle)이었기 때문이다.

선교사 훈련과정에서 개인적 아픔은 강한 믿음으로 극복했겠지만, 훈련원 가까이에 있는 도로가 하필이면 '머틀' 이었던 것은 사부인이 친아버지를 생각나게 하는 기억이었을 것으로 생각된다.

감사할 줄 아는 신도들의 본격 등장(1918년)

본격적인 궤도에 오른 한국 선교를 상징하듯이 공주선교부의 담당구역 선교는 여러 가지 성공적인 소식이 전해지고 있다. 특히 사부인의 보고 중에는 한국 교회의 헌금 관련 보고가 많아 서서히 자립단계로 발전해 가는 교회의 모습을 보여주고 있다. 받은 은혜에 감사해 한 해 식량의 3분의 1을 헌금한 신도가 있는가 하면 전도부인들은 시간도 십일조로 계산해 날(日)연보를 하고 있다. 1918년 제20회 KWMC 연회보고서는 71쪽부터 77쪽까지 여러 분야에 걸쳐 사부인의 보고를 싣고 있다.

보고서를 시작하면서 나는 지난 한 해 건강으로 축복을 주신 하나님께 감사드린다. 그리고 우리가 간절히 기다려왔던 스웨어러 부인을 다시 오게 하시고 과거보다 훨씬 더 훌륭하게 일하도록 축복해 주신 주님께 감사드린다.

지난 1년간은 건물이 완성단계를 향해 천천히 올라가는 것을 지켜보면서 지냈다. 작업이 느리게 진행되는 탓으로 일부만 건축하는 것 같았지만 숲속에 둥지를 튼 작고 예쁘장한 건물을 보면서 예전의 모든 어려움을 잊게 되었다. 우리는 이 건물에서 많은 사람이 교육을 받으며 주님을 위해 일할 것을 알고 있다. 지난 1년간은 순회전도를 조금밖에 할 수 없었다. 지난가을에는 거의 모든 선교지를 방문했으나 올봄에는 몇 군데 교회만 방문할 수 있었다.

나는 내가 맡은 지역에 12개의 성경공부반을 개최했고 스웨어러 부인은 다른 2개를 맡았다. 11월에는(1917) 둘이서 같이 전도부인과 십일조 부인[27]들을 위

공주의 성경연구원에 참석한 여신도 단체. 뒷줄에 이들을 가르친 여선교사 3명이 보인다. ⓒ드루대학교

27) 교인들에게 전도사업을 위해 헌신하는 날을 갖도록 한 '날연보'와 같은 개념으로 부인들을 대상으로 한 것. 한국 기독교 초창기 시절, 인력과 재정이 없었던 관계로 교인이 하루나 이틀 전도에 나섰는데 이를 헌금 개념으로 생각했다.

한 성경공부반을 개설했다. 모두 즐거운 시간이었다. 가장 흥미로웠던 것은 지난 2월(1918)에 모든 성경공부반을 모아 한꺼번에 성경공부를 한 것이다. 처음에 우리 두 사람은 많은 사람이 왔을 때 강의실이 비좁을지 몰라 이 시도가 성공할 수 있을지 걱정했다. 이 때문에 우리는 옮길 수 있는 가구는 모두 치웠고 작은 틈이라도 확보하려고 애썼다. 정말 더는 조금도 짜낼 수 없을 만큼 공간을 확보하느라 노력했다. 참석자들은 합동강의가 끝날 때쯤, 이구동성으로 가장 즐거운 시간이었다고 말했다.

스웨어러 부인은 나와 함께 갈산에 가서 남녀 성경공부반을 진행했는데, 그곳 교인들은 스웨어러 부인을 진심으로 환영했다. 많은 교인은 스웨어러 부인의 남편인 스웨어러 선교사(1871-1916)가 3년 전 갈산에서 부흥회를 열었고, 소천한 것을 기억하고 있었다. 스웨어러 선교사는 아주 오랫동안 이 지역 교인들을 위해 목회를 했고 당시 부인도 함께 활동하였다. 3년 전, 부흥회를 통해 놀라운 축복을 받은 갈산의 이 작은 모임은 여전히 참되게 살고 있고 교회는 꾸준히 성장하고 있다. 한 가지 갈산 교회에서 행해지고 있는 일 중 흥미로운 사실은 십일조 헌금이 잘 지켜진다는 것이다. 남녀 모두 그들의 수입에서 십일조를 헌금했는데 여자들은 심지어 고춧가루의 10분의 1을 가져왔다. 지난번 추수감사절 예배에서 모든 사람이 십일조를 가져와 주님께 바쳤다.

사부인은 한 부부의 쌀 한 가마니 헌금에 놀라워했다. 이들 부부는 한 끼에 먹는 한 사발의 밥 중에서 3분의 1을 하나님께 드리기로 하고 집에 있는 쌀 3가마니 중 1가마니를 교회에 헌금한 것이다. 헌금이나 헌물 대신 시간을 바치는 십일조 부인들의 헌신에 힘입어 스에어러 부인은 18곳에서 성경공부반을 열었다고 보고했다.

헌금과 관련해서는 이런 일도 있었다. 새벽기도회에서 한 남편이 아내에게

"당신은 이 성경공부반에서 은혜를 받고 있느냐?"라고 묻자 아내는 긍정적으로 대답하면서 반대로 같은 질문을 남편에게 했다. 남편도 같은 간증을 하면서 하나님이 그들에게 준 풍족한 축복에 대해 무엇으로든 감사를 표해야 하지 않겠냐고 물었다. 두 사람은 상의 끝에 매번 식사에서 한 사발의 밥을 다 먹는 대신 3분의 2만 먹고 3분의 1은 하나님께 드리기로 했다. 그리고 두 사람은 계속 상의한 끝에 이런 식으로 3분의 1을 드리기로 했다면 한꺼번에 3분의 1을 드리는 게 좋겠다고 결론을 내리고 집에 있던 세 가마니의 쌀 중 한 가마니를 교회로 가져와 성경공부반과 같은 전도 운동에 사용하도록 했다. 두 사람은 십일조를 낸 후에 3분의 1을 그들이 받은 축복에 대한 감사의 표시로 하나님께 바쳤다. 이는 사람들의 마음뿐만 아니라 지갑에도 축복을 주어 거의 대부분이 기독교 신자인 이 마을은 번창하고 있다.

공주에 있는 학습반은 올봄, 정규과정에서 훌륭한 여성 4명을 첫 졸업생으로 배출했다. 학습반에는 흥미로운 프로그램이 많아 모든 참석 여성들은 좀 더 열심히 공부하고 자신이 특권을 받았다고 여기는 과정을 수료하기 위해 연이어 더 열심히 함께하기로 결심했다.

7명의 전도부인 모두 충실하게 업무를 수행했다. 올해(1918)는 평소보다 조금 줄었지만 십일조 부인[28] 등의 도움에 힘입어서 스웨어러 부인과 함께 18개의 성경공부반을 열었다. 서울에서 여성 성경수련학교를 올봄 졸업한 조마리아가 공주에 와 우리를 도왔으나, 스웨어러 부인이 돌아와 과거 전도부인으로 일했던 사람을 다시 채용하자 조마리아를 해임할 수밖에 없었다.

지난봄 선교지역인 공주의 남쪽지역을 순회할 때, 나는 수많은 마을을 지나면서 내가 이 마을의 전도를 위해 아무런 일도 하지 않았음을 특별히 인상 깊게 기억하며 이를 특별기도의 주제로 삼고 기도해 왔다. 그런데 여름에 우

28) 10일에 한번 하루를 전도활동에 바치는 평신도 부인들을 당시 '십일조 부인'이라 불렀다.

공주 여성 성경공부반. 여선교사와 남자교역자들도 보인다. ⓒ드루대학교

리 지역의 선교후원자인 피셔(Fred B. Fisher) 부부가 한국을 방문했을 때 공주까지 와 우리는 피셔 부부를 즐겁게 대접했다. 피셔 부부는 공주까지 오는 동안 많은 마을을 거쳤는데 기독교 선교와 관련된 것이 하나도 없는 것이 아쉬웠다고 말하면서 부부는 20달러를 기부했고 미국에 돌아가면 더 보내겠다고 말했다.

아직 더 오지는 않았지만 우리는 그들의 헌금을 기다리고 있다. 두 명의 전도부인이 지난가을부터 시작하여 10곳에 새 기도처를 만들고 150명이 믿기로 결심했다고 보고했다. 두 사람은 편안히 쉴 틈도 없이 바빴지만, 이들 비신자 마을에서 하나님을 경배하도록 주민들을 불러 모을 때 두 사람의 가슴은 기쁨으로 충만했고 모든 어려움을 보상받는 것처럼 느꼈다고 말했다.

사부인은 보고의 결론에서 이 해의 가장 큰 성과는 기도처 17개가 새로 생긴 것이라고 보고했다. 자신이 일하고 있는 공주선교부의 교회들이 발전하고 쇠퇴하는 상황을 '어떤 때는 올라가고 어떤 때는 내려가고'라고 표현하고 있지만, 각지에 기도처가 생기고 일요일에는 모 교회에 모여 예배드리는 체제가 정착되고 있음을 알리고 있다.

축제를 올리고 싶지만 우리의 믿음에 동참한 사람들에게 감사하면서도 아직 많은 신자의 명단을 보고할 수는 없는 상황이다. 많은 곳에서 여성뿐만 아니라 남성들도 기도에 참여하고 있다. 한 남성은 나에게 와서 "왜 당신은 남성인 우리에게는 기도하도록 말하지 않느냐?"고 물으면서 "자신은 기도를 큰 특권이라고 생각하며 기도에 동참하기를 원한다."고 말했다. 방문과 설교를 통해 주어진 시간을 모아 노력한 결과 17개의 기도처가 새로 시작되었다.

이 교회의 상황은 흑인 영가의 가사 내용과 흡사하다 "어떤 때는 올라가고 어떤 때는 내려가고(Sometimes up, Sometimes down)"[29] 모든 사람을 교회로 오도록 하는 것이 힘들 때도 있고 그 후 교인들이 떨어져 나간 때도 있다. 특히 양잠업이 교인들의 출석을 방해하는 가장 큰 요인이 되고 있다. 지난해 두 곳의 기도처가 문을 열었는데 하나는 공주 시내 한편에 있고 다른 하나는 시 밖에 바로 있다. 신자들은 그곳에서 일요일과 수요일 저녁에 만나고 일요일 오전에는 모(母) 교회로 출석한다.

29) 흑인영가 'Swing low Sweet chariot' 의 가사 중 일부.

3·1운동과 교회의 시련 3

3·1운동으로 연회 연기… "많은 목회자 감옥 속에"

1919년 제21회 연회는 3·1운동으로 인해 매년 6월에 열리던 연회가 11월로 연기돼 열렸다. 연회는 서울 정동제일교회에서 6일부터 11일까지 열렸다.

이 해의 KWMC 보고서 중 공주지역에 대한 보고서는 25쪽부터 29쪽까지 있고 그사이에 공주학교 건물의 첫날 모습과 옛날 스타일과 새로운 스타일의 모자를 쓴 여학생의 모습이 있는 사진 두 장이 한쪽에 들어 있다. 그러나 3·1운동으로 인한 사회 분위기를 살핀 탓인지 지난 1년간의 선교 보고는 없고 선교 초기부터 최근까지의 성과만 개략적으로 전하고 있을 뿐이다.

그러나 지역별 보고에 앞서 3·1운동과 관련해 이 해 감리교 선교에 대한 전체적인 개황이 보고서 전문(前文)으로 소개돼 3·1운동에 따른 교회의 피해 상황을 전반적으로 알게 해준다.

> 한국의 많은 목회자가 감옥 속에 있고 정치적인 환경이 불안정한 시기에 많은 사람이 모일 경우, 의심을 살 우려도 있어 1919년 감리교 연회는 6월에서

11월로 연기됐다. 이로 인해 당시 우리 여성선교사회의는 1919년 3월 1일 이후에 있었던 일들에 대해 우리가 느꼈던 대로 우리 업무를 간략히 보고해 출판하기로 결정했다. 새로운 시기에 진입하면서 우리는 선배 선교사들이 했던 폭넓은 전망을 비롯해 그들의 희생과 영웅적 행동이 우리 앞에 있고 또 이 새로운 시기에 최선을 다하는 것이 우리의 차례임을 강조하고 있다고 생각해 현재와 함께 과거가 연계되기를 기원하고 있다.

학교의 폐교를 비롯해 지방여행의 위험, 한국 교인의 가정방문 때문에 일어나는 당국의 의심 등 모든 것이 6개월 이상 우리의 선교업무를 방해하고 있는 게 현실이다. 그 결과 우리는 훌륭한 성과를 작성할 수가 없게 되었다. 우리는 오직 이런 불안스러운 날들이 '이 고요한 아침 나라'에 영적인 욕구를 일깨우기 위한 준비의 시간이 되리라고 기대한다.

KWMC 보고서는 서울, 해주 등지의 보고에 이어 25쪽부터는 공주의 선교 상황을 초기부터 현재에 이르기까지 개괄적으로 소개하고 있다. 따라서 1918년 연회 이후 1919년 연회 이전까지의 1년간 활동에 대한 구체적 보고는 없다. 이는 전문(前文)에서 밝힌 대로 현재와 함께 과거를 연계시키겠다는 이 해(1919)의 보고서 작성 지침에 따른 것으로 보인다.

공주지역 선교를 위해 스크랜턴 박사가 처음 도착했고 그다음은 스웨어러 선교사였다. 1903년 맥길 박사가 공주 담당자로 임명되어 1년간 머물면서 기회가 있을 때마다 전도하고 설교도 하였다.

1905년 로버트 샤프 선교사와 그의 부인(사부인)이 공주에 왔다. 두 사람은 세 구역으로 나누어도 충분할 만큼 큰 지역을 맡아 선교하느라 매우 바쁜 1년을 보냈다. 두 사람은 공주에서 자신들의 집을 짓고 조사(helper)들을 훈련시켰는데, 이런 모든 일이 신참 선교사로서는 쉬운 일이 아니었다. 교회는 60명 정도가 앉을 수 있는 자그마한 한옥이었는데 주일에는 언제나 꽉 찼다. 샤프 선교사의 집은 이 지역에서는 최초의 서양식 건물이어서 아침부터 저녁까지 이 색적 건물을 구경하기 위해 사람들이 몰려왔다.

많은 한국인은 예수님의 가르침을 듣기도 하고 멋진 건물을 구경도 할 겸 모여들었다. 한국 사람들의 하늘에 계신 하나님 아버지에 대한 관념이 얼마나 빈약한지는 다음과 같이 말하는 데서 나타난다. "하나님이 누구인지 아느냐?"고 물으면 한국인은 "네, 하나님은 샤프 목사예요"라고 대답하는 정도였다. 선교하는 매일매일의 시간은 죄로 아픈 영혼들을 위해 무엇인가를 찾아오는 사람들을 위한 것일 뿐 아니라, 몸도 아픈 사람들을 위한 것이기도 하다. 비록 그들은 어떤 큰일은 할 수는 없었지만, 두 사람은 고통 중에 있는 많은 사람을 도왔다.

최초의 여학교는 샤프 목사 집에 있는 2.4㎡의 방에서 12명의 작은 소녀들이 모인 가운데 시작되었다. 교사들은 오전에 수업했고 전도부인들은 오후에 활동했다. 샤프 부인은 낮에 학교에 다닐 수 없는 소녀들을 위해 야간학교를 개설했다. 이 학교에서 읽고 쓰는 것을 배운 소녀 중 일부는 전도부인의 일을 하기도 했고 성경공부반의 반장이 되기도 했으며, 학교에서 배우는 일의 맛과 즐거움을 아는 한 사람은 서울에 있는 학교로 가서 몇 년 동안 공부한 후 이 학교의 교사가 되었다.

로버트 샤프 목사 소천(1906) 후 미세스 샤프는 미국으로 귀국해 상당 기간 공주에는 여성을 위한 어떤 사업도 할 사람이 없었다. 케이블 선교사 부부가 1907년에 공주로 왔고 사부인은 1908년 말 그가 사랑했던 사람들 곁으로 다시 돌아왔다. 사부인은 다시 내한한 후 조그만 한옥을 지었는데, 이 집은 최초로 여성외국인선교사회(WFMS)의 집이라고 부를 수 있는 곳이었다. 그 이유는 선교사들이 이 집에서 2년을 살았기 때문이다. 미스 터틀이 처음 와서 1년을 지냈고 그다음으로 미스 쉐터가 약 6개월간 살았다. 2년 사이에 진짜 WFMS

의 집을 짓는 용도로 건축비가 와서 새 건물이 지어졌다. 선교사들은 새 건물로 입주했고 한옥은 최초의 여학교 건물이 되었다. 어린이들은 그동안 아무 데서나 공간만 있다면 공부해 왔는데, 이제 자신들의 건물로 이사하게 되자 매우 행복해했다. 학교를 매우 훌륭하다고 생각했다. 그러나 곧 이 건물과 시설은 너무 협소한 것으로 느껴졌고 다른 장소도 없어 1918년 오하이오에 사는 미세스 사라 영이 기부한 돈으로 지은 새로운 벽돌 건물로 입주할 때까지 불편은 계속되었다. 처음 12명의 소녀로 시작한 학교는 40명으로 늘었고 50명이 유치원에 다니고 있다. 우리는 전 세계를 통해 이들보다 더 소중한 어린이들을 찾을 수가 없다.

공주 교인은 60명에서 300명으로 늘었고 확실한 것은 사람들이 복음을 받아들일 준비를 하고 있기 때문에 좀 더 많은 일꾼(선교사, 전도부인, 교사 등)만 확보할 수 있다면 교인수를 배로 증가시킬 수도 있다. 우리는 선교당국에 한국인들이 믿음을 받아들이려고 문을 열었을 때 도울 수 있도록 해달라고 청원했지만, 더 많은 선교사가 오기는커녕 다른 곳으로 가는 사람이 많아 1909년도 만큼도 인원수가 안 되었다. 요즘의 상황은 한국인들이 우리를 찾아와 자신들을 가르쳐 줄 사람을 청하던 초기보다도 더 어려워지고 있다.

사실 우리가 떠나려고 하면 한국인들은 돈까지 주면서 만류하는데, 이미 우리의 일손은 차고 넘쳐 그들에게 기다려야 한다는 말만 하고 있다. 처음에는 한국인들이 성경을 받기 위해서는 몇 마일을 걸어와야 했지만, 요즘에는 성경이 올 때까지 무작정 기다려야 한다. 우리를 필요로 요청하는 한국 사람들의 부름에 응답하는 것을 이렇게 늦게 해도 되겠는가? 하나님은 우리를 용서하시고 우리가 앞으로 더 충성스럽게 일하도록 하시며 진리와 빛을 잡으려고 손을 뻗는 이들의 간구에 주의를 기울이도록 해주시고 있다.

1914년 미스 배어(Bair)는 공주에 와서 1917년 해주로 갈 때까지 함께 지냈다. 공주지역 감리사였던 고 스웨어러 선교사의 부인이었던 스웨어러 부인은 휴가를 마친 후 1917년 가을 공주로 왔다. 그녀의 귀임은 우리와 선교사업에 큰 축복이 되었다. 지난 1년(1919)은 슬픔과 시련의 시기였으나 우리 지방은 다른 지방만큼 많은 고통을 받지는 않았다. 지난 4월 초 이후 우리는 실질적으로 할 수 있는 일이 없었고 한동안은 신도의 가정방문조차 할 수 없었다. 학생뿐 아니라 우리 교역자나 교사 일부가 감옥에 갇혔고 마음 약한 신도들은 연행되지나 않을까 두려워했다.

우리는 다음과 같은 소식도 들었다. 경찰이 집주변에 왔을 때 연약한 신도들의 경우 "우리는 기독교도가 아닙니다."라는 문구를 문밖에 붙여 해를 받지 않으려 한다는 것이다. 하지만 이런 경우는 소수에 불과하다는 사실에 감사하고 있다. 왜냐하면 대부분의 신자들은 박해 속에서도 진리 위에 굳게 서 있기 때문이다. 우리 신자와 학생들이 옥에 갇힌 후 학교와 교회 문을 닫지 않았음에도 불구하고 한동안 예배와 학교 출석이 근소하게 줄어들었다. 현재는 옥에 갇혀 있는 신자와 학생은 없고 선교 업무는 전보다 더 정상적으로 이루어지고 있지만, 한국 국민들의 마음은 여전히 불안감으로 꽉 차 있다. 만세운동으로 고통받는 것을 계속 감내하는 사람들도 있는데 그들은 고통이 종식될 때까지 마음 편히 있을 수가 없다.

이런 어려움 가운데 우리는 그들을 도울 수 있는 게 없다. 우리가 할 수 있는 한 그들을 위로해 왔지만, 홀로 모든 것을 감당하도록 도우시는 하나님께 그들을 인도할 뿐, 그들은 스스로가 슬픔을 감당해야 한다. 우리는 선교사업 과정에서 가장 어려운 시기를 지나고 있음을 느끼고 있다. 물가는 과거보다 3배나 올랐지만, 봉급은 그만큼 오르지 않아 선교부 소속 남녀조사들은 살길을 찾기가 힘들 뿐만 아니라 조건이 좋은 쪽으로 그들을 빼앗기기도 한다. 이를 위해 우리는 얼마간 인센티브를 제공하고 그들이 선교사업에 머물도록 해야 하며 하루 벌어 하루 먹고 사는 생활에서 벗어나도록 해줘야 한다. 우리는 이곳에서 우리 앞에 큰 기회가 있을 것이라고 확신하는데 그 이유가 교회는 항상 박해의 한가운데서 성장해왔으며 이곳 우리 교회도 성장할 것이기 때문이다. 우리가 과거와 같이 성장하게 될 것인가, 아니면 이들 좋은 기회가 우리를 지나치도록 할 것인가? 우리는 과거에 많은 부문에서 실패했는데, 또 다른 실수를 저지르지 않도록 하고 다시 일어나 하나님이 우리에게 주신 위대한 사명을 감당할 수 있도록 해주시기를 바라고 있다.

우리는 현재의 전도부인과 추가로 더 전도부인을 두기 위해 더 많은 자금이 필요하다. 선교사업은 여성인력의 부족으로 인해 절름발이가 된 상태다. 어떤 구역은 일할 여성이 없고 어떤 구역은 너무 많은 것이다. "우리에게 도움이 필요한 지금 이 시각, 우리의 간구를 듣거나 도울 사람이 이토록 없는지?" 안타깝다. 얼마 전까지만 해도 전도부인이라면 누구나 전도사업이 적성에 맞던지, 맞지 않던지 기꺼이 할 때가 있었다. 그러나 요즘은 그렇지 않다. 불과 얼마 전 한 전도부인은 가장 먼 지점으로 가서 전도하도록 했을 때 그녀는 찢어진 치마를 붙들고 "이 모습으로 어떻게 갈 수 있겠느냐"며, 전도부인 월급으로는 새 옷을 살 수 없다고 말하는 것이었다. 이는 사실이다.

한편, 우리 학교를 위해서도 도움이 필요하다. 이 문제는 미국에서도 마찬가지로, 만약 우리가 교사들에게 더 많은 급료를 지급하지 못하고, 이런 조건에서는 2급 수준의 교사도 확보하기가 어렵다. 이런 상황에서 "어떻게 하면 우리 학교의 수준을 상향시키고 유지할 수 있을지?" 고민이다. 시대는 바뀌고 있다. 우리는 시대와 함께 변화하거나 아니면 시대보다 훨씬 뒤질 수밖에 없다.

이번 가을 여러 지방을 순회하면서 우리는 선교사업이 아주 고무적으로 잘되는 곳들을 찾아냈다. 지난해 겨우 20명 정도밖에 없던 한 교회는 교인이 90명으로 늘어났다. 이 작은 교회는 최대한도로 좌석 용량을 활용해도 붐비는 상태였다. 몇몇 다른 교회는 새로운 신도가 많지 않았음에도 불구하고 원래 장소가 비좁아 붐비는 것 같은 현상을 볼 수 있었다. 이런 상황이 정치적인 상황과 관련이 있는지 없는지 우리는 모르고 있다. 그러나 설령 정치적인 상황(3·1

만세운동)과 관련이 있더라도 이처럼 많은 교회의 부흥은 주님의 지혜를 구하는 곳으로 부름을 받았기 때문이라고 조심스럽게 가르치고 있다.

1919년은 일제강점기 최대의 독립운동인 3·1운동이 있었던 해인 만큼 다양한 자료를 볼 수 있다. 연회회의록에서 밝힌 코윈 테일러 감리사의 전체적인 보고도 상황 파악에 도움이 된다.

공주선교부 담당인 테일러 감리사는 지난 1년이 선교사로 일하는 중 가장 길고 어려운 시기였다고 보고서 첫 문장에 쓰고 검문을 피해 이사한 사람이 많아 교인수 감소가 심하다는 보고하고 있다.

정확한 통계를 구하는 것은 항상 어려운데 올해는 두 배로 더 어렵다. 왜냐하면, 3·1 독립운동으로 아주 불안정했고 너무나 많은 변동이 있었기 때문이다. 교인수는 1년간 37명이 사망했음에도 불구하고 지난해보다 87명이 증가했다. 예비교인(학습교인)은 지난해 보고할 때보다 100명이 줄었고 출석교인은 지난해보다 667명이 줄었다. 이렇게 된 원인은 부분적으로 독립운동 기간 동안 검색을 피해 많은 사람이 다른 곳으로 이사했고 또 많은 수가 당분간 그들 자신을 교회와 결부시키고 있지 않기 때문이다. 필요한 자금의 부족으로 전도 일꾼들도 감소했으며 출석교인수도 줄어드는 추세다.

그러나 테일러 감리사는 1919년 3·1운동의 엄중함 속에서도 고무적인 상황으로 교회의 모습을 보고하고 있다. 사부인에 대해서는 일하는 모습을 아낌없이 칭찬하고 있다.

정치적 격변으로 인해 우리 교인 중 많은 숫자가 구속되어 조사를 기다리고 있는 상황을 제외하면 우리 교회 예배에 출석하는 교인수는 그다지 영향을 받

①

②

①은 코윈 테일러 목사가 전도지를 나눠주고 ②는 모터사이클을 타고 논산의 한 마을 다리를 건너오고 있다. ⓒ드루대학교

지 않았다. 우리의 신실한 남녀 신도들이 교회에 충성하고 있는 이유는 그들 자신뿐 아니라 그들의 지역 사람들에게도 소망은 예수 그리스도의 신앙 안에 있기 때문이다.

우리 지역의 몇몇 교회에서 초심자로 등록하고 삶의 방법에 대해 지적으로 묻는 청년 신도들의 수가 꽤 되는데 이는 가장 만족스러운 일이 되고 있다. 이들은 대부분 학습을 받았고 만약 그들이 우리가 소망하고 기도하는 것처럼 된다면 교회를 다시 젊게 하고 활발하게 하는 데 커다란 역할을 할 것이다. 갖가지 목적을 위해 헌금 된 총액은 지난해보다 1,500엔 증가했다. 이 중 669엔은 목회지원용으로 증가한 것이다. 지난 1년간 헌금 총액은 6,737엔 90전으로 등록교인 및 학습교인수에 따라 나누면 1인당 4엔 정도 헌금한 셈이다.

사부인은 그녀의 시간과 정력을 아낌없이 활용하고 있고 전도 및 성경학교 교육과 순회전도도 충실하게 꾸준히 수행하고 있다. 윌리엄스 목사는 어려운 역경과 계속되는 좌절 속에서도 그가 맡은 지역의 선교를 수행하면서 청소년을 위한 고등보통학교를 세우는 일에 매진하고 있다. 윌리엄스 목사는 이 일에 대해 별도의 보고서를 낼 계획이다. 지난해 연회 이후 아멘트 목사 부부가 공주 선교사로 합류했다. 두 사람이 공주에 온 것을 우리는 진심으로 환영하고 한국어 공부에 열중하면서 보여준 그들의 순수한 마음은 한국인들을 위해 크게 쓰임 받을 것으로 확신한다.

3·1운동에 대한 사부인 자신의 직접적 반응은 남아 있지 않다. 이와 관련한 자료를 찾기 위해 드루대 감리교 아카이브에서 1919년부터 1922년까지 여러 파일(file)과 마이크로필름을 조사했으나 찾지 못했다. 특히 제자 유관순의 비극적 죽음에 대해 비밀 선교 보고서 같은 것이 있을 것으로 기대했으나 공주선교부 윌리엄스(Franklin E. C. Williams) 감리사의 천안 보고에서 일경에 의한 유 열사 부모의 피살과 그 딸이 구속돼 있다는 간단한 보고서만 겨우 찾을 수 있었다.

윌리엄스 선교사는 1919년 11월에 열린 연회보고서에서 3·1운동의 상황과 경과 등을 비교적 자세히 전하며 천안 동부구역에서 발생한 유관순 관련 비극적 소식을 전하고 있다. 윌리엄스 선교사는 이 구역은 다섯 개 신자 그룹 중 4개 그룹이 시장과 가까운 곳에 위치해 있는데 4월 첫날 시장에서 큰 시위가 있었다고 보고했다. 그의 보고서에 따르면 "몇몇 신자 그룹의 교인들이 포함된 수백 명의 군중이 시위를 벌였고 경찰이 총을 쏴 20명이 넘는 한국인이 죽었다."고 밝혔다. 사망자 중 3명이 교인이었는데 한 신자 가정은 너무나도 가혹한 죽임을 당했다고 기록했다. 윌리엄스 선교사는 "아버지와 어머니가 함께 죽고 딸은 감옥으로 끌려가 구속된 후 강제 노역과 함께 3년

형을 선고받았다."고 구체적으로 밝히고 있다. 계속해서 윌리엄스 선교사는 "이 가족의 장남은 공주에서 체포됐고 두 작은 동생은 아무도 돌봐 줄 사람이 없는 실정"임을 밝히고 있다.

비록 윌리엄스 선교사는 유관순이라는 구체적 이름을 밝히지는 않았지만 천안 시위에서 부모가 총에 맞아 죽고 딸이 구속된 경우는 유관순 열사밖에 없어 윌리엄스 선교사의 기록은 유관순 열사의 가족으로밖에 볼 수 없다. 이와 같은 상황이 벌어짐에 따라 윌리엄스 선교사는 자신이 담당하고 있는 천안 동부구역의 교회들이 '쇠퇴할 수밖에 없음은 더 이상 놀랄 일도 아니지 않느냐'며 반문하고 있다. 이 밖에 윌리엄스 선교사는 자신이 책임 맡은 아산, 천안 북부, 음성, 연기 구역에 대해 보고하며 3·1운동 경과와 교회가 입은 피해 사례들을 구체적으로 다루고 있다. 윌리엄스 선교사가 남긴 유관순 열사 가족 피해 사례기록은 1919년 3·1운동이 일어났던 해의 공식 교회 보고서라는 점에서 사료적 가치가 크다.

비록 사부인은 여성선교사로서 별도 보고서를 낼 만한 위치에 있지 않아 언급은 안 했지만 제자의 구속과 연이은 옥사에 대해 누구보다 가슴 아파

1919년 3월 5일 2차 만세시위로 투옥됐던 이화학당의 교사와 학생들. 앞줄 왼쪽은 당시 교사였던 박인덕(왼쪽)과 신준려. 학생 홍애스더(박, 신 교사 사이) 서은숙(뒷줄 왼쪽 안경 쓴 이) 임배세(신준려 교사 머리 뒷 쪽). ⓒ드루대학교

했을 것으로 생각된다. 유 열사에 대한 직접적인 자료는 없었지만, 자료를 찾는 과정에서 유 열사가 옥사했을 때 시신을 인수해 장례를 치러준 학당장(교장) 대리 지네트 월터(A. Jeannette Walter)의 자서전을 입수하고 후손을 찾을 수 있었던 일은 귀중한 소득 중의 하나다.

특히 또 다른 중요한 소득은 유 열사도 참여했던 3월 5일 남대문 부근에서 있었던 3·1운동 2차 만세운동에서 연행된 이화학당 학생 중 10명이 경찰서 수감 중 고문과 성적 희롱으로 심한 수모를 당했다고 직접 쓴 영문 증언문의 발견이다.[1] 3월 5일 2차 시위에서 이화학당은 학생들이 구속되자 일제 당국에 지속해서 석방해 달라고 요구, 일부 학생(6명)은 20일 후, 또 일부(4명)는 5개월간이나 서대문형무소에 갇혀있다 보석으로 풀려나면서 이들이 구속된 동안 심한 고문과 성적 학대를 당했다는 사실을 알게 된다. 이에 대해 이화학당 교사인 선교사들은 학생들이 풀려 나올 때마다 고문당한 사실을 본국에 보고하기 위해 학생들에게 영문으로 보고서를 작성하도록 했는데 이 100년 전 보고서가 남아있는 것이다. 학생 10명으로부터 받은 보고서는 타이프라이터로 작성돼 있고 각각 1-3장(A4 크기) 분량으로 모두 익명으로 돼 있어 누구의 증언인지는 알 수 없다. 수기 중 일부에는 'Age 19(19세)'

The Experience of a Korean Girl Under Arrest by the Japanese Police.

On the fifth of March at nine o'clock we left South Gate with red sashes and red bands on our arms as a sign of an agreement to shed our blood for our country. We were shouting "Mansei" on our way to the police station at Chong Ro, when suddenly with a shout, some one seized me from behind by my hair and I was violently thrown to the ground and kicked with a merciless boot for a while and then taken to the Police station, almost unconscious. Twenty and more Japanese policemen stood around on both sides of the door and reviled and taunted me without restraint; some kicked me, some struck me with their swords, spit upon me and slapped me so many times that I had no senses left and did not know whether they were striking me or some one else. My weak girl's body was black and blue and my hands and legs bleeding terribly. They took me into some room and there, too, they rolled me on the floor, sat upon me and beat me, kicked me and slapped me, beat me over the head with their swords with all their might till I was driven into a corner of the room, utterly dazed where they kicked me several times. I did not know when they left.

When I recovered consciousness the room was full of students, boys and girls. It almost broke my heart to see them handled so brut-

영문 보고서로 작성된 학생의 증언1. ⓒ드루대학교

1) 이 영문 보고서는 드루대 감리교 아카이브 3·1운동 자료로 보관돼 있다.

STORY OF RELEASED GIRL PRISONER.

1919

On the morning of the 5th of March, unable to stifle the impulse of my heart, I went out at 9 o'clock, took the tram to Bell Street (Chongno) and there alighted in order to change cars. A policeman came up, arrested me and asked, "What are you out for?" He searched me and enquired whether I had a red sash with me (the red sash being the sign of an oath to die for the cause). I answered that I did not know what he meant. He then pulled me after him and said, "Come". Forcing me along, he struck me over the head with his fist and slapped my face. He also pushed me from behind and knocked me over. At last we came to the Chongno police station. Policemen lined each side of the way and I had to go in between them. Some of them slapped my face, some struck me on the head, and I was forced along not knowing what I was doing until I found myself inside. Here five or six police kicked me and knocked me about, slapped my face and beat me till my weak girl's body was overcome and I tumbled over at one side of the room.

All day they were arresting people, beating and kicking them and subjecting them to every kind of indignity. There were 35 women and 40 men, making a total of 75 persons in the one small room. The door was not left open a crack so that many of the inmates were almost suffocated and became unconscious. From nine in the morning till twelve at night men and women

영문 보고서로 작성된 학생의 증언2. ⓒ드루대학교

No.4- Age 24.

I was taken to the police station on March 18th "to be questioned" about one of the Ewha teachers who had been taken the week before, and I was finally released on July 28th, declared innocent of any crime against the government.

During those days of confinement and physical suffering, the more I suffered and the weaker I became, the greater became my dependence upon God. I am so thankful that He allowed me to suffer that I might receive His greatest gift-- a new heart. I am confident that He sent me there to be born again, and I will never cease to praise Him for it, because if I was to be used of God, I knew that I must have a real heart experience, such as I had never had before.

The following are some of the lessons I was permitted to learn while there: At first I could scarcely bear my loneliness. One comfort was the pledge of consecration I had taken. As I remembered the vow I had made, I was inspired to trust my all to God. And day by day, as I did so, I came nearer and nearer to Him. I learned that prayer is not the words that come from the lips, but the heart's deepest cry. I often was unable to form any words, but simply groaned, as my soul agonized, not for myself (I knew that He would care for me), but for my people, suffering and oppressed, and for the nation over us. I had absolutely no bitterness in my heart toward any one.

영문 보고서로 작성된 신준려의 증언. ⓒ드루대학교

처럼 나이가 하단에 영문으로 써 있는 것도 있다.

한편 함께 발견된 교사들의 옥중 수기 역시 이름 없이 영문 타이프로 작성돼 있는데 3월 12일 연행된 교사의 수기는 3장, 18일 연행된 교사의 수기는 1장으로 돼 있다. 두 사람은 7월 24일 약 4개월 만에 석방되는데 이 시기에 연행 구속된 이화학당 교사는 박인덕, 신준려 밖에 없어 두 사람의 옥중 수기가 확실하다.

3·1운동 참가 이화학당 학생들의 고문 증언

보고서를 보면 연행된 학생들은 누구나 구타는 당했고 신체적 고문이 있었으며 심지어 상반신을 벗기는 성적학대가 있었다는 기록도 보인다. 이런 내용과 관련해 사부인은 학생들이 직접 작성하고 이화학당의 미국인 교사이자 동료 선교사들이 보낸 고문관련 보고서를 읽고 큰 충격을 받았을 것으로 생각된다. 푸른색 또는 검은색 타이프로 작성된 보고서는 학생들의 영어가 문법적으로 틀렸거나 잘못된 단어를 사용했을 경우, 교정을 본 흔적도 누렇게 색 바랜 얇은 종이 위에 남아있다. 유관순 열사와 비슷한 나이로 표시된 한 학생의 보고서와 다른 몇 명의 보고서 내용을 보면 20세 전후 학생들로서는 상상할 수 없는 대우를 받았음이 나타난다.

이 문서가 중요한 이유는 유관순 열사도 이 시위에 참여했고 교묘히 형사의 눈을 피해 잡히지 않았지만, 만약 잡혔다면 똑같은 수모를 겪을 수밖에 없었기 때문이다. 또 4월 1일 고향 병천 만세운동의 주도 후 체포됐을 때 겪은 고문이나 심문과정도 다르지 않았을 것이므로 이화학당 동료 학생들의 고문 증언 문서는 유 열사에 대한 구체적 고문 증언 문서가 없는 상황에서 유추할 수 있는 좋은 자료가 된다.[2]

이름을 밝히지 않았지만, 영문 증언문을 작성한 학생 10명의 내용을 분석해 보면 10명 모두 3월 1일 시위 후속으로 3월 5일 오전 남대문 역(서울역) 시위에 참여했거나 참가하러 가는 도중 연행된 것으로 나타났다. 이들은 모두 종로경찰서로 연행돼 5-6일 정도 유치장에 갇힌 상태에서 심한 고문과 성적 수모를 겪으며 3-4회 정도 심문을 받았다. 이들 중 빨리 조사가 끝난 사람은 9일 오후, 늦은 사람은 10일 서대문형무소로 이송됐다. 형무소에서는 1차로 남자간부의 감독 아래 여자간수에 의해 머리를 풀고 옷을 벗은 채 검사를 받았으며 2차로 다시 옷을 벗고 남자의사에 의한 신체검사를 받았다.

2) 3·1운동 당시 연행된 시위 참가자들에 대한 고문 기록은 당시 간행된 '한국의 상황(The Korean Situation)'에 일부 소개돼 있다. 특히 여학생이 겪은 고문 내용 2건은 10명의 영문 증언문 내용 일부와 흡사해 드루대 감리교 아카이브 소장 학생 개별 증언문이 '한국의 상황'이 인용한 원래 자료임이 확인된다. '한국의 상황'은 '목격자들이 전하는 최근 사건에 대한 믿을만한 보고'를 부제로 해 미국 기독교연합이 펴냈다.

석방 일자는 6명은 20일 만인 3월 24일, 4명은 3회에 걸친 1심 재판을 받고 8월 6일 석방되는 것으로 나타났다. 6명의 경우는 단순가담자로 고등학생 이하일 것으로 추정된다. 만 5개월을 복역한 4명은 재판을 받고 보석으로 풀려난 경우로 시위를 주도했거나 대학과정 이상의 재학생일 가능성이 있다. 4명 중 2명은 당시 나이가 19세(Age 19)임을 별도로 표기해 놓고 있다.

'감옥에서 풀려난 소녀의 이야기'라는 제목으로 작성된 첫 여학생의 증언을 보면 처음 잡혀가는 과정을 겪고 첫날 심문을 당하며 고문이 이뤄지는 상황을 상세히 전하고 있다.

> 3월 5일 아침 (독립을 염원하는) 내 심장의 맥박에 질식될 수 없어서 나는 9시에 종로로 가는 전차를 타고 가다 차를 갈아타기 위해 내렸다. 한 경찰이 나타나 나를 붙잡고 '무엇 때문에 나왔느냐?'고 물었다. 그는 나를 검색하고 빨간 어깨띠를 갖고 있는지 물었다(빨간 어깨띠는 의를 위해 죽어도 좋다는 맹세의 상징이 되었다). 나는 경찰이 의미하는 것을 모른다고 대답했다. 그러자 그는 나를 끌고 가며 '오라'고 했다. 나를 강제로 끌고 가며 주먹으로 머리를 쳤고 얼굴을 때렸다. 그는 또 뒤에서 나를 밀고 가도록 한 끝에 마침내 종로경찰서에 들어섰다. 경찰이 양쪽에 늘어서 있어 나는 그들 사이로 가야 했다. 몇몇 경찰은 내 얼굴을 때렸고 몇 명은 머리를 쳤다. 내 자신이 경찰서 안에 있음을 알 때까지 나는 영문도 모른 채 강제로 당하고 있었다. 여기에서 5, 6명의 경찰이 나를 발로 차서 약한 여학생의 몸이 견디다 못해 마루 한쪽에 넘어질 때까지 얼굴을 때리고 내 몸을 팼다. 그들은 온종일 사람들을 체포했고 때리고 발로 차며 모든 종류의 비인격적 행위를 잡힌 사람들에게 했다. 종로경찰서에는 35명의 여자와 40명의 남자가 작은 방에 있었다. 문은 틈도 없이 닫혀있어 많은 수용자가 거의 질식할 지경이고 의식을 잃어 갔다. 아침 9시부터 밤 12시까지 남녀가 조그만 방에 옹기종기 모여 있었다. 그 후 남자들은 위에 층으로 가고 남은 35명의

여자가 바닥에서 자기 위해 남았다.

우리는 모두 네 번 취조를 받았는데 내가 받은 질문은 다음과 같다.

"너 만세 부르려고 나왔지, 안 그런가?" 나는 "그렇다"고 대답했다.

"누가 독립을 외치라고 가르치고 또 이 시위에 참석하라고 했는가?"

나는 "어린애가 아니다. 내가 왜 그것을 시켜서 할 필요가 있는가?"라고 말했다.

그는 계속해서 "독립 쟁취를 기대하느냐"고 물었다.

"나는 그것을 꼭 기대한다. 이는 모든 사람의 권리가 아닌가?" 그러자 그는 "(너희가)독립을 할 수 있는 무엇을 갖고 있느냐?"고 물으며 "총, 칼이 있나, 심지어 군인이 한 명이라도 있나, 동과 서로 나를 수 있는 상선이 있기를 하나, 무엇이 있느냐?"고 물었다. 또 "통치할 수 있는 최소한 능력을 갖춘 사람이 있느냐? 너는 무엇으로 이런 것을 가져올 희망이 있는가?"라고 물었다.

나의 대답은 "총도 칼도 도움이 안 된다. 우리는 (총이나 칼과 같은) 수단으로 독립을 이룰 뜻이 없다. 그러나 우리는 다른 민족들처럼 자유를 위해 독립이 되기를 원한다. 만약 당신네가 우리에게 독립을 준다면 우리 스스로 통치할 수 없을 것으로 보느냐? 의심할 필요조차 없다." 내가 이렇게 말하자 이 경찰 간부는 주먹으로 나를 때렸고 잣대로 내 머리를 쳤으며 내 볼을 꼬집었다. 나는 멍하게 되어 모든 생각이 없어져 주저앉았다. 그러자 그는 나를 다시 때리고 왜 대답을 하지 않고 그런 식으로 주저앉느냐고 물었다. 여기에서 더 나아가 "너는 누구한테 이번 일을 설득당한 것"이라며 "그게 누구냐"고 물었다. "어떤 학생들이 너에게 시켰나? 누가 시켰는지 말하면 너를 내 보내 주겠다."라고 말했다. 나는 그 말에 화가 나서 가슴을 치며 "아무도 그렇게 하지 않았다. 그렇게 한 것은 나 자신의 생각이고 어떤 사람의 유도도 없었다."고 말했다.

한편 내가 특별히 사랑하는 한 여학생은 질문이 이어지는 한 시간 동안 무거운 나무토막을 들고 있도록 했다. 팔이 너무 피곤해져 떨어뜨리면 그들은 그

학생을 때리고 호통을 쳤다. 무릎을 꿇게 하고 뼈가 부서질 때까지 주리를 틀었다. 결국 멍해지고 당황해하면서 말하기 위해 입을 열자 취조 경찰은 여러 차례 얼굴에 침을 뱉었다. 그는 또 얼굴에 끓는 물을 쏟아붓겠다는 말도 했다. 그러자 그 여학생은 '부어라, 부어라, 나는 두렵지 않다'고 대답했다. 그녀는 용기가 대단했다. 그러자 경찰은 "네 엄마는 매춘부이고 너도 남자들과 관계해서 지금 임신 중"이라고 모욕했다. 그는 온갖 방법으로 조롱했다. "너 같은 비천한 년들이 독립 만세를 거리에서 외치기 위해 나왔다"고 말하며 말하기조차 부적절한 말로 모욕을 계속했다.

위와 같이 경찰서 상황을 전한 뒤 이 여학생은 계속해서 서대문형무소로 이송되는 과정과 형무소 입소과정, 감방생활 등을 기록하고 있다.

우리는 다섯 명씩 로프에 묶여 3월 10일 정오에 서대문형무소에 수감됐다. 우리가 지나가는 동안 수백 명의 동포가 길가에서 우리를 응시하며 쳐다봤고 나는 얼굴에 웃음 띠며 그들을 쳐다봤다. 또 가는 길에 칼을 찬 군인과 대검을 꽂고 우리를 겁주는 수비대도 보았다. 형무소에 도착했을 때 우리를 조사하기 위해 모인 남녀 관리 앞에서 옷을 벗고 머리를 풀어 내리게 하고 검사한 후 형무소 안으로 들여보냈다. 또 남자들 앞에서 두 번째로 우리의 옷을 모두 벗고 남자들이 우리 몸에 있는 모든 자국을 기록할 때까지 추운 곳에 있었으며 키와 몸무게를 쟀다. 이는 우리 모두에게 가장 큰 시련이었다.

형사부의 남자경찰은 발가벗고 있는 나에게 "거울 앞을 고양이처럼 네발로 걸어가라. 네가 얼마나 멋진 구경거리가 되는지 보자"고 말했다. 누가 만세를 부르게 시켰느냐고 말하도록 요구하며 나를 발가벗기고 고문으로 복종시키려고 하지만 나는 분한 마음을 갖고 있지는 않다. 우리나라를 위해서 했던 것이기 때문에 나는 고통을 달콤한 입맛처럼 받아들였다. 사람들은 자기 생각을 경찰 간부에게 표현할 수 없었고 정말로 어떤 것도 말할 수 없었다. 아무도 감히 밤중에 명령하는 말에 따라 눕지를 못했다. 한번은 조용히 하라는 명령을 잠을 자라는 말로 잘못 알아듣고 누웠는데 간수가 와서 우리가 누워있는 것을 보고 "누가 잠자라고 했느냐? 일어나서 벌로 밤새 서 있으라"고 말했다. 그들은 개나 돼지에게 이야기하듯이 우리에게 말했고 갖은 모욕을 주었다. 그들은 우리에게 "너 남자 있지? 술 마시냐?" 등 상상 가능한 모든 방법으로 우리의 분노를 야기 시키려고 했다. 간수들이 지켜보고 웃는 가운데 103명이나 104명이 같은 물에 들어가도록 했고 운동을 하도록 했다. 만약 춥다고 하면 "그러면 죽어"라고 말했다. 목욕 후에 물기가 마르기 전에 옷을 입으려고 하면 간수가 뒤에서 때리고 쓰러뜨렸다. 만약 대답에서 실수가 있으면 그 여자는 짐승처럼 두들겨 맞았다. 하지만 남자들은 우리보다 훨씬 더 큰 고문을 견뎌야 했다. 처음 체포돼 경찰서에 붙잡혀 온 남자는 우리 앞에서 구타당하고 경찰의 구둣발로 짓이김을 당했으며 칼집으로 머리를 얻어맞았다. 무시무시한 광경이었다. 나는 더 이상 볼 수가 없어 나의 얼굴을 가렸다.

유치장에서는 아침부터 밤까지 일어서거나 어떤 운동도 용납되지 않았다. 또 한마디의 말도 할 수 없었고 온종일 무릎 꿇고 있게 하고 식사할 때도 무릎 꿇은 채 먹었다. 콩밥과 약간의 물을 주었다. 더구나 사람이 목이 말라도 물을 달라면 모욕을 주었고 심지어 어린아이가 물만 찾아도 역시 거절했다. 유치장에는 노인과 장애인도 있었는데 그들이 불친절하게 대우받는 것을 볼 때 내 마음이 아팠다. 하지만 우리는 하나님에 대한 신뢰를 갖고 모든 일이 잘될 것이라는 믿음을 갖고 있다. 하나님은 나의 가슴 속에서 끓고 있는 피를 쳐다보고 즐거워하시고 진심에서 우러난 염원을 기억해 주실 것이다. 주님을 믿습니다. 아멘.

또 다른 학생도 연행과 심문을 당하며 심한 고문을 당하기는 마찬가지였다. 그러나 이 학생은 3일에 걸친 재판을 받고 5개월 만에 보석으로 풀려난 점이 다르다. 20일 만에 풀려난 학생들이 고문 상황을 자세히 전한 데 비해 이 학생은 '경찰서에서 형무소까지'라는 제목의 증언문에서 심문과 수형생활뿐만 아니라 기독교에 대한 자기 생각을 밝히며 감옥생활을 통해 오히려 성숙해지는 모습을 적고 있다.

> 3월 5일 아침 9시 학교에서 출발해 만세를 외치러 거리로 나갔다. 나는 많은 군중 속에 합류해 터벅터벅 걸었다. 나는 예수님을 생각하면서 힘을 얻고 다시 만세를 고함쳤다. 한복을 입은 한 일본 사람이 사나운 황소처럼 뒤에서 나를 덮쳐 머리를 아래로 잡아채고 발로 찼다. 그는 나를 끌고 경찰서로 데려갔다. 내가 경찰서 안으로 들어설 때 문에 있던 경찰들이 주먹질했고 빰을 때렸다. 그 후 나는 74명의 남녀 소년·소녀들이 함께 있는 방에 보내졌다. 공기도 희박하고 앉을 곳도 없었다. 나는 이 비좁은 곳에서 한밤중에 남자들이 다른 곳으로 옮겨갈 때까지 머물렀고 그 후 약간의 먹을 것이 주어졌는데 아침부터 굶다 처음 먹은 음식이었다. 나는 두 번 심문을 받기 위해 두 차례 방을 나섰다. 두 번째는 아무도 학교를 나가서 만세를 부르라고 시킨 사람이 없다고 주장했기 때문에 의자를 머리 위에 들고 한 시간 동안 벌을 섰다. 내가 의자를 내리거나 조금만 움직여도 팔꿈치와 손가락 마디를 막대기로 때렸다. 이런 고통을 겪는 동안 나는 예수님으로부터 오는 힘을 생각했고 그에게 의지했다. 나를 심문하는 동안 그들은 나를 겁주려고 했으나 나는 용감하게 모든 것을 내 마음에서 우러난 것이라고 대답했다. 의자를 내려놓도록 한 후 나는 머리 위를 막대기로 맞고 빰을 맞았으며 본래 대기하고 있던 방으로 돌아갔다. 나는 경찰서에 5일간 있었는데 모두 3번을 조사받았다. 경찰서 유치장에서는 하루 3번의 식사가 배급됐고 씻는 물은 2번 주었으며 이를 닦도록 소금을 한 번 줬다.
>
> 3월 10일 소녀 2명과 묶여 서대문형무소로 끌려갔다. 내가 그곳에 도착했을

때 여자간수들은 그들과 다른 소녀들 앞에서 모든 옷을 벗으라고 했다. 내 옷을 검사한 후 다시 옷을 입도록 했으며 열 명의 다른 사람이 있던 감방으로 보내졌다. 그 감방에서 석방될 때까지 머물렀다. 콩과 수수로 된 밥을 먹도록 주었지만, 그날 밤에는 먹을 수가 없었다. 다음 날 아침에는 너무 배가 고파서 먹었다. 이와 같이 나의 다섯 달 동안 감옥생활은 시작됐다. 하루에 한 번은 국을 주었고 가끔은 너무 배가 고파 이를 닦으라고 준 소금 덩어리 중 일부를 먹기도 했다. 한번은 일본인 여자간수한테 소금을 먹다가 들켜 벌로 며칠 동안 소금을 받지 못하기도 했다. 우리는 얼굴과 손을 씻도록 물을 받았고 5일에 한 번씩 목욕을 하러 감방을 나섰다. 일요일을 제외하고 매일 15분씩 운동을 했다. 우리는 가장 불편한 일본식 자세로 무릎을 꿇고 앉아 있었고 움직이거나 말하면 질책을 받았다.

3월 어떤 비 오는 날, 우리는 감방 밖에서 '만세'를 외치는 소리를 들었고 모두 일어나 그 외침에 호응했다. 그러자 여간수가 감방에 들어와 우리를 치고 왜 그런 소리를 지르느냐고 따졌다. 우리가 투옥되고 재판받는 것들이 만세를 불렀기 때문이라고 대답했다. 여자간수는 더 이상 말하지 않았으나 양치질할 소금을 주지 않는 것과 2주일 동안 운동을 허락하지 않는 벌을 받았다.

하루는 지루하기도 하고 집 생각도 났으며 같은 자세를 하는 것이 피곤해 방안에서 위치를 바꿨다가 벌로 4시간을 서 있어야 했다. 또 다른 소녀가 남긴 음식을 먹었다는 이유로 심한 질책을 받기도 했다. 또 너무 목이 자주 말라서 잠을 이룰 수가 없을 때도 있었다. 감방 안에는 벼룩과 해충이 많고 변기통 악취로 자주 잠을 잘 수가 없었다. 그러나 나는 감옥살이를 하고 있고 모든 것을 참아야 한다는 사실을 알고 있었다. 그곳에 있는 동안 나는 고통 받는 다른 사람에 대한 동정심을 배웠다. 그것은 내가 배운 훌륭한 교훈이었다. 그곳에 있으면서 신약성서와 구약 중에서 사무엘상·하, 열왕기상·하, 잠언을 읽었다. 그중에서도 항상 내 마음속에 남아 있는 구절은 요한복음 14장 1절에서 18절까지의 말씀이다.

6월 20일과 23일, 7월 9일에 열린 3번의 재판 후 나는 8월 6일 보석으로 풀려났다.

역시 5개월간 옥에 갇혔다, 8월 6일 보석으로 풀려난 한 학생은 이화학당 학당장인 프라이와 어머니가 면회 온 사실을 밝히고 있어 주목된다. 또 감옥생활 중에 일어나는 심경의 변화 과정을 적고 있어 증언기록자가 고등학생이라기보다는 대학과정에 있음이 느껴진다.

내가 "대한(조선) 만세"를 부르기 위해 3월 5일 거리로 나갔을 때 비록 죽음이 나에게 닥칠지라도 내 마음은 약해지지 않을 것이라고 결심했다. 나는 거리의 군중 속에 들어가 더 이상 외칠 수 없을 때까지 팔을 들고 함께 만세를 불렀다. 다른 사람들과 함께 경찰서로 끌려갔을 때 내가 두려워한 첫 번째 것은 두려운 마음이 들어 아무것도 할 수 없겠다는 생각이었다. 나는 용감하지 못한 나 자신을 책망했다. 나는 나 자신과 싸웠으며 마침내 용기를 가지고 어떤 것과도 맞닥뜨릴 수 있다고 느꼈다.

조사관의 심문에 즐겁게 대답하기는 매우 어려운 일이어서 여러 번 심문과정에서 지독한 벌을 받았다. 내 자신이 당하는 고통뿐만 아니라 (남이 당하는 것을) 보는 것도 나에게는 커다란 아픔이었다. 나의 마음은 과거 어느 때보다도 더 동정적으로 되었다. 내가 부드럽게 대답하는 것을 알게 됐을 때 나는 마음 속으로 예수님의 평화를 느꼈고 그것은 주님의 팔이 나를 사랑스러운 보호 속에서 감싸는 것 같았다.

3월 12일 형무소로 옮겨진 후 언제나 불편한 자세로 무릎 꿇고 있으면서, 나는 외롭고 아프고 고민에 싸여 있었다. 어느 날은 내가 자유롭게 되면 한국(조선)이 독립되든 말든 관심을 두지 않을 것 같은 느낌이 들었다. 거의 할 수 있는 것이 없다고 생각하고 우리학교 구내를 떠나지 않으려고 했을 것 같다. 하지만 다음 순간 그런 생각들을 후회하고 나는 여전히 내 조국을 위해 죽으려 한다는 마음을 알게 되었다. 내가 어디(감옥)에 있는지를 잊을 때마다 나는 감방에 있는 다른 두 소녀와 함께 조용히 나 자신을 즐겼다. 어느 날 갑자기 문이 열리고 거기에는 미스 프라이와 사랑하는 어머니가 서 있었고 우리 마음에는 슬픔과 기쁨이 함께했다. 나는 어머니의 얼굴을 말없이 보았고 어머니가 떠난 후 우는 것밖에는 할 수가 없었다.

며칠 후에 다른 외국인 선생님들이 우리를 면회하러 왔다. 우리는 그들과 대화를 마치 농아가 이야기하고 듣는 것같이 할 수가 없었고 그것은 들을 수 없는 꽃들의 미소 같았다. 나는 내가 사랑하는 사람들과 교사들의 얼굴을 다시 보지 못할지도 모른다고 생각했는데 이런 깜짝 방문은 기쁨이었다. 5개월하고도 하루 더 구속돼 있는 동안 하루 15분 운동은 그나마 위안이 되었다. 나는 나의 보석 문서에 도장을 찍었고 8월 6일 그날이 내 인생에서 가장 행복한 날이라고 생각한다.

10편의 학생 증언문과 다르게 두 편은 교사의 증언임이 확인된다. 2명의 연행 및 옥중생활 증언문이 이화학당 수업 중 연행된 박인덕과 신준려의 기록임이 확실시되는 이유는 몇 가지 상황이 다른 기록과 일치하기 때문이다. 먼저 박인덕의 증언으로 추정되는 기록을 보면 본인의 자서전 '9월 원숭이(September Monkey)' 와 내용의 대부분이 일치한다. 학당장인 미스 프라이가 경찰 본부 앞까지 동행해준 사실을 비롯해 미스 프라이가 사식(私食)을 넣어준 일, 신준려와 함께 7월 28일 석방된 사실까지 일치한다. 다만 자서전에서는 7월 10일 연행된 것으로 돼 있으나 증언문에는 7월 12일로 다르게 돼 있다. 이 밖에 이 증언문은 구체적인 심문과 고문 내용보다는 수형생활 중의 신앙생활에 더 방점을 두고 있어 학생들의 증언과는 성격이 다른 점도 교사였던 박인덕의 증언문으로 볼 수 있는 근거가 된다.

3월 12일 나는 경찰 본부로 연행돼 조사를 받았는데 미스 프라이가 동행해 주었다. 하지만 경찰 본부는(정문 앞에서) 미스 프라이에게 나를 떠나라고 강요했다. 그 후 나는 미스 프라이의 얼굴을 6월 16일(면회를 올 때)까지 한 번도 보지 못 했다. 그곳에 사는 동안 프라이의 이름이 달린 첫 사식(私食)이 나왔을 때의 순간을 잊을 수 없고 당시 느꼈던 것을 기억하지 않을 수 없다. 나는 거의 9일이나 감옥 밥을 전혀 먹지 못해 실제로 굶어 죽을 지경이었다. 그렇다. 나는 굶주림과 추위와 움직이지 못하는 데 따른 지독한 고문이 무엇인지 알게 되었다.

절대 읽을 수도, 누구에게 말할 수도, 볼 수도 없이 불편한 한 자세로 한 달도 넘게 앉아 있은 후 나는 한 권의 성서를 받고 말로 표현할 수 없이 기뻤다. 이틀 반 만에 신약을 다 읽고 다시 읽었으며 마태복음 5장을 암기했다. 사무엘 상·하와 시편을 두 번 읽고 시편 1, 12편과 121편은 외웠으며 또 다윗왕의 '활의 노래(삼하 1:17-27)' 도 외웠다. 전에는 성경이 인간의 영혼에 무슨 의미가 있는지 전혀 몰랐고 하나님이 나의 유일한 희망이자 모든 것이라는 것도 몰랐다. 나의 끊임없는 기도는 "하나님의 왕국이 와서 하늘에서 이뤄진 것 같이 땅 위에서도 이뤄지도록 해 달라"는 것이었다. 감옥에서 첫 일요일 날 찬송 "내 주를 가까이 하려 함은(Nearer, my God, to Thee)"을 들었을 때 그 찬송은 마치 내 영혼 속으로 흐르는 평화의 강 같은 것이었다. 그리고 나는 우리가 오직 하나님의 존재하심과 위로하심을 받는다면 모든 게 형통할 것을 알게 되었다. 매일 아침 여러 번 " 예수 나를 오라 하네~"를 불렀고 하나님이 항상 나와 동행할 것을 알았다.

나는 석방될 때까지 나의 영혼에 진정한 양식이 되었던 영어 성경을 7월 3일 받았다. 8일 동안 하루 11시간씩 거의 나의 눈이 상할 정도로 읽었다. 구약의 대부분을 읽었고 하나님의 말씀을 그렇게 아름다운 말을 빌려 표현한 신약을 모두 읽었다. 나에게 차입된 유일한 다른 책은 중국 고전으로 나는 10쪽이나 외웠다. 읽지 않을 때는 자주 나의 감옥생활에 대해 시와 산문으로 작문하는데 몰두했다. 또 자연과 친구들에 대한 나의 영감을 마음속에 기록하는 데 시간을 보냈다. 나는 이런 것들을 기억하고 현재 기록으로 작성 중이다. 나는 내가 얼마나 훌륭한 기억 능력을 갖추고 있는지 알았고 과거의 경험과 인상에 남았던 일을 회상하면서 위로뿐 아니라 즐겁기까지 하다. 하나님은 나에게 정말 선하신 분이시고 나는 이런 경험 때문에 더욱 그를 사랑한다.

나는 감옥에 133일을 갇혀 있었고 7월 28일 석방될 때 아무런 범법 행위도 없었다는 말을 들었다.

감옥에 갇혔을 때 고통스럽고 두려웠으며 외로웠다. 나는 넓고 깊은 바다에 던져진 존재 같았고 사막을 방황하는 사람 같은 것을 느꼈다. 슬픔의 검은 구름이 나를 감쌌고 이 땅의 어떤 친구도 나를 도울 수 없는 단순 무력한 존재일 뿐이었다. 그런데 갑자기 희망찬 소리가 내 귀를 통해 울렸다. 달콤하고 부드러운 목소리로 "주님을 믿으라."고 말하는 것이었다. 나는 나를 둘러싸고 있는 어둠 속에서 엎드려 기도했다.

"하나님 아버지, 저는 오직 당신만을 믿습니다. 생명 줄을 던져 바다에 빠진 나를 구원해 주소서. 사막에서 방황하고 있는 나에게 길을 보여 주옵소서. 내가 외롭고 친구 하나 없을 때 와서 함께해 주옵소서. 저에게 주님의 완전한 평화를 주옵소서. 하나님 아버지, 저는 지금 어느 때보다도 주님의 사랑과 연민, 그리고 돌보아주심이 필요합니다. 모든 일은 주님과 함께 가능하고 저는 다만 주님만 믿고 복종합니다. 아멘."

기도할 때 나는 예수 그리스도가 십자가에 못 박히시고 우리를 위해 피를 흘리셨던 겟세마네와 갈보리에서 무릎 꿇고 있던 모습이 감옥의 어둠 속에서 보였다. 나는 마치 내가 십자가 사이에 서 있는 것 같이 느껴져 다시 기도했다.

"나는 우리 조선 민족을 위해 하나님께 내 삶을 바칩니다. 내가 당신에게 영원히 진실하게 하소서."

나의 모든 고통은 사라졌고 하나님의 평화가 내 마음속에 찾아왔다. 주님을 믿는다는 것이 이렇게 달콤한 것인지! 내 삶에 어떤 일이 닥쳐오더라도 심지어 죽음이 오더라도 오직 주님만 믿으면 나는 행복하고 평화로울 것이다. 이 세 단어(Trust the Lord, 주님만 믿으라)는 나의 인생이기도 하다. 세 단어는 나의 아버지 하나님의 왕국으로 나를 인도해 줄 것이다.

한편 이화학당 교사 신준려가 쓴 것으로 추정되는 증언문은 3월 18일에 자신이 연행된 이유가 "한 주일 전에 끌려갔던 이화학당 선생님 중의 한 분에 관해 물어볼 것이 있다는 것" 때문이라며 글을 시작하고 있다. 3월 중 이화학당 교사로 연행된 이는 박인덕과 신준려 뿐이고 또 증언록에는 증언자의 나이가 24살(Age 24)로 돼 있어 당시 신준려의 나이와 일치한다. 이 증언 역시 감옥생활 중 얻은 교훈과 신앙의 변화에 초점을 맞춰 기술하고 있다.

나는 3월 18일 한 주일 전에 연행돼 갔던 이화학당 선생님 중의 한 분에 대해 "물어 볼 것이 있다"는 경찰의 요구에 따라 경찰서에 연행됐다. 그리고 결국 7월 28일 정부에 대한 어떤 범죄도 없다는 판결을 받고 풀려났다. 구금되고 육체적 고통 속에 있는 동안에 고통이 더할수록 약해졌는데 하나님에 대한 나의 의지는 더 커졌다. 하나님의 위대한 선물, 즉 새 마음을 받은 것에 대해 나에게 고통을 받도록 허락하신 하나님께 깊은 감사를 드린다. 나는 하나님이 감옥에 보내신 것을 그곳에서 거듭나라는 것으로 믿고 있고 감옥 갔던 것에 대해 하나님을 찬양하기를 그치지 않을 것이다. 그 이유는 내가 하나님의 쓰임을 받게 되면 결코 과거에 갖지 못했던 그 같은 진실한 마음의 경험을 해야 함을 알기 때문이다.

다음은 내가 감옥에 있는 동안 배우도록 허락해 주신 몇 가지 교훈이다. 처음에 나는 외로움을 참기가 거의 힘들었다. 하나의 위안은 내가 택했던 헌신의 맹세이다. 내가 했던 맹세를 기억하면서 나의 모든 것을 하나님께 맡김으로써 더욱 고무될 수 있었다. 내가 그렇게 함으로써 날마다 하나님께 더 가까이 가게 되었다. 나는 기도가 입에서 나오는 단어가 아니라 마음 깊은 곳에서 나오는 울부짖음인 것을 알았다. 나는 자주 어떤 말로도 표현할 수 없으나 나 자신을 위해서가 아니라 고통과 압박을 받는 우리 동포와 우리나라를 위해 내 영혼이 고민하는 것을 단순히 신음만 할 수 있었다. 내 마음 속에는 다른 사람에 대한 어떤 원한도 전혀 없었다.

나는 전에는 기도에 대한 응답이나 확실한 기도가 무엇인지 전혀 몰랐다. 그러나 지금은 확실한 믿음을 갖고 기도하고 있다. 처음에는 믿음이 부족했고 하나님이 믿음을 나에게 주실 때까지 믿음을 위해 기도를 시작했다. 내가 얼마나 하나님의 말씀을 사랑하는지를 알게 되었다. 몇 주 동안 나는 성경 없이 지냈는데 실제로는 어떤 책도 없었기 때문에 성경이 왔을 때는 말로 할 수 없을 만큼 반가웠다. 나는 특별히 다니엘서, 욥기, 시편, 야고보서, 베드로전·후서를 즐겨 읽었다. 나에게 최고의 의미를 준 구절들은 시편 5, 6, 23편, 마태복음 26장 39절, 누가복음 12, 13장 32절이다. (나는 결코 큰 목소리로 부르지 못했지만) 항상 찬송을 부르는 나 자신을 발견하곤 했다. "내 주를 가까이 하게 함은," "주는 나의 목자," "예수 나를 오라 하네," "내 주여 뜻대로"와 같은 찬송들이다.

나는 어느 날 한 번에 모든 나의 계획과 모든 미래를 주님께 맡기는 것을 배웠다. 나의 약한 인간의 영혼은 영원히 모두 하나님의 것이다.

3·1운동 여파로 지역별 연회(1920년) 보고서 없어

1920년 10월 23일 오후 2시 이화학당에서 제22회 KWMC 연차총회 연례회의가 개최되었다. '전능 왕 오소서' 찬송을 한 후 채핀 부인이 기도 인도를 했으며, 웰치(Welch) 감독이 사회를 보기 위해 도착했고 컨퍼런스의 내빈 중 한 분인 빅클레이(Bickley) 감독이 선교사들이 하는 사역과 관련해 부합되는 성경구절 "수고하고 무거운 짐 진 자들아 다 내게로 오라, 내가 너희를 쉬게 하리라(마 11:28)"를 본문으로 하는 말씀이 있었다. 35명의 회원이 참석한 것으로 확인되었다.

10월 25일 회의에서 사부인은 선교위원회 위원으로 선임되었다. 그러나 1920년 KWMC 보고서에도 교육, 선교, 의료 관련 기획안건은 있었으나 지역별 보고서는 없었다. 아직도 3·1운동으로 인한 일제의 교회 감시가 엄혹한 상황에서 각 보고자의 신분이 노출되는 지역별 보고서를 내기에는 사정이 허락되지 않았던 것으로 보인다. 이에 따라 WFMS(감리교여성해외선교사회) 연회보고서 내용을 통해 여선교사들의 전체적인 활동을 살펴보고 코윈테일러 감리사의 공주에 대한 간략한 보고로 사정을 유추할 수밖에 없는 상황이다.

1920년 WFMS 보고서는 서문에서 전반적인 상황을 간략히 언급하고 있으나 교육 사업에 대해서는 서울과 평양에 대해서만 나와 있고 공주를 비롯한 다른 지역은 보고돼 있지 않다. 선교사업에 대해서는 전반적인 언급만 있고 개별도시에 대해서는 보고가 없다. 내용 중 주목되는 점은 처음 6개월 동안은 선교활동에 방해를 받았으나 연회가 열리는 시점에서는 다시 교회가 붐비고 있다는 보고이다.

> 한국의 상황은 처음 6개월은 선교업무에 크게 방해를 받았다. 그러나 이런 불안정한 시기들은 영적 욕구를 크게 일깨우는 전초단계로 보였다. 요즘 교회는 다시 붐비고 있고 복음이 사람들에게 훌륭하게 전달되고 있다. 한국 교인들은 부흥을 위해 기도하고 감사하며 준비하고 있어 이제 큰 수확을 위한 시기가 무르익고 있다. 한국에서의 선교 상황은 여러 조건으로 인해 크게 방해받고 있

으며 한동안은 심지어 가정방문조차 할 수 없었다. 정치적인 제약 외에도 선교업무를 적절히 돌볼 방법조차 아주 미흡한 상태다.

웰치 감독이 말했던 것처럼 봉급이 상당한 정도로 인상되지 않는다면 전도부인이나 교사를 단순히 유지하는 것도 불가능하다. 이는 그들이 영적인 부족 때문에 그런 것이 아니라 현재 봉급으로는 생활할 수가 없기 때문이다. 선교사들은 "전도부인 없이 우리 교회가 할 수 있는 일이 무엇이 있겠느냐"며 전도부인의 봉급을 올려달라고 여러 차례 간청하고 있다. 여행경비가 거의 두 배나 올랐는데 이 경비는 선교업무에서 가장 큰 몫을 차지하고 있다. 한 선교사는 다음과 같은 내용을 보고하고 있다.

"나는 경비를 절감하기 위해 요리사 없이 걸어서 순회전도를 나간 적이 있다. 보통 15마일을 걷고 나서 직접 저녁을 지어 먹었는데, 그날 저녁은 집회를 인도할 힘도 없었다. 또 한 번은 3일 계속 비가 억수같이 내렸는데 3일 동안 35마일을 걸었다. 하루는 옷이 마르기를 기다리기 위해 아무 일도 못 하고 앉아서 기다려야 했다. 이렇게 된 것은 인력거꾼이 보통 때보다 6배의 요금을 요구했고 나는 돈이 없었기 때문이다."

이런 어려움 속에서도 성경공부반이 여러 번 열렸는데 많은 사람이 열심히 참석하였다. 자신들이 가진 시간 중 10분의 1을 날연보로 바치고, 전도부인들은 여러 마을로 복음을 전하러 다녔다. 우리의 전도 일꾼 중 한 사람은 다음과

공주로 가는 도중 루이스 감독과 테일러 목사 부부가 잠시 쉬고 있다. ©드루대학교

같은 내용을 전해왔다.

"모든 고통과 슬픔 속에서도 신앙의 부흥은 찾아왔다. 지금처럼 사람들이 교회로 모여든 것은 얼마 되지 않는다. 과거와는 전혀 다르게 젊은 층이 교회로 들어오고 있다. 나는 기독교를 믿는 여성으로서 내가 목격하고 있는 것에 자부심을 느끼고 있다. 한국 여성들이 삶에 대해 더 폭넓게 보는 것을 비롯해 교육받기를 원하고 배우고 있는데 대해 자부심을 느끼는 것은 나의 마음에 기쁨이자 위로이고 소망이다. 우리 여성들은 교회와 세계에서 특수한 위치를 갖고 하나님께 더 가까이 가려는 열망을 품고 있다."

또 다른 여성은 아래와 같은 글을 보내왔다.

"교회는 젊은이들로 채워지고 있다. 영적인 고백을 하는 사람도 있는데 이제는 성령의 힘으로 복음을 전도할 시점이 되었다."

모든 선교사는 더 많은 순회전도 비용을 비롯해 전도부인의 봉급을 두 배로 올려주고 성경공부반과 모든 선교업무의 사무실을 수용할 수 있는 교실의 신축을 간절히 청원하고 있다. 이들 전도부인들은 그들의 업무를 훌륭히 해내고 있다. 얼음과 눈길을 수 마일이나 걸어 발이 꽁꽁 언 채 돌아왔음에도 불구하고 전도부인 박성실은 자기가 걸어가 가르쳤던 시골 성경공부반에 대해 기쁨에 찬 얼굴로 다음과 같이 말했다. "한 여성 참석자는 그 지방의 유명한 산신령을 믿었던 사람인데 복음을 받아들여 집으로 가서 아들에게 복음을 듣도록 하고 두 사람 다 개종하고 그들 자신을 하나님께 헌신했다." 또 다른 전도부인 김사온은 한 불신자 마을에 가서 8명을 예수님께 인도했는데 이 순회전도의 결과로 이 마을의 큰 방을 기도처로 만드는 성과를 얻었다.

우리는 모든 사역에서 가장 중요한 시간을 보내고 있다. 박해 속에서 항상 성장하는 교회 앞에 수많은 좋은 기회가 있을 것으로 느끼고 있다. "우리가 그처럼 좋은 기회를 잘 이용하게 될 것인지, 아니면 이들 기회가 미끄러져 나가도록 할 것인지?" 안타까운 심정이다.

1920년 보고서에서 가장 아쉬운 부분은 이해 9월 28일 순국한 유관순 열사에 대한 언급이 전혀 없다는 점이다. 당시 일제는 유관순 열사의 시신을 적당히 화장 처리해 조용히 넘기려는 의도가 역력했다. 이화학당 측의 강력한 요구로 시신을 넘겨주기는 했으나 조용히 예배하고 화장하는 것만 겨우 허락한 것을 봐도 일제의 의도를 알 수 있다. 따라서 유관순 열사를 크게 거론할 수 있는 상황은 아니었다. 또 당시 유 열사는 유명인도 아닌 어린 학생으로 많은 희생자 중의 한 명으로 간주해 선교사들이 보고서에서 별다른 언급을 하지 않았을 것으로 유추해 볼 수 있다. 하지만 1919년 윌리엄스 감리사처럼 이름은 언급하지 못하더라도 이화학당 재학생이 옥사했다는 정도의 소식이라도 있었더라면 하는 아쉬움은 남는다. 이에 대한 자세한 보고는 옥사 50년 후 간행된 지네트 월터 당시 학당장의 자서전에서 이뤄진다. 월터 학당장은 자서전 중 3·1운동 항목(143쪽)에서 일본 감옥에서 유관순 열사의 시신을 받아 이튿날 예배 후 장례 지내는 과정을 10여 줄의 짧은 문장으로 기록했다.[3]

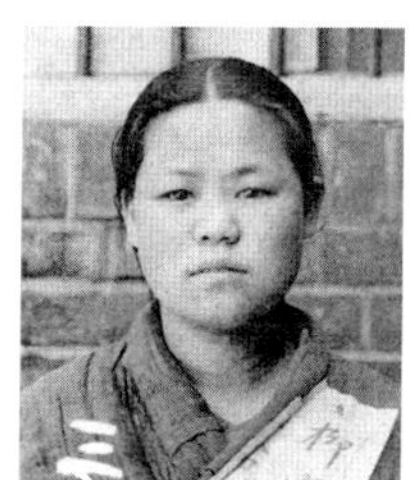

유관순 열사.

> 몇 달 후 16세의 어린 소녀인 유관순이 감옥에서 죽었다. 우리는 그녀의 시신을 학교로 운구해 왔고 학생들은 그녀를 매장하기 위해 무명으로 된 옷을 준비했다. 그런데 하룻밤 사이에 학생들은 유관순이야말로 진정한 영웅이라고 생각해 밤새 비단 옷감을 찾아내 비단으로 그녀의 시신을 다시 입혔다. 우리는 유관순의 학급 친구들만 참석한 가운데 조용히 예배를 보는 것만 (일본 당국으로부터) 허락을 받았었다. 학생들은 모두 묘지까지 걸어가기를 원했지만 불허되었고 말썽의 소지가 많을 것으로 생각했다. 그때 헬렌(김활란)이 자신이 학생들

3) A Jeannette Walter,『Aunt Jean』1970, 143쪽.

의 대표이자 홈 룸 지도교사로서 나(월터)와 함께 묘지에 가겠다고 학생들에게 말해 이 문제는 조용히 해결 할 수 있었다.

그러나 유관순은 잊혀지지 않았다. 한참 뒤, 한국이 해방됐을 때 유관순의 생애를 담은 영화가 한 편 제작돼 전국에서 상영됐다. 나도 한 장면에 나오는데 그 당시 나는 한국에 없었기 때문에 내 역할은 선교사로 일하던 엠마 윌슨(Emma Wilson)이 맡아서 했다. 그 후 나는 1959년 한국에 갔는데 이화여고에서 한 무리의 학생들과 인터뷰를 하며 유관순의 시신이 훼손되지는 않았었다고 녹음까지 하며 확인해 줬다. 나는 유관순을 매장하기 위해 옷을 입혔다고 증언했다. (우연히도 엠마 윌슨은 나와 함께 같은 은퇴자의 집에서 살고 있다.)

선교 보고도 못 하고 휴가 떠나는 사부인(1921년)

제23회 주한감리교여성선교사 KWMC 연차총회는 평양의 여성선교사회 주택에서 1921년 9월 24일 열렸다. 3·1운동 이후 2년이 지났지만, 일제의 통제가 지속돼 여전히 지역별 보고서를 낼 수 없을 만큼 통제는 계속되고 있음이 보고서 내용만 봐도 알 수 있다. 연회에서 의결된 주요 결정 중에는 사부인이 안식년으로 휴가차 떠난다는 내용도 있다.

1. 1921년 6월 11일 오전 11시 반 이화학당에서 한국여성연차총회 특별회의가 있었다. 이날 특별회의에서는 1922년부터 중단될 서울여성성경학교의 특별과정과 평양과 공주에 있는 성경학교의 특별과정, 공주에 세워질 기관 건물에 사용될 앨버트슨 기념기금안이 통과되었다.
2. 제23회 주한감리교여성선교사 연차총회는 평양의 WFMS 주택에서 1921년 9월 24일 오전 9시에 열렸다. 샤프 부인은 자문위원회 위원으로 지명됐다. 샤프 부인은 또 전도위원회 위원으로 지명됐다.

3. 공주지역 담당 선교사인 샤프 부인은 12월부터 휴가에 들어가고 대신 해치((Hazel H. Hatch)가 전도, 주간학교, 어학공부를 담당한다.

KWMC 보고서가 지역별 보고서를 담지 못하는 대신 미국 전체 감리교 여선교회의 1921년 WFMS 보고서는 전반적인 여성선교사 활동에 대해 개관하고 지역별 분야별로 설명하고 있다. 교육 분야는 서울과 평양을 중심으로 돼 있고 공주는 주간학교에 대해서만 언급하고 있다. 먼저 전반적인 여성선교사 활동에 대해 개관하며 장로교보다 선교사 인력과 재정이 너무나 부족한 실정을 보고하고 있다.

"한국에서 우리 선교본부의 일이 역사상 아주 중요한 시기에 있다."라고 말하는 것은 조금 진부한 표현이다. 그러나 우리 한국에 있는 선교사들은 "우리는 방법적으로 전환 중이고 내년에 전진하거나 결정적으로 후퇴하게 될 것"이라고 보고하면서 '역사상 아주 중요한 시기' 임을 많이 인식하고 있다. 이 나라에서 선교활동을 연구해 본 사람들은 현재 상황에서 활동을 수행하는 것이 해가 갈수록 더 어려워지고 있다는 것을 알고 있다. 현재는 그 어려움이 절정에 달해 있고 정말 이제는 '후퇴하느냐' 만 남겨두고 있다.

장로교는 한꺼번에 20명이 넘는 사람을 보충하고 있고 남감리교는 선교사업을 위해 100만 명이 넘는 인력을 보유하고 있다는 보고가 있다. 이런 가운데 우리는 고등학교와 대학 학과를 열었는데 교장을 제외하면 선교사는 1명밖에 없고 교사들의 급료를 비롯해 난방비, 절박한 설비공급조차 해줄 돈이 부족한 실정이다. 이는 모든 학교에서 비슷한 실정이다. 전도활동분야에서 전도부인들은 생계유지가 어려운 실정이고 그렇게 간절하게 바라는 새로운 전도부인 채용도 불가능하다. 의료 활동을 위해서는 경비를 3배나 올려줘도 충분하지 못한 상태다. 우리 감리교가 하나님을 위한 한국의 일부를 감리교에게 주고 감리교 안에서 피어오르며 참여하도록 해준 훌륭한 기회와 위대한 책임을 언제 깨달을 것인가?

우리는 올해 믿음을 갈구하는 한국인들을 위해 하나님께 향한 문을 열 것인가, 아니면 닫을 것인가, 어느 쪽인가? 선택의 갈림길에 있다.

한편 남녀선교사들의 사업결과를 전체적으로 보고하는 1921년 연회록에서 테일러 감리사는 교회들이 자립을 시작했고 새 교회를 건축하는 곳도 있다고 보고하고 있다. 여성선교사들의 역할을 밝히는 91쪽에는 사부인이 1920년 12월부터 휴가 중 임을 밝히고 있다.[4] 그러나 내용 중 여러 사업이 사부인이 추진했거나 계속하던 것임을 밝히고 있다.

지난 1년간 우리 공주선교부는 한국인 목회자에 대한 지원과 부흥회의 지원에 큰 힘을 쏟아 왔다. 우리는 모든 점에서 기부가 크게 늘기를 희망했는데 보수나 급료가 큰 폭으로 떨어져 우리의 계획은 물질적으로 수정될 수밖에 없

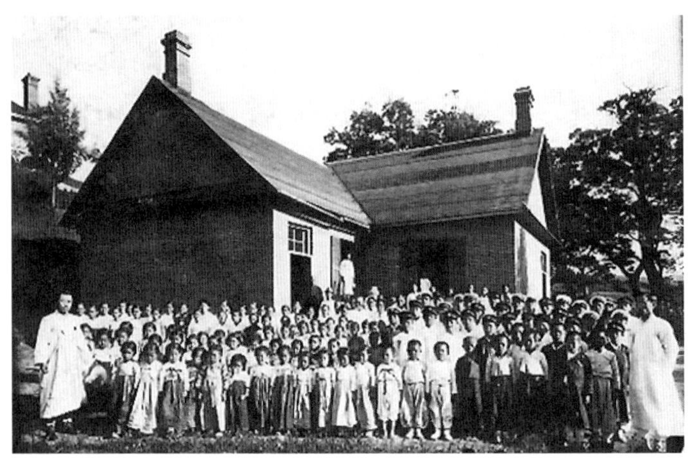

공주교회와 교인들.
ⓒ드루대학교

4) 사부인이 휴가 중일 경우, 다른 여 선교자가 대신 KWMC 보고서를 작성하는 경우도 있으나 1921년의 경우는 없다.

홍성의 새 교회 앞에 서있는 신도들. ⓒ드루대학교

었다. 한 구역은 몇 달간 목회자 없이 지냈고 다른 구역은 옛날에 진 빚을 갚느라 매우 어렵게 발전을 해야 했다. 교단 총회가 열리는 해의 초기에 교역자들이 모두 함께 모여 참석 가능한 모든 공주지역의 관계자들이 특별회의를 갖기로 결정했다. 남자 교역자들이 3명씩 그룹을 만들어 3개월간 특별회의를 갖는다는 계획이다. 당연한 결과로 모든 사람이 두 달간 노력한 결과 놀랄만한 성과를 냈는데 우리는 출석자와 관심을 보이는 사람들의 수를 획기적으로 늘릴 수 있었다.

아직까지는 공주교회만이 완전 자립체제로 유지되고 있는데 몇 개의 다른 교회들도 교역자와 전도부인을 전적으로 자력 지원할 수 있는 '행복한 시점'이 다가오고 있으며 잘 운영되고 있다.

교회 건축도 몇몇 구역에서 유행이 되고 있었는데, 당진에서는 한 건물을 사들여 새 건물로 리모델링한 것이다. 서산에서는 한 농부가 봄에 건축하다 남겨 놓은 것을 새로운 멋진 건축물로 만들었다. 홍주(홍성)에서는 30여 석이 있는 건물과 교역자와 보조자들을 위한 편의 시설도 마련했다. 청양에서는 기와로 지붕을 한 새 교회 건물이 세워졌고 목사관 건축에 따른 빚도 대부분 갚았다.

모든 종류의 학교 업무에 대한 관심이 높아진 것이야말로 가장 만족스러운 일이다. 우리는 공주에 멋있는 새 건물을 최근 완공했고 사용할 준비를 끝냈다. 이 새 건물은 이 지역의 소년들이 고등보통학교를 가기 위해 서울로 갈 필요 없이 이곳에서 배울 기회를 제공하게 될 것이다. 또 이 건물은 지역지도자 양성에도 힘이 될 것이다. 우리의 형제 윌리엄스 선교사는 열심히 일해 왔고

강경에 있는 최초의 침례교회. 사진 설명에 따르면 침례교단이 강경에서 철수함에 따라 매물로 나온 것을 감리교가 인수 검토를 위해 답사하는 것으로 보인다. ⓒ드루대학교

우리 소년들을 교육하는 데 필요한 설비를 갖추기 위해 오랫동안 기다려 왔다. 우리는 이 같은 희망이 충족된 데 대해 윌리엄스 선교사와 함께 기쁘게 생각한다. 사부인이 세운 여학교는 수용 가능한 인원보다 더 많은 학생을 수용하고 있으나 공간(땅)이 부족해 확장에 걸림돌이 되고 있다.

강경포(강경)의 소년학교는 100명 이상이 출석하고 있고 우리는 그들을 위해 곧 새로운 건물을 마련해야 한다. 교회와 지역의 후원단체가 돕고는 있지만 전과 같이 학교를 돕지는 못하고 있다. 그러나 건물과 땅이 확보되면 학교의 영속성은 확실해질 것이다. 새로운 유치원이 강경과 홍주에서 시작되었고 몇몇 다른 곳에서 유치원 설립 요구가 있다. 유치원을 통해 나이 든 사람에게 다가갈 큰 기회가 생기기도 하지만 더 훌륭한 결과는 어린이 자체를 만날 수 있다는 점이다.

헌금의 증가를 비롯해 교회건물의 신축, 학교와 유치원에 대한 관심, 부흥회와 성경공부반(사경회)의 좋은 결과 등 모든 것은 우리에게 기쁨을 주고 있으며 우리는 내년에 지적으로나 물질적으로나 정신적으로나 큰 발전을 기대하고 있다.

3·1운동 이후의 선교 4

사부인 미국에서 돌아와 선교보고 연회(1922년) 참석

1922년 9월 23일 오전 9시 이화학당 라운지에서 제24회 연례회의가 열렸다. 사부인은 휴가에서 돌아와 전도위원회와 성경학교의 위원으로 각각 참가했다. 1920, 1921년 보고서와는 다르게 1922년 보고서에는 지역별로 극히 간단한 전도보고를 하고 있다. 영변, 평양, 해주, 제물포, 서울, 수원, 천안, 공주, 원주, 이천, 강릉의 구역별 보고서이다.

공주, 천안구역에 대한 보고서를 보면 "천안, 공주 이들 두 구역의 가장 고무적인 사항은 대부분 한국인의 헌금으로 9곳의 교회가 건축되었다는 사실이다. 또한 흥미로운 사실은 대부분의 교회 교인들이 진지하고 열성으로 가득한 젊은이들이라는 점이다. 또 공주에 새로 성경학교가 세워져 공주 시내 전도사업에 성경학교 학생들의 도움이 있기를 기대하고 있다."는 간단한 내용이다.

이처럼 KWMC 보고서는 극히 간단하기 때문에 WFMS 보고서를 통해 여선교사들의 활동을 대략 파악할 수 있다. 이 해의 미국 감리교 선교본부에서 펴낸 전 세계 여선교사 보고서인 WFMS 보고서는 서울 이화학당과 평양의 교육 상황을 중심으로 언급하고 선교 업무에 대해서도 원주, 해주 등지에 대해서만 언급하고 있다. 다만 선교사들이 담당한 구역을 소개할 때 공주지구는 사부인, 천안지구는 헤이즐 H. 해치로 기록하고 있다. 한 선교사는 학교와 유치원을 세워달라는 요구가 너무 많아지자 " '돈이 없다' 는 상징으로 바느질로 기운 옷을 입고 있다."는 일화까지 소개하고 있다.

하나님을 향해 가는 진정한 길을 알기 위한 간절한 애원이 더 많아진 것을 제외하면 한국 선교의 일반적인 상황은 달라진 것이 없다. 예수 그리스도의 신앙 안에서 교육할 수 있는 문을 닫고 우리 학교에서 수백 명의 소녀를 돌려보내는 것은 우리 선교사들에게는 가슴이 무너져 내리는 것 같다. 이 오래된 나라는 강하게 일어나고 있고 소년·소녀들을 위한 학교를 간절히 바라고 있다. 한 선교사는 "남성들을 위한 성경공부반을 하는 동안 바느질로 기운 낡은 옷을 입어야만 했다. 성경공부반이 쉬는 시간에 수강자들은 나의 서재로 찾아와 내가 거의 미칠 지경이 될 때까지 학교와 유치원 설립을 간청하는 것이다. 그렇지만 나는 아무것도 해 줄 수가 없어 돈이 없다는 표시로 낡은 옷을 입을 수밖에 없었다. 요즘 분명해진 것처럼 복음을 기쁨으로 받아들이는 데는 오래 걸리지 않고 있다"라고 보고하고 있다. 전도부인은 모든 곳에서 환영받고 있고 여러 마을에서 교사를 보내 달라고 요구하고 있지만, 교사의 부족으로 그 기회는 제한되고 있다. "기다려 달라"는 말이야말로 요즘 한국의 선교 상황을 설명하는 대표단어가 되고 있다.

선교 분야는 주요 내용을 제목만 나열해 설명하고 있지만, 그 상황이 전국에 걸친 것이어서 당시의 상황을 짐작하게 해준다.

지면만 허락한다면 우리는 한국의 대단한 선교활동에 대해 할 말이 많다.

그러나 지면 사정상 자세히 밝힐 수 없어 주요 내용만 제목 식으로 밝히면 다음과 같다. 첫째, 여성신도들이 앉는 좌석은 꽉 차고도 넘쳐 교회당 밖으로 나가야 할 만큼 교인들의 열의와 희생은 대단하다. 둘째, 부흥회와 새벽기도회와 같은 집회가 많은 곳에서 열리고 있다. 하지만 돈이 없어 새로운 전도부인을 보내지 못하고 있다. 셋째, 복음이 전달되지 못한 마을들을 그냥 지나치고 있다. 넷째, 가까운 시일 내에 돈이 오지 않으면 전도부인을 해고해야 한다. 다섯째, 한 여성신도는 그렇게 오랫동안 전도부인이 오기를 기다렸는데 끝내 올 수 없게 되자 울음을 터뜨렸다. 여섯째, 전체적인 한국선교의 전망은 아주 고무적이고 훌륭한 것으로 기대되고 있다.

이 중 한 전도부인의 사례를 소개하면 다음과 같다.

과거 무당이었던 해주시의 한 전도부인은 이제 비상한 힘을 가진 전도부인으로 변신했다. 시골의 한 구역을 맡고 있는 전도부인 제인 장(Jane Chang)은 항상 길 위에 있는 것으로 유명하다. 장마철에는 냇가를 가까스로 헤쳐나가기도 하고 겨울철에는 눈 덮인 산을 넘어가는 등 그녀를 필요로 하는 때에 결코 교회로부터 떨어져 있지 않았다. 제인 장은 사람들이 그날에 지고 있는 짐을 주님께 맡기고 사람들에게 주님의 신선한 비전을 마음속에 품도록 만들었다.

포드차로 선교여행의 날개를 단 사부인(1923년)

1922년 안식년을 끝낸 사부인이 다시 부산을 통해 귀임했을 때 부산에서 만난 강경학교의 수석교사는 인사를 끝낸 후 숨 돌릴 틈도 없이 '모든 교사가 논산학교를 떠났다는 것과 강경학교에도 한 명만 남았다'라는 보고를 가장 먼저 했다. 사부인은 "내가 공주에 도착하자마자 한 일은 교사를 찾는 것으로 몇 명의 적임자를 찾아 제때 학교를 열 수 있었다."고 귀국하자마자 급박하게 처리했던 일을 소개하고 있다. 1923년 제25회 KWMC 보고에서는 또 뉴욕 후원자들의 도움으로 포드 자동차가 생겨 선교에 날개를 달 수 있었음에 대해서도 감사하고 있다. 첫 번째 공주 선교보고에서 사부인은 천안지역에서 미스 해치와 2회(양대, 귀메골) 사경회를 열었고 논산, 강경, 청양 등 공주 남서지역의 선교 상황에 대해서도 상세히 전하고 있다. 두 번째 보고서는 보고자가 영명여학교로 돼 있다.

내가 안식년(1922)을 끝내고 미국으로부터 다시 한국에 왔을 때 부산에서 나를 만난 강경학교의 수석교사는 인사를 끝낸 후 가장 먼저 "모든 교사가 논산학교를 떠났다는 것과 강경학교에는 한 명만 남았다"는 보고를 했다. 내가 공주에 도착하자마자 한 일은 교사를 찾는 일이었다. 몇 명의 적임자를 찾아 제때 학교를 열 수 있었다.

미국에 있는 몇 명의 친구들이 서울에서 자동차를 살 수 있도록 돈을 보내줬다.[1] 동시에 나는 재주 많은 한 젊은 한국인을 만날 수 있었는데 그는 차를 어떻게 운전하는지 알 뿐만 아니라 어떤 고장도 수리할 줄 알고 있었다. 그가 나에게 왔을 때는 기독교인이 아니었지만, 예수님을 따르기로 곧 결심했다. 이 운전사는 '집안 망친 녀석'이라며 박해하는 어머니 때문에 많은 고생을 했다. 이 어머니는 아들의 상황을 너무 비참하게 만들어 함께 살 수 없게 됐고 아들은 아내와 함께 내가 준비해준 작은 방에서 살게 되었다. 이 운전사는 원래 자신의 집에서 옷이 들어 있으리라 생각하고 상자를 들고 자신들이 살게 된 방으로 가져왔는데 열어 보니 상자 속은 텅 비어 있었다. 그 어머니가 상자 속의 모든 것을 꺼내 감춰 놓았던 것이다. 그들은 입고 있었던 옷밖에는 아무것도 없었다. 내 운전사는 모든 것을 잘 참았고 집안사람들의 개종을 위하여 꾸준히 기도하고 있다.

---

1) 자동차 사진은 245쪽에 게재.

공주 선교지역의 서부와 남부구역에서 30개의 사경회가 열렸다. 나는 천안 지역에서 미스 해치가 담당한 2개의 사경회를 포함해 11개의 사경회를 열었다. 공주의 사경회는 신자들이 대규모로 참석하지는 않았지만, 영적으로는 훌륭했다. 우리 전도부인들은 특별사경회에 왔는데 저녁예배를 인도할 사람이 없어서 처음 며칠 저녁은 공부시간에 신앙간증회만 했다. 그 후 부흥사는 모두를 위해 저녁예배를 인도해 주기로 결정했다.

일제의 통제로 3·1운동 이후 지역별 보고를 생략하던 데서 벗어나 이 해에는 오랜만에 지역별 보고를 하고 있다. 그러나 심방 다니는 것을 문제 삼아 전도부인을 연행해 경찰이 조사하는 등 일제의 통제는 아직도 계속 중임을 밝히고 있다.

황 부인은 전도부인으로 내가 미국에서 안식년을 하고 있을 때(1922) 자신이 겪었던 경험을 들려줬다. 집집마다 심방을 하고 있을 때였는데 황 부인의 경험담은 남편이 정부 관료로 일하는 집을 심방했을 때 겪었던 것으로 보인다. 이런 이야기는 경찰서에서 들었다고 하는데 황 부인은 경찰서의 소환을 받고 앉거나 심지어 기대지도 못한 채 두 시간 동안 심문을 받았다고 한다. 경찰은 심방하는 여러 집에서 말썽을 일으키며 여기저기 다니는 의도가 무엇인지 알고 싶어 했다. 황 부인은 취조하는 경찰에게 자신은 말썽을 일으키는 게 아니라 그들에게 예수님을 가르치려고 노력하는 것뿐이라고 말했다. 여러 가지 방법으로 심문한 뒤 경찰들은 따로 모여 상의하고 황 부인을 다시 부른 뒤 결과적으로 그녀를 나가도록 허용했다.

그러나 경찰은 황 부인이 가정방문을 하지 못하도록 훈계했는데 그런데도 그녀는 과거처럼 계속해서 전도했지만, 다시 봉변을 당하지는 않았다. 황 부인은 언제나 자기를 잘 보호했는데 한 번은 내가 전도활동을 하는 것이 무섭지 않으냐고 묻자 "나는 죄가 없다. 그러니 내가 무서울 게 무엇이냐"고 반문했다. 나는 황 부인을 다른 구역으로 파송했는데 그 지역에서는 그녀를 '매(falcon)'라고 불렀는데 그 이유는 하루나 이틀이면 어떤 동네에서나 몇 명의 새신자를 만들었기 때문이다. 황 부인은 흔치 않은 능력을 갖춘 영적으로 매우 충만한 여성이다.

연산의 사경회에서 우리는 하나님과 함께 권좌에 있었다. 그렇게 말하는 이유는 진정한 축복을 받지 않은 여신도가 전혀 없었기 때문이다. 진실한 신앙으로부터 멀리 떠나있었던 한 여성은 나한테 "하나님이 자신을 용서할 것 같으냐?"고 울면서 물었다. 우리는 하나님이 용서하셨다고 그녀를 확신시켰는데 그녀는 사경회가 끝나기 전에 하나님이 자신을 용서했다고 믿었다.

사부인의 보고서는 공립학교에 다니는 세 명의 여학생이 교회를 못 다니게 하려는 교사의 부당한 지시 때문에 자퇴하고 울고 있다는 황당한 사연도 전한다. 그런가 하면 청양의 청년들이 "평생 그리스도를 위에 바치겠다."고 결심을 하는 모습도 보고하고 있다.

이내(Inai)에서 사경회를 여는 동안 우리는 독특한 경험을 했다. 세 명의 키 큰 여학생들이 있었는데 이들은 관립학교에 다니고 있지만 본래 이 학교는 교인들이 세웠던 학교로 재정적인 문제로 정부가 인수해 정부가 운영하게 된 학교다. 이 여학생들은 낮에 하는 사경회에는 참석할 수 없었지만, 저녁 부흥회는 참석하고 싶어 했다. 이 세 여학생이 다니는 관립학교 교사들은 세 학생이 교회에 가는 것을 방해하기 위해 온갖 방법을 다 썼는데 교사들은 학생들이 저녁을 먹은 후 학교로 오도록 강요해 교회에 가지 못하도록 했다. 이 때문에 이들은 항상 교회에 지각했다. 이런 사정을 모르고 내가 학생들에게 좀 더 빨리 오라고 촉구했는데 그제서야 학생들은 자신들이 겪고 있는 마음고생을 털어

전도부인이 주는 전도지를 한 여성(양산 쓴 두 사람 사이)이 거절하는 모습.
ⓒ드루대학교

놓았다. 이들 학생의 남자교사 중 1명이 예배에 참석하지 말라고 강요했으나 이들이 "기독교인이기를 포기하느니 차라리 죽겠다"고 말하자, 이 교사는 학생들에게 "가면 안 된다."고 말하며 겁을 주었다.

이 교사는 이런 행동도 받아들여지지 않자 여학생 중 한 명의 인격에 대해 의심을 하기 시작하였다. 이 학생은 너무 가슴 아파했고 어머니가 해당 교사를 만나 교사가 뜻하는 것이 무엇인지를 알게 되었다. 교사가 암시한 것은 세 명을 모두 학교에서 퇴학시키는 것으로 세 여학생은 그런 모욕적인 일을 당하기 전에 학교를 떠났다. 그날 보통 때보다 더 늦게 교회에 온 그들은 모두 울고 있었고 그들이 기도할 때 가슴이 찢어질 것 같은 슬픔이 그들에게서 나왔다. 예배가 끝난 후 우리는 그들을 위로하려고 노력하였는데 그녀들은 가난한 집 출신이어서 이제 공부하는 희망이 사라졌다고 생각하고 있었다. 나는 그들을 나의 방으로 데리고 가서 눈물이 마른 후 그들과 이야기를 나누었다. 나는 집으로 돌아와 미스 해치의 도움을 받아 세 학생을 공주로 데려와 그들이 학교에서 교회출석을 못하도록 하는 방해의 두려움 없이 교회에 출석할 수 있도록 해주었다.

청양은 사경회에서 "평생의 일로 그리스도에게 우리 자신을 바치겠다."고 11명의 청년이 약속한 흥미로운 곳이다. 그들 중 4명이 성경공부 중인데, 3명은 서울에서 공부하고 있고 1명은 평양의 성경학교에서 공부하고 있다.

사부인은 논산이나 강경의 여학교는 잘 운영되고 있어 이제는 입학하겠다는 학생들을 못 받겠다고 거절하는 수밖에 없는 상황이라며 유일한 해결책은 새로운 건물을 마련하는 것이라고 보고하고 있다.

올해는 학교가 눈에 띌 정도로 발전되었다. 강경의 여학교는 60명을 수용할 수 있는데 90명이 넘는 학생으로 붐벼 한 의자에 3명씩 앉아 공부하고 있다. 얼마 전까지만 해도 우리는 마을에 가서 딸들을 학교에 보내 달라고 부모들을 설득했는데, 이제는 오겠다고 원하는 많은 사람을 못 받겠다고 거절할 수밖에 없는 상황이다. 우리가 감당할 힘보다 훨씬 빠르게 학교가 크고 있는 것이다. 현재 우리에게 필요한 것이라고는 새로운 건물을 마련하거나 지금의 학교를 확장하는 것이다.

논산도 똑같은 문제를 가지고 있다. 교인으로 넘쳐나는 교회가 없었다면 우리는 학교를 가질 수 없었는데 현재의 학교 공간은 너무 비좁은 게 현실이다. 논산의 학교에는 70명 이상의 소녀들이 다니고 있어 더 많은 사람이 들어오려고 하면 우리는 모두 거절하고 있다. 관립학교에 다니는 여학생들도 우리에게 오기를 원하는데 현재의 학교시설이 필요한 것보다 부족해 매우 많은 건물이 필요한 실정이다.

폐교되기를 거부하고 있는 경천(공주 계룡면)학교는 30명 이상의 여학생이 다니고 있다. 이 학교에는 선생님이 한 분뿐인데 모든 1학년 남학생은 여학교에 다니게 하고 몇 명의 큰 여학생들은 남자학교의 몇 개 학급에 다니도록 함으로써 두 학교의 선생님들이 업무를 분담해 처리하고 있다. 우리 여학교는 건물이 하나뿐인 데다 학교 용도로는 부적합하고 의자, 책상도 없어 어린이들은 모두 마루에 앉아 공부하고 있다. 더 자세히 제안할 것도 없이 필요성을 살펴봐 주기를 간청한다.

청양과 군말에서는 교인들이 학교를 시작했고 학교를 돕고 있다. 교인들이 돕고는 있지만, 너무 빈약한 상태다. 그러나 나는 그들 스스로가 무언가 하기 위해 노력하는 것을 기쁘게 바라보고 있다.

사부인은 강경유치원의 문을 닫게 돼 40명의 유아를 길거리에서 볼 수밖에 없게 됐다는 딱한 소식도 전하고 있다. 하지만 홍성유치원은 50명의 유아로 번창하고 있다는 긍정적 소식도 전한다.

우리는 올봄 강경에 있는 유치원을 닫을 수밖에 없었는데 그 이유는 교사가 없기 때문이다. 그동안 선생님의 지도를 받던 40명의 유아를 이제는 길거리에서 볼 수밖에 없게 되었다. 홍주(홍성)의 유치원은 번창하고 있다. 50명의 귀여운 어린이들이 기독교의 영향 아래 있다는 것이 무엇을 의미하는지 생각해 주었으면 좋겠다.

나는 나의 업무와 관련해 모든 전도부인들에 대해 칭송의 말밖에는 할 말이 없다. 김마리아는 매우 오래 업무를 잘 수행했는데 지난해 우리 구역으로 옮겨와 많은 새신자를 인도했다. 김마리아는 또 배울 기회가 없었던 여성과 소녀들을 위한 야간학교도 시작했는데 그중에는 나이가 많은 여성들도 있었다. 이는 그들을 교회로 인도하는 수단이기도 하다. 성공애(Sung Kungai)는 처음 담당 구역에 갔을 때보다 새 구역에 더 흥미를 느꼈고 그녀의 노력으로 전도활동이 발전을 가져왔기 때문에 진심으로 그곳에 머물기를 원했다. 이베시(Bessie Yi)는 공주교회에서 눈부시게 활동하고 있는데 초등학교를 졸업하고 서울의 여성성경훈련학교를 나왔다. 올봄 그녀는 나를 찾아와 중학교에 다니게 해 달라고 요청했는데 나는 그렇게 할 수가 없다고 말해줬다. 그녀는 전도부인으로 활동을 계속하고 있다. 비가 오나 눈이 오나 이베시는 매일 밖으로 가정방문을 나가 사람들에게 예수님을 믿고 그를 따르도록 간곡히 부탁했다. (… 중략 …)

마지막으로 차가 없었다면 올해 했던 일을 할 수 없었으므로 자동차를 가질 수 있도록 해준 분들에게 최고의 감사를 드린다.

사부인의 공주학교와 천안지역의 선교활동 및 주간학교 보고는 학교 이름 영명(永明)이 '영원한 빛(Eternal Light)'을 뜻한다고 영어로 설명하며 시작한다. 하지만 학교에 다니고 싶어 하는 소녀들의 입학을 거절하는 것이어서 영원한 빛을 못 보도록 거절하는 것이어서 힘들다고 밝혀 학교 시설의 부족함을 호소하고 있다.

우리의 학교 이름 영명(永明)을 번역하면 "영원한 빛의 학교"가 된다. 우리는 이 이름에 부끄럽지 않게 살려고 노력하고 있고 마음에 무거운 짐을 지고 우리에게 온 학생들의 얼굴이 밝게 빛나는 것을 바라볼 때마다 이 학교에서

감리교 공주 영명중학교 학생들. ©드루대학교

이뤄지고 있는 일들이 많은 이들을 영원히 빛나도록 할 것이라는 확신을 하게 된다.

1년 전 우리 학교는 너무 붐비고 꽉 차서 더 이상 학생을 받을 수 없을 것처럼 보였다. 그러나 우리는 더 받았고 요즘 등록 학생은 176명으로 우리가 적당하게 관리할 수 있는 인원보다 최소한 76명이 더 많은 숫자다. 학교에 입학하고 싶어 하는 소녀들을 돌려보낸다는 것이 얼마나 어려운 일인지 한국 선교본부 관계자들은 자주 들어서 잘 알 것이다. 이제 소녀들을 돌려보내고 있다는 이야기는 너무 자주 있는 일이어서 누군가 이에 대해서 말한다면 "늘 있는 일이야"라고 할 정도다. 그러나 이것만은 (한국어로 말하자면) '제발' 알아주기 바란다. 우리 영명여학교는 100만 명이 사는 지역의 유일한 고등학교(오늘날의 중학교 과정)다.

우리는 많은 시간을 들여 새해에 지원하는 여학생들을 몇 명이라도 입학시키기 위해 학교 건물과 기숙사를 검토했고 고민하고 기도했다. 학교 시설을 보면 사무실 용도로 세워진 4×10m 크기의 교실이 있고 교실 두 개는 지하에 있다. 지하 교실은 높이가 1m 80 정도이고 창문은 3개지만 보통 교실 창문의 3분의 1 크기밖에 안 돼 사실상 1개 밖에 없는 셈이다.

보통학교(초등학교)에는 6학년이 추가되고 고등학교에는 3학년이 추가돼 교사 2명이 증원돼야 하는 실정이다. 새로운 의자, 탁자, 좌석 등이 필요했는데 뉴욕과 토페카(Topeca) 선교지부에서 온 기부금으로 가능할 수 있었다. 이런 기부금들이 없었으면 '무슨 일을 할 수 있었겠나?' 싶다. 우리는 그 같은 기부가 하나님께서 아시고 주신 것으로 믿고 있다. 학교 건물에 있는 모든 방은 대부분 너무 작지만 그러나 우리가 받을 수 있는 한 많은 소녀를 담당할 수 있게 된 데 대해 감사드린다. 그리고 소녀들이 학교에 입학한 지 얼마 되지 않아 변화하는 모습을 관찰하면서 엄청난 기쁨을 맛보고 있다. 우리의 선교지역 모든 곳에서 정부의 보통학교를 졸업하는 소녀들이 우리 고등학교(중학교 과정)에 들어

오고 있다. 우리 지역에는 보통학교가 몇 개 안 돼 대부분의 여자어린이들은 (선택적으로) 기독교 보통학교에 들어올 기회가 없다. 만약 여학생들이 보통학교 이상에서 배우기를 원한다면 공주선교부는 이들에게 고등학교(현재의 중학교 과정)의 기회를 주어야만 한다.

사부인이 운영하는 공주 여학교의 또 다른 문제는 기숙사의 부족이다. 상당수의 여학생이 공주 이외의 충남 전역에서 오기 때문에 이들을 수용해야 하나 4.3㎡쯤 되는 작은 방에 5명의 소녀가 짐과 함께 생활하는 현실은 상상하기조차 힘들다고 말했다.

한편 이곳에서는 기숙사도 문제다. 초겨울부터 지원자들이 오기 시작하는데 학교가 그들을 모두 수용할 수가 없어서 여학생들에게 기숙사에 머물 수 있도록 우선권을 주고 있다. 그래도 몇 명은 공주 시내에 나가서 머물게 되므로 그들이 있는 장소를 찾지 못하거나 책임질 수도 없어 그들을 보호하고 지키는 데 우리의 모든 힘을 쏟아야 하고 이는 교장과 교사에게 새로운 짐이 되고 있다. 좀 더 큰 기숙사를 갖게 될 때까지 우리는 이런 상황을 극복해야 하

사부인이 세운 논산(Nolmi) 영화여학교. ⓒ드루대학교

68명의 공주유치원생이 활동하는 18m×12m 크기의 활동실.
ⓒ드루대학교

는데 이를 위해서는 작은 규모의 건물이 있어야 하고 4,000달러가 필요하다. 5명의 소녀가 1.8m×2.4m 크기의 방에서 각자의 짐 가방과 함께 살고 있다. 이들의 침실은 식당이기도 하다.

우리는 기숙사 건축을 계획하고 두 채의 낡은 집을 사들여 우리의 재산으로 편입해 허물고 새 건물을 지으려고 했었다. 그러나 현재 기숙사가 없어 몇 명의 소녀가 이 낡은 집에서 살고 있는데 겨울에는 거의 살 수가 없다. 이런 상황에서 우리가 할 수 있는 일이라고는 더 기도하고 하나님을 바라보며 믿는 것 이외에는 아무것도 없다.

이번 학기에 우리는 특별히 훌륭한 여러 명의 선생님을 모실 수 있었다. 한 가지 유감스러운 것은 선생님들이 대부분 남자였다는 것이다. 우리는 고등학교(중학교)에서 가르칠 수 있는 여성을 확보할 수가 없었다. 3명의 소녀가 있었는데 이들은 관립보통학교를 졸업하고 우리 학교에 오기 위해 200리(66마일)를 걸어서 왔다. 또 다른 작은 소녀는 다른 지방에서 보통학교를 졸업하고 왔는데 어머니와 함께 짐을 지고 150리를 걸어왔다. 현재 이들은 자신의 기숙사비를 벌기 위해 하루 2시간에서 2시간 반씩 일하고 있다. 학교 자립부에서 이런 일을 시작했는데 이런 일을 하기 위해 오는 학생들이 많고 그렇지 않으면 학교에 다닐 수가 없다. 만약 우리 학교에 자립부가 없었다면 15명의 학생은 입학도 못 했을 것이다. 이 밖에도 학교에 다니기 위해 입학 기회를 달라는 학생들이 아주 많다.

현재 나의 전망으로는 가능성이 보이지 않는다. 그러나 돌이켜보면 하나님이 얼마나 대단하게 우리를 축복하고 돌봐왔는지 알 수 있다. 내가 지켜보고 있는 소녀들이 나의 삶 속에 들어오고 있음을 생각할 때 나는 하나님을 찬양할 일 밖에는 없고 그가 우리의 미래를 책임져 주실 것으로 믿는다.

올해 최고 수준으로 올라갔던 공주유치원은 원래 나이 든 남자아이들을 위한 학교 건물이었는데 이 건물조차 진료소로 사용되어서 이사할 수밖에 없었다. 아멘트(Amendt) 선교사가 남자학교의 방을 하나 줘 3개월간 운영할 수 있었다. 그러나 남학교의 학생 수가 급격히 느는 탓으로 우리는 다시 이사할 수밖에 없게 됐는데 어디로 가야 할지 막막하다. 겨우 가능한 한 가지 방법은 교회 밖에 의자를 갖다 놓고 사용하는 길뿐이다. 그곳에서 최선을 다하면서 건물이 생기기를 기다리며 기도하고 있다.

양반 출신 황 부인의 전도부인 변신(1924)

1924년 9월 서울에서 열린 KWMC 연회보고서에서 사부인은 다른 해와는 다르게 '황(Whang)' 이라는 양반 출신 전도부인[2]에 대한 이야기로 보고서의 대부분을 채우고 있다. 황 부인은 양반의 아내로 안락하고 편하게 살아온 사람이었다. 자신의 집 문 앞에서 가마를 타고 목적지 문 앞까지 가는 식이었다. 이 사람이 몇 년 전 남편이 죽어 두 아이를 둔 과부가 되었는데 1915년 공주선교부가 가졌던 몇 번의 부흥회에 참석하고 신앙을 고백했다. 그러나 그의 신앙고백은 말뿐으로 아무런 종교적인 생활도 하지 않았다. 무엇보다 황 부인은 대단한 애연가였다. 그 후 큰 은혜를 받은 한 부흥회에서 황 부인은 하룻밤 간증을 통해 "내가 여기 부흥회에 올 때 한 달간 피울 수 있는 담배를 가져왔다. 내가 피울 담배를 가져오는 것이 내가 생각한 전부였

2) 황 부인은 1915년과 1923년 사부인의 보고서에서 소개된 인물이다.

다.”고 과거의 자신을 말했다.

이런 신앙 간증을 한 후 황 부인은 성경을 집에 가져가 공부를 시작했다. 매일 아침 동이 트기 전 전 가족들은 기도를 위해 일어났고 저녁에는 성경공부를 위해 모였다. 그리고 하나님이 그들의 영혼에 가져다준 위대한 역사(役事)에 대해 찬양하는 노래를 불렀다. 황 부인은 경험이 날로 눈부시게 발전해 능력 있는 여성이었던 까닭에 사는 곳에서는 사람들이 황 부인을 전도부인으로 부르고 싶어 했다. 하지만 우리 선교부에서는 (그렇게 부르도록 하는 것을) 망설였는데 이유는 두 가지였다. 첫째는 황 부인이 성경공부반에 매우 가끔 출석했기 때문이었다. 두 번째는 방향감각이 없어서 가야 할 길을 찾을 수 없었기 때문이었다. 그러나 전도부인으로 결정되자 황 부인은 그 일에 매달렸고 그녀의 어린 손자는 ‘예수님, 우리 할머니에게 길을 찾도록 도와주세요.’라고 기도했으며 실제로 하나님은 그렇게 하셨다.

황 부인은 현재 매우 어려운 환경이 되었는데 그 이유는 남편이 죽고 난 후 친척들이 황 부인의 재산을 모두 빼앗아 가는 것을 당연한 권리로 여겼기 때문이다. 마침내 가족이 두 번째 구역으로 옮겼을 때 황 부인의 생계수단이라고는 전도부인으로 받는 것이 전부여서 그것으로는 네 식구를 부양하는데 충분하지 않은 것이었다. 황 부인네는 사는 집에 딸린 작은 땅이 있어서 봄에는 얼마간의 보리를 심었다. 황 부인에게 보리농사는 낯선 것이어서 6월이 되자 이웃에게 어떻게 하는지 물은 다음에야 곡식 수확을 할 수 있었다. 황 부인이 농부의 큰 갓을 쓰고 뜨거운 태양 아래에서 보리 베기를 하는 동안 허리가 아프기 시작했다. “왜 나는 이렇게 힘든 일을 해야만 하나?” “왜 나는 이러한 어려움을 혼자 겪는 것일까?”라고 혼잣말로 중얼거리게 되었다. 생각하면 할수록 더욱더 비통하게 되어 마침내는 들판에 누워 큰 갓으로 얼굴을 가리고 엉엉 울고 말았다. 그때 한 음성이 그녀에게 말하는 것처럼 보였다. “무엇 때문에 너는 거기에 누워 있느냐? 그리고 왜 우느냐"는 말처럼 들렸다.

이때 황 부인은 그리스도가 그녀를 위해 십자가상에서 고통받았던 것을 생각하기 시작했고 고통 속에 있어야 평강과 하늘나라에 집을 가질 수 있다는 생각을 하게 되었다. "나의 고통은 주님이 나를 위해 겪은 고통과 비교하면 아무것도 아니다. 주님을 위한 작은 나의 고통을 기꺼이 겪지 않는다면 나는 주님에게 가치 없는 인간이라는 사실을 깨닫게 되었다"고 말했다. 이런 깨달음이 오자 황 부인은 즉시 일어나 낫을 들고 "나의 죄를 씻기는 예수의 피 밖에 없네(What can wash my sins? Nothing but the blood of Jesus)"를 평소에 했던 것처럼 부르며 의지를 갖고 보리 베기 일을 다시 시작했다. 황 부인은 주님의 일을 하면서 평강과 만족할 수 있는 길을 찾았다. 결과적으로 우리 선교부는 황 부인을 전도부인으로 임명해 다른 마을로 보냈는데 그 마을에서는 황 부인을 '매(falcon)'라고 불렀다고 한다. 매가 먹잇감을 잡듯이 황 부인이 그곳에서 새신자를 인도해 교회로 보내는 데는 3일도 걸리지 않았기 때문이다.

사부인은 보고서 전체를 황 부인 이야기로 채우며 "우리 선교구역에는 3개 구역이 있는데 100만 명의 영혼(사람)이 살고 있고 여전히 전도부인이 없는 곳이 있다. 많은 이들이 도움의 손길이 닿기를 기다리고 있다. 주님은 이 넓은 들판에 충분한 일꾼을 보내 주실지도 모르기 때문에 추수의 주님께 다 함께 기도를 드린다."며 보고서를 마무리했다.

사부인은 1924년 선교 상황을 황 부인에 대해서만 보고했지만, 공주의 선교상황은 WFMS 보고서와 남녀 전체 선교사의 활동을 전하는 회의록을 통해 알 수 있다. 두 문서에서 공통적으로 확인되는 것은 사부인이 공주지구 선교, 주간학교, 공주 시내 성경공부반을 담당하고 미스 헤이젤 A. 해치가 영명여학교, 천안지구 주간학교, 공주 시내 선교업무를 담당하고 있는 점이다. 먼저 WFMS 보고서는 앞서도 몇 번 제기했지만 너무나 열악한 공주 주간학교 시설의 개선을 시급한 과제로 제기하고 있다.

> 공주의 경우도 다른 곳과 똑같이 새로운 학교시설의 필요성이 시급하게 요구되고 있다. 추가 교실의 필요성은 물론이고 현재 있는 교실도 조명시설이 빈약하고 난방은 해결책이 보이지 않아 '교실'이라고 이름 붙이기도 민망한데 그나마 지하에 있다. 미스 해치는 "350명의 소녀를 그렇게 열악한 교실에서 만원인 상태로 공부하도록 하는 것은 아마도 하나님도 책임지지 않으려고 그러는 것 아닌지 의심이 든다."고 외칠 정도다. 미스 해치는 또 학생들의 건강을 걱정하고 있는데 학생들은 배울 수만 있다면 상관없다는 반응을 보인다. 만약 누군가가 기부를 해줘 좋은 시설에서 수천 명의 학생이 이들 학교에서 공부하게 된다면 그 학생들은 엄청난 혜택을 받는 셈이 될 것이다. 교사의 문제는 더욱 심각한데 더 많은 돈을 들여 더 나은 선생님을 확보하는 것이야말로 필수사항이 되었다. 다행인 것은 기숙사의 상황이 조금 개선됐다는 점이다. 새로운 건물을 짓지는 못했지만, 기부금을 받아 방 몇 개를 추가로 확보할 수 있었다.

한편 윌리엄스 감리사는 선교, 교육, 의료의 세 분야로 나눠 보고하고 있다. 선교 교육 분야 내용 중 죽은 아내를 위해 교회에 논을 기부한 남편의 사연을 전하며 돌아가신 분이 다른 방식으로 전도활동을 수행하는 경우라고 소개했다.

> 지난해 공주지역교회에 다니는 훌륭한 여성신도 중 한 사람은 죽어서 천국에 가는 부름을 받았다. 이에 그녀의 남편은 그녀를 기념하기 위해 교회에 논을 헌금했는데 교회는 이 논을 빌려주고 소작료를 받아 이 지역 전도부인을 지원하려고 하고 있다. 이런 식으로 돌아가신 분이 전도활동을 수행할 수 있게 한 것은 새로운 사례다. 몇 년 전 시골학교를 시작하도록 하기 위해 집을 교회

에 기증한 한 노인 교인 덕분에 한자공부를 할 수 있는 훌륭한 학교가 운영되고 있고 이 노인은 60세가 넘었음에도 불구하고 하나님의 나라를 위한 일에 매우 열심을 다하고 있다.

이밖에 교육 사업에 대해 보고하며 윌리엄스 감리사는 영명고 재학생 절반 이상이 기혼자이고 아내들은 학력이 낮아 보통학교 졸업자는 한 명밖에 없어 남존여비 사상이 여전하다는 흥미로운 보고도 하고 있다. 그러나 주간 학교는 성과로 보면 최고의 한 해를 보냈다고 보고해 교육 사업의 성과가 대단했음을 밝혔다.

공주 영명고는 재학생의 상당수가 기혼자이고 부인들의 학력이 매우 낮은 것이 문제이다. … 학교에서는 재학생을 상대로 정신적, 육체적 테스트와 신체검사를 지난해 실시했다. 이런 업무를 통해서 결과를 얻으려면 몇 년의 시간이 걸리겠지만 미래 한국의 교육을 위해서는 가치가 있을 것으로 생각한다. 일련의 조사에서 우리는 학생들의 집안생활과 관련해 몇 가지 흥미 있는 사실을 알게 되었다. 첫 번째는 140명의 학생 중 80명이 결혼했다는 사실이다. 이 학생들 아내의 교육 정도는 낮은 것으로 조사됐는데 보통학교를 졸업한 사람은 1명뿐이고 2명이 다니고 있었다. 5명이 1년이나 3년간 다닌 적이 있고 52명은 한글을 읽거나 쓸 수 있었다. 20명은 문맹이었다. 가장 어린 아내는 15세에 불과했다. 이런 조사 결과를 보면 우리 학교 같은 곳에서 학생들의 아내를 위해 무엇인가 아이디어를 내야 하지 않을까 생각한다.

많은 소년이 기부금을 받기 위해 신청을 하고 또 다른 사람들은 운동 분야에서 받기도 했다. 한 소년은 성적이 좋도록 열심히 공부해 그의 등록금을 벌 뿐만 아니라 다음 학기의 기숙사비와 생활비의 일부까지 벌고 있다. 다른 학생은 페인트칠하는 방법을 배워 지역 선교본부에 있는 주택에 페인트를 칠해주고 돈을 벌고 있다. 그렇지만 여전히 문제는 너무나 많은 학생이 가난하기 때문에 그들이 고등학교 과정을 마칠 수 있을지 없을지 알 수 없다는 점이다. 우리는 한국인이나 외국인 기부자들이 우리 학교에 많은 보조금을 주고 우리에게 많은 장학금을 주었으면 하고 기도하고 있다. 우리는 모든 학생에게 그들이 받은 혜택만큼 일하도록 요구하고 있다.

전도부인의 고군분투를 지휘하는 사부인(1925년)

1925년 KWMC 보고서에서 사부인은 공주, 천안, 홍성 지역에 대하여 10쪽 분량으로 비교적 자세히 기록하고 있다. 그중 선교와 교육부분의 보고에는 부흥강사가 독감에 걸려 열흘 동안 하기로 기획했던 부흥회가 하루 만에 끝났지만, 여신도 대부분은 그래도 큰 은혜를 받았다는 내용도 있다. 공주 천안 홍성지구 선교사역 부문은 사부인이, 공주 영명여학교 교육부분은 미스 해치(Hazel A. Hatch)가 하고 있다.

공주 선교부와 남녀 학교. ©드루대학교

또 한해를 주님을 위해 일하도록 특권을 주신 데 대해 감사한다. 내가 운영하는 전도부인 학습교실은 올해 특별히 도움이 되었다. 나는 서울의 한 부흥강사를 초청하기로 예약을 했는데 그 이유는 당시 우리는 특별한 은혜를 위해 기도하고 있었고 우리 모두가 그것을 필요로 하고 있었기 때문이다. 그런데 이 부흥강사는 도착하자마자 사흘밖에 체류할 수 없다는 것이었다. 우리는 10일을 계획하고 있었고 부흥강사가 새벽기도회와 저녁부흥회, 낮 시간의 성경교육까지 지도해 주기를 바랐기 때문에 낙심은 더 클 수밖에 없었다.

그러나 그것이 끝이 아니었다. 이 부흥강사는 오자마자 바로 독감에 걸려 사흘도 채울 수가 없었다. 나는 이 문제를 해결해 달라고 주님께 기도했다. 주님은 모든 것이 잘 될 것이라고 나를 안심시켜 주셨다. 정말로 부흥사가 가기 전에 모든 여신도가 큰 은혜를 받았다. 나도 지켜보았지만 몇 번의 부흥회에 참석했던 한 여신도는 그동안 별다른 믿음의 동요가 없었는데 이번에는 마음의 문을 열고 몸부림치며 눈물로 주님께 용서를 구하는 것이었다. 이 여신도는 우리 모두가 온 마음으로 구했을 때 받는 것처럼 은혜를 받고 돌아가 전보다 더 주님을 위해 열심히 전도활동을 했다.

전도부인 윌라 역시 은혜를 받았는데 윌라는 4명의 자녀를 둔 과부로 겨우 먹고 살 만큼 벌기 위해 발버둥 치고 있었다. 그녀는 비통하게 울고 있었는데 나는 팔로 그녀를 안으며 무엇이 당신을 그렇게 어렵게 하느냐고 물었다. 윌라의 대답은 "내가 사부인한테 투덜거린 적이 있는데 용서해 줄 수 있느냐"고 묻는 것이었다. 나는 놀라지 않을 수 없었다. 왜냐하면 나는 윌라를 위해 많은 일을 했고 해준 일을 받은 윌라는 모든 것에 항상 감사하는 것처럼 보였기 때문이다. 내가 윌라에게 용서할 수 있음은 물론이고 이미 했다고 말하자 그제야 평화로운 표정이 되었다. 나는 오랫동안 그렇게 행복한 사람을 본 적이 없었다. 그녀는 "아, 나는 정말 행복해요, 모든 짐이 내려졌어요."라고 말했고 그녀의 얼굴은 행복해 보였다. 윌라는 올봄에 매우 아파 수술을 해도 죽을 수가 있었다. 그러나 회복되어 이제는 자신의 전도활동을 수행할 수 있게 되었는데 심지어 이 지역의 비신자들도 하나님이 그녀의 목숨을 구해줬다고 말하고 있다. 이처럼 하나님은 일하시고 그는 우리의 의사와 간호사를 도구로 기쁘게 사용하신다.

전도부인 베시(이베시)도 아팠는데, 성경공부반이 끝난 후 결핵이 깊어진 것으로 확인되어 나는 베시를 우리 집 현관 채에 석 달 동안 있도록 했다. 그리고 우리의 간호사이자 의사인 미스 보딩의 보살핌을 받도록 했다. 지금은 회복 중이다. 이정자는 평양성경학교를 올해 졸업하고 우리를 돕기 위해 왔는데 나는 그녀를 선교하기 어려운 구역 중의 한 곳으로 보냈다. 그녀는 그곳을 잘 장악하고 훌륭하게 잘하고 있다.

천안 구역의 보고에서는 산상기도가 처음 등장한다. 언덕에 올라가 산상기도를 하며 간구한 전도사에게 두 달 만에 1,400명의 새 신도가 몰려왔다며 밀물처럼 오는 신도들로 전도사와 전도부인이 더 바빠졌다는 내용이다. 특히 천안에서 전도할 때 한 양반 출신 전도부인은 자신이 직접 마을을 다니며 기독교 전도단이 왔다는 사실을 전하는 대신에 사람을 사서 징을 치며 주민들이 교회에 오도록 하는 이색적인 방법을 썼다. 사부인은 징을 '놋쇠로 만든 대야 같은 것'이라고 표현했다.

천안지구 온양의 한 작은 시골교회(1950년). ⓒ드루대학교

천안구역은 지난 2월 사경회 이래 모든 전도부인들이 특별히 바쁘게 지내고 있다. 당시 우리 구역의 감

리사와 목사들은 전도단을 구성해 모든 가정을 방문할 뿐 아니라 모든 중요한 읍으로 가서 만나는 모든 사람에게 설교하기로 결정했다. 이런 아이디어는 처음 구역 감리사의 마음속에서 태동하여 수많은 기도를 하는 가운데 나온 것이었다. 그는 매일 아침 집에서 400미터쯤 떨어진 언덕으로 올라가 기도에 새벽 시간을 보냈다. 그는 자기의 일을 지도해 달라고 하나님에게 도움과 힘을 구하였다. 사경회가 진행되는 동안에도 비록 날씨는 추웠지만, 아침기도는 계속되었다. 이제는 언덕에 혼자 가지 않고 전도자들도 함께 올라가 기도드렸다. 이를 통해 전도자들은 새로운 하나님의 비전을 갖게 되었다. 교회 밖으로 나가서 동포들을 위해 더 많은 전도를 할 것을 결심했다. 이러한 전도운동 결과, 두 달 만에 1,400명의 사람이 새신자가 되었다. 나는 몇 번의 전도모임에 참석했는데 놀라운 경험이었다. 전도모임에서는 크게 흥분되는 감동은 없었지만, 사람들은 설교말씀을 듣고 하나님을 믿기로 작정하기를 원한다고 말하는 것이었다. 전도모임에서는 많은 어린이가 나와서 들었는데 이는 교회의 미래를 위해 의미가 컸다.

앞서도 말했듯이 이렇게 밀물처럼 사람들이 밀어닥침에 따라 전도사와 전도부인들은 과거 어느 때보다도 더 바빠지지 않을 수 없었다. 왜냐하면, 교회에 나오는 새신자들을 돌보지 않으면 그들 자신에게도 교회에도 득이 될 것이 없기 때문이다. 한 구역은 도시의 발달로 세 곳으로 나누어졌는데 2명의 전도부인이 담당하게 되었다. 세 곳 중 한 곳을 담당하고 있는 한 노인이 있었는데, 그는 저녁예배에 많은 사람이 참석하도록 해달라는 요청을 받고 재미있는 행동을 취했다. 그는 아주 보수적인 양반으로 자신이 직접 하는 게 아니고 사람을 시키는 것이었다. 그는 사람을 밖으로 보내 징(사부인은 이것을 놋으로 만든 대야로 묘사하고 있다.)을 치며 "기독교 전도사들이 읍에 왔어요, 오늘 밤 모두 와서 들으시오. 여자들도 초청합니다."라고 외치며 돌아다니도록 하였다. 이에 사람들은 자신들의 집을 전도자와 전도부인들에게 열어주었고 그들은 여관으로 갈 필요가 없었다. 이는 하나님이 먼저 가셨고 전도단이 오도록 길을 예비하신 것이다. 이곳(천안)에서는 하나님을 믿기로 고백한 사람이 75명이나 되었다. 이는 우리가 믿음 속에서 그를 기다릴 때 기도하는 사람에게 응답하시는 분이 하나님임을 나타내신 것이다.

사부인의 보고에서 공주교회는 자립을 이뤘고 성환교회는 자립을 시작했다고 밝혔다. 이밖에 지역 주간학교는 자격 있는 교사를 모시는 문제 때문에 많은 어려움을 겪고 있는데 그 이유는 정부의 요구 조건에도 맞으면서 기독교 신앙을 가진 남녀 교사를 찾기가 어렵기 때문이라고 말하고 있다.

성환구역에는 기독교 신자인 부자 가족이 있어서 이 가족은 일주일에 한 번씩 전도부인이 마을에 와주기를 원했고 전도부인이 오게 되면 지원할 것을 약속했다. 이렇게 약속했지만, 해당 구역의 반 이상은 내가 지원해야 하므로 크게 도움이 되지 않았지만 자립을 시작하는 것이어서 즐거웠다.

우리 공주교회는 자립을 이루었다. 공주교회는 상당 기간 목사님을 후원했고 올해에는 전도부인도 맡았다. 자신의 땅을 소유한 한 여신도가 1년 전 세상

① 성환교회에서 평신도들이 4분기 보고 준비를 하고 있다. ② 일본 신사가 있던 곳에 지어진 성환교회(1950년). ⓒ드루대학교

평택부근 천안구역의 작은 마을 교회(1950년). ©드루대학교

을 떠났는데, 그 후 남편이 목사님을 찾아와 땅을 교회에 헌금해 전도부인을 후원하고 싶다고 밝혔다. 그래서 이제는 여기서 나온 돈이 전도부인이 없는 구역을 돕는데 사용되고 있다. 충청지방에서는 느리지만, 여성들 쪽에서 자립 노력이 시작되고 있어 아주 고무적이다. 공주, 천안, 홍성 구역에서는 가정성경공부과정을 제외하고도 지난 1년간 40개가 넘는 성경공부반이 열렸다. 우리는 또 3개 구역에 157명의 회원이 있는 14개의 전도단을 운영하고 있다.

우리 지역 주간학교는 자격 있는 교사를 모시는 문제 때문에 많은 어려움을 겪고 있는데 결말이 나지 않는다. 이유는 정부의 요구 조건에도 맞으면서 기독교 신앙을 가진 남녀 교사를 찾기가 어렵기 때문이다. 전도와 교육이 가능해지도록 우리 선교지역에 온 미세스 토마스에게 가장 고맙게 여긴다. 미세스 토마스의 공주 부임은 선교부에도 큰 자극이 될 뿐 아니라 한국인들에게도 역시 자극이 된다. 앞으로 이제 몇 년간 봉사할 것에 대비해 힘을 확보하고 간직하기 바란다.

무르익은 모습 보여주는 1926년의 선교

1926년 6월 18일부터 이틀간 이화학당 접견실에서 열린 KWMC 회의에서 선교방법의 변화 모색에 대해 토론하고 여러 가지 결정을 내렸다. 사부인은 전도위원과 집행위원으로 선출되었다. 교육위원회 결의사항 중 공주지역과 관련된 사항은 공주보통학교의 관청등록을 위해 함께 있던 고등학교를 다른 곳으로 옮긴다는 결정이 눈에 띈다. 사부인은 장마 속에서 선교여행을 가다가 제방에서 차가 미끄러져 죽을 고비를 넘는 사고를 당하기도 했다. 또 교회 갈 때마다 아내를 구타하던 남편이 1년 반을 때려도 아내가 계속 교회를 다니자 마침내 교회 가는 것을 허락받았다는 한 여신도의 사연을 소개했다. 험난했던 당시 여성들의 믿음 과정이 어떤 것이었을지 느낌으로 다가온다.

> 지난해 연회(1925. 6. 11.)가 시작되기 전까지 순회전도를 끝낼 수가 없었다. 그래서 연회가 끝나자마자 장마가 시작되기 전에 마칠 수 있기를 희망하면서 출발했다. 그러나 순회전도가 끝나기 전에 장마가 본격적으로 시작되었다. 우리는 집에서 200리쯤 떨어진 곳에 있었다. 비가 쏟아지는 가운데 출발해 집에서 40마일 떨어진 곳에 도착했을 때, 위험한 곳을 건너다 차가 미끄러졌고 가파른 제방 위로 떨어졌다. 죽는가 싶었다. 위험을 깨달은 순간 나의 마음은 하나님께서 돌봐주시고 도와주실 것을 간절히 외쳤다. 그 순간 모든 두려움은 사라졌다. 몇 명의 남자들의 도움으로 구조되어 안전하게 우리의 길을 오게 되었다.
>
> 전도부인들을 위한 성경공부반이 천안에서 열렸다. 천국 같은 장소에서 함

사부인이 지방 전도 여행을 위해 자신의 포드 자동차가 진흙 길을 갈 수 있는지 확인하고 있다.

께 앉아 우리는 앞으로 전도활동을 하기 위해 더 강해질 필요를 느꼈다. 수잔나 김이 9월에 공주로 왔는데 공주선교부는 가장 어려운 구역에 그를 보냈다. 그곳에서 수잔나 김은 고운 마음씨와 기도하는 삶을 통하여 놀라운 전도활동을 해내었다. 수잔나 김이 오기 전에 그 구역의 교회에는 겨우 몇 명만 나왔는데 이제는 교회에 나오려는 사람들을 다 수용하지 못할 정도로 공간이 부족한 실정이다. 전 구역이 발전하고 있으며 모든 곳에서 끊이지 않는 기도가 이루어지고 있다. 모든 일이 기도를 통해 성취된다는 사실을 알면서도 '왜 우리는 그것을 이렇게 늦게야 아는지?' 안타까울 뿐이다. 수잔나는 우리 여학생들도 매우 많이 도와주고 있다. 특히 여학생들이 교회를 출석하면서 흥미를 잃는 경우가 있는데 수잔나는 이들을 권면해 영적인 행복에 관심을 두도록 했다. 한 선생님은 학생들이 요즘처럼 기도를 열심히 하는 것을 본 적이 없다고 말했다. 학생 중 몇 명은 조용히 기도드리기 위해 매일 새벽 교회에 나오고 있다.

논산구역에서 1년 전에 그리스도를 받아들인 적이 있는 한 여신도를 만난 적이 있는데, 그녀의 남편은 기독교인이 되는 것을 반대하고 있었다. 매번 남편이 찾을 때마다 아내는 교회에 있었다. 왜냐하면 기회가 있을 때마다 이 여신도는 교회를 찾았기 때문이다. 그때마다 남편은 아내를 때렸다. 지난봄, 내가 방문하기 직전 남편은 아내가 팔을 못 쓰게 될 때까지 구타했다. 이 불쌍한 여성은 아주 최악의 상황에 부닥쳐 있었고 남편이 없을 때 좀 더 살 만하다고 느끼면 나를 찾아왔다. 그녀의 믿음은 강했고 하나님이 그녀를 도울 것이라는 믿음을 갖고 있었다. 이제 1년 반쯤 지났는데 남편이 교회 가기를 원하면 가도 좋다고 허락했다는 것이다. 내가 몇 주 전에 가서 이 아내를 만났을 때 그녀는 내가 봤던 사람 중 가장 행복한 여인이 되어 있었다. 남편의 학대를 받는 동안 갓난아기가 태어났는데 시아버지는 강하고 건강한 이 갓난이를 '복덩이'라고 부른다고 한다. 나는 그 가족 모두 머지않아 그리스도 앞에 나올 것이라 믿는다.

사부인은 애연가였지만 전도부인이 된 후 많은 성과를 올리고 있는 황 부인에 대한 보고를 계속해서 하고 있다. 흉년으로 굶주리고 있는 황 부인 전도지역 신자들의 실태를 들으며 해줄 수 있는 것이 없는 데서 나오는 무력감을 토로하고 있다.

양반 출신의 전도부인인 황 부인은 부흥사 겸 주일학교 교사로 활동하고 있다. 황 부인은 아들이 가족부양을 하지 못하고 있기 때문에 현재 그 짐을 어머니인 황 부인이 지고 있다. 적은 월급을 가지고 어려운 시기를 보내고 있다. 지난여름에 수확은 괜찮았는데 담당구역이 워낙 가난하고 장마철에 많은 논이 황폐해지는 피해를 보았다. 게다가 가을에는 심한 우박이 쏟아져 장마 피해를 보고 남은 농작물마저 망쳐버렸다. 황 부인이 심방을 갈 때마다 사람들이 누워 있는 것을 봤는데 아파서 그러냐고 물으면 그저 배가 고파서 그렇다고 대답한다는 것이다. 이처럼 가난한 구역이라 구역의 교인들은 전도부인을 위해서 해줄 수 있는 것이 없었다.

지난해, 전도부인 이베시(Yi bessie)가 결핵을 앓고 있다고 보고한 바 있었는데 이제는 나았다. 보기에는 전보다 더 건강해졌고 훌륭하게 활동하고 있다. 하나님이 이베시를 우리 곁에 돌려보내 주신 데 대해 모든 영광을 주님께 돌린다.

이형식은 파트타임으로 활동하는 전도부인인데, 성경학교에서 1년간 공부한 경력이 있다. 남편이 청양지역으로 가게 되자 함께 가는 이형식에게 현재 돈이 없어 정식 전도부인으로 할 수는 없지만 가능한 한 도와준다면 매월 조금씩이라도 월급을 주겠다고 제안했다. 전도사인 남편과 전도부인이 된 이형식은 청양에서 전도활동을 하고 있다. 그러나 청양은 활동하기에 쉬운 곳은 아니다.

선교여행 중에는 많은 일이 발생했다. 어린 학생을 때린 데 대해 학교장과 도지사를 비판한 교인이 20일 동안 잡혀가 있는가 하면 사부인이 방문한 것을 트집 잡아 잠자던 부부를 한밤중에 체포해 가는 상황이 벌어지기도 했다. 모두 기독교 선교를 못마땅하게 생각하는 일제의 의도적 활동이 아닐 수 없었다.

올봄, 우리 학교를 지도하는 사람 중 한 사람이 작은 주일학교에 대해 글을 써 인쇄했는데, 내용은 공립학교의 교장과 도지사에 대해 비판하는 것이었다. 글쓴이는 교장이 어린이들을 때렸으며 그 일은 어린이와 일반인이 보기에 본보기가 못 된다고 말했다. 부모가 된 입장에서 그는 다른 부모들도 그 일을 알게 할 권리를 가지고 있다고 생각했다.

이에 대해 관계자들은 화가 났고 글을 쓴 박 씨를 체포하도록 하여 홍성경찰서에 20일간 갇혀 있다가 풀려났다. 내가 그 지역을 순회하면서 그곳을 갔을 때 그는 이틀 전에 풀려나 있었다. 나는 더 이상 문제가 없음을 확인하고 그곳을 떠났다. 그러나 내가 떠난 지 이틀 후 새벽 2시에 경찰이 청양구역의 전도부인 이형식 부부의 방으로 쳐들어와 잠자는 부부를 묶어 집에서 가까운 지서로 끌고 가는 사건이 벌어졌다. 경찰은 두 사람을 오후 5시까지 잡아 놓고 있었는데 함께 끌려간 사람이 모두 8명이나 되었고 그중 여성은 부인 한 명이었다. 경찰은 이들을 연행해 가면서 "사부인이 여기에 왔었고 당신들 모두가 함께 활동하고 있지?"라고 물었다는 것이다.

나는 이 부인이 잡혀간 것에 대해 나와 함께 머물러 있었기 때문이라고 의심했다. 그녀는 묶여 갈 때 너무 꽁꽁 묶여서 팔목이 심하게 부어올랐다. 오랜 시간 심문 끝에 경찰은 이들이 벌 받을 만한 일을 하지 않았다는 것을 알고 많이 사과하며 연행한 사람들을 풀어주었다.

일제의 보이는, 보이지 않는 탄압 속에서도 선교는 계속됐다. 한 해 동안 사경회 50회, 전도부인은 16,361가정을 방문했다는 보고는 하루도 쉬지 않는 전도의 열정을 보여준다. 시골의 부녀자들을 위해 2, 3개월 머물며 읽기를 가르치는 여자순회교사 비용을 고민하면서 돈 문제는 하나님에게 맡기려 한다는 무조건적인 추진의 모습을 보여준다. 그 결과 이 순회교사가 밤낮으로 가르치고 설교는 물론, 주일학교도 담당해 한 섬지역 교회를 번성시켰다는 결과보고도 하고 있다.

> 여러 해 동안 나는 순회교사 채용을 위해 금전적 도움을 달라고 요청하고 있다. 순회교사는 2, 3개월을 한곳에 머물면서 부녀자와 소녀들에게 읽기를 가르치는 교사다. 이제까지는 성공을 못 했으나 지난가을 최소한 한 곳에서라도 실행해보려고 결심한 후 돈 문제는 하나님께 맡기려고 했다. 순회교사로 한 여성을 우리가 새로운 선교활동지역으로 정한 지역의 한 섬에 보냈는데, 이 여성은 낮에는 물론, 밤에도 가르쳤고 설교도 하고 주일학교 감독도 했다. 그 결과 섬 교회가 번성하게 되었다. 그 읍의 읍장은 비기독교인인데도 기독교를 반대하지 않았고 원하는 기간만큼 교회로 사용하도록 집을 빌려주기도 하였다. 내가 그 여교사를 인제 그만 그 섬에서 나오도록 했을 때, 모든 사람이 항의했고 만약 선생님이 계속 체류하게 되면 숙식을 제공하겠다고 말하기까지 했다. 이 선생님도 섬에서 자기를 필요로 하자, 한 달 이상 더 머물겠다고 하여 한동안 그곳에 머무르며 15명의 여성과 소녀들을 가르쳤다.

유관순 열사도 수학했던 공주 영명여학교는 사부인이 선교구역에 세운 첫 여학교인 데다 여성 계몽과 선교의 전초 기지로서 지대한 관심을 쏟았던 기관이다. 순회 선교를 해야 하는 사부인의 입장에서는 영명여학교에 대한 행정을 직접 할 수가 없어 감리사 윌리엄스(Frank E. C. Williams)의 부인인

공주 실업학교 여학생 건물. ⓒ드루대학교

앨리스 윌리엄스에게 교장을 맡길 수밖에 없었다.[3]

윌리엄스 부인은 가족이 있는 선교사 부인으로 공주 여학교를 운영하느라 힘들지만 사부인의 도움으로 해결할 수 있었다며 감사해했다. 사부인은 선교활동을 비롯해 유치원 2곳, 보통학교 4곳을 운영하느라 바쁘지만 틈을 내 공주 여학교의 보고서, 통계작성, 교사 구인 등 운영을 도와주고 있다고 밝혔다.

나는 사부인에게 감사의 빚을 지고 있다. 사부인은 자신도 선교활동과 2개의 유치원 감독, 4개의 지방학교운영도 벅찬데 시간을 내서 공주 여학교운영도 도와주고 있다. 특히 사부인은 보고서, 통계, 견적, 질문서, 자격 있는 교사 구하는 일 등 가장 힘들고 빈번하게 해야 할 일을 해 줌으로써 나를 도와주었다. 미세스 파운드는 우리 여학생들이 직업 실습을 하는 자조(自助) 파트를 효

3) 앨리스 윌리엄스는 사부인의 1972년 백수 파티에 참석, 회고담을 들려주었던 동료다.

율적으로 관리해 주었는데, 나로서는 최고의 찬사를 전하고 싶다. 자조 파트에서는 수예품을 주문받아 제작해 파는 것인데, 급속히 수입이 증가해 매월 학생들에게 일정 액수를 지급할 수 있게 되었을 뿐 아니라 자조 파트가 생길 때 졌던 빚도 갚을 수 있었다.

파운드 박사와 미스 보딩은 우리 학생들을 육체적으로 강하고 아울러 정신적으로도 깨어 있도록 하면서 사랑의 봉사활동을 하고 있다. 두 사람은 간접적으로 부모들을 가르치는데 "치료보다 더 중요한 것은 예방"이라고 학생들에게 말해 병이 더 중해지기 전에 가벼울 때 치료를 위해 병원에 오도록 하고 있다.

나는 또 우리 문제에 관해 관심을 갖고 실패에 대해서도 마음 써준 데 대해 아멘트 부인에게도 감사를 드린다.

헌금하기 위해 땔감 더 많이 모은 마르다의 신앙(1927년)

1927년 6월 서울에서 열린 KWMC 연회에서 사부인은 공주, 천안, 홍성구역에 대해 보고하고 있다. 우선 지난 1년을 마감하면서 뒤돌아볼 때 주님을 위해 얼마나 많은 것을 성취했는지 의문이 든다면서 순회전도여행과 전도부인의 활약과 개인에 대한 평가를 항목별로 다루고 있다.

먼저 순회전도여행에 대해 설명하며 사부인은 3개 구역의 모든 곳을 두 번씩 순회할 수는 없었지만 어떤 곳은 세 번을 방문하기도 했다면서 대표적으로 공주구역에 속한 연산(Yeun San)을 예로 들었다.

많은 곳에서 교회는 분명히 성장해 왔는데 연산교회의 경우가 대표적이다. 연산교회(현 연산제일감리교회)는 그동안 거의 여성교회였는데 현재의 교회를 보면 실망스러운 환경 속에서도 진리가 사실임을 보여주는 흐뭇한 교회가 되었다. 지난봄 이 교회를 방문해 수요저녁 기도회를 인도하는 영광스러운 기회가 있었는데 내 가슴은 기쁨으로 뛰었다. 남자신도들이 앉는 쪽을 보니 대단히 많이 차 있었던 것이다. 여성들은 신실해져 있고 하나님은 그들의 기도를 듣고 응답해 주셨다고 느꼈다.

다른 한 곳에서는 목사님에게 헌금하는 것을 결코 거르지 않는 한 가난한 여성의 이야기를 들을 수 있었다. 이 여신도가 헌금하는 방법은 이런 것이었다. 그녀는 아들을 데리고 낮에 산에 가서 땔감용 나무를 모으는 것이었다. 이 여신도는 자신이 매일 사용할 땔감만 모으는 게 아니라 더 많이 모아 그것을 팔아 주님께 약속한 헌금을 충분히 내는 것이었다. 이 가난한 여신도의 이름은 마르다(Martha)였다. 그들이 받은 풍부한 은혜를 깨닫는 마르다들이 더 많아지기를 기도하며 그들이야말로 그리스도의 왕국을 발전시키는 데 큰 역할 하기를 기도했다.

한편 사부인은 지난 거의 3년간 건축을 진행해온 예산교회가 그것을 끝낸 데 대해 감사해야 한다고 밝혔다. 사부인에 따르면 교회길 건너편에는 농업학교가 있었는데 학생들은 교회 건물이 양잠 실습용으로 쓰이기를 바랐다. 그러나 교회가 세워지자 학생들은 오랫동안 실습을 하지 못하여 비난해 왔었는데 이제는 그 같은 비난은 사라졌고 오히려 몇몇 학생과 일본인 교사는 매주 일요일 예배에 참석하고 있고 진실하여 보이기까지 한다고 보고했다.

사부인은 또 공주와 홍성에서 사경회를 열었는데 특히 홍성에서는 처음 있는 일로 모든 사람이 흥미로워했다고 전하고 있다. 열흘 동안 함께하면서 큰 은혜를 받는 날들이었고 폐회예배에서는 시험을 본 모든 이에게 수료증을 줄 수 있었다고 밝히고 있다. 사부인은 이렇게 행복한 수업을 방해하는 어떤 행동이나 사건도 볼 수 없었으며 올해에는 좀 더 많은 사람이 교인이 되기를 희망한다고 말했다. 3개 구역에서 50개가 넘는 사경회가 열렸는데 사부인은 12곳에서 가르쳤고 이들 사경회에서 공부한 사람만 1,000명이 넘었다고 보고했다. 이어서 사부인은 전도부인들이 진행하는 성경공부반을 운영할 수 있는 돈이 없어 지난해에는 할 수 없었으나 여신도들에게는 이 성경공부반이 꼭 필요해 돈이 없어도 다시는 이를 안 할 생각이 없다고 말했다.

사부인은 다른 성경공부반에 관해서도 소개하며 "날씨가 몹시 추울 때 열렸고 교회에는 온기라고는 없었으나 여성신도들은 신경 쓰지 않는 것처럼 보이며, 말씀 공부를 한다는 것만으로 너무 행복해했다."고 보고했다. 성경 강의를 듣고 있는 한 작은 여신도에 대해 특별히 소개하고 있는데 지난해 남편의 박해를 심하게 받고 있다고 보고했던 여신도이다. 사부인은 그녀가 집안에서 믿는 것을 허용받은 후 그녀의 얼굴은 보름달처럼 되었으며 모든 질문에 답하기를 원하고 있다고 말했다. 그녀는 교회를 다니고 하나님의 말씀을 배우는 특권을 갖게 되어 지금 확실히 행복하다고 보고했다.

입장교회의 성경공부반은 처음에는 다소 실망스러웠으나 결과적으로 주일학교가 조직되었고 나아가 교회 출석부에 이름을 올리기까지 했다고 말했다.

이어서 사부인은 전도부인들에 대해 보고하며 먼저 오랫동안 아팠음에도 불구하고 전도활동을 해오던 한 사람의 죽음을 밝히고 있다. 사부인은 그 전도부인이 지난여름 숨을 거뒀는데 자신은 그녀가 병원에 있었으며 사망보상금을 받을 때까지 전혀 몰랐다고 밝혔다. 그 전도부인은 처음에는 사부인이 걱정할까 봐 두려워해 편지를 쓰지 않았고 편지를 썼을 때는 자신이 서울에 있느라 받지를 못했다고 그간의 경위를 설명했다. 그리고 사부인에게도 전달되는 전보를 보냈으나 그녀가 숨을 거둘 때까지 자신에게는 전달되지 않았다고 밝혔다. 사부인은 자신은 정말 몰랐으며 자신을 보고 싶어 하고 기다렸을 전도부인 옆에 가까이 있지 못했던 것은 정말 슬픈 일이었다고 말했다. 이 전도부인의 죽음은 커다란 손실이었으나 대신 미스 한을 얻게 됐다고 소개했다. 미스 한은 천안 가까이 양대에서 여학교를 졸업하고 서울의 성경학교도 졸업한 사람으로 새로운 직책을 맡아 훌륭하게 일을 해냈다고 전했다. 사부인은 미스 한이 오르간을 연주할 수 있는 유일한 전도부인이라고 말했다. 사람들은 그녀의 연주를 너무나 좋아했고 특히 어린이들을 교육하는데 큰 도움이 됐다고 했다.

사부인은 이명계라는 전도부인에 대해서도 소개하고 있는데 이 전도부인은 특이하게도 섬지방의 여성들을 위해 파견된 사람이었다.

> 이명계는 섬지방의 작은 교회와 함께 한 해를 모두 보냈는데 그곳에는 목사가 없어 그녀 없이는 예배를 인도할 사람이 없었기 때문이다. 대략 한 달에 한 번 섬교인들은 목사를 볼 수가 있는데 그 이유는 목사님이 사는 곳이 너무 멀리 있기 때문이다. 이명계는 아무 월급도 없지만, 섬사람들은 할 수 있는 모든 것을 다해 그녀를 돕고 있어 필요한 모든 것을 가질 수는 없지만 큰 어려움을 겪지는 않고 있다.

사부인은 이명계에게 6개월 치의 급료를 주며 육지로 돌아올 수 있다고 말했는데 그곳 사람들은 이명계가 더 있어 주기를 간청해 여전히 그 섬에 있게 됐다고 경위를 밝혔다.

사부인은 마지막으로 강마리아라는 전도부인에 대해 소개하며 그녀가 처음에는 조치원지역에 가는 것을 내켜 하지 않았으나 현재는 매우 만족해하고 있다고 말했다. 사부인은 며칠 전 그녀를 방문했는데 그곳에서 일하는 것을 무척 즐거워한다면서 그 교회의 모습을 전했다.

> 작은 교회는 넘쳐흐르는 모습이었다. 교회 안과 현관까지 붐볐고 어떤 사람은 마당에 서 있었다. 교회에 온 몇 명의 학생들은 예배가 끝날 무렵 그들의 마

음을 그리스도에게 바치기를 원하는지 물을 때 한 학생은 "그렇게 하겠다."면서 그의 이름을 등록했다.

선교구역 조정으로 공주 논산만 담당(1928년)

1928년 10월 연회에서 사부인은 전도위원회 위원이자 상임위원회 위원으로 선임됐다. KWMC 보고서에서 사부인은 자신의 선교구역이 공주, 논산 등으로 줄고 홍성이 다른 여선교사의 관할로 변경됐음을 밝히고 홍성구역 신도들과 작별할 때 너무 가슴이 아팠다고 보고하고 있다.

지난 연회에서 나는 맡고 있던 구역 중 한 곳을 덜었고 다른 담당자가 대신 투입되었다. 하지만 새 담당자인 미스 쉬아프(Miss Scharpff)가 미국에서 아직 한국에 오지 않아 나는 두 구역을 계속 순회했고 홍성에서는 등급이 나뉜 성경공부반을 열었다. 성경공부반에 온 사람에게 작별해야 한다고 이야기하는 것은 정말 어려웠다. 왜냐하면, 어렸을 때부터 신앙적으로 성장하는 것을 보아왔고 그들 중 대부분을 내 자식처럼 여겼기 때문이었다. 그들이 울 때 나의 가슴은 찢어지는 것 같았다.

천안구역의 한 작은 마을에서 한 여신도는 그리스도를 믿고자 하나 그녀는 주 예수가 그러했듯이 커다란 핍박을 견디고 있었다. 시어머니가 너무나 일을 많이 시켜 도대체 교회에 올 시간이 없었다. 심지어 여러 차례 구타당하기도 했지만, 시간이 날 때마다 자주 교회에 나갔다. 오랫동안 핍박을 받은 후 결국 이 여인은 병을 얻었고 열이 나기 시작했다. 거의 죽을 정도로 아팠는데 이에 대해 하나님은 완전한 건강과 힘을 회복시켜 주시지는 않았지만, 불쌍히 여기시고 은혜를 베푸셨다.

그러나 더 큰 문제는 전처럼 일하지 못하게 되었다. 사람들이 그녀의 사정을 말하는 것을 듣고 나는 서울에 있는 연합병원(세브란스)으로 데려가도록 말했고 검사 후 필요한 약을 주기도 했다. 이제는 훨씬 좋아져서 교회 출석도 허락을 받았다. 나는 하나님이 그녀의 가족을 예수님께 인도하는 도구로 그녀를 사용하도록 기도하고 있다.

한편 사부인은 이 해의 보고서에서 "논산교회는 오랫동안 교회 건물을 원했는데, '부흥회 동안에 헌금하기로 결정하여 700엔 이상을 현금으로 내거나 내기로 작정하였다'는 소식을 듣고 이를 기적"이라고 생각했다는 소감을 전하고 있다. 또 사부인은 자신이 관할하는 4개 학교가 훌륭하게 운영되고 있는데 논산 학교의 경우, 지난봄 학생 수가 늘어 또 다른 교사를 증원해야 했다는 발전하는 소식을 보고하고 있다.

성경공부 모임은 전 구역에서 운영되고 있는데, 나는 두 군 데에 대해서만 보고하려고 한다. 한 곳은 논산으로, 이곳에는 두 구역에서 온 대표들이 모인 곳이다. 담임목사는 매우 영적인 분이어서 참석자들은 신앙생활에서 큰 도움을 받고 있다. 논산교회는 오랫동안 교회 건물을 원했는데, 부흥회 동안에 헌금하기로 결정하여 700엔 이상을 현금으로 내 거나 내기로 작정하였다. 나는 이를 기적이라고 생각했다. 왜냐하면 교인들이 매우 가난했기 때문이다. 한 여신도는 남편이 죽자 전 재산을 팔아 100엔을 받았는데 그중 40엔을 헌금했다. 다른 신도들도 정말 아무것도 없으면서 헌금을 했다. (… 중략 …)

내가 맡은 두 지역에는 13개의 전도단체와 3명의 '하나님 전령관(Kings Heralds)'이 있다. 천안구역에는 회원들이 장소를 바꿔가며 모임을 여는 단체가 있는데 지난봄, 이들의 모임 중 한 곳을 방문할 기회가 있었다. 그곳에는 결석한 회원의 회비 몫까지 대신 내는 다른 곳에서 온 회원들도 있었다. 회합이 열리는 곳마다 모두 그곳의 교인들이 식사를 제공했고 전도의 날을 회원들과 함께 성대하게 치렀다. 지난해 전도단체들은 275엔 90전을 모았는데 나는 그들의 가난한 삶을 생각할 때 아주 많이 모은 것으로 생각했다. 선교사업을 위해 기도와 기부로 우리를 도와준 모든 분께 매우 감사하게 생각한다. 내년에도 우리의 기도가 주님을 위한 더 많은 성취를 볼 수 있었으면 한다.

KWMC 보고에서 사부인은 논산교회가 교회 건립을 위해 부흥회 동안 700원을 모금했다고 보고했는데 이는 같은 해 이 지역 감리사 아멘트 목사의 연회 보고에 따르면 사부인의 남편 샤프 목사 기념교회 건립을 위한 것으로 확인됐다. 아멘트 감리사는 담당구역인 공주, 홍성의 여러 곳에서 교회를 신축하거나 개축했음을 보고하고 있다. 특히 논산구역과 관련해 1928년 기념교회를 세우는 데 대해 자세한 보고를 하고 있다.

신축되거나 개축된 교회들 가운데 논산에 있는 교회가 가장 크다. 이 교회는 완성되기까지 2,400엔의 건축비가 소요될 것으로 보인다. 지난겨울, 홍성탁 목사는 매우 성공적으로 부흥회를 이끌었다. 부흥회가 끝날 때쯤 교인들은 새 교회 건축을 위해 800엔의 헌금을 작정했다. 더욱이 이 헌금은 대부분 실제로 헌금이 됐다. 논산지방의 사정과 사람들이 얼마나 가난한지를 아는 사람들은 이번 일을 작은 기적이라고 말하고 있다. 논산교회는 앞서 800엔의 건축기금을 갖고 있었고 미국에 있는 친구로부터 수백 엔의 기부를 받기도 했다.

이 교회는 로버트 샤프 기념교회가 될 것이다. 이렇게 샤프 기념교회가 되는 것은 매우 적절한 결정으로 그 이유는 샤프 선교사가 논산에서 최고 좋은 장소의 땅을 건축용지로 확보했고 교회는 그의 선견지명에 크게 은혜를 입었기 때문이다. 샤프 선교사는 이 땅을 사려고 했던 사람들이 사주한 폭도들의 폭력으로부터 가까스로 도망치기도 했는데, 원래 이 땅을 사려던 사람들은 외국인이 이 좋은 땅을 사는 데 대해 못마땅하게 생각했다.

이와 관련해 『논산제일감리교회 100년사(67-69쪽)』에 따르면 땅을 직접 구입하고 교섭한 사람은 김상문 전도사였다. 건축기금은 의료선교사인 맥길의 모금과 교인 헌금으로 이루어졌다. 교회 터는 과거 성황당이 있던 곳으로 교회가 들어서자 주민들이 반발했고 샤프 선교사가 방문하는 날 주민들이 폭력을 행사한 것으로 기록되어 있다. 이 교회 건물은 1927년 부흥사경회(11월 28일-12월 7일)를 계기로 예배당 증축에 798원을 모아 1928년 9월 10일에 기공, 1929년 11월 초 완공돼 11월 18일 새 예배당에서 감사절을 지켰다. 그러나 봉헌식은 건축 관련 모든 일을 마무리하고 1933년 12월 3일에 가졌다.[4]

1928년 영명 입학생 박한나의 증언

사부인 주선으로 한국에서 간호사의 길을 개척한 박한나 권사는 1928년 영명여학교 입학생으로 2016년 인터뷰 당시 생존해 있는 사부인의 직접 제자라는 점에서 생전의 증언은 중요한 자료가 되고 있다.[5] 1928년 영화여학교 입학부터 증언한 박 권사는 사부인과의 만남이 자신의 삶을 바꿨다고 밝혔다.

> 아침이면 무덤(로버트 샤프 목사)을 향해 '오늘은 부여 갑니다.' 그다음 날은 '논산과 강경에 갔다가 옵니다.' 하고 매일 얘기하듯이 보고하고 하면서 일생을 그렇게 보냈습니다.

4) 봉헌식과 관련해서는 1933년에 별도(292쪽 참조)로 소개한다.
5) 이 인터뷰는 2015년 12월 29일 (사)한국선교유적연구회 서만철 회장(공주대 교수)이 L.A.에서 박한나 권사를 방문하고 이어 파사데나의 샤프 선교사 납골묘원을 방문한 기록이다. 인터뷰 당시 99세로 사실상 샤프 선교사의 마지막 생존 제자였던 박 권사는 미국 이민(1977년) 이래 거주했던 로스엔젤레스에서 향년 100세로 2016년 9월 27일 별세했다. 따라서 서 회장의 인터뷰가 고 박 권사의 마지막 인터뷰가 되었다. 서만철 회장의 도움으로 인용한다.

미국 L. A. 자택에서 한국선교유적연구회 서만철 회장(왼쪽에서 두번째)과 만나는 박한나 권사(가운데). 다른 참석자는 박 권사의 따님과 사위다.

1928년부터 6년간 공주 영명여학교에서 샤프 선교사로부터 배운 박한나 권사가 학생 때 본 샤프 선교사의 모습을 회상한 내용이다. 인터뷰에서 박 권사는 샤프 선교사와 인연을 맺게 된 경위를 다음과 같이 밝혔다.

> 11세 때 사애리시 선교사로부터 편지를 받고 할아버지와 걸어서 살고 있던 대천에서 출발해 청양과 정산에서 각각 하룻밤을 자고 160리 길을 걸어 공주로 갔습니다. 샤프 선교사의 수양아들인 김근배 교장이 운영하던 공주 영명보통학교 5학년으로 편입학한 것이지요.

박 권사의 위와 같은 설명은 김근배 교장이 1928년부터 공주 영명보통학교 교장으로 10년간 근속하고 있다는 「동아일보」 기사(1938. 3. 20.)로도 확인된다. 박 권사는 입학 당시 법적인 이름도 없었던 듯하다. 이름 한나는 구약에서 사무엘의 어머니로 나오는 성경 속의 여성으로 샤프 선교사가 박 권사에게 지어준 이름이다.

박 권사의 정확한 생년월일이 드러나지 않아 알 수 없지만 1928년은 박 권사의 11세 무렵으로 박 권사의 말이 사실에 부합됨을 알 수 있다. 김근배 교장은 배재와 연희전문을 졸업하고 1928년 4월 1일부터 교장으로 근무했다. 박 권사의 회고에 따르면 박 권사와 동급생들은 원래 선교사들이 살았던 함석집에서 기숙사 생활을 했고 선교사들은 산 위에 벽돌로 새집을 지어 이사했다고 밝혔다.

샤프 선교사는 할머니 모습(처음 만났을 때는 57세 무렵)이었는데 피아노 위에 있던 손자 같은 사진을 학생들이 가리키며 '누구예요' 라고 물으면 '사 목사야' 하고 답변했어요. 이런 기억도 남아있어요. 영명 동산에는 시멘트 계단이 있었는데, 하루는 계단 옆에서 샤프 선교사님이 토하고 있는 것을 봤지요. 선교사님이 토한 후에 발로 낙엽을 끌어와 덮는 모습을 보고 '저렇게 외롭고 쓸쓸하고 아픈데도 아무도 도와줄 사람이 없이 사는 선교사님을 보고 불쌍하기도 하고 마음이 짠했어요. 내 평생 동안 그 모습이 선해서 잊을 수가 없어요.

박 권사는 영명보통학교를 졸업한 후 다시 4년제 고등보통학교(중학과정)를 졸업한 다음 음악을 좋아해 이화학교 음악과에 가고 싶었는데 샤프 선교사가 간호학교를 권해 간호사의 길을 걷게 됐다고 말했다.

친구 오애리시(Alice Oh)와 함께 세브란스 간호학교에 갔어요. 선교사님이 미리 말을 해놓아 입학시킨 것 같습니다. 내 친구 오애리시[6]는 아버지가 독립군이었는데 후에 행방불명이 되어 샤프 선교사가 2남매를 손자 손녀로 거뒀어요. 3년간 세브란스에서 간호 공부를 하고 졸업해 일본 도쿄에 있는 성 누가(Saint Luke)여자전문학교에서 2년간 공중 보건학(Public Health) 공부를 더 했습니

6) 「동아일보」 1933년 4월 2일자 기사에서 오애리시(吳愛理施)는 영명여보(永明女普) 동창회의 서기를 맡은 것으로 확인 된다.

다. 쓰레기분리장, 분뇨처리장 등을 견학했는데 당시 조선인들이 그곳에서 많이 일하는 것을 보았습니다.

박 권사는 세브란스에서 공부할 때 방학 중에는 오애리시와 함께 공주에 가서 샤프 선교사를 만났다고 말했다. 공주에 가면 방 하나를 따로 마련하고 침대 두 개를 준비해줘 편안하게 해줬는데 방학이 기다려지고 함께 살면서 샤프 선교사의 사랑을 너무 많이 받았다고 말했다. 오애리시라는 이름도 샤프 선교사의 한국 이름 사애리시에서 나온 것으로 사부인이 지어준 것이다.

선교사님은 공주 밖의 30리나 40리 되는 지방을 방문하셔서 사경회를 자주 여셨는데 나의 어머니가 항상 1등을 했던 것이 지금도 기억에 남아있어요. 크리스마스 때는 지역별로 크리스마스 공연을 하기도 했고요. 또 선교사님은 목소리도 너무 아름다웠는데 찬송가 중 '18번'은 '예수가 우리를 부르는 소리(Softly and Tenderly Jesus is Calling)'였습니다.

박 권사는 샤프 선교사가 오르간 연주법을 가르쳐줘 당시 배운 실력으로 순천에 살 때는 순천교회에서 피아노 반주를 했으며 90세 고령에도 가끔 몇 곡은 피아노를 친다고 밝혔다. 순천에 살게 된 이유는 남편이 철도청에 근무하며 서울, 대전, 순천 등지로 발령받았기 때문이라고 설명했다.

공주와 관련해서 박 권사는 금강 가는 길에 있는 아름다운 벚꽃 터널을 가족과 함께 걸었던 일을 잊을 수 없고 남녀칠세부동석이라 교회에서도 중간에 광목 커튼을 쳐서 남녀 간에 볼 수 없도록 한 것이 인상적이어서 기억에 남는다고 회상했다. 또 음악과 관련해서는 찬송가 '사철에 봄바람 불어있고'와 '어머니의 넓은 사랑' 등 100곡 이상을 작곡해 한국 찬송가의 개척자로 불리는 구두회 교수(전 숙명여대)[7] 도 이때 주일학교를 다니며 사애리시 선교사로부터 배웠다고 전했다.

유관순과 관련해서는 박 권사도 샤프 선교사가 천안에서 유관순을 데려와 이화학교로 공부하러 보냈다는 이야기를 들었다고 말했다.

> 한번은 선교사님이 남편 샤프 목사의 묘소로 나와 친구 오애리시를 데리고 갔어요. 그러고는 '너희들이 앞으로 이 비석을 잘 돌봐 달라.' 고 부탁을 하더군요. 한번은 묘소를 찾아갔는데 비석이 쓰러져 있어서 황인식 교장을 찾아가 바로 세워줄 것을 건의하기도 했지요. 영명학교에서는 그때 무덤을 더 높은 곳으로 이전하고 정돈했지요. 아멘트 선교사 아이들 무덤이 있던 곳보다 더 높은 곳으로 옮긴 기억이 납니다.[8]

이 밖에 박 권사는 도쿄에서 공부할 때 결핵에 걸려 한국으로 돌아올 수밖에 없었는데 샤프 선교사의 헌신적 간호로 치료를 할 수 있었다고 말했다.

> 좋은 음식을 먹어야 한다면서 매일 같이 달걀, 닭 다리 등 요리를 주고 특별 침대에서 생활하게 해주셨어요. 선교사님은 아무리 추운 날도 환기를 반드시 시키고 위생관리를 철저히 했습니다. 캐나다 출신이었기 때문에 추운 곳을 좋아해 항상 북쪽 방을 즐겨 썼고, 아버지가 낚시를 좋아하셨다고 말씀했던 게 기억납니다.

---

7) 구두회 교수는 통화(2016년 11월)에서 "충남 공주에서 1921년 출생했으나 6, 7세쯤에 논산으로 이주했고 10세 경 충남도청이 공주에서 대전으로 이전되면서 도청 공무원으로 근무하던 형을 따라 대전에서 청소년기를 보냈다고 밝혔다. 공주에서는 5, 6세 때 주일학교를 다녔는데 기억은 또렷하지 않으나 샤프 선교사는 기억하고 있다."고 말했다.

8) 박 권사가 묘비가 쓰러진 것을 본 것은 해방 후일 것으로 추정된다. 황인식 교장은 일제강점기에 교사와 교장 대리로 영명학교에 근무한 적은 있으나 교장은 1949년 복교하면서 담당했으며 1957년 퇴임 후 1966년 별세했다.

선교에 활용된 다양한 교통수단(1929년)

1929년 KWMC 보고서(평양, 1929. 6. 14.-17.)에서 예년과 다른 점은 순회 전도를 위해 사용한 4가지 종류의 교통수단 사진이 게재된 것이다. 그중에서도 가장 현대적이면서 눈에 띄는 것은 1923년 구매한 사부인의 포드 승용차다. 승용차 앞의 엔진룸이 길고 바퀴는 수레바퀴 모습으로 고색창연하다.

다른 사진은 제물포 선교본부가 사용한 섬 선교용 선박 '제니 B' 호로 "헤스(Hess) 선장이 폭풍우를 뚫고 여러 번 항해했다"고 설명되어 있다. 자동차가 이동 진료소로도 사용되었는데, 커틀러 박사의 진료소는 자동차 안에 꾸며져 있고 전도자들과 동행했다. 이밖에 만주지역에서 선교활동을 했던 쇼(Shaw) 선교사는 말 두 마리가 끄는 마차를 타고 이동했다.

천안, 공주구역을 맡은 사부인은 "네 문빗장은 철과 놋이 될 것이니, 네 사는 날을 따라서 능력이 있으리로다.", "네 힘은 네 사는 날 동안 지속될 것이다."(신 33:25)라는 신명기 본문을 인용하며 보고를 시작했다. 이 말씀의 약속대로 지난 한 해 동안 하나님이 보호하시는 권능을 사부인은 느껴왔다는 것이다. 오랜 동료 선교사였던 릴리안 M. 스웨어러 부인이 귀임한 데 대해 하나님께 감사드리며 그녀는 어려운 직책을 맡았지만 전과 다름없이 잘하고 있다고 밝혔다. 둔포교회의 성경암송대회, 논산교회 새 성전에서 열린 사경회가 초 성황을 이룬 것을 주요 성과로 보고하고 있다.

> 내가 천안구역을 순회할 때 천안구역의 감리사와 그 부인과 함께 순회하는 특별한 혜택을 받았다. 이 감리사는 정말 열심히 사역했는데, 사역 결과가 너무 좋다는 평판을 받고 있었기 때문에 나는 그에게 작지만, 부담을 덜어주고 싶었다. 그는 순회전도 때 주로 자전거를 이용했다. 나는 일을 나눠 그는 저녁 모임과 새벽기도회를 맡게 했다.

"둔포(충남 아산시 둔포면)에서 우리는 어떻게 어린이들에게 성경공부를 시키고 있는지에 대해 들었다. 주일학교 연합회가 상품으로 제공한 신, 구약 성경을 주기로 했는데 어린이들이 요한복음 중 네 개의 장(章), 주기도문, 사도신경, 십계명을 암송하면 상을 주었다. 모두 8명의 어린이가 상을 받았는데, 6명은 신약성경을 받았고 나머지 2명은 신구약을 다 받았다."

봄 순회전도 때, 나는 지난해 보고서에서 썼던 지독한 박해를 받았던 작은 체구의 여신도를 만났다. 그녀는 주일 아침예배에 성실하게 출석하고 있는데 집이 너무 멀어 저녁예배에는 참석할 수가 없었다. 박해는 여전했지만 믿음은 여전히 강한 상태였다.

내가 맡은 천안, 공주 선교구역에서는 전 지역에서 성경공부반이 열렸는데 그중에서도 '최고의 사경회(star class)'는 논산과 공주에서 열렸다. 논산의 새 교회 건축은 공사가 끝나 구역의 사경회는 새 건물9에서 열렸다. 교인들은 기쁨으로 새 교회를 맞이했지만 교회가 건축될 때까지 큰 비용이 들어 마음의 고통을 겪기도 했다. 논산에는 100명이 넘는 남녀 사경회 참가자들이 있는데 특별한 휴식 없이 계속되었다. 사경회가 끝날 때쯤 되면 그들은 모두 특별한 은혜를 받았던 것으로 나타났다.

나는 논산구역 참가자들에게 공주사경회에 오고 싶어 하는 모든 젊은 여성들에게 작은 도움을 주겠다고 선언했다. 이에 대한 반응은 아주 대단해서 장소가 부족할 정도였다. 나는 병원 입원실을 빌려서 잠자리를 해결해야 했다. 그래도 그들은 편안해했는데 50명이 넘는 인원이 왔고 대부분 젊고 유망한 여성들이었다. 매주 화요일 밤 스웨어러 부인이 진행하는 성경공부반에도 많은 사람이 참석하고 있는데, 전에는 성경말씀 공부에 흥미를 보이지 않던 사람들도 나오고 있다.

---

9) 1928년 아멘트(안명도) 감리사가 언급했던 샤프 기념교회.

강경의 학교에서 비보가 전해졌는데, 수석교사인 배 씨가 죽은 것이다. 우리는 선생으로서 자격을 더 잘 갖춘 좋은 사람을 뽑았는데 문제는 신임교사가 새신자여서 배 씨가 교회에서 했던 일을 대신할 수 없다는 데 있었다. 논산의 학교는 발전을 이뤄 지금은 잘 운영되고 있다. 이번 봄에 새로운 반을 구성했고 모든 게 잘 움직이고 있다. 경천과 양대의 학교는 정규학교는 아니지만 두 지역에서 4년제 과정을 실시하고 있고 선교활동에 큰 은혜의 원천이 되고 있다. 정부는 시설이 갖추어져 있고 자격 있는 교사가 있지 않으면 우리가 운영하는 것과 같은 형태의 모든 학교를 폐쇄하도록 명령하고 있다.

올해 두 개의 유치원을 열었는데, 한 곳은 진천에 있고 다른 한 곳은 대전에 있다. 교인들은 모두 최선을 다해 전도활동을 하고 있다. 왜냐하면 그들이 전도를 시작했을 때 1년 동안 작은 도움을 주기로 했기 때문이다. 이런 전도활동을 통해 비신자들을 잡게 되고 그들의 마음의 문을 여는 계기가 될 것이 틀림없다고 믿는다.

구호품을 활용한 선교의 지혜(1930년)

1929년 보고서에서처럼 1930년 보고서에서도 전도현장의 사진을 싣고 있다. 사진은 모두 5장으로 전도부인들이 의류를 수집해 나누어 주는 장면들이다. 3장면은 평양의 것으로, 첫 번째 사진 설명은 전도부인들이 그들보다 불행한 이들을 위해 의류수집 캠페인을 시작했다는 내용이다. 두 번째 사진 설명은 크리스마스에 가난한 이들에게 수집한 의류를 공급해 준다는 내용으로 의류뿐 아니라 쌀을 전도부인들의 감독 아래 분배하고 있다. 세 번째 사진은 의류와 식량을 모으는 데 책임지고 있는 전도부인과 그들이 수집한 의류, 식량이 쌓여 있는 모습이다. 네 번째 사진은 간호감독자인 미스 로버츠가 몇 명의 다른 간호사들과 함께 만주지역 가난한 한인들에게 보낼 의류를 보여주고 있다. 다섯 번째 사진도 비슷한 내용이다.

사진의 모습은 1940년대 이전에 태어난 사람이라면 낯설지 않은 풍경이다. 사진은 1930년도의 것이지만 6·25전쟁으로 1950년대 온 국민이 헐벗고 굶주릴 때 당시 교회는 외국 특히 미국에서 온 구호물자의 배급처로서 역할을 했었다. 저자의 할머니 강계순 권사는 당시 구호물자로 중고 의류가 도착하면 여신도들이 나서 이를 크기별로 새것과 낡은 것으로 분류해 낡은 의류는 바느질이나 재봉으로 손질해 필요한 사람들에게 공급해 줬다고 말했다. 일부는 팔기도 했는데 그 돈으로 교회는 구제사업을 할 수 있었다고 밝혔다.

사부인은 1930년 9월 서울에서 열린 연회의 멤버이자 선교분과위원회 멤버로 연회에 참석했다. 휴가에서 돌아온 사부인은 정남수 목사의 부흥회가 큰 호응을 얻었다는 보고를 하고 있다. 또 빚을 다 갚지 못해 봉헌을 못 하는 논산교회(로버트 샤프 기념교회)의 사정을 안타까워하고 있다.

1929년 8월부터 1930년 3월 1일까지 6개월 반 동안 즐거운 휴가를 마치고 3월 1일 한국으로 돌아왔다. 미국의 여러 교회를 순회하고 늘어난 여러 그룹 서클 방문과 아주 정말로 성의를 다해 나를 도와줬던 사랑하는 친구들을 만나며 보냈던 여러 날의 휴가기간은 오랫동안 기억될 것이다. 내가 그들과의 만남을 통해 축복받았던 것처럼 그들 역시 나와의 만남을 통해 어떤 도움과 영감을 받았기를 기도한다. 비록 몇 문제는 풀기가 매우 어렵고 나에게 오랫동안 지워진 짐임에도 불구하고 다시 나의 정상 업무로 돌아온 것이 기쁘다. 하나님은 항상 가까이 계셨고 도와주셨다.

외부 출장과 사경회를 해달라는 요구를 받기 이틀 전까지도 공주로 돌아오지 못했다. 날짜가 너무 일러 사경회에 모두 가지 못했지만, 주말에는 갈 수가

1929년 완공된 사 목사 기념예배당의 1941년 모습. 논산에서 열린 공주선교부 대사경회 참가자들이 교회 앞에서 기념 촬영한 것으로 일제의 구호인 '국민정신총동원', '전도보국' 같은 교회와 전혀 어울리지 않는 구호들이 가로 세로로 부착돼 있다. ⓒ드루대학교

있었다. 사경회와 연계해 부흥회가 열렸는데 로버트 정[10]이 부흥사로 초빙되었다. 그 결실은 아주 좋았다. 참가자들의 영적인 생활이 활발해졌고 많은 오해가 바로잡혔다. 기념교회(로버트 샤프 기념교회)는 2년에 걸쳐 건축되었음에도 불구하고 빚을 지고 있어 여전히 봉헌될 수 없는 상태에 있다. 사경회와 부흥회 동안 380엔을 모았는데 대부분은 빚을 갚는 데 사용했다.[11]

건축헌금을 위해 교인들은 매우 열심히 헌금했지만 너무 가난한 사람들이었기 때문에 모든 빚을 갚기에는 역부족이었다. 그들이 헌금 액수가 작아 낙담

---

10) 로버트 정은 정남수 목사이다. 『논산제일감리교회 106년사』에 따르면 사경회와 부흥회는 1930년 3월 14일부터 20일까지 강경 황금정교회에서 열렸다. 190쪽.

11) 이 때 건축된 논산교회는 사부인의 남편으로 1906년 순직한 로버트 샤프 목사를 기념하는 사목사기념예배당(史牧師紀念禮拜堂)으로 1928년 기공해 1929년 완공됐다. 그러나 빚을 비롯해 모든 문제를 해결하고 봉헌 예배를 드린 것은 4년여가 지난 1933년 12월 3일 이었다. 『논산제일감리교회 106년사』, 178-180쪽. 2010. 사부인이 기술한 대로 매우 열심히 헌금했지만 너무 가난한 교인들이었기에 재정적인 문제를 해결하는데 4년이나 걸렸다.

하지 않도록 기도해 주기를 바란다. 휴가에서 돌아온 후 나는 보통학교 건축을 감독하는 일과 교회를 순방하는데 대부분의 시간을 보냈다. 나는 또 두 번의 사경회를 열었었는데 하나는 열흘간이나 계속되는 것이었다.

한편 사부인은 비용대비 효과가 작은 논산과 강경의 학교를 재정난으로 폐쇄하며 어려웠던 결정 과정을 고통스러운 글로 표현하고 있다. 학교 관계자들은 폐쇄 결정에 분개하며 스스로 운영해 보려고 하였으나 몇 달 후 역부족임을 알게 되었다고 한다.

몇 년 동안 나는 논산과 강경의 학교에 들어간 비용을 생각할 때 비용대비 효과가 충분하지 않다고 느껴왔다. 그러나 내가 미국으로 휴가를 떠날 때까지 조사위원회는 두 학교를 조사해 폐쇄하지 않았다. 그러나 두 학교의 조사 결과를 청취한 후 조사위원회는 두 학교를 폐쇄하고 그 비용으로 유치원을 돕는 것 이외에 공주고등학교를 위해 사용하도록 결정했다. 이 결정과 관련해 내가 귀임할 때까지 아무런 공식적 언급이 없었다. 3월 20일경으로 예정된 학교 폐쇄의 시간은 다가오고 있었다. 사람들은 뒤늦게 알려진 학교 폐쇄 결정에 대해 매우 분개하며 한동안 고통스러운 분위기였다.

그러나 학교 관계자들이 스스로 운용하기를 원함에 따라 기회를 주기로 하고 내가 그 결정을 몇 달 동안 유보하자 수습되었다. 이런 조건에 따라 나는 학교에 대한 지원을 중단했는데 학교 관계자들은 그들이 생각했던 것 같이 쉽게 방법을 찾을 수 없음을 알게 되었다.[12]

---

12) 『논산제일감리교회 106년사』(187쪽)에는 두 학교란 논산교회 영화학교와 강경교회 만동여학교로 되어 있다. 이 때 두 학교의 폐쇄는 미국에서 1928년 시작된 경제 불황, 즉 대공황으로 인해 미국 감리교회 여선교회도 경제적 난관에 부딪혔기 때문이다. 『논산제일감리교회 106년사』 188쪽에는 학교 폐쇄 연도와 일시를 알 수 없다고 되어 있는데 사부인의 보고서를 보면 원래 1930년 3월 중 폐교 예정이었다가 자체 운영 기회를 주고 여의치 않자 1930년 1학기 중 자진 폐교했을 것으로 추정된다. 한편 경천과 양대의 여학교는 운영되는 데 반해 논산 강경의 여학교가 폐쇄된 것은 논산 강경에는 이미 1910년

경천과 양대의 여학교는 여전히 운영되고 있고 지역사회를 위해 훌륭한 일을 하고 있다. 이런 지역에서는 우리가 운영하는 여학교가 유일한 학교로 이들 학교가 없으면 이곳의 소녀들은 아무런 배울 기회가 없다.

영화여학교의 폐쇄 와중에서 희생된 분이 앞서 언급한 우리 집안 최초의 기독교인으로 저자의 큰 고모인 임분식 권사다. 큰 고모님은 1922년생으로 일제강점시대 관립학교 교육을 받지 못했으나 또래들이 학교에 가는 것을 부러워하고 기회가 있을 때마다 공부하고 싶어 했다고 한다. 사부인이 1907년에 세운 논산 영화학교에 1929년이나 폐쇄 직전인 1930년에 다녔을 수도 있으나 확실한 것은 논산교회가 운영하는 주일학교를 다녔다는 사실이다. 「기독신보」 기사를 인용한 『논산제일감리교회 106년사』에 따르면 논산교회는 1920년대 후반부터 하기아동성경학교를 매년(1927-1929) 개최해 무산(無産) 아동과 학교에 가지 못하는 아이들을 모집해 성경, 한글, 음악, 동화, 유희, 위인, 역사 등을 가르쳤다. 성경학교가 끝나는 날에는 명승지인 관촉사로 소풍을 갔다는 기록도 나온다. 1930년 영화여학교가 문을 닫기로 결정된 후에 열린 하기아동성경학교 기록이 주목되는데 이 해에 "논산교회 주일학교는 8월 9일부터 18일까지 하기아동성경학교를 '취암리' 숲속에서 열고 무산아동 45명을 모아 한글과 성경과 유희를 가르쳤다. 아이들은 대자연의 품속에서 공부하며 많은 감동을 받았다."는 기록이 나온다. '취암리'는 지금도 고향 집(논산시 취암동)이 있고 저자와 큰 고모님, 할머니가 살았던 곳으로 늦어도 이 이전에 큰 고모님은 주일학교를 다녔던 것이 확실해 보인다. 할머니께서도 1930년대 초에는 믿음을 가지셨을 것으로 보인다. 셋째 고모님 임윤식 권사(1936- , 삼선감리교회)의 증언에 따르면 큰 고모님은 정규 교육

대부터 관립보통학교가 있고 사부인의 다음 보고대로 경천 양대에는 없었기 때문으로 보인다.

을 못 받았음에도 불구하고 교회에서 운영하는 야학을 다니며 한글을 깨우치고 음악을 배웠으며 한문까지 공부했다고 한다.

한편, 사부인이 언급한 논산, 강경의 여학교 폐쇄와 관련해 공주지역 학교교육을 맡은 스웨어러(Lilian M. Swearer) 부인은 공주 고등보통학교가 4년 과정에 과정별로 반을 갖게 됐다고 보고하고 있다. 또 서울에서 열린 테니스 대회에서 우승하여 우승기가 학교 벽을 장식하고 있다는 보고도 하고 있다.

> 공주 고등보통학교는 이 지역 교회 교육사업 최초로 4년 과정에 과정별로 반(class)을 갖게 되었다. 이렇게 된 것은 두 곳의 선교지역 내 학교가 문을 닫았기 때문이다. 그 원인은 학교가 폐쇄된 지역의 부모와 여학생들을 만족시켜주지 못한 상태에서 운영되었고 재정 부족 문제 때문이었다. 그 결정은 현장조사위원회의 권유에 의한 것이었다. 일반적으로 선교본부는 여러 곳에서 불충분한 상태에서 사업을 진행하는 대신 다른 곳을 건실하게 하기 위해 약한 곳을 폐쇄하도록 권유하고 있었다.
>
> 그러나 위와 같은 도움에도 불구하고 공주여학교는 남자학교 교장의 도움 없이는 모든 필요한 과목을 여학생들에게 제공할 수 없었다. 두 학교에서는 가능한 한 같은 교사를 최대한 활용했다. 이런 방식으로 교사는 수업 준비에 시간을 줄일 수 있었고 각각의 교사는 더 많은 일을 더 잘 할 수 있었다.
>
> 이런 일을 하면서 추가로 얻은 교훈은 우리가 협력의 중요성을 강조하게 되었다는 사실이다. 몇 세기 동안 공동선을 위해 스스로 관심을 기울인 적이 없던 이곳 동쪽구역에서 함께 협력한다는 것은 무척 값진 일이다. 이러한 협력은 특히 남자학교와 여자학교의 경우에 값진 일이다. 남학생들이 이제는 전반적으로 여학생들의 능력에 대해 존경하기 시작했는데 그 원인은 교사들이 양쪽을 가르치면서 여학생들이 어떤 일에서는 남학생보다 우수하다고 말했기 때

공주의 새 여학교 건물.

문이다. 한편, 남자학교의 과학실이 좋았기 때문에 여학생들이 실험을 위해 그곳으로 가기도 했다.

남녀 학교의 협력 문제는 건물 부족 문제로 이어지는데 올해에는 이 문제에 대해서도 진전이 있었음을 보고 할 수 있다. 초등학교(소학교)는 오랫동안 더 큰 교실이 필요했는데, 이 바람도 9월 20일 새로운 건물에 필요한 공간을 확보함으로써 해결된다. 이 건물은 전에는 초등학교가 사용했던 것으로 앞으로는 고등보통학교가 사용하게 된다. 이 건물 사용계획에 따라 유치원 건물 문제도 해결되었다. 그동안 유치원은 교회를 사용해왔다. 올해 유치원에는 거의 60명의 유치원생이 있는데 유치원에 대한 관심은 놀라울 만큼 크다. 예를 들면 할아버지 몇 명은 여유시간에 유치원에 와 어린이들의 재롱을 웃으면서 바라보는 경우가 자주 있다. 자모회가 열렸을 때는 새 유치원 놀이터 마련을 위해 40달러를 모금하기도 했다.

한편, 학교에서는 운동장에서 하는 신체발전과 같은 놀랄만한 아이디어를 계획 중이다. 이화학당이 주최한 대회에서 2년 연속 우승한 테니스 우승기가 현재 학교의 벽을 장식하고 있다. 몇 년 동안 우리 학교 테니스팀은 다른 학교와의 시합을 위해 서울로 갔었는데 계속 시합에서 졌다. 그러나 지난가을에는 우승의 영광을 안고 돌아왔다. 우리 학교 선수들의 우승 소식은 전보를 통해 미리 알려져 학생들을 태운 자동차가 학교 밴드의 인도 아래 5, 6마일 떨어진 곳까지 마중 나가 학교까지 행진하며 맞이했다.

1930년 제32회 연회에서 보고한 내용 중 서두 부문에서 안식년 휴가를 잘 마치고 귀임했다는 내용이 나온다. 사부인을 한국으로 파송하고 지원해 준 미국 감리교여성선교사회 뉴욕지부의 소식지를 보면 사부인은 1929년 9월부터 1930년 2월까지 미국에서 안식년 휴가를 하는 동안 특별기부금 모금을 하기 위해 활발히 움직였음을 알 수 있다.

소식지는 공주지방의 지도를 싣고 후원방법을 상세히 알리고 있다. 휴가 중인 사부인이 어린이와 학교운영을 위해 얼마나 애쓰며 모금운동을 했는지 알 수 있는 자료다. 내용상 1929년 하반기 잡지 「여성선교사 친구(The Woman's Missionary Friend)」나 소식지(The Bulletin)에 실렸던 기사로 보인다. 기사를 읽어 보면 사부인이 모금활동과 함께 교육 사업에 얼마나 심혈을 기울이고 있었는지 알게 해준다.

> 30년 전 앨리스 해먼드(사부인의 결혼 전 본명)는 한국으로부터 온 봉사에의 부름에 응했다. 우리(미국 감리교여성선교사회)에 의해 서울에서 선교와 교육사업을 하도록 선발되고 임명되었다. 2년 후(1903) 앨리스 해먼드는 로버트 샤프 목사와 (서울에서) 결혼해 공주지방에서 봉사했는데 1906년 남편이 병사하자 귀국해 짧은 휴가를 보낸 후 한국으로 다시 귀임했다.
>
> 비록 그녀(이하 사부인)는 포드 자동차를 가지고 있지만, 선교여행을 갈 때 어떤 때는 차가 갈 수조차 없는 곳으로 가는 경우도 있다. 그래도 사부인은 만나서 봉사하는 것만으로도 즐거움이 되는 사람들을 만나기 위해 지치도록 멀고 먼 길을 걸어서 찾아갔다. 우리에게 보낸 여러 흥미로운 편지 내용은 사부인이 겪었던 불편보다는 수행해 낸 사업에 대한 것이 훨씬 많다.
>
> 사부인의 다섯 번째 (안식년) 휴가는 1929년 9월 1일부터 1930년 2월 1일까지인데 (그녀는 휴가 중임에도) 좋아하는 선교사업으로 돌아가기를 몹시 바라고 있다. 현재 사부인은 지도에 보이는 공주지역을 담당하고 있는데 이 지역에서 교회와 기도처 37곳을 지도하고 있다. 독자 여러분이 선교부의 회원이 되면 사부

NEW YORK BRANCH

EXTENSION DEPARTMENT

WOMAN'S FOREIGN MISSIONARY SOCIETY

METHODIST EPISCOPAL CHURCH

"Christ has no hands but our hands to do His work today;
He has no feet but our feet to lead men in His way;
He has no tongues but our tongues to tell men how He died;
He has no help but our help to bring them to His side.
What if our hands are busy with other work than His?
What if our feet are walking where sin's allurement is?
What if our tongues are speaking of things His lips would spurn?
How can we hope to help Him and hasten His return?"

In March, 1869, when a little company of women organized the Woman's Foreign Missionary Society of the Methodist Episcopal Church, they planned to have an auxiliary in every Methodist Episcopal Church in our land. But we found that it was not always possible to organize an auxiliary—hence our Extension Department. There is no church so small but that there is at least one woman in it who would, if she realized the need, welcome the opportunity to become an Extension member. You may be that woman.

We read, "God so loved the world, that He gave His only begotten Son that whosoever believeth in Him should not perish, but have everlasting life." We have received this gift, but countless thousands have never even heard the story.

And He came to be the Light of the world. To us is given the high and holy privilege of sending out that Light until earth's darkest places shall know of God's redeeming love.

And He said, "Ye shall be witnesses unto Me . . . unto the uttermost parts of the earth." If His love possesses our hearts we should be eager to witness for Him, to the end that women who are living without hope may come to know the glorious hope in Jesus Christ, and children may have the opportunity for a clean and happy childhood.

Will you not become an Extension member and become a witness for Him in Korea where our dues support Mrs. Sharp?

An Extension membership involves no organization responsibilities and no money obligation other than the yearly dues of one dollar except as you may wish to make a free-will offering. Will you sign the enclosed card now and send it with your dollar to your District Extension Secretary?

Extension Department

New York Branch

MRS. ALICE HAMMOND SHARP

KONGJU, KOREA

Missionary of this Department

미국 감리교여성선교사회 뉴욕지부가 사부인의 선교사업을 지원하기 위해 선교비 모금에 참여해 줄 것을 당부하는 전단지와 전단지에 실린 사부인의 사진.

인을 후원하는 것이 된다.

선교부 회원의 회비는 사부인의 봉급으로 지출된다. 많은 회원은 별도의 기부금으로 공주지역의 13개의 유치원을 포함한 교육 사업을 돕는데 선교부가 책임을 지도록 원하고 있다. 이 특별사업에 필요한 금액은 260달러로 한 곳당 20달러이다.

사부인은 자주 어린이들을 위해 필요한 사항을 편지에 쓰고 있는데 한 편지를 보면 "이 작은 어린이들이 방치되는 것은 하나님의 뜻이 아닐 것이다."라고 적고 있다. 그의 팔에 어린이들을 안고 축복하신 하나님께서는 그의 이름으로 우리가 어린이들을 위해 학교를 시작함으로써 주님의 사랑으로 그들을 모이고 감싸도록 해주기를 바라고 있다.

이번 일은 모든 선교부 회원들이 참가하는 의무사항이 아니고 별도 기부를 원하는 회원들에게만 기회를 드리는 것이다. 많은 우리 선교부 회원들은 '햇빛 주머니(Sunshine Bag)'를 이용하고 있고 몇 명의 회원들은 이런 사업을 위해 헌금을 모으는 작은 '성금함(Mite Box)'을 이용하고 있다. 관심 있는 분들은 '햇빛 주머니'나 '성금함' 담당자에게 연락을 주시기 바란다. 우리 뉴욕지부는 또 강경의 학교 교사 급료의 지급을 돕기 위해 175달러를 모금하는 책임을 져왔다. 사부인의 봉급이나 13개소의 교육 사업에 필요한 이상으로 기부금이 모금되면 강경학교 교사 급료 보조금과 다른 특별한 기부금으로 쓰일 수도 있다. 우리 여성선교사회의 잡지 「여성선교사 친구(The Woman's Missionary Friend)」는 우리가 전 세계의 비전을 파악할 수 있는 창문이다. 이 잡지는 미국감리교 여성선교사회 소속 선교사들의 선교사업 현장에 대해 말해 주고 있다.

논산 광리교회의 사경회를 통한 부흥(1931년)

1931년 9월 서울에서 열린 KWMC 연회에서 사부인은 천안에 대한 책임에서 벗어나 이제 한 지역(공주)만 맡고 천안지역을 미스 맥퀴(Ada E. McQuie)가 맡게 되었음을 밝히고 있다. 충남 지역에서 감리교의 교세가 성장함에 따라 혼자서 감당할 수 없게 되는 데 따른 자연스러운 결과로 보인다. 홍성에 이어 천안까지 다른 선교사에게 맡기고 사부인은 공주, 논산 지역만 맡게 된 것이다. 그러나 다른 지역에 대한 관심도 여전함을 보고서는 보여준다.

보고서의 첫 내용은 논산 광리교회의 사경회가 성공리에 끝났다는 것이다. 진흙 수렁이 심해 교회까지 가는데 고생했으나 저녁집회가 사람들로 붐비는 모습에서 행복해하는 사부인의 모습이 잘 드러난다.

1930년 가을 나의 첫 임무는 공주 사경회 진행이었다. 이 사경회는 내가 보기를 기대했던 만큼 많은 수가 참석한 것은 아니었지만 훌륭한 사경회였다. 다

공주제일교회 박물관에 전시중인 사부인 사진. 백발에 나이가 든 모습으로 미뤄 선교 말기 무렵으로 보인다.

른 지역에서 사경회 강사가 오도록 할 수 있었고 새벽과 저녁집회를 이끌어 갈 수 있도록 도왔다. 보통학교 건물이 완공된 후 나는 지역 전역을 다녔다. 모든 구역에서 행해지는 사업 가운데 특히 놀미(논산)에서 진행되는 사업이 새롭게 흥미를 끌었다.

올봄, 선교사업을 위해 구역을 순회할 때 교인수가 증가한 것을 보고 무척 기뻤다. 이는 전도부인과 부흥강사들이 충실하게 사역한 덕분이었다. 올해 우리 지역에서 개최된 20회가 넘는 사경회를 통해 700여 명가량이 참석했다. 최고의 사경회는 '광니'[13] 라고 불리는 작은 마을에서 열린 사경회였다. 우리 일행이 '광리교회'로 간 날은 1930년 가을이었다. 날씨는 쾌청했으나 길은 아주 엉망이었다. 나는 사경회 반장의 집으로 가까이 가기 위해 가능한 곳까지 차로 움직였으나 마지막 1마일가량은 걸어서 갔다. 그렇게 엉망인 도로는 처음 경험했다. 한 걸음을 움직이기 위해 진흙에 발을 디디면 다시 빼내기가 불가능한 지경이었다. 사경회 반장과 그 부인은 머무를 숙소까지 나와 동행해 주었다.

숙소에는 아무도 없었기 때문에 우리는 직접 몇 개의 짐가방을 옮겨야 했다. 이런 짐들을 교회 가까운 집에다 옮겨 내려놓았을 때 우리는 안도의 한숨을 쉴 수가 있었다. 교회는 크지는 않았는데 2월 5일이었음에도 불구하고 난로에 불기운이 전혀 없을 정도로 난방이 되지 않았다.

---

13) 광리(Kwangne)교회는 몇 번의 이전 끝에 현재는 논산시 광석면 천동리에 있고 1918년 3월 27일을 교회 창립일로 하고 있다. 현재교회 명칭은 광석제일감리교회. 2016년 7월 10일 송광식 담임목사와 통화.

그러나 교회는 매일 아침과 저녁집회로 붐볐다. 사람들은 바닥에 앉았는데 교인들이 모두 모였을 때는 거의 움직일 수 없을 정도로 꽉 찼다. 매일 70명의 남녀 교인이 모여 성경을 공부했다. 집회는 매우 훌륭하게 진행되었다. 부흥강사는 매우 성령이 충만한 분이어서 교인들에게 생명의 양식을 잘 전했다. 집회 기간에 15명의 새신자가 등록했다. 올봄(1931) 구역 순회를 위해 다시 광리교회를 방문했는데 교회를 3분의 1 정도 확장했다. 그런데도 교인들이 출입구까지 꽉 차 있는 것을 보았다. 교인과 관련해서 흥미 있는 사실은 대부분이 젊은 사람들이었다는 점이다. 이 교회는 두 명의 여성신도에 의해 시작되었는데 교회가 지어진 것은 이들의 노력 결과였다.

광리교회 사경회 후 다른 곳에서 열린 사경회 장소는 말만 교회일 뿐 헛간 같은 곳이었다. 난로를 폈어도 온기라고는 없는 곳에서 40명의 여신도들이 모여 1주일 동안 매일 3시간씩 성경공부를 했다고 보고했다.

광리교회 사경회가 끝난 후 우리는 다른 곳에서 사경회를 진행했다. 사경회가 진행되는 동안 몇 년 만에 가장 추운 날씨를 맛보았다. 교회는 크고 헛간 같은 곳으로 작은 난로가 있었는데 사람들이 난로를 빨갛게 달궈도 가까이 있는 사람만 온기를 느낄 수 있었다. 그러나 추위에도 불구하고 40명이 넘는 여신도가 추운 교회 안으로 찾아와 1주일 동안 매일 3시간씩 성경공부를 했다. 성령이 우리와 함께 계셨기 때문에 비록 몸은 추웠지만 마음만은 따뜻했다.

웨이쳇(Waychat)[14]에서 열린 사경회는 참석자가 많지는 않았는데 그 이유는 한국 설날 직전에 열려 사람들이 빨래, 다림질, 바느질로 바빴기 때문이다. 나는 몇 년 전 교인이 되려고 하다가 남편에게 핍박을 받았던 여성에 대해서 말

14) 비슷한 지역 이름을 공주선교부 지역에서 추정하기 어려움.

한 적이 있는데 기억할지 모르겠다. 이 여자신도에게 시아버지가 있었는데, 이 시아버지는 며느리가 남편에게 맞아 더 이상 팔을 쓸 수 없게 될 때까지 아들이 핍박하는 것에 상관하지 않았다. 팔을 쓸 수 없게 되자 드디어 이 시아버지는 아들에게 며느리가 1년 동안 혼자 행동하도록 내버려 두고 보자고 했다고 한다.

이와 같이 해서 이 여자신도는 마침내 자유의 몸이 되었다. 그의 얼굴이 해같이 보이는 행복한 여성이 되었다. 이렇게 된 것은 3년 전의 일이다. 그 남편은 몇 가지 죄를 지은 일이 있어 감옥에 갇히는 것을 피하고자 집을 떠나있었고 사경회가 열리는 동안 나에게 와서 시아버지는 돌아가셨다고 말했다. 그러나 시아버지는 죽기 전에 예수님을 믿는 것을 배웠다고 전했다. 이 여신도는 시아버지의 죽음은 슬펐지만, 시아버지가 구세주를 알게 되었다는 것에 행복해했다. 이 여성은 요즘 남편을 위해 기도하고 있는데 하나님이 그를 구원해 주실 것을 믿고 있다.

전도부인들은 지난해에도 충실하게 사역을 감당했다. 몇 명의 전도부인은 어려운 환경이었지만 그녀들의 신념과 용기는 꺾이지 않았다. 전도부인들의 시간은 자신들의 것이 아니어서 교회와 지역사회 모든 사람의 손짓과 부름의 한 가운데 놓여 있다고 할 수 있다. 그러나 이들은 친절을 베풀면서도 결코 생색을 내지 않았다. 1년간 6명의 전도부인이 5,581곳의 가정을 방문하고 6,916명의 신자, 비신자에게 복음을 전했다. 이들의 노력에 힘입어 181명이 교회로 나왔다.

공주지역 학교운영을 책임진 스웨어러(徐思德) 부인은 유치원이 새 건물을 확보하며 아이들이 뛰어놀 수 있는 운동장이 산비탈이었던 탓에 기울어져 있어 아이들이 놀기에 문제가 많았다고 했다. 그러나 유치원 어린이 부모의 노력을 통해 운동장 수평 작업이 이루어졌는데 이는 유치원 운영에 대한 부모의 자발적 참여로 의미가 크다고 소개했다.

또 유치원 건물은 매우 넓고 쾌적해서 교인들로부터 커다란 관심을 모았던 것으로 보인다. 새 건물의 교실이 가로 7m, 세로 16m나 되자 교회에서 결혼식이 열리면 큰 교실에서 리셉션을 할 수 있도록 해달라는 요청을 받기도 하였다. 스웨어러 부인은 새로운 학교 부지를 사들일 때 함께 있었던 옛 교회 건물에 놓여 있던 베틀을 이용해 직조기술을 가르쳤다는 보고도 하고 있다.

> 지난해 보고한 후 보통학교와 유치원은 기숙사와 옛날 교회 가까이 서 있는 새로운 빌딩으로 이사했다. 이들 건물은 시가지를 내려다 볼 수 있고 가깝거나 먼 산의 정말로 아름다운 모습을 바라다볼 수 있는 언덕 위에 위치해 있다. 학교건물 주변의 땅에 대해 수평 작업을 했는데 이는 결코 작은 일이 아니었다. 유치원을 위한 건물이 세워진 위치의 땅이 매우 급경사였기 때문인데 그 건물의 한쪽 끝에 초등학생을 위한 운동장을 만들어 평평하게 수평 작업을 했다.
>
> 뉴욕 제임스타운에 있는 YWS(Young Woman's Society)가 기부해 준 돈으로 교실 비품과 유치원 어린이들의 놀이터 시설을 마련할 수 있었다. 운동장 수평 작업은 유치원 어린이 부모의 노력을 통해 이루어졌다. 이 건물은 매우 넓고 쾌적해서 교인들로부터 커다란 관심을 모았다. 그동안 교인들은 대개 사방 8야드(7.2m) 크기의 교실만 보았는데 새 건물의 교실은 가로 7m, 세로 14m나 되었다.
>
> 이 때문에 결혼식이 열리면 큰 교실에서 리셉션을 할 수 있도록 해달라는 요청을 받기도 하였다. 교인들은 이런 식으로 학교와 유치원이 자신들의 것이라고 느끼는 것 같았고 우리도 그렇게 느끼도록 해주었다. 가능한 한 빨리 우리는 낮에는 앉아 있을 수 있고 밤에는 잘 수 있는 마루를 제공하려고 했고 더 크고 위생적인 방을 제공하려고 하였다.

고등학교는 전에 선교반의 교실로 사용되었던 기념 건물로 이사해 갔다. 그러나 선교반이 1년에 두 번, 2주씩 열리기 때문에 이 기간에는 건물을 비워줘야 하는 문제가 있었다. 고등학교 건물을 짓기 위한 자금을 마련할 전망이 없었기 때문에 여학생들도 같은 건물에서 공부하도록 할 수밖에 없었는데, 우리의 목표를 생각할 때 충분한 공간이 되지 못했다.

올해, 우리는 새로운 학교 부지를 사들이며 함께 있었던 옛 교회 건물에 놓여 있던 베틀을 이용해 직조기술을 가르쳤다. 비록 누구도 예쁘게 봐주지는 않았지만 우리는 자신의 공간을 확장할 수 있었고 이런 것이 정말 필요했다. 새롭고 진짜 교회 같은 건물이 시내 중심가에 세워졌는데, 새 교회는 쉽게 접근할 수 있는 데다 다른 주변 건물보다 높아 시선을 끌게 되었다.

스웨어러 부인은 6명의 여학생이 영명여학교를 졸업했는데 졸업식을 새로 지은 교회에서 저녁에 했다고 보고했다. 좀 더 많은 사람이 올 수 있도록 하기 위한 아이디어였다. 졸업식에서는 학생들이 부른 우리 노래를 제외하면 모든 절차가 일본어로 진행돼 나라 잃은 식민지 백성의 한계가 느껴진다.

2월에는 여고생(실제는 여중생)과 초등학교 마지막 2년생을 위한 특별모임을 몇 차례 열었다. 이 모임은 우리 여성성경훈련학교 출신으로 미국에서 공부한 홍에스더에 의해 실시되었다. 홍에스더는 아침에는 예배를 인도하고 오후에는 개별적으로 학생들을 면담했으며 저녁에는 성경공부반을 열었다. 아직 커다란 움직임은 없지만, 학생들은 서로 도우며 정말로 기도하는 것처럼 보였다. 한 주일이 끝나기 전에 학생들은 새벽 6시에 새벽기도회를 하도록 해달라고 요청했다.

3월에 학년이 끝나면서 올해 우리는 6명의 여학생을 졸업시켰다. 졸업식은 새 교회에서 좀 더 많은 사람이 참석할 수 있도록 저녁에 열렸다. 졸업식은 품위 있고 질서정연하게 진행되었다. 우리 학생들이 한국어로 부른 아름다운 노래를 제외하면 모든 진행은 일본말로 거행되었다. 동양식 전통에 따라 식후에는 차와 떡으로 특별히 초대된 내빈들을 접대했다. 6명의 졸업생 중 2명은 성경학교 진학을 원했는데, 1명은 나이가 너무 어려 집에서 머물며 아버지가 설교하는 교회에서 1년간 돕고 1년 후에 입학하기로 했다. 한 여학생은 잠업교육을 받기 위해 산업학교로 갔고 한 아이는 간호사 공부를 하고 있고 또 지역 유치원에서 일하는 졸업생도 있다.

올해 한국 학생들에게는 힘든 해였는데, 그 이유는 모든 학교의 입학할 수 있는 반이 보통 때보다 작아 입학을 원하는 사람을 모두 받아들이지 못하고 있어 몇 명만 도움 없이 공부할 수 있었다. 그러나 우리는 학교에 온 사람들이 주님만이 '길이요, 진리요, 생명임' 을 알고 배우기를 기도한다.

제도속에 가려진 여선교사들의 열정 5

감리교단, 즉 기독교조선감리회는 1931년부터 연회를 개최하며 기존의 미국 선교사 중심의 교단 운영을 미국 감리교와 협의해 한국인 목회자 중심으로 하는 개혁을 단행한다. 이후 사부인이 귀국하는 1939년까지 매년 기독교조선감리회의 연회는 동부, 중부, 서부의 3개 연회가 연합연회로 열리거나 개별 연회로 열려 각 지방 감리사가 소속 교회와 담당구역의 목회자(선교사 포함) 임명 재직 상황 등을 보고하고 있다.

이에 따라 1931년까지는 KWMC 보고서가 있으나 이후에는 없다. 미국 감리교 전체 선교사들의 연회 결과인 WFMS 보고서는 있으나 사부인에 대한 기록은 간략히 언급되고 있을 뿐이다. 이와 비교할 때 기독교조선감리회의 연회보고서는 연회별로 각 지방 감리사가 보고하고 있어 사부인이 담당했던 지역의 1930년대 선교 및 교회 상황을 알 수 있게 해준다. 지역별 한국인 감리사의 보고인 탓에 사부인의 활동을 구체적으로 알 수는 없으나 사부인이 연회에서는 협동회원, 지역에서는 지방목사 서리(署理)로 임명돼 활동하고 있음을 확인할 수 있다.[1]

---

1) 이런 사정 때문에 1931년부터 1939년까지 사부인의 활동은 담당지역인 공주를 중심으로 감리사가 연회에서 보고한 내용을 통해 간접적으로 확인된다. 특히 1931년 연회회의록(年會 會錄)은 이미 앞장에서

'지방목사서리'로 임명된 사부인(1931년)

1931년 연회회의록을 보면 표지 제목은 '1931년 기독교조선감리회(基督敎朝鮮監理會) 동부·중부·서부 (東部·中部·西部) 제1회 연합연회(聯合年會) 회록(會錄)'으로 돼 있고 6월 15-19일 개성(開城) 북부 예배당에서 열렸음을 알리고 있다. 공주지방의 감리사는 안명도(安明道, C.C.아멘트) 선교사이고 사부인은 '지방목사 서리'로 연회 임명기에 기록돼 있다. 또 지방선교와 교육 담당자로도 특별임명을 받고 있다.

안명도 감리사는 연회보고서에서 선교사 3인 중 사애리시 부인은 지방 순행을 부지런히 하므로 지방에 많은 호감을 주고 있으며 스웨어러(徐思德) 부인은 영명여학교 교장으로 교육 사업을 맡아 열심히 일하고 있음을 보고하고 있다.[2]

> 본 지방(공주선교부)은 충청남도 14군 중에 공주군, 논산군, 부여군으로 조직되어 가구수가 159,759호, 인구 429,142명으로 충청남도 전체의 3분의 1 이상이다. 주요 시가지 즉 공주는 인구가 8,302명, 대전은 11,820명, 논산은 5,844명, 강경은 9,337명으로 장래 희망이 많은 지역이다. 그러나 현재 교회의 형편을 말하자면 4개 군(청양군 일부 포함)에 면수가 52개이고, 동네는 769개인데 예배당과 기도실을 합해도 32곳밖에 안 된다. 교인은 1974명에 불과하고 교회 상황은 미약한 상태에 있다. 정말 이 지방을 위하여 추수할 것은 많으나 일꾼이 부족하다는 예수의 말씀이 생각난다.
>
> 교육자는 구역 담임목사가 4인이고 구역 담임전도사 1인, 여전도사 8인이

소개한 KWMC, WFMS 보고서와 비교할 수 있어 참고가 된다. 이와 함께 「감리회보」(1933년 창간)에 간혹 보도된 사부인 관련 기사를 해당 연도에 함께 소개한다.

2) 보고서는 80여 년 전 한자 어투로 생소함에 따라 현대 맞춤법으로 옮겨 쓴다.

있으며 남선교사 1인은 천안, 홍성, 공주 세 지방을 순행하고 영명고 교장 일을 겸하고 있다. 이런 일신사역(一身四役)으로 인하여 곤란한 점이 많을 뿐 아니라 일에 성과를 보기가 어렵다.

선교사 3인 중 사애리시 부인은 지방순행을 부지런히 하므로 지방에 많은 호감을 주고 있으며 스웨어러(徐思德) 부인은 영명여학교 교장으로 교육사업을 맡아 열심히 시무 중이다. 특히 영명여자고등학교(중학과정)에 3학년만 있어 몇 해 동안 졸업생이 없었는데 작년에 4학년을 연장하여 올해에는 졸업생까지 나왔다. 그중 한 명은 여자신학교에 입학하였다. 보아진(保雅進, 마렌 보딩) 씨는 특별히 영아관과 육아원을 설치하고 젖 없는 영아에게 젖(우유)을 주고 영양 부족한 아동에게 영양 좋은 음식을 먹임으로써 일반 공주 사람들만 찬송(칭송)할 뿐 아니라 일본사람들까지 칭송하고 있다.

구역별 형편은 다음과 같다.

1. 부여는 몇 해 동안 담임자 없이 지내온 것을 일반 교역자와 교우들이 유감으로 생각하고 특별히 작년 1년간 지방선교지로 지정하여 담임전도사를 파송하였으나 재정 공황으로 인하여 계속 담임자 파송이 문제가 되고 있다.
2. 강경은 지난 1년간 별로 진보가 되지 않았으나 사업을 보면 목사 주택을 새로 건축하고 폐지됐던 만동학교를 계속하게 됨으로써 주께 영광을 돌린다.
3. 논산은 작년 동안은 강경구역과 합해 왔으나 올해에는 (사세를 인하여) 본 구역으로 해야 하겠으나 역시 재정문제로 연구 중이다.
4. 대전은 현재 도청 소재지로 확정됨에 따라 중요시하여 활동할 곳이다. 급선무는 예배당 건축이다.
5. 경천은 비록 주요 시(市)는 못 된다고 할지라도 농촌사업으로는 모범이 될 만한 곳이다. 여기에 보아진 선교사가 진찰소 지소를 두고 병으로 고통을 당하는 인민에게 자선사업을 행하는 중이다.
6. 공주는 지난 1년 동안 예배당 신축을 하고 있는데 일반 교우들은 몸으로, 마

음으로, 물질로 힘을 다하여 낙성(落成)을 보게 돼 기쁨으로 지내고 있다. 그러나 힘에 부쳐 현재는 재정 때문에 매우 고생을 하고 있다.

지방선교 중 실족으로 중상 입은 사부인(1932년)

1932년 연회회의록은 제2회 연합연회로 3월 15-22일 서울 정동제일교회에서 열렸다. 지난해와 마찬가지로 감리사는 안명도, 사부인은 '지방목사 서리'로 임명기에 기록돼 있다. 또 지방전도사업 담당자로 특별임명을 받고 있다.

안명도 감리사는 이천국 목사의 논산교회를 소개하며 이름을 빗대 '논산교회에는 천국이 임했다'는 소개를 하는가 하면 강경교회는 송득후 목사가 신자들의 사랑을 받고 있음을 전하며 선교구역 사정을 간략히 보고하고 있다.

공주지방은 1년간 특별한 이상은 없으나 각 구역의 형편은 전에 비하여 좋은 성적을 냈다. 공주구역 담임목사는 전(前) 남감리회 목사 홍종숙 씨인데 일반 교회에서 환영하고 있으며 특히 전보다 대사경회에 인원이 다수 출석하였

① 100주년 기금으로 세워진 강경교회. ② 강경의 새 교회에 나온 어린이들. ⓒ드루대학교

으며, 성의와 열심을 다하여 교회 제반 사무를 처리하고 있다. 대전구역은 장락도 씨가 담임목사인데 부임한 후 열심히 근무한 결과 신도도 증가하였고 자급 비율도 전보다 증가하는 중이다.

논산구역은 과연 천국이 임하였다. 담임목사로 이천국(李天國) 씨가 부임한 후 전에 분리됐던 교회를 합동하여 성실히 순행(巡行)한 결과 자급 비율도 높아져 목사 봉급을 충당해오며 구역 내 연산에는 신축 교당을 기공하여 머지않아 낙성케 되었다.

강경교회 담임목사 송득후 씨는 교회 내 일반 신도에게 특별한 애호를 받고 있다. 올해 부임한 지 4년임에도 불구하고 구역 내 여러 교우의 유임을 원하는 청원이 있었으며 주를 믿는 읍내 청년들이 계속 늘어 주일예배에 다수 출석하고 있다.

부여지역은 매우 미약하여 목사를 감당하지 못하는 형편이었는데 작년 연회에서 이진형 목사가 파송을 받은 후에 최선의 성력(誠力)을 다하여 지도하는 중이다. 두 곳에서 새로운 기도처가 시작되었고 자급 비율도 전보다 증가하였다. 부족한 보수에도 열심히 근무하는 이 목사님께 감사드린다.

우리 지방의 입교인수는 많이 증가하지 못하였으나 연회 부담금에 대하여는 31원(圓) 외에는 전부 지불하였는데 아직도 추후 수입될 자신이 있다. 올해에 특별히 영광스러운 일은 대사경회에 많은 사람이 출석한 것이다. 각 구역 내 교회의 영적 측면을 살펴보면 많은 진보가 있었다.

1920년대 이전의 KWMC 연회보고서와 같이 개인 활동을 보고했던 형식이라면 당연히 보고됐을 것으로 보이는 사부인의 선교 중 중상 소식이 연회회의록에는 보이지 않는다. 교회 중심으로 보고했기 때문이다. 1932년 4월 23일 자 「동아일보」 지면에는 "사부인 중상, 생명에는 무관(史婦人 重傷, 生命에는 無關)"이라는 제목으로 선교여행 중 큰 부상을 당했다는 소식을 전하고 있다. 논산의 가야곡면에 있는 육곡교회를 가다 생긴 사고로 40일간 치료를 받아야 한다는 내용이다.

> 논산 유치원을 비롯해 호서일대에 고등보통학교(중학과정), 보통학교, 유치원 등 교육기관을 10여 곳이나 설립하고 30여 년 동안 교육사업과 선교사업에 헌신한 사애리시 부인이 지난 20일 논산에서 실족하야 40일 치료를 요하는 중상을 당하얏다 한다. 당일 사부인은 61세 노령의 몸으로 논산읍으로부터 40리나 되는 가야곡면 육곡리(家也谷面 六谷里) 교회를 향하야 도보로 험한 길을 가다가 실족하야 낭떠러지에 굴러떨어져 왼편 다리가 부러지는 등 중상을 입었으므로 당지(그곳) 인제의원(仁濟醫院)에 떠메어다가 응급치료를 하였다는데 생명에는 염려 없다고 한다.

盜防法適用의
啞者强盜公判
주사만하고도 죄는죄대로
檢事는二年役求刑

砂金鑛崩壞
兩名이慘死
一명은겨우살어나

史夫人重傷
生命에는無關

‘사부인 중상’ 기사는 왼쪽 상단에서 시작해 오른 쪽 2단에 걸쳐 게재돼 있다.

사부인은 선교 순행 시 차를 이용하였으나 차가 갈 수 없는 곳은 도보로 이동했는데 낯선 길을 가다 낭떠러지로 떨어져 큰 부상을 입었다는 뉴스다. 현재 육곡교회는 논산 시청에서 승용차로 10여 분이면 도착할 만큼 도로가 잘 닦여 있으나 90여 년 전의 도로 사정은 열악하기 그지없었을 것으로 보인다. 특히 가야곡면 육곡리에 있는 육곡교회는 골짜기를 뜻하는 ‘곡(谷)’ 자가 두 개나 있을 정도로 험한 곳이었음을 지명으로도 알 수 있다. 당시로

써는 고령이라고 할 수 있는 61세의 사부인이 얼마나 선교를 열심히 하였는지를 알려주는 생생한 기록이 아닐 수 없다.

1년간 교회당 4곳 봉헌(1933년)

1933년 연회회의록은 중부연회 제3회 연회회의록이다. 이 해의 연회는 연합으로 열리지 않고 각각 모였는데 중부연회는 3월 15-22일 정동제일교회에서 열렸다. 전년도와 마찬가지로 감리사는 C. C. 아멘트로 표기되어 있는데 한국명으로는 안명도이다. 사부인은 사애리시라는 한국명 대신 '앨리스 쉬압'[3] 부인으로 표기돼 있고 직책은 '지방목사 서리'이다. 이 해에도 안명도 감리사는 공주지방의 실적을 보고했는데 내용 중 사부인과 관련해서는 논산교회가 사 목사(로버트 샤프) 기념교회로 착공 6년 만에 봉헌됐다는 보고가 유일하다.

> 본 지방 모든 교역자의 열성 협조로 1년간 많은 자미(재미)도 보고 전 지방적으로 발전된 것을 감사한다. 불행히도 지난 연회에서 파송 받은 여섯 목사 중에 두 분은 휴직하게 되었다. 장락도 씨가 서울에서 사는 가족을 돌보아야 할 사정으로 일찍 대전을 떠났고 후에 이진형 씨는 건강 문제로 부여를 떠났다. 그러나 다행히 좋은 지방교역자를 얻어 대전에 이태규 씨, 부여에 강학수 씨를 임명하고 올해 연회까지 오게 되었다.
>
> 지난 1년간 봉헌한 교회당은 4곳인데 공주구역에 뜸 밭과 유구, 경천구역에 구룰, 논산구역에 연산이다. 그중 세 곳은 6칸 건물이고 연산은 12칸 건물인데 당분간은 해당 지역 교회당은 신자 모임에 별로 협소하지 않을 것으로 알고 있다.

---

3) 현대 외국어 표기법으로는 앨리스 샤프.

안명도 감리사의 보고서 중 주목되는 것은 계룡산의 불교 사찰인 신원사에서 기독교 교육 청년지도자 수양회가 개최되었다는 소식이다. 많은 사람이 모일 수 있는 변변한 장소가 없었던 탓에 기독교 모임이 사찰에서 모일 수밖에 없음을 알게 된다.

8월에는 계룡산 신원사에서 종교교육 청년지도자 수양회를 개최하였는데 많은 수가 참석하여 큰 성과를 거두었고, 예년과 같은 지방개인사경회 대신 12월 18일부터 논산에서 사경회 지도자 강습회를 열었는데 사워(史越, C. A. Sauer) 씨와 쁘라넌 씨가 도와주었고 이 모임이 각 구역 사경회를 위하여 양력 또는 음력 정월을 앞두고 있었기 때문에 예년보다 많은 신도가 해당 구역 사경회에 잘 참석하여 공부할 수 있게 하였다.

이 보고는 12월 말까지 얻은 성과일 뿐인데도 벌써 작년보다 16%가 증가하였다. 신도 수의 경우, 입교인은 4%밖에 증가하지 않았으나 원입인(願入人)은 10%가 증가하였다. 재정적으로는 총 헌금이 707원(圓) 증가하였고 전국 3개 연회 지방 중 연회부담금을 제일 먼저 완납하여 기쁘다.

본 지방 6구역 중 세 곳이 목사 월급을 자급하고 있고 다른 세 곳도 자급하려는 열성이 높아 2, 3년 이내로 다 완전한 자급 교회가 될 것으로 기대한다. 본인은 개인적으로는 공주뿐만 아니라 천안과 홍성지방까지 순회하면서 많은 성과가 있었다. 특별히 지난해 본인은 서적 보급에 힘쓰고 성과가 많았다. 가급적이면 항상 어디를 가든지 갈 때는 2, 3개의 궤짝을 가지고 다니어 지난 연회 이후에 2,000권 이상의 책을 팔았다. 이는 여러 사람이 좋은 책을 잘 사서 보는 것을 증명하는 것이다.

어떤 목사는 나더러 '책 궤짝 감리사'라고 별명을 붙여주기도 하지만 우리 조선기독교인이 매년 많은 책을 사서 읽기를 좋아한다면 나는 무슨 이름을 들든지 기뻐할 것이다.

한편 1933년 연회보고서에는 영명남학교 설립자로서 남녀공학 형태의 영명실수(실업)학교로 통합해 출발한 프랭크 E. C. 윌리엄스(Frank E.C. Williams, 한국명 우리암, 禹利岩)의 농촌사업부 총무 보고가 있어 영명여학교와 영명남학교의 통합 이후 실업교육 상태를 볼 수 있다.

> 교제[4]는 안식년(1930)을 이용하여 농촌사업에 관한 학과를 연구하라는 연회의 지시를 받고 귀국한 후 이 사업에 착수하였다. 안식년 중 미국에 머물 때 13개월간 농업전문학교에 입학하여 축산학과 농촌에 대한 다양한 문제를 연구하였다.
>
> 1931년 가을 조선으로 돌아오는 동시에 영명학교를 영명실수(實修)학교로 변경하는 일에 착수하였을 뿐만 아니라 축산교과서를 편찬하는 중이고 그 외 가을, 겨울 동안 각지에서 개최되는 농촌강습회에서 가르쳤다. 강습한 곳은 공주, 청주, 안동, 대구, 부산, 진주, 광주, 서울, 개성, 해주 등지였다. 이 밖에 인천지방에서 농촌강습반을 가르쳤고 원주에 한 번 순회했다.
>
> 지난해 가을, 겨울 여가에는 홍성, 갈산, 경천 등지에서 농촌강습을 하였고 공주, 천

공주 농업실수학교. ©드루대학교

쟁기질을 하는 공주 농업실수학교 학생들. ©드루대학교

4) 敎弟는 목사, 감리사가 스스로를 겸양해 사용하는 호칭.

안, 인천의 대사경회에서 농촌반을 지도하였으며 강화도 각지에서 농사 상황을 시찰한 일도 있다.

공주 영명실수학교의 모자 만들기 실습시간. ⓒ드루대학교

공주지방 내 경천교회에서 농사개량에 착수한 이후 양호한 성적을 거두고 있다. 3000평(坪)가량의 실습 보리밭을 구매하여 교회 장래를 위하여 일반신자 가 공동농작을 하고 있는데 시골 마을의 미풍(美風)이 될 뿐만 아니라 3가지 장점이 있다. 장점의 첫째는 담임목사의 보수 문제를 해결하도록 하고 둘째는 공동협력 정신을 양성하며 셋째는 개량 농사를 실습함으로써 각자 농사 개량에 주의를 줄 수 있는 것이다. 여러 가지 재미있는 것 중에는 변소와 '우물과 집(井戶)'의 개량을 계획하는 것도 있다.

이미 1928, 1929년 기록에서 논산의 사 목사 기념교회는 대략 소개가 되었다. 그러나 건축에 따른 법률상의 절차 등이 완결되지 않아 봉헌예배는 착공 후 6년, 건축한 지 4년여가 지난 1933년 12월 3일 주일 오후 3시에 거행됐다. 1934년 1월 1일 발행된 「감리회보」에는 안명도 감리사(아멘트 선교사) 사회로 거행된 경과를 자세히 기록하고 있다.

사 목사 기념예배당 봉헌식을 안명도 감리사 사회로 거행하였는데, 그 경과는 대략 아래와 같습니다. 홍종숙 목사의 강연이 있었으며, 또 김근배 선생이 사 목사 약력을 낭독하고 황인식 선생 축사, 이병휘 선생의 본 교회 연혁 보고,

안신영 선생의 독창 등 재미있는 순서가 많았는데, 그중에 특이한 것은 고 사 목사의 전도로 '독신앙가(篤信仰家)'가 되신 박정진 전도사의 감개무량한 축사가 있었다.

홍종숙 목사는 새 교회당의 건축헌금을 모은 1927년 부흥사경회의 강사였다. 그는 참석자들이 많은 은혜를 받게 한 명부흥사였는데 이날 봉헌예배에 다시 초청되었다. 연혁과 축하 독창 등 특별 프로그램이 진행됐다.

예배당 건축비 보고 - 논산예배당은 사 목사 기념으로 건축한 것이다. 총 경비는 2755원 40전인데 그 돈은 본 교회 적립금 750원과 기미 3인[5] 사애리시 씨의 400원, 안명도 360원 기부와 일반신자의 열정적 의연금이었다.

이 예배당은 반월산 하에 우뚝 솟아 시가지를 내려다보고 있다. 그 구조로 말

공주 선교구역의 농업학교 가까이에 있는 마을의 주일학교. ©드루대학교

5) 보고에서 이해가 안 되는 부분은 봉헌 예배인 만큼 건축비 보고는 당연한 순서이나 보고 중 『논산제일감리교회 106년사』에는 한글로 '기미3인 사애리시 씨에 400원', 「감리회보」에는 '其米三人 史愛理施氏에 400원'이라는 표현이다. '其米三人'은 어떤 경우에도 해석이 안돼 여러 가지 가능성 있는 추측 끝에 '기미3인'은 '그 미망인'을 잘 못 쓴 것으로 결론을 내렸다. 『논산제일감리교회 106년사』는 「감리회보」의 기사를 단순히 인용했을 뿐이고 「감리회보」 기자 또는 문선공이 '그 미망인(其未亡人)' 중 '미(米)'는 같은 발음인 '미(未)'를 오해, '삼(三)'은 비슷한 한자인 '망(亡)'을 잘못 썼거나 활자를 잘못 뽑아 생긴 오류로 생각된다. '기(其)'는 우리말 '그'와 같은 의미로 쓰인다. 따라서 '기미3인 사애리시' 대신 '그 미망인 사애리시'로 하면 뜻이 자연스레 통한다.

하면 천연으로 된 돌과 목재를 가지고 양회(洋灰)로 쌓았는데, 견고도 하려니와 보기에도 아름다워서 보는 사람이 예배할 기분이 생길 만하게 되었다.

봉헌식에서는 사 목사 기념예배당인 만큼 사부인의 남편 로버트 A. 샤프에 대한 약력이 보고되었다.[6]

주(主)강생 1872년 3월 18일에 북미 캐나다 온태리오(Ontario) 주 캐이스토빌(Caistorville)에서 출생하시다. 소년시대에 하나님의 부르심을 입으셔서 1887년 북미 합중국 뉴욕 유니온선교훈련원(missionary training institute) 즉 선교사를 준비하는 학교에 입학하여 수업하셨다. 재학 당시에 특히 뉴욕 시내 중견 청년을 모아 종교 수양의 유일한 지도를 하셔서 많은 신자를 얻어 큰 모범이 되신 일도 있었다. 1900년에 오하이오(Ohio)주 오벌린(Oberlin)대학에 입학하시어 3년간 수업을 마치고 1903년 봄 3월에 우리 조선에 선교를 목적하시고 미국에서 출발하게 되셨다. 조선을 향하고 오는 도중에 문요한 씨와 베커 씨와 크리츠 씨와 동행하게 되셨다. 그들은 사 목사에 대하여 구원의 능력을 가진 천품이 나타난다고까지 말한 때가 있었다 한다.

조선에 도착한 후 먼저 경성 배재학당에서 교편을 잡고 교수를 하시게 되셨다. 1904년 충청도 선교 파송을 받아 1년간 경성에 주재하면서 순행전도를 시작하셨다. 1905년에 공주로 이주하시고 주택을 건축하셨다. 동시에 충청도 세 지방을 순행 전도하셨다. 특히 논산에 전도하실 때에 일시(一時)는 반대당의 포단습격(包圍襲擊)까지 당하여 신변이 위급한 지경까지 빠졌었다. 그때 한 친구의 도움을 받아 피신구호(避身救護)함을 입으셨다. 그러나 이후 전도에 더욱 열

---

6) 「감리회보」 상의 일부 오탈자와 영문 등은 저자가 독자의 편의를 위해 삽입하거나 교정했다. 또 「감리회보」 원본에는 '캐스토벨(캐이스토빌)', '언데리오(온태리오)', '오하요(오하이오)', '오뻘린(오벌린)' 등의 표기가 있어 독자 편의를 위해 이를 현대식 외국어 표기로 고쳐 소개한다.

성을 가하여 간단(間斷)이 없으셨다. 성심으로 교회 기초를 공고(鞏固)하여 순행 전도를 힘쓰시는 중 불행을 만나신지라. 1906년 2월에 논산, 강경 등지로 순행하시는 중 은진, 여산 방면으로 순행하시다가 장질부사(腸窒扶斯)[7]에 득병하여 즉시 공주로 귀가하신 후 백약이 무효라 동년 3월 5일에 마침내 공주 자택에서 별세하게 되셨다. 별세하신 후 자택 후산(後山)에 안장하시고 그 미망인 사애리시 씨가 그의 뒤를 이어 오늘 즉 27년간을 백절불굴의 정신으로 선교에 헌신하여 사 목사의 본뜻을 내게 되셨다.

사 목사 기념교회는 신도수가 증가하여 너무 비좁아지자 해방 후 1949년 개축공사를 해 확장했다. 그러나 1950년 6·25 한국전쟁으로 7월경 논산이 북한군에 의해 점령되자 교회는 병참기지로 변했고 그에 따라 유엔군의 폭격 대상이 돼 파괴당하는 참화를 겪었다. 전쟁 중 논산이 수복되어도 교회당이 없어진 탓에 교인들은 조화양조의 창고, 동양척식 창고 등 창고에서 예배를 보다 무너진 교회의 잔해를 일부 철거하고 1950년 47평 크기의 작은 예배당을 지어 1955년 새 교회가 건축될 때까지 사용했다. 저자가 유치부 때 다녔던 교회로 새 교회 완성 후에도 주일학교와 유치원으로 사용됐다. 건축 당시 겨우 초등학생이었던 저자는 일요일 주일학교가 끝나면 상급생들과 바가지를 들고 부적면 아호리 다리까지 가서 모래를 퍼서 교회로 날랐다. 50대였던 할머니 고 강계순 권사도 30대였던 어머니 고 박신희 권사도 다른 교인들과 함께 물동이나 양동이에 모래나 자갈을 이거나 지고 와서 건축자재로 쓰도록 했다.

1964년이 돼서야 빚을 정리하고 헌당예배를 할 수 있었을 정도로 재정적으로 취약한 상황에서 모래나 자갈을 퍼서 나를 수밖에 없던 것이 당시 상

7) 의료선교사 스크랜턴 박사의 1906년 추모사에 따르면 발진티푸스임.

황이었다. 새 교회당 1층은 미완인 상태로 2층에서 성인 신자들이 예배했고 그것도 겨울이면 난방이 안 돼 원래 작은 교회에서 주일예배를 드렸다.

대천해수욕장에서 열린 수양회(1934년)

1934년 연회회의록은 표지 제목이 '1934년 기독교조선감리회 중부연회 제4회 회의록'으로 돼 있고 3월 13-19일 서울 정동제일교회에서 열렸음을 밝히고 있다. 이제까지 외국인이 맡던 공주지방 감리사를 이 해 연회에서는 김응태(金應泰) 목사가 맡고 감리사였던 안명도(C. C. 아멘트) 선교사는 지방목사, 사부인은 그대로 지방목사 서리로 임명을 받았다. 안명도 선교사는 홍성지방의 지방목사도 겸하고 또 홍성지방 목사로는 한나 쉬아프(Hanna Scharff) 선교사가 있음을 알리고 있다. 공주의 영명실수학교 교장은 우리암 선교사, 교사에 C. A. 사워(史越)와 스웨어러(徐思德) 부인이 임명되었음도 밝히고 있다.

그러나 이 해의 연회보고서는 공주지방의 경우, 전임 감리사였던 안명

대천의 수양회 등 행사장(1950년 촬영). ©드루대학교

도 선교사의 이름으로 되어있다. 보고 내용 중 흥미 있는 부분은 이제는 교회가 어느 정도 조직적으로 운영되면서 수양회를 대표적인 여름철 휴양지인 대천에서 가졌다는 사실이다. 대천에서는 다른 교회 모임도 자주 열렸는데 드루대 감리교 아카이브 조사에서도 그 실제 모습을 전하는 사진을 발견할 수 있었다.

> 공주지방으로 말하면 회당수는 조금 증가되고 신자수도 조금 증가하고 있다. 재정, 자립구역도 증가하였으며 다만 선교회 보조금만 감소한 것뿐이다.[8]
>
> 지방 내 공주구역은 전과 같고 부여구역은 회당을 증축하였으며 강경구역은 자급 비율을 높였고 논산구역은 그동안 있었던 10곳의 교회를 분할하여 논산, 연산 두 구역으로 나누고 모두 자립구역으로 완성하였다. 대전구역은 신축 예배당이 가장 필요함을 느끼고 1000원(圓)의 거액 연보를 적립했으나 건축을 위해서는 더 많은 돈이 필요하다. 경천구역은 농촌지도구역으로 매우 잘 발전되고 있으며 공주지방에서 충남간이성경학교를 한 달 동안 모집해 강의했는데 앞으로 좋은 지도자가 될 만한 청년 남녀 25명이 재미있게 지냈다. 충청지방 대천해수욕장에서 하기 수양회를 개최하였는데 재미가 많았다. 올해도 누구든지 참석하고자 원하면 미리 통지하기 바란다.

공주교회의 금주 선전 깃발 대규모 행진(1935년)

1935년 연회회의록은 표지 제목이 '1935년 기독교조선감리회 동·중·서(東·中·西)부 연회회의록'으로 되어 있고 4월 25일부터 5월 1일까지 서울

8) 이 시기는 미국의 경제대공황이 절정에 이른 시점으로 경제 불황으로 자본주의 경제가 수렁에 빠져 미국의 교회들도 선교후원금을 격감시킬 수밖에 없었다. 1929년 주식 폭락으로 시작된 대공황이 1939년까지 지속됐다. 그러나 선교후원금 격감으로 한국교회의 자생 능력은 향상되고 독립적인 교회가 되는 계기가 되었다.

정동제일교회에서 개최되었다. 제목에서 보듯이 당시의 3개 연회가 연합해 열렸다. 감리사는 1934년과 마찬가지로 김응태 목사이고 아멘트, 사애리시 선교사는 지방전도사업 담당자로 발령하고 있다. "지방목사, 지방목사 서리"라는 제도가 사라진 것이다. 영명실수학교 교장은 윌리엄스이고 중앙영아관은 보아진(Maren P. Bording)과 윌리엄스 교장 부인이 담당자로 돼 있다. 주일학교 사업은 아멘트 부인과 사워 부인이 맡았다. 안명도 목사와 사부인의 도움으로 보좌목사가 외촌(外村)교회 순회심방을 한다는 보고를 보면 교회가 한국인 중심으로 운영되고 선교사는 보조적인 역할을 수행하고 있음이 확인된다.

보고서의 형태도 이 해부터는 달라져 '1. 지방형편 2. 각 구역 현황 3. 지방영적사업 4. 지방특별사업 5. 지방경제상황 6. 감리사 본인의 업무' 순으로 보고하고 있다.

1. 지방형편 : 이 지방은 공주, 부여, 논산, 대전, 4군에 퍼져 있고 7개 구역으로 나뉘어 교회가 21곳, 기도소가 10곳, 신자 총수 2,003인이다. 남녀교역자가 각각 7명이고 남선교사 3명, 여선교사 3명이 있다. 또 이곳에서 전도사가 29명, 권사가 1인이며 기관사업으로는 실수(실업)학교가 1곳, 지정보통학교 1곳, 유치원 3곳, 서당 3곳, 영아관 2곳이 있다.

2. 각 구역 상황

1) 공주구역은 교회수가 많고 거리가 넓고 멀어서 담임목사 1명으로는 관할하기가 극히 어려운 실정이다. 선교사 안명도 씨와 사애리시 씨의 보조와 주선으로 보좌 1인을 두어서 외촌(外村) 교회를 순회하도록 했다.

2) 부여구역은 다른 구역에 비해 조금 약한 구역이나 다른 여섯 구역에서 자치비로 매월 초 5원씩을 보조하여 줌으로 동일하게 진행하고 있으며 담임목사 안성호 씨의 활동으로 탄천에 예배당 건물을 새로 건축하게 되었다.

3) 강경구역은 지난여름 50년 이래 처음 있는 남한지역 수해로 아주 심한 재해를 만난 곳이다. 교우들의 미래와 교회당이 무너졌으며 그때는 처참하기가 막심해 형언하기가 어려웠다. 그러나 특별히 황해도 송천 피서지로부터 서양 선교사들의 구제(救災) 동정금을 비롯해 각처에서 답지하는 동정금으로 일반 이재민들의 구조와 위로에 큰 도움을 주었다. 또 담임목사 방훈 씨의 열성과 주선으로 보잘것없이 영락(零落)한 강경읍 예배당을 수리했으며 또 무정리에는 예배당 건물을 새로 신축하였다.

4) 논산구역은 왕성하고도 아름다운 구역으로 영적으로나 물적으로나 함께 나아가는 모범적 구역이다. 담임목사 이천국 씨가 오랜 기간 성실히 노력하고 주선한 결과로 이 구역은 거의 자치 기본재산까지 완전히 확보해 가는 중이다.

5) 연산구역은 원래 논산구역과 한 구역이었는데 작년부터 나뉘어 성립된 새 구역이다. 따라서 교회수도 적고 신자 수효도 별로 많지 못한 조그만 구역이다. 그러나 질적으로는 아주 큰 구역에 못지않은 아름다운 구역이다. 지난가을 한삼천리[9]에 가서 대전도(大傳道)를 한 결과 기도소까지 설립하고 예배당을 매입하였다. 주님께 감사한다. 유감인 것은 서리로 파송하였던 전도사가 기한 전에 그만둔 것이다.

6) 경천구역은 영적, 물적으로 함께 나아가고 열성이 있는 지역이다. 특별히 다른 지역에 비하여 뛰어난 것은 우리암(禹利岩, Williams) 교장의 성의를 다한 지도와 담임전도사 장기수 씨의 열성적인 활동으로 농촌지도와 공동경작, 십일조 장려로 아주 좋은 성과와 보람이 있는 모범지역이다.

7) 대전구역은 점점 흥하고 왕성하게 활동하고 있는 구역인데 충남도청이 그곳으로 이전된 후 신도시의 발전을 따라 교회의 형세도 움직이고 신자의 수효

9) 충남 논산시 벌곡면 한삼천리.

도 점점 증가하고 있다. 긴급히 크게 요구되는 것은 대도시에 적당한 새 예배당이다. 속히 건축되기를 기도하고 특별히 사워(史越) 목사의 영적지도와 담임전도사 이형재 씨의 열심 전도로 말미암아 전 구역이 영적으로 크게 발전하는 중이다.

3. 지방영적사업 : 지방대사경회를 1회, 지방여자진급대사경회를 2회, 구역마다 대사경회와 소사경회, 부흥회와 대전도회를 1회 이상 3회까지 한 구역도 있다. 영적으로 크게 진보하고 은혜를 흡족히 받았으며 새신자도 다수 얻었다.
4. 지방특별사업 : 지방 선교사 안명도 씨의 열성과 주선으로 공주읍에 충남간이성경학교를 설치하고 의무교역자 남녀 청년 28명을 모집하여서 가르침으로써 많은 성과를 보았다. 또 새로 아름다운 기숙사까지 매입하였다. 여선교사 보아진(마렌 보딩) 씨는 공주와 대전에 영아관을 설치하고 2,264명의 아동에게 보건 진찰을 시행했으며 71,167병의 우유를 공급했다. 또 37명의 영아를 양육함으로써 일반인에게까지 사회사업으로 큰 영향을 주었다. 한편 지난여름 충남연합하기수양회를 충남 대천해수욕장에서 개최하였는데 많은 성과가 있었으며 공주교회 절제회에서는 금주선전 깃발 행진을 굉장한 규모로 실시했다.
5. 지방경제상황 : 본 지방 내 자급상황은 작년보다 많이 증가하였으며 교역자들의 봉급도 지급하는 비율이 증가하였다. 교회마다 재정 수입의 총액도 대단히 증가하였고 연회부담금도 394원을 전부 납입했다.
6. 감리사 본인의 업무 : 본인은 지방 내 각 구역을 여러 차례 순행하였으며 구역마다 구역회를 두 차례씩 가졌다. 선교사 안명도 씨가 항상 교제(敎弟, 본인)를 도와 자동차로 같이 순행해 줌으로써 비교적 자주 순행하고 평안하게 할 수 있었다. 그 나머지는 본인이 담임한 구역에서 힘이 닿는 데까지 일할 것이다.

격년제로 열린 지방 연회(1937년)

1937년 연회회의록은 표지 제목이 '1937년 기독교조선감리회 중부연회 제6회 회의록'으로 돼 있고 4월 7-13일 개성북부예배당에서 열렸음을 밝히고 있다. 1936년 연회회의록은 없는데 1935년 연회가 '5회', 1937년 연회가 '6회'이므로 1936년에는 연회가 열리지 않았음을 알 수 있다. 이후 1939년 '7회' 연회가 열림으로써 격년제로 연회가 열렸다는 사실을 확인했다. 1935년 연회 당시와 마찬가지로 감리사는 김응태 목사이고 안명도 선교사 부부는 공주지방을 떠나 공주지방의 선교사는 영명실수학교 교장 겸 지방전도사업을 맡은 윌리엄스 선교사 부부와 지방전도사업을 맡은 사애리시 부인, 중앙영아관을 맡은 보아진 선교사만 남았다.

이 해 김응태 감리사의 보고 내용 중 주목되는 점은 대전이 읍에서 부(府)로 승격되며 교회도 성장하고 있다는 내용이다. 공주 중심의 선교활동이 이제는 대전 중심으로 이뤄질 수밖에 없음을 알려주는 대목이다. 그러나 식민지 국민의 빈한한 모습은 여전해 춘궁기 밥을 짓지 못하는 신자 가정이 여전하다는 소식도 전하고 있다.

1. 지방형편 : 본 지방은 공주, 부여, 논산, 대전, 청양 일부 등 모두 5개 군에 걸쳐 있으며 7개 구역으로 나뉘어 있다. 교회는 23곳, 기도소는 14곳, 신자는 총 2,393명이며 남자교역자가 7명, 여자교역자가 7명, 남·여선교사가 2명씩 있다. 본처전도사는 28명, 권서(勸書)가 1명이다. 기관 사업으로는 실수학교가 1곳, 지정보통학교가 1곳, 유치원 3곳, 서당(書堂) 4곳, 영아관 2곳이 있다.
2. 각 구역 상황 : 우리 지방 내 각 구역상황은 일반적으로 잘 진행하고 발전 중이다.

1) 공주구역은 교회수가 많고 거리가 넓고 멀어 담임목사 한 사람으로는 도저히

감당하기 어렵다. 더욱이 감리사직을 겸임한 본인이 담임하게 되어 읍(邑) 교회를 제외한 다른 교회는 근근이 현상 유지에 불과한 상태이다.

2) 부여구역은 본 지방 중 타 구역보다 좀 약한 구역이나 전도사 이명구 씨가 담임한 이래 교세가 점차 왕성하고 신자수가 증가하였으며 지금은 일반적으로 향상하는 가운데 있다.

3) 강경지역은 대단히 왕성하게 일어나는 아름다운 구역이다. 담임목사 안성호 씨가 부임하여 열과 성을 다해 사역하는 중 교회가 더욱 영적, 물적으로 함께 향상되었다. 또한 의신동교회는 새 예배당을 건축하였다.

4) 논산구역은 영적, 물적으로 나란히 나아가는 아름다운 구역이다. 담임목사 이천국 씨의 오랜 기간 열과 성을 다한 활동 결과로 지난해에 광리(光里)와 육곡(六谷) 두 교회에 아름다운 새 예배당을 건축하였다.

5) 연산구역은 논산구역에서 분립한 지 오래되지 아니한 새 구역인 탓에 교회수도 적고 신자수도 별로 많지 못한 조그만 구역이다. 그러나 질로 보아서는 아주 큰 구역에 못지않은 아름다운 구역이다. 담임목사 조근영 씨가 부임한 이래 열성으로 사역한 결과 아주 문을 닫을 지경에 이르렀던 안천리(논산시 부적면 안천리)교회를 부흥시켰으며 또한 외성리(논산시 부적면 외성리)교회는 아주 큰 새 예배당을 건축하였다.

6) 경천구역은 특별히 모범농촌지도와 공동경작, 십일조 장려로 자작자급하는 모범적 구역이다. 더욱이 영명실수학교장 우리암 목사의 신령스러운 지도와 실업의 장려로 영적, 물적으로 함께 성과 있게 진행하고 있다. 또 담임전도사 서태원 씨의 열성스러운 활동으로 교회가 더욱 왕성하고 두사리 교회[10]에는 아름다운 새 예배당을 건축하였다.

10) 논산시 노성면 두사리. 저자의 큰 고모님 임분식 권사는 10살 소녀시절 우리 집안에서 제일 먼저 복음을 사부인으로부터 전해 받고 어머니(저자의 조모)를 전도한 분으로 두사리 교회가 있는 곳으로 결혼해 가 평생 이 교회를 섬겼다.

7) 대전구역은 점차 흥왕하고 활발히 움직이는 구역인데 대전읍이 부(府)로 승격된 후 신도시가 발전함에 따라 교회의 형세도 움직이고 신자의 수효도 점점 증가하고 있다. 이에 따라 제일 긴급히 요구되는 것은 이 대도시에 적당하고 알맞은 예배당이다. 속히 실현되기를 기도하며 담임목사 이형재 씨의 열과 마음을 다한 전도 결과로 세천역 부근에 기도소 한 곳을 신설했고 지금 좋은 성과와 보람을 얻는 중에 있다.

3. 지방영적사업 : 지방대사경회 1회 지방여자진급대사경회 2회, 종교교육수양회 1회, 구역마다 대사경회와 소사경회, 부흥회와 대전도회를 1회 이상 실시했다. 새신자도 많이 늘어났다.

4. 지방특별사업 : 지방선교사 안명도 씨의 열성과 주선으로 공주읍에 충남성경학원을 설치하고 남녀 청년 20여 명씩을 모아 매년 1회씩 가르쳤다. 또한 여선교사(마렌 P.보딩)의 사업으로 공주와 대전에 영아관을 설치하고 영아공중위생사업을 시행하였다. 1년간 보건 진료를 받은 아동수가 1,121명이고 우유를 공급한 수는 46,743병이며 산파가 조산한 아동수가 93명, 양육한 아동수는 20여 명에 달해 일반인에게 사회사업으로 막대한 영향을 주었다.

5. 지방경제상황 : 본 지방의 자급상황은 작년보다 매우 증가하였다. 교역자들의 봉급도 자급 비율이 많이 증가하였으며 전체적으로 교회마다 재정 총수입도 대단히 증가했다. 그러나 불행한 것은 작년에 막대한 가뭄과 수해로 흉년을 만나 현재 춘궁(春窮)을 당해 때가 되어도 가난하여 밥을 짓지 못하는 지경의 신자 가정이 적지 않다. 그 불쌍한 형편은 다 말할 수가 없다.

6. 감리사 본인의 업무 : 본인이 일한 것은 지방 내 각 구역에 여러 차례 순행한 것과 구역마다 구역회를 매년 두 차례 시행한 것이다. 그 나머지는 본인이 담임한 구역에서 힘이 미치는 데까지 일한 것이다.

사부인 선교기념비 제막식(1938년)

영문과 한문으로 된 사부인 한국 선교 기념비.

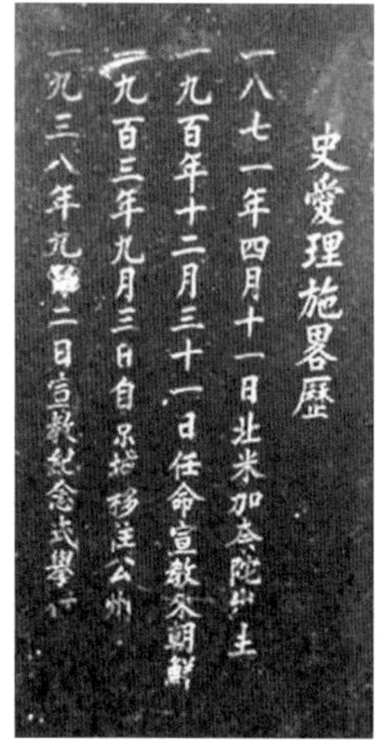

비석 뒷면에 있는 사부인 약력.

공주 영명고 교정을 들어서면 유관순 열사와 조병옥 박사의 흉상을 보면서 이 학교가 범상한 학교가 아님을 알게 된다. 흉상을 지나 조금 더 가면 사부인의 한국 선교를 기념하기 위해 세운 기념비로 영문과 한자로 비문이 음각된 한국식 비석을 보게 된다. 기념비 제막 당시의 상황은 1938년 9월 5일 자 「동아일보」 기사에서 확인된다. 또한 9월 2일 제막된 기념비에 대해 『영명 100년사』 310쪽에서 사진과 함께 소개하고 있다. 사진 설명에서 기념비가 여학생부 교사 옆에 세워져 있었는데 현재 본관 뜰에 세워져 있음을 밝히고 있다.

1939년 8월 은퇴를 앞둔 시점에서 기념비 제막은 사실상 사부인의 평생 업적을 마무리하는 의미도 갖는다. 검은색 오석의 기념비는 앞면에는 영문과 한문이 위아래에 음각돼 있다. 영문은 "사부인의 오랜 세월 희생적인 목회활동에 대해 진정한 감사의 증표로 앨리스 H. 샤프 부인에게 경의를 표하며 공주 지방 교회가 건립(Erected by the churches in the Kongju district in honour of mrs. Alice H. Sharp. As an expression of her long and sacrificial ministry Sept. 15. 1938)"으로 돼 있고 한문은 "사애리시선교기념비(史

愛理施宣敎紀念碑)"로 돼 있다. 기단에는 "1905년 영명여학교 설립자 사애리시 교장 공덕비 1985년 10월 15일"로 돼 있어 이 기념비가 1985년 현재의 자리에 이전돼 있음을 알게 해준다.

기념비의 뒷면에는 한문으로 사부인에 대한 약력이 4가지 사항만 간략히 적혀있다. "사애리시 약력 1871년 4월 11일 북미 캐나다(加奈陀) 출생, 1900년 12월 31일 임명선교내조선(任命宣敎來朝鮮 선교사로 임명돼 조선에 옴), 1903년 9월 3일 자경성이주공주(自京城移住公州, 서울에서 공주로 이주), 1938년 9월 2일 선교기념식 거행". 공주지방 감리사 김응태 목사의 사회로 성대하게 열렸던 제막식에 대한 「동아일보」의 기사 전문은 다음과 같다.

> 〔공주〕 지난 2일 오전 10시에 공주 영명여자학교 교정에서 사애리시(史愛理施)여사선교기념비를 기독교 조선감리교 공주지방 발기로 건립하고 감리사 김응태 씨 사회로 성대한 제막식을 거행하였다고 한다. 동 여사는 지금으로부터 38년 전 4월 1일 북아메리카에서 당지에 와서 충남을 일원으로 선교교육사업에 이래 38년간을 성심성의로 종사하였다고 한다. 동 여사는 조선을 건너올 때는 28세의 꽃다운 청춘으로 충남 각지에서 선교와 교육사업에 진력하는 중에는 비상한 파란을 거듭하여 공주, 천안, 논산, 입장, 아산, 둔포, 경천 각지에 학교를 설립하고 대전, 공주, 논산에 유치원을 경영하여 수많은 영재를 길러내어 그의 공적은 실로 막대하다 하며 당일 식장에 임석한 동 여사는 당년 66세

史愛理施女史
宣敎記念碑除幕式

제막식에 대한 1938년 9월 「동아일보」 기사.

의 백발이 성성한 노구로서 선명한 조선부인 의복으로 단장하고 제막식 절차에 의하여 여사의 감개무량한 답사로 자기는 노령 선교 만기로 명춘에는 조선을 떠나 본국 양로원으로 돌아가겠으나 자기의 사업만은 남기고 가니 뒤를 이어 영원히 계속하기를 바란다고 하여 일반을 감격게 하였다.

「동아일보」 기사 중 “38년 전 4월 1일에 북아메리카에서 당지에 와서”는 사부인이 1900년 12월 31일 한국에 왔으므로 연월일 표기는 근거가 없는 오류다. 기사에서 확인된 사실은 백발의 사부인이 한복을 입고 기념식에 참석한 사실이다. 이는 사부인 한국 체류 시 직접 만났던 논산 광리교회 김영한 원로장로의 증언에서도 확인된다. 김 장로에 따르면 당시 같은 교우인 박치화 씨는 사부인이 자신의 딸을 수양딸로 삼아 교육해주고 이화학당에도 보내준 것에 감사해 비단으로 한복을 지어 공주에서 열린 회갑 잔치에 선물로 들고 갔다고 한다.[11] 잔치 현장에 가보니 사부인이 수양딸로 삼아 교육한 젊은 여성이 줄을 서 있어 자기 딸만 수양딸인 줄 알았던 박치화 씨가 놀랐다고 이야기하는 것을 들었다고 말했다. 이를 보면 사부인의 회갑 잔치가 성대히 열렸고 많

教育과 宣教에 獻身
教育機關實로 十一個所
◇고결한 처녀로 화갑을 맞나
公州의 「시애리시」孃

교육과 선교에 헌신한 사부인의 환갑을 알리는 1931년 4월 「동아일보」 기사.

11) 김영한 원로 장로의 증언은 2016년 7월 17일 대전중앙감리교회 1층 카페의 별도 공간에서 주일예배를 마친 김영한 장로님을 만나서 오후 12시 40분부터 약 1시간 반 정도 교회사 연구자인 목원대 황미숙 박사와 저자가 인터뷰한 내용이다. 황 박사는 녹음과 사진 촬영도 했다.

증손 생질 데이비드 솔로우스가 보관해 온 공주 영명고 선교기념비 건립식장 사진(1938년). 사부인이 한복을 입고 인사말을 하고 있다.

은 충청지역 소녀들을 이화학당에 추천해 보냈음을 짐작할 수 있다.

한복을 차려입고 기념비 제막식에 참석한 모습은 사부인의 고향 캐나다 노바스코샤 야머스에서 만난 증손 생질 데이비드 솔로우즈(David Sollows, 64)가 유품으로 보관 중인 두 장의 사진에서도 확인된다. 한 장은 제막식 참석자들 앞에서 인사말을 하는 모습(위에 사진)이고 다른 한 장은 기념비 앞에 혼자 앉아 기념 촬영한 모습이다. 옛 사진에 보이는 기념비 기초석은 현재와 다른 모습으로 건립 당시의 기단 원형을 알게 해주는 귀중한 사진이다.[12]

한편 이 해에는 연회도 열리지 않아 사부인에 대해 공식 보고는 전혀 없으나 여전히 지방 순회선교에 나섰음은 저자 집안일가의 증언에서도 확인된다. 저자의 할머니 강계순 권사는 1938년 막내아들 임동식 집사를 낳았

12) 데이비드 솔로우즈에 대해서는 329쪽 제7장 참조.

는데 출산 전 사부인을 만났을 때 사부인께서 할머니의 배에 손을 얹고 축복기도를 해주셨다고 한다. 현재 독일에서 사업 중인 숙부가 2015년 귀국했을 때 사부인과 관련해 기억을 더듬던 중 셋째 고모님 임윤식 권사(서울 성북구 삼선감리교회 출석)가 증언해 준 내용이다.

은퇴 무렵의 사부인 만난 김영한 장로

사부인 보고서에 나오는 광리(Kwangne)교회에 대한 지명고증을 위해 논산 광석면 광석제일감리교회 송광식 목사와 통화 중 1920년대 후반부터 주일학교를 다녔던 김영한(金英漢) 원로장로를 소개받았다. 김 장로는 고서와 고문서 3만여 점을 소장하고 있을 만큼 역사에 대한 관심이 많았고 향토사연구전국협의회 고문으로서 충남지역의 지방사에 대해 해박한 지식을 갖고 있었다. 소장 고서와 고문서를 한국학중앙연구원에 기증해 명예문학박사 학위를 받기도 했다. 고향인 충남 논산 광석면에서 1920년 태어난 김 장로는 1941년부터 공직에 입문, 안동 김씨 종손 가에 전해 내려오던 종가 문서에 더해 충남 향토사와 관련된 많은 문헌을 평생 수집해 온 원로 향토사학자다. 청각이 약해져 큰 소리로 묻는 불편은 있었으나 사부인 관련 증언은 또렷한 기억으로 말했다.

대전중앙교회에서 인터뷰를 마치고. 김영한 장로님(가운데)과 황미숙 박사(왼쪽), 필자.

지금도 아쉬운 것은 나의 누님(김예순, 호적 명은 김소남)과 사부인 간에 오간 편지 수십 통을 누님 자서전 쓸 때 참고하라고 줬는데 하나도 반영을 안 하고 폐기했다는 사실입니다. 내가 직접 한 묶음을 줬는데…. 편지 내용은 공주에 사는 사부인이 딸 같이 여겼던 누님에게 안부와 함께 자신이 최근에 읽고 은혜받았던 성경 구절을 적고 누님에게도 읽어보도록 권유하는 내용이었습니다. 모든 편지에 성경구절을 적고 읽어보도록 권유하는 형식은 같았지요. 그 편지들이 남아있다면 사부인의 신앙생활을 알 수 있는 귀중한 자료가 될 수 있었는데… 너무 아쉬워요.

김 장로는 어릴 때 사부인이 광리교회에 오면 마을 교인을 심방하는 데 누님이 앞장서 안내했다고 밝혔다. 사부인은 자신이 살았던 광석면 천동리 집에도 여러 번 왔는데 마을에 오면 서양인이 이색적인 존재였던 탓에 자신은 물론이고 동네 어린이들이 졸졸 따라다녔다고 기억했다.

"사부인의 찬송가 노래 실력이 뛰어났어요. 한국말도 잘했고 음정이 아주 정확했습니다. 찬송을 가르칠 때는 찬송가의 유래에 관해 설명함으로써 배우는 사람의 흥미를 돋우고 그렇게 재미있게 가르칠 수가 없었어요. 또 접으면 상자처럼 네모가 되는 이동용 풍금을 지게꾼을 시켜서 지고 다니다 거리나 교회에서 반주하며 찬송했기 때문에 그 자체가 흥미롭기도 했습니다."

사부인은 또 "가정심방을 자주했기 때문에 동네에서 꼬마들이 '할머니 오셨어요?' 라고 인사하면 '오냐, 잘 있었냐?' 라고 말할 정도로 한국말에 대한 이해가 깊었다."라고 회상했다. 김 장로는 자신보다 3살 위였던 누나가 광리교회에서 사부인을 처음 만났고 본인도 나중에 사부인을 알게 되었는데 "그때가 쇼와(昭和) 6, 7년경으로 1931, 32년경"이라고 말했다. 본인이 11세 전후에 사부인을 만난 것으로 기억했다.

사부인과 관련해 기억나는 사항이 있으면 더 소개해달라고 요청하자 김 장로님은 사부인 회갑 잔치 때와 은퇴, 미국 영구 귀국(1939)을 앞두고 송별회 했을 때를 기억을 더듬어가며 말했다. 회갑 잔치는 사부인이 1871년 4월 11일생이므로 1931년 4월경에 열렸을 것으로 보인다.

김 장로님은 회갑 잔치 이야기를 박인덕의 부친인 박치화 씨에게서 들었다고 밝혔다. 박인덕은 일반적으로 널리 알려진 평양 출신의 박인덕과는 동명이인으로 김 장로님이 말한 박인덕은 논산 출신이다. 박치화 씨는 논산 광석 출신으로 1918년 논산 광리에 교회가 처음 생길 때 자신의 집을 예배처로 제공하고 속장으로 활동했던 광리교회의 개척교인 이었다.[13]

한편 영구 귀국을 앞두고 논산제일감리교회에서 열린 송별회에는 김 장로도 직접 참석했었다고 밝혔다. 1939년이므로 김 장로가 20세였던 때여서 또렷이 기억나는데 "이화여전을 다닌 김순영[14]이라는 영명여학교 선생이 송사했는데 사부인의 한국 선교활동에 대한 내력을 이야기할 때 송별식장은 눈물바다를 이뤘다."고 말했다. 이번에 귀국하면 영원히 못 볼 것이라는 생각에 사부인도 교인 참석자들도 너무 슬퍼했다고 한다.

사부인 은퇴로 특별 임명자 명단에 없어(1939년)

1939년 연회회의록은 표지 제목이 '1939년 기독교조선감리회 제7회 동·중·서부 (東·中·西部) 연회회의록' 으로 돼 있고 5월 3-10일 정동제일교회에서 열렸음이 기록돼 있다. 공주지방은 감리사가 김응태 목사에서 조근영 목사로 바뀌었고 공주교회 담임목사가 아닌 논산교회 담임목사가 감리사직을 맡은 점이 눈에 띈다. 또 1937년 연회까지 지방전도사업을 맡았던 사애

13) 이에 대해서는 2016년 7월 20일 광석제일감리교회 송광식 목사로부터 확인.

14) 김순영에 대해서는 『논산교회 106년사』(187쪽)에 "1929년 10월 논산 영화여학교에 근무하던 김순영 선생이 공주 영명보통학교로 전임해 갔다"는 기사가 나온다. 따라서 김순영은 논산교회와 이미 인연이 있었음을 알 수 있다.

리시 부인의 이름이 특별임명자 명단에서 보이지 않는다. 1939년 초 은퇴했기 때문이다. 또 영명실수(직업)학교와 지방전도사업을 맡았던 우리암 선교사 부부는 안식년으로 미국으로 귀국했음을 밝히고 있다. 영명실수학교는 미스 올드파더(吳坡道, Jeanette Oldfather)가 맡고 지방전도사업은 휴가를 마친 안명도 선교사가 맡았다. 영아관 사업은 보아진(保雅進, 마렌 보딩) 선교사가 계속 맡고 있다. 연회 보고는 전임 김응태 감리사가 하고 있다.

1. 지방형편 : 본 지방은 공주, 부여, 논산, 대전, 청양 일부를 합해 5개 군에 뻗쳐 있으며 7개 구역으로 나뉘어 있는데 교회가 22곳, 기도소가 15곳, 신자 총수가 2,339명이다. 남교역자가 7명, 남선교사가 2명, 여선교사가 3명, 본처전도사가 23명, 권서(勸書)가 1명이다. 지방기관 사업으로는 실업학교가 1곳, 지정소학교가 1곳, 유치원 3곳, 영아보건사업소가 2곳이다.
2. 각 구역 상황 : 지방 내 각 구역 상황은 일반적으로 향상되고 발전하고 있는데 대개 다음과 같다.

1) 공주구역은 교회수가 많고 거리가 넓고 멀어 담임목사 한 사람으로는 도저히 감당하기가 어렵다. 열심히 하는 엄재희 목사가 부임한 이래 열과 성의를 다해 사역한 결과, 교회가 대단히 진흥하였다.
2) 부여구역은 옛날보다 아주 큰 형세로 교회가 진보하고 신자가 증가하였다. 특별히 부여읍은 연간 약 10여만 명의 관람객이 왕래하는 한국의 유일한 고적지(古蹟地)이기 때문에 현재 이 지방에 알맞은 예배당이 필요한 시점이다. 한 가지 유감스러운 일은 지난 2월 이후로 3개월이나 남자교역자가 결원되어 있다는 사실이다.
3) 강경구역은 일반적으로 크게 왕성하고 대단히 성과와 보람이 있는 지역이다. 부지런한 목사 최종순 씨가 부임한 이래 충성을 다하고 힘을 다 쏟아 사역하는 중에 교회가 영적, 물적으로 함께 더욱 향상되고 있으며 강경읍 예배

당은 새롭게 수리하여서 아주 다른 모습이 되었다. 또한 전에 있었던 만동(萬東)여학교 부지와 건물 등을 매입하여 현재 유치원으로 사용하고 있다.

4) 논산구역은 영적, 물적으로 함께 잘 나아가고 있는 아름다운 모범 구역이다. 열성 많은 이형재 목사가 부임한 이래 2년간 충성을 다해 활약한 결과로 해당 구역에서 좀 약하다고 하던 육곡(六谷)교회까지도 대단한 성과와 보람이 있게 되었다.

5) 연산구역은 본래 논산구역에서 분리된 구역이나 아주 든든하게 성장한 구역이다. 목회에 노련한 조근영 목사의 다년간에 걸친 열과 성의를 다한 활약 결과, 교회마다 신령하고 왕성하게 발전하는 중이다.

6) 경천구역은 지방 중에 특별히 농촌지도와 공동경작, 십일조 장려로 자작자급하는 모범구역이다. 신령한 목사 서태원 씨의 열성과 활동으로 교회마다 신령하고 겸하여 자력갱생의 정신을 가지고 전진하는 중이다. 무산(無産)아동 교육기관인 원명(元明)학원을 아주 아름답게 새로 건축하였다.

7) 대전구역은 점점 왕성하게 일어나고 활동 중이며 부흥하는 구역이다. 대전부(大田府) 신도시가 날로 발전하고 인구의 격증에 따라 교회의 신자수도 점점 증가하고 있다. 그러나 한 가지 유감스러운 일은 예배당이 협착하고 쇠퇴하고 무너져가는 것이다. 그러므로 전 교회와 안명도 선교사의 힘을 다하는 활동 결과로 현재 적당한 장소에 땅 300평을 매입하고 해당 장소에 벌써 2층 기와집으로 만든 미려한 영아관을 건축하였으며 계속해 1만여 원을 준비해 머지않아 대도시 면목에 적당하고 알맞은 예배당도 실현하게 되었다. 영광을 주님께 돌리며 무한 감사를 드린다.

3. 지방영적사업 : 지방대사경회 1회, 지방여자진급대사경회 2회, 지방종교교육수양회 1회, 각 구역마다 대사경회와 소사경회, 부흥회, 대전도회를 1회 이상 하였다. 교회마다 신자가 증가하고 새신자도 수백 명에 달하였다.

4. 지방특별사업

1) 지방여선교사 보아진(마렌 P. 보딩) 씨의 주선과 활동으로 공주읍과 대전에 영아관을 설치하고 영아공중위생과 영아보건사업을 시행하고 있다. 1년간 보건 진료를 받은 아동수가 1,182명이고 우유를 공급한 수가 66,812병이다. 산파가 조산한 아기의 수가 59명이고 양육을 받은 아동은 31명이다. 영아공중위생과 영아보건사업은 이와 같이 하여 일반사회에까지 막대한 영향을 주었다.

2) 우리 지방의 교육사업기관은 현시대에 적당하고 알맞은 영명실수학교와 영명소학교가 있는데 일반사회교육과 종교교육을 실천하여 교회 발전에 큰 공헌을 하고 있다.

5. 지방재정상황 지방 내 재정형편은 구역마다 크게 나아지고 있다. 첫째, 자급이 대단히 증가하여 남녀교역자들의 봉급을 올렸고, 둘째, 지방선교회를 조직하고 10년 계획으로 선교회 자금을 저축하고 있는데 벌써 수백 원에 이르고 있다.

6. 감리사 본인의 업무 : 본인은 본시 불초(不肖)한 자격자로 1구역도 감당하기가 어려운데 더욱이 중차대한 감리사직까지 겸임하게 되어 오랫동안 직무에 충실하지 못했음을 고백한다. 단지 한 일로는 지방 내 각 구역을 여러 차례 순행한 것과 구역마다 연간 2회씩 구역회를 행한 것뿐이다. 그 나머지는 본인이 맡은 구역에서 힘이 미치는 대로 일했다.

한국 떠나기 전 소장도서 이대 기증

1939년 5월 초 은퇴한 사부인은 8월 한국을 떠나기 전 신변정리를 하던 중 소장도서를 이화여자전문학교에 기증하였다. 「코리아 미션 필드」 1939년 7월호에 실린 장서 기증 소식은 다음과 같다.

Following is an extract taken from an earlier issue of the Magazine—THE KOREA MISSION FIELD:

"Mrs. Alice (Mrs. Robert) Sharp of Kongju District of the Methodist Church, who has served the Church for more than thirty-nine years, has given over her treasured library to Ewha College. The library contains a very fine collection on religion, history, philosophy and literature. Mrs. Sharp is retiring from her missionary career. Her genuine Christian spirit, which has been so beautifully manifested throughout her life, has always been deeply appreciated by those who have come in contact with her. Whenever she made her itinerary trips in Kongju District, her coming meant light and peace to many heavy-laden souls. It is said that her mere visit meant inner joy and courage.

The tablet-stone which stands in the grounds of Yungmyung Industrial School, erected by her devoted friends in honor of her educational and evangelistic work, and the special library in Ewha College, will be sources of constant inspiration to those who attempt to live a strong, quiet, but purposeful Christian life, which Mrs. Sharp, herself, has so beautifully exemplified." 1940

①

1940

Mrs. Robert Sharp, Mrs. Florence G. T. Reeves, Miss Mechteld D. Dirksen, Miss Ida A. Farmer, Misses Winifred and *Marion Draper*, as well as our four new missionaries, *Misses Edna May Dahlin, Estelle Louise Leonard, Jean Siefer* and *Theo Janet Surdam*, attended the Seventieth Anniversary of our Society in Pasadena, in October.

②

1940

NEW YORK BRANCH WOMAN'S FOREIGN M

Missionary Personals

Mrs. Robert Sharp has returned to this country from Kongju, Korea, for her last furlough before retiring.

③

Mrs. Alice Hammond Sharp, the widow of Rev. Robert Sharp, was married in Korea to her missionary husband and together they served on the Kongju District. Four years of such happy service ended when Mr. Sharp died in 1906, and after a short furlough, Mrs. Sharp returned to the same station to carry on alone the work in which she had once had a devoted husband's aid and counsel. Her district contains fifty churches, in all of which the work among the women and children is in her care. Her journeys often require walking fifteen miles a day over mountainous roads and crossing streams without bridges. The winter months are given to work in and about Kongju, holding Training classes for Bible women and for inquirers. She is supported by the Extension Department of New York Branch and rejoices in the thought that she has the prayers of more than seven hundred women in the rural districts of our Branch. Birthday, April 11.

④

미국 감리교여성선교사회 뉴욕 지부가 사부인 관련 기사를 스크랩한 것이다.

① 사부인의 소장도서 이화대학 기증 기사를 「The Korea Mission Field」에서 발췌한 것이다. 손글씨 '1940'은 스크랩한 시기를 표시한 것으로 보인다.
② 사부인을 비롯한 여선교사들이 파사데나에서 열린 여성선교사회 70주년 기념식에 참가했다는 내용이다.
③ 사부인의 은퇴 전 마지막 안식년을 갖기 위해 미국에 왔다는 개인 동정 기사이다.
④ 사부인의 후원자가 뉴욕 지부에 700명이 넘는다는 사실을 다룬 기사이다.

39년 이상 교회를 위해 봉사해 온 감리교 공주지방의 앨리스 샤프(Alice Sharp) 여사가 그의 귀중한 소장도서를 이화여자전문학교에 기증하였다. 소장도서는 종교, 역사, 철학, 문학에 대한 훌륭한 도서들을 포함하고 있다.

샤프 여사는 (오는 8월에) 선교사역에서 은퇴하게 된다. 일생을 통해 너무나 아름답게 표출되었던 그녀의 진정한 기독교 정신은 그녀와 접하는 사람들에게 항상 깊이 인식되어 왔다. 그녀가 공주지방에서 순회선교여행을 할 때마다 그녀의 방문은 많은 지친 영혼들에게 빛과 평화를 의미했다. 사람들은 그녀의 단순한 방문이 내적인 기쁨과 용기를 주었다고 말했다. 영명실수학교의 운동장에 서 있는 석제기념비는 그녀의 교육사업 및 선교사업을 기리는 그녀의 친한 친구들에 의해 세워졌다. 그리고 이화여자전문학교에 있는 특별장서는 샤프 여사가 몸소 아름답게 구현했던 강하고 조용하나 목적이 있는 기독교인의 삶을 살려고 하는 사람들에게 지속적인 영감의 원천이 될 것이다.

위와 같은 기증 사실을 확인하기 위해 이화여대 도서관에 장서 존재를 문의한 결과, 도서관 관계자는 "6·25전쟁 당시 도서관이 전소되다시피 타 버려 사실상 6·25 이전 자료는 없다."면서 "사부인의 기증 도서도 존재 여부 확인이 안 된다."고 밝혔다.

한편 도서 기증 소식을 알리는 기사와 함께 사부인의 후원자가 미국 감리교여성선교사회 뉴욕지부에 700명이 넘는다는 사실을 다룬 기사를 스크랩해 함께 소개하고 있다.

로버트 샤프 목사의 미망인인 앨리스 해먼드 샤프 부인은 선교사였던 남편과 한국에서 결혼했고 공주지방에서 함께 봉사했다. 아주 행복했던 4년간의 봉사는 샤프 목사가 별세함으로써 끝났다. 짧은 휴가를 보낸 후 사부인은 헌신적이었던 남편의 도움과 조언을 받으며 했던 일을 혼자서 수행하기 위해 같은 지역으로 돌아갔다. 사부인의 담당 지방에는 50곳의 교회가 있는데 교회에 다니는 여자와 어린이들 모두가 그의 보살핌 속에 있다. 선교여행을 할 때는 자주 산길을 넘고 다리가 없는 냇물을 건너가며 하루에 15마일(24km)을 걸어야 한다. 겨울에는 전도부인을 위한 성경공부반을 담당하고 여러 문의자의 요청에 응하고 있다. 샤프 부인은 뉴욕지부 선교부(extension department)의 지원을 받고 있으며 우리 지부에 700명 이상의 여성 후원자들이 있음을 크게 기뻐하고 있다.

한국을 떠난 사부인의 삶과 죽음 6

뉴욕주 실버크릭에서 1940년 여름 보내

사부인은 1939년 8월 한국을 떠나 미국으로 돌아간 후 미국 감리교여선교회 본부 직원들과 함께 한국 선교상황에 대해 보고하며 휴식을 가졌던 것으로 보인다. 「조선감리회보」 1940년 5월호에는 「The Korean Methodist News(한국감리교 뉴스)」를 한국어판 끝에 영문으로 게재했는데 다음과 같은 사부인 뉴스가 있다.

> 스웨러 부인과 샤프 부인은 뉴욕 실버 크릭[1]에서 감리교 본부 사람들과 함께 여름 몇 달을 보내고 있다.

이후 사부인의 삶은 은퇴 선교사들의 보금자리인 로빈크로프트 요양원 기록(319쪽)을 통해 단편적으로 알 수 있다. 요양원 기록 중 이름, 주소, 생년월일, 결혼 및 남편 사망과 관련 휴가 등 짙은 글씨는 요양원 직원의 것으

1) 실버 크릭(Silver Creek)은 뉴욕주 서북부 지방의 소도시로 에리 호(湖)에 면해있으며 포도의 주산지다.

로 보인다. 특히 생년월일은 1871년을 1872년으로 잘못 기록하고 있다. 흐린 글씨는 사부인이 1인칭(알파벳 대문자 'I')을 사용해 직접 쓴 것으로 사부인이 은퇴 선교사 양노원인 캘리포니아주 패서디나시에 있는 로빈크로프트에 1946년 입주하며 기록한 것이다. 서류 하단에 보이는 응답 일자의 'F'는 2월(February)을 가리키는 것으로 보이며 '22'는 날짜로 보인다.[2] 주요 내용은 1900년 11월 선교를 위해 처음 항해를 했다는 기록과 한국에서 처음에는 서울, 다음에는 공주에서 활동하고 있음을 밝히고 있다.

현재 나가는 교회 이름(Methodist Trinity)을 쓰고 건강은 매우 좋으며 취미를 묻는 항목에서는 '특별한 취미가 없음'을 밝히고 있다. 흥미를 갖고 하는 일로 사부인은 적십자사 일을 돕고 있고 특히 나이 많은 할머니를 돕는 일을 하고 있음을 밝혀 관심을 끈다. 서류 상단에 적힌 직원의 메모를 통해 1939년 8월 12일 선교 현장에서 은퇴해 귀국한 사부인은 1941년 8월 1일 여성선교사직에서도 은퇴했고 연금으로 600달러를 받았다는 사실도 알 수 있다. 사부인은 비록 은퇴했어도 70을 넘긴 나이에 적십자 봉사를 하고 더 나이 든 할머니를 돕는 일을 하고 있다는 사실에서 사랑을 실천하는 모습이 확인된다. 평생을 '봉사'로 일관한 숭고한 삶은 그리스도의 이웃사랑 정신이 몸에 밴 결과로 '봉사'는 사부인의 브랜드라고 할 수 있다.

사부인의 은퇴 후 거주지 로빈크로프트 요양원은 캘리포니아주 패서디나시가 주요 기념물(landmark)로 지정하기 위해 시의회에 제출한 문서에서 건물의 규모를 볼 수 있다. 이 건물은 1903년 건축된 이국적인 2층 건물로 오른쪽에는 8각형의 3층 건물이 있다. 6개의 방과 5개의 욕실이 있을 만큼 큰 집으로 수십 명의 은퇴자가 머물렀을 것으로 보인다.[3] 1920년대에는 로빈슨

---

2) 미국 감리교선교 본부의 「뉴스 레터」(*Interpretive Service*) 1971년 5월 13일자에 실린 사부인의 100세 생일 파티 소식 기사에 따르면 사부인은 1946년 로빈크로프트 양노원에 들어갔다고 밝히고 있다. 또 본인 이력서에서는 그 날자가 3월 15일임을 밝히고 있다.

3) 1910년대 신문인 「패서디나 스타」 지에 따르면 이 건물은 '패서디나의 성'으로 불릴 만큼 수마일 떨어

사부인이 은퇴 이후 말년을 보낸 로빈크로프트 요양원 (2019년 5월, 캘리포니아주 패서디나시 현지 촬영)

가(家)에서 이 건물을 구매했는데 조지 로빈슨(George Robinson)은 대학교수로 감리교의 열성 신자였다. 그의 부인은 본크로프트(Boncroft)였는데 두 사람은 이름을 조합해 로빈크로프트로 저택의 이름을 작명했다. 그 부인은 이 저택을 감리교 은퇴교직자들의 주거 공간으로 사용하도록 기부해 1920년대부터 요양원으로 이용됐다. 패서디나시의 보고서는 또 요양원으로 이용되는 동안 관리를 제대로 못 해 쇠락했고 주변에 장애인들이 모여 사는 오두막, 단체 숙소, 아파트들이 많았다고 한다.

그러나 저자가 드루대에서 연구를 마치고 귀국길(2019년 5월)에 들른 로빈크로프트 주변은 어느 정도 정비가 된 주택가의 모습이었다. 로빈크로프트 정문에는 사유재산(private property)임을 표시하는 팻말이 붙어 있고 굳게 잠긴 모습이었다. 정문 창살 안으로 손과 휴대폰을 넣어 최근의 모습을 사진으로 담았다. LA지역이 사막기후인 탓인지 집마다 벽의 색깔이 베이지 색

진 곳에서도 보였다고 한다. 건축주는 윌리엄 S. 플레처(William S. Fletcher)로 양봉업으로 유명해 '꿀벌왕(Honey Bee King)' 이란 별명을 가질 만큼 재산을 모은 인물이었다.

인 집이 많은데 로빈크로프트도 전체적으로는 베이지 톤이다. 창틀은 흰색, 앞마당 분수는 약 3m 높이로 물이 솟아오르고 있어 누가 살고 있지 않나 생각해 여러 번 사람을 불러도 분수 소리만 들릴 뿐 인기척이 없다. 혹시나 해서 후문 쪽으로 가서 불러도 아무런 응답은 없었다. 대신 공사 중임을 보여주듯 자재 등이 쌓여 있어 아직은 입주 전 임을 짐작하게 했다.

동행한 패서디나시 드림교회(감리교) 정영희 목사도 로빈크로프트는 처음 찾았다며 저택의 규모를 갖춘 멋진 건물로 은퇴 목회자들을 예우한 미국 감리교의 뜻이 느껴진다고 말했다. 내부를 보지 못해 아쉬워하는 저자를 위해 정 목사는 정문 앞에 가제본 상태의 사부인 전기를 들고 서 있는 저자의 모습을 기념사진으로 찍어 주었다.

'로빈크로프트 – 봉사의 역사'에 기록된 은퇴자의 하루

사부인과 관련해 로빈크로프트 입소 후 알려진 사실은 앞서 소개한 1971년 탄신 100주년 생일 파티 모임이 전부이다. 하지만 드루대 감리교 문서 보관소에서 찾아낸 '로빈크로프트 – 봉사의 역사'는 사부인 입소 후 있었던 큰 사건과 일상에 대해 어느 정도 알게 해 준다. 로빈크로프트의 행정책임자인 마벨 M 메츠거(Marbel M. Metzger)가 지은 책자는 A4용지의 절반 정도 크기로 80쪽 가까운 분량이다. 책의 앞부분은 설립 취지를 비롯해 시설과 위치 등을 안내하고 있다.

책자의 중간 부분에는 거주자들이 할 수 있는 활동 프로그램이 안내돼 있는데 프로그램은 지정된 직원위원회에서 계획을 수립하고 실행하는 방식으로 진행됐다. 음악에서부터 역사연구에 이르기까지 다양한 프로그램이 제공됐는데 회화, 공예, 운동이 인기 있는 프로그램이었다. 특히 거주자로 구성된 음악그룹 하모네츠(Harmonets)는 LA 시내까지 나가 연주회를 했다고

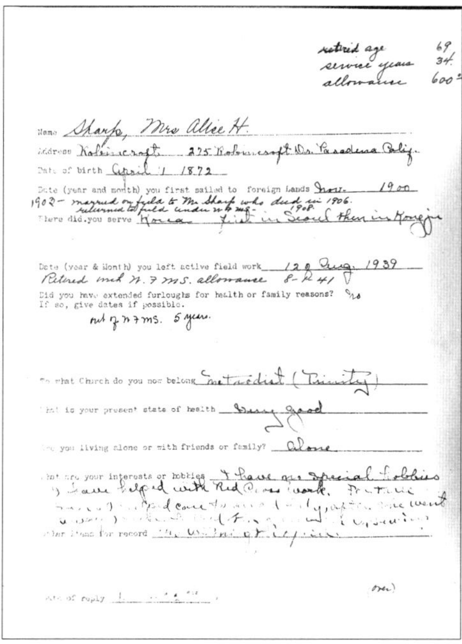

retired age 69
service years 34.
allowance 600

Name Sharp, Mrs Alice H.
Address Robinscroft 275 Robinscroft Dr. Pasadena Calif.
Date of birth April 1 1872
Date (year and month) you first sailed to foreign Lands Nov. 1900
1903 – married on field to Mr Sharp who died in 1906.
returned to field under W.F.M.S. – 1908.
Where did you serve Korea first in Seoul then in Kongju

Date (year & Month) you left active field work 1 Aug. 1939
Retired [illegible] W.F.M.S. allowance 8-[illegible]-41
Did you have extended furloughs for health or family reasons? no
If so, give dates if possible.
out of W.F.M.S. 5 years.

To what Church do you now belong Methodist (Trinity)
What is your present state of health Very good
Are you living alone or with friends or family? Alone
What are your interests or hobbies I have no special hobbies
I have helped with Red Cross work. [illegible]
[illegible]
Other items for record [illegible]

Date of reply [illegible]

로빈크로프트 요양원의 사 부인 생활 기록부.

전했다.

로빈크로프트 입소 자격은 은퇴한 목회자와 선교사가 중심이었지만 대부분의 삶을 기독교 봉사에 바친 평신도들도 늘어나는 추세라고 밝혔다. 거주자들은 은퇴자들이 대부분이어서 건강 정도에 따라 3등급으로 나눠 관리했다. 첫 등급은 독립적으로 삶을 살 수 있는 사람으로 거주 편의만 제공하면 됐다. 두 번째 등급은 반쯤 독립적인 생활이 가능한 사람들로 로빈크로프트는 이런 사람들에게 개별적인 서비스를 제공했다. 마지막으로 세 번째 등급은 24시간 전문 간호 인력의 도움이 필요한 사람들로 이들에게는 능숙한 간호 인력이 제공됐다.

책자의 집필자인 메츠거는 100세가 넘도록 생존한 분이 두 분 있다고 소개하며 사부인의 사진을 게재했다. 역시 백 수 생일파티 때 찍은 것으로 사부인이 앉은 자세로 손에 받쳐 들고 온 생일케이크 촛불을 끄는 모습[4]이다. 사부인이 거주한 26년 동안 로빈크로프트에서 경험했던 대표적인 사건 2개를 소개하면 1949년 큰 눈이 내린 것과 1933, 1971년 두 차례의 지진이었

4) 본문 30쪽 사진 참조.

다. 특히 큰 눈과 두 번째 지진은 사부인이 거주하는 동안 일어나 직접 경험했을 것이 틀림없다. 눈이 왔을 때의 상황을 메츠거는 다음과 같이 전했다.

LA는 가로수가 종려나무일 만큼 아열대지방으로 눈 내리는 것을 본다는 것은 아주 드문 일이다. 흔히 볼 수 있는 눈은 '새로 구운 케이크 위에 설탕을 입힌 것처럼 보이는 먼 산 위에 내린 눈'을 즐기는 정도이다. 그러나 1949년 3월 초에 진기한 현상이 벌어졌다. 아침에 일어나 보니 '사랑스러운 눈'이 펄펄 내리고 있었다. 흥분한 패서디나 사람들은 거리로 쏟아져 나왔고 많은 어른과 함께 어린이 수천 명이 나와 난생처음으로 눈사람을 만들어 봤다. 학교는 임시휴교를 하고 수백 명씩 무리를 지어 길가에 서 있는가 하면 오전 10시도 안 돼 모든 카메라점과 잡화점의 카메라 필름이 다 팔렸다. 그러나 햇빛이 나자 눈으로 덮여있던 '요정의 땅'은 눈이 왔던 것만큼이나 빠르고 조용하게 사라졌다. 그리고 1949년 폭설이 즐거움만 준 것은 아니었다. 많은 열대 나무와 관목들이 냉해를 입었고 특히 로빈크로프트의 상징물 같았던 종려나무도 눈 때문에 죽었다.

두 차례의 지진은 묘하게도 첫 번째 것은 저녁 6시, 두 번째 것은 아침 6시에 발생했다. 사부인의 백수 생일파티(1971. 4. 11.)가 열리기 두 달 전쯤인 2월 9일 발생한 두 번째 지진은 새벽에 일어나 모든 로빈크로프트 거주자들은 침대 위에서 지진을 느꼈다. 지진이 진정된 후 검사한 결과 인명 피해는 없었고 물건이 떨어지거나 로빈슨 홀에 있던 벽시계가 계단으로 떨어져 있었다. 또 건물 일부에 금이 가기도 했으나 페인트로 칠을 해서 덮을 수 있는 정도였다.

폭설과 지진이 사건이라면 매년 있는 크리스마스와 새해, 부활절은 사부인처럼 조용한 은퇴생활이 일상이던 로빈크로프트 거주자들에게 특별한 날로 하루를 즐겁게 보낼 수 있는 명절이 됐다. 사부인도 함께 즐겼을 것으로 보이는 명절의 분위기를 메츠거는 자세히 기록해 놓고 있다. 거주자가 모두 선교나 목회 일선에서 활동했던 은퇴자들인 까닭에 크리스마스와 부활절은 각별히 의미 있게 맞았던 것으로 보인다.

크리스마스의 경우, 특별히 성탄을 축하하는 분위기 속에서 맞게 되는데 로빈크로프트 거주자들이 세계 각국에서 활동했던 만큼 거주자들에게 온 세계 각국의 카드 전시는 장관을 이뤘다. 수천 장의 카드 전시는 로빈크로프트 최대의 성탄 축하 행사였다. 매우 다양한 그림과 우편엽서가 붙은 카드가 흥미를 끌었다. 12월 한 달 동안 그룹별로 파티가 열리고 캐럴을 부르는가 하면 가족이 보낸 흥미로운 꾸러미를 보며 들뜬 분위기에서 지냈다. 각자 생활하는 방별로 크리스마스 장식을 했으며 특별히 크리스마스이브는 전 가족이 모여서 드리는 예배를 하기로 미리 일정이 잡혀 있었다. 대형트리와 많은 선물 마련은 은퇴자인 거주자들이 할 수 없어서 로빈크로프트 보조원들이 마련해 주었다.

성탄 계절의 최대 하이라이트는 크리스마스를 위해 설치한 시내의 트리와 전구 장식을 버스로 둘러보는 일이었다. 대궐 같은 집과 정원이 있는 아로요(Arroyo)지역을 비롯해 콜로라도 길가에 있는 햄버거집인 밥스(Bob's)와 헤이스팅스(Hastings) 목장 등이 성탄 장식을 잘한 곳으로 유명했다. 사부인을 비롯해 거주자들은 버스로 이곳들을 둘러보며 대형트리와 전구, 동방박사 세 사람, 천사, 대형 사슴 모양의 장식을 관광했다. 새해맞이는 로빈크로프크가 위치한 패서디나 시내에서 열리는 로즈 퍼레이드(Roses Parade)를 관람하는 것으로 시작되었다. 메츠거에 따르면 성탄절을 보낸 거주자들은 1월 1일 동이 트기 전 새벽부터 접이 의자와 담요를 들고 행진이 열리는 큰 도롯가에 자리를 잡았다. 방석과 음식물도 휴대했다. 이후 로빈크로프트의 사람들은 크리스마스 기간 동안 보여 준 가족과 친척 이웃들의 선물과 사랑에 대해 보답하는 메일을 보내는

데 많은 시간을 보냈다.

한편 부활절은 독실한 신자들인 거주자들이 자신들의 깊은 종교적 체험을 하는 절기라고 메츠거는 기록하고 있다.

성주간 동안 거주자들은 자신들의 마음을 점검하고 특별히 봉헌하는 마음으로 매번 예배에 참여했다. 세족 목요일에는 회의실에서 성찬식이 행해졌다. 부활절 당일에는 선교현장에서 있었던 행복했던 순간들을 회상했으며 거주생활 단위별로 친척들이 보내온 꽃과 로빈크로프트 자체적으로 준비한 백합 등으로 주변이 장식됐다. 부활절 만찬은 특별히 맛있는 식단으로 마련됐음은 물론이다.

로빈크로프트가 맞은 부활절은 안팎 모두 아름다운 경험이 되었다. 햇빛과 산, 정원과 멋진 방은 밖의 모습으로 이는 부활절을 맞는 로빈크로프트의 절반만 말해 줄 뿐이라고 메츠거는 밝혔다. 나머지 절반은 내면의 모습으로 부활절 낮예배에서 항상 들리는 찬송 "예수 부활했으니(Christ the Lord is Risen today)"를 부르며 내면의 아름다움을 표현하는 것이었다.

메츠거가 로빈크로프트에서 있었던 특별했던 일과 일상생활을 소개했지만 사부인은 특별한 취미활동은 하지 않고 있다고 앞에 소개한 요양원 기록에서 밝히고 있다. 특히 1960년대에는 거주자 중 최고령에 속해 활동은 실내에 국한됐을 것으로 보인다. 1970년 99세 생일 때의 사진이 로빈크로프트 소식지에 머리기사로 실려 있다. 함께 실린 사진 설명에서 편집자는 '100세를 바라보는 99세의 앨리스 샤프 부인이 4월 11일 99세의 생일을 축하하는 뜻으로 로빈크로프트의 각 방 가족들이 보낸 거울 앞에 놓인 꽃다발을 바라보고 있다'고 전했다. 사진 설명은 또 샤프 부인이 99세에도 열정적인 삶을

ROBINCROFT REFL

Volume 3, No. 1

Robincroft Home, Pasadena Californi

Reflections at Ninty Nine!

Age Ninety-nine and looking forward to One Hundred. Mrs. Alice Sharp, who celebrated her ninety-ninth birthday on April 11th started the day leading the residents of Robincroft in breakfast devotions. Afterwards she was presented with a large floral bouquet made from flowers contributed by each resident. At ninety-nine she maintains a contagious zest for life and continues in her project of raising money to "buy Bibles for the men at the Prison."

Miss Emma Burris Retires

Miss Burris, retiring after 20 ye service with the Women's Division Christian Service and the United Me odist Board of Missions made her l official visit to Robincroft February 24 through February 26th. As Executi Secretary of Medical Work and Reti ment Homes for the Women's Divisio Miss Burris has visited the Home ma times and is well known and loved staff and residents alike.

This visit, while primarily business nature, was punctuated by farewell parti given by Robincroft residents, by sta and a dinner at Methodist Hospital Arcadia attended by conference offic and administrators who had worked wi Miss Burris though the years.

Conference Executives Visit

Residents were honored on Februa 13, 1970 with the arrival of five exec tive committee members of the Southe California-Arizona Conference Women Society of Christian Service. The five – Mrs. Byrl Brown, Conf. Vice Presiden Mrs. Reginald Goff, Conf. Chairman c Spiritual Growth; Mrs. John Totte President of Phoenix District; Mrs. Rol ert Carver, President of Santa Barbar ... Mrs. Chester Parks Pres

로빈크로프트 요양원이 1970년 발행한 소식지에 사부인의 99세 생일 뉴스를 싣고 있다. ⓒ드루대학교

유지하고 있으며 구치소에 있는 남자들에게 성경을 사서 보내주는 프로젝트를 계속하고 있다고 기록했다. 이듬해 열린 백수 파티 때의 사진과 함께 사부인의 말년을 알려주는 귀중한 사진이다.

브람스의 '독일 레퀴엠' 들으며 소천

"만군의 주님, 주님이 계신 곳이 얼마나 사랑스러운지요.

내 영혼이 주님의 궁전 뜰을 그리워하고 사모합니다.

내 마음도 이 몸도, 살아계신 하나님께 기쁨의 노래 부릅니다.
만군의 주님, 나의 왕, 나의 하나님, 참새도 주님의 제단 곁에서
제집을 짓고, 제비도 새끼 칠 보금자리를 얻습니다.
주님의 집에 사는 사람들은 복됩니다. 그들은 영원토록
주님을 찬양합니다." (시 84:1-4)

브람스의 '독일 레퀴엠' 중 4악장이 합창으로 은은히 들려오는 가운데 나흘 전 소천한 사부인의 영결예배가 시작됐다. 미국 캘리포니아주 패서디나시에 있는 미국 감리교은퇴선교사들의 요양원인 로빈크로프트(Robincfoft) 집회실. 1972년 9월 12일 저녁 7시. 이날 예배의 주인은 모든 예배가 그렇듯이 하나님이지만, 영결식의 주인공은 앨리스 해먼드 샤프(Alice Hammond Sharp, 1871-1972)였다.

도날드 제섭(Donald Jessup) 목사의 집례로 진행된 예배 후 이튿날 그녀

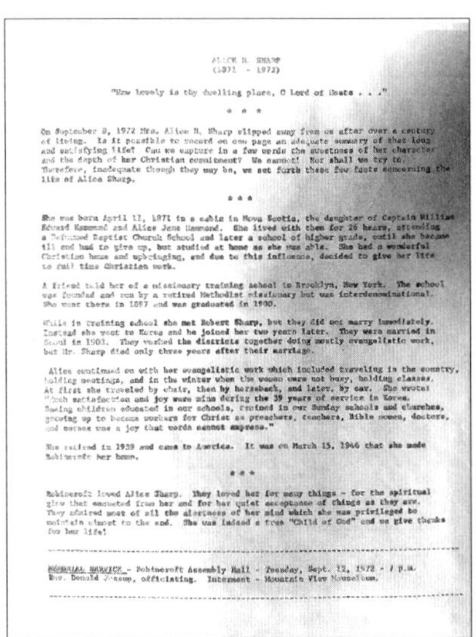

ALICE H. SHARP
(1871 - 1972)

"How lovely is thy dwelling place, O Lord of Hosts . . ."

* * *

On September 8, 1972 Mrs. Alice H. Sharp slipped away from us after over a century of living. Is it possible to record on one page an adequate summary of that long and satisfying life? Can we capture in a few words the sweetness of her character and the depth of her Christian commitment? We cannot! Nor shall we try to. Therefore, inadequate though they may be, we set forth these few facts concerning the life of Alice Sharp.

* * *

She was born April 11, 1871 in a cabin in Nova Scotia, the daughter of Captain William Edward Hammond and Alice Jane Hammond. She lived with them for 26 years, attending a Reformed Baptist Church School and later a school of higher grade, until she became ill and had to give up, but studied at home as she was able. She had a wonderful Christian home and upbringing, and due to this influence, decided to give her life to full time Christian work.

A friend told her of a missionary training school in Brooklyn, New York. The school was founded and run by a retired Methodist missionary but was interdenominational. She went there in 1897 and was graduated in 1900.

While in training school she met Robert Sharp, but they did not marry immediately. Instead she went to Korea and he joined her two years later. They were married in Seoul in 1903. They worked the districts together doing mostly evangelistic work, but Mr. Sharp died only three years after their marriage.

Alice continued on with her evangelistic work which included traveling in the country, holding meetings, and in the winter when the women were not busy, holding classes. At first she traveled by chair, then by horseback, and later, by car. She wrote: "Much satisfaction and joy were mine during the 39 years of service in Korea. Seeing children educated in our schools, trained in our Sunday schools and churches, growing up to become workers for Christ as preachers, teachers, Bible women, doctors, and nurses was a joy that words cannot express."

She retired in 1939 and came to America. It was on March 15, 1946 that she made Robincroft her home.

* * *

Robincroft loved Alice Sharp. They loved her for many things - for the spiritual glow that emanated from her and for her quiet acceptance of things as they are. They admired most of all the alertness of her mind which she was privileged to maintain almost to the end. She was indeed a true "Child of God" and we give thanks for her life!

MEMORIAL SERVICE - Robincroft Assembly Hall - Tuesday, Sept. 12, 1972 - 7 p.m.
Rev. Donald Jessup, officiating. Interment - Mountain View Mausoleum.

사부인의 소천을 알리는 부고.

STATE OF CALIFORNIA
CERTIFICATION OF VITAL RECORD
CITY OF PASADENA
PUBLIC HEALTH DEPARTMENT

CERTIFICATE OF DEATH 7069 1278

Alice | Hammond | Sharp | September 8, 1972 | 9:05 p
Female | Cauc | Canada | April 11, 1871 | 101
William Edward Hammond - Can. | Alice Jane Brown - Can.
U.S.A. | 559-70-8348 | Widowed
Missionary | 39 | United Methodist Church | Religion
1455 N. Garfield Avenue | Yes
Pasadena | Los Angeles | 33
275 Robincroft Drive | Yes | Pre-arranged
Pasadena | Los Angeles | California
Cremation | 9/15/72 | Mountain View Mausoleum Crematory
Turner & Stevens Co. Pasadena | SEP 12 1972

NOT A VALID DOCUMENT TO ESTABLISH IDENTITY

This is to certify that this document is a true copy of the official record filed with the City of Pasadena.
HEALTH OFFICER
DATE ISSUED
This copy not valid unless prepared on engraved border displaying seal and signature of Registrar.
0003872 10
ANY ALTERATION OR ERASURE VOIDS THIS CERTIFICATE

패서디나시가 발행한 사부인 사망 확인서.

는 화장된 후 패서디나시 옆의 알타데나(Altadena)에 있는 마운틴 뷰 묘원(Mountain View Mausoleum)의 납골당에 안치됐다. 101세의 삶 중 29세 때부터 39년을 한국에서 봉사한 그녀의 영혼은 영원한 안식에 들어갔고 하늘나라에서 하나님의 품에 안겼다. 그녀의 삶에 대해 영결예배를 알리는 부고는 그녀의 삶을 어떻게 한 마디로 설명할 수 있겠느냐며 다음과 같이 시작하고 있다.

> 1972년 9월 8일 앨리스 H. 샤프 부인이 1세기를 넘는 삶을 마치고 우리의 곁을 떠났습니다. 그처럼 길고 만족스러운 삶을 살았던 일상을 한 페이지로 적절히 요약한다는 것은 불가능한 일입니다. 몇 마디의 단어로 샤프 부인의 아름다운 품성과 기독교 신앙에 헌신했던 깊이를 파악하는 것도 불가능합니다. 우리는 할 수도 없고 하지도 않을 것입니다. 그래서 부적절하지만 다음 몇 가지 사실만 샤프 부인의 일생에 대해 발표하고자 합니다.

부고는 본 전기의 서두에서 기록된 것과 같은 약력을 보고하고 끝으로 사부인의 은퇴 생활 마지막 26년을 함께한 로빈크로프트의 가족들은 그녀와의 마지막을 아쉬워하는 말들을 남겼다.

> 로빈크로프트의 가족 모두는 앨리스 샤프를 사랑했다. 우리 모두는 그녀로부터 발산되는 영적인 빛을 비롯해 현재의 존재 자체를 조용히 받아들이는 성품 등 그녀의 많은 것을 사랑했다. 우리 로빈크로프트 가족은 또 그녀가 거의 마지막까지 평상심을 유지하기 위해 마음을 흐트러짐 없이 간직한 데 대해 감탄하고 있다. 그녀는 하나님의 자녀라고 불릴 만한 한 그루의 나무였고 우리는 그와 함께 한 삶에 감사한다.

①

②

③

① 사부인의 유골이 모셔져 있는 납골당의 외부. (2019년 5월 현지 촬영)

② 납골실 출입문위에 있는 납골자 명단. 맨 아래 사부인의 이름 'ALICE H. SHARP'가 보인다.[5]

③ 사부인이 납골돼 있는 곳(사진 위 꽃다발 있는 곳)에 헌화하고 가제본 전기를 들고 있는 저자. (2019년 5월 현지 촬영)

---

5) 위 사진을 조사하던 중 뜻밖에도 사부인과 공주에서 간호선교사로 같은 시기 활동했던 마렌 보딩(Maren Petersen Bording, 한국명 보아진)의 성명을 맨 위에서 함께 찾을 수 있었다. 사부인과 납골당 한 방에 안치된 보아진(保雅鎭) 선교사는 1922년 내한해 1923년부터 공주에서 간호선교를 했는데 유아복지와 우유급식소 사업을 펼쳤다.(황미숙, '선교사 마렌 보딩의 공주·대전 지역의 유아복지와 우유급식소 사업' 「한국기독교와 역사」 제34호. 「동아일보」 2015년 12월 10일 A18면 '1920년대 공주 - 대전 육아 탁아 사진 40점 발견' 기사 참조) 국내 활동 상황만 알려져 있을 뿐 생졸 연대를 몰랐는데 위 사진 속 명단에서 확인 할 수 있었다.
이 납골당에서 안내하는 혈통(ancestry.com) 홈페이지를 확인한 결과 덴마크 출신인 보딩 선교사는 '1878년 4월 20일 다른 나라(other country)에서 태어나 1957년 9월 26일 로스앤젤레스에서 사망한 것으로 나타나 있다. 그러나 납골당 위치를 알려주는 내부 자료에는 같은 해 9월 24일이 사망일자로 돼 있다. 사망일과 장례일의 혼동으로 추측된다. 한편 세 번째 납골자 명단인 룰라 A. 밀러는 수원지역에서 활동했던 신교사로 『감리교신교사 사전』에는 다음과 같이 기록돼 있다. [선교사 사선] 밀러(Miller, Miss Lula A. 한국명 美羅, 1870-) 미감리교회 여선교사 교육가. 미국 출생. 1901년 내한. 1909년 4월 삼일여학교(현 매향여자중, 상업고등학교) 교장으로 26년 3월 수원지방 기숙사 건축, 29년 샘골에 학교를 세워 최용신 양의 일터를 마련하였고 31년 연회 입회와 집사목사 안수를 받았으며 38년 12월 귀국하였다. 사전에는 소천 시기가 없으나 사진 속 명단에서 1958년으로 확인돼 88세에 소천했음이 확인된다.

로빈크로프 요양원을 현지 답사한 후 찾은 마운틴 뷰 묘원은 차로 10여 분 거리로 인터넷과 이미 방문했던 관계자들이 보내준 사진 그대로의 모습이었다. 로빈크로프트를 함께 찾았던 드림교회 정영희 목사는 사부인의 납골방 위치를 여러 번 안내했던 기억을 되살려 쉽게 찾아냈다. 초행자라면 계단을 내려가고 몇 번을 회전하는 까닭에 쉽게 찾을 수 없었겠지만 정 목사의 안내는 정확했다. 아쉽게도 사부인을 비롯한 로빈크로프트 거주자들의 납골 위치는 2.5층쯤 돼 보이는 높은 곳에 있어 헌화하는 것조차 쉽지 않았다.

정 목사가 집게가 달린 장대를 구해와 사부인이 안치된 납골 장소 입구 고리에 꽃다발을 매달 수 있었다. 그렇게라도 헌화를 하니 조금 마음이 편해진다. 사다리라도 있었다면 올라가 사부인 이름이 쓰여 있는 명패를 손으로 쓰다듬고 싶었지만 올려다보며 하나님이 그의 노고를 하늘나라의 영생 복락으로 보답해 주셨으리라 믿고 감사의 기도를 올렸다.

사부인의 납골 단자 안장 위치가 참배하기조차 어렵게 높은 위치에 놓이게 된 것은 로빈크로프트 요양원이 준비한 평장용 묘지가 꽉 차 1955년 이후 화장하기로 하고 뒤늦게 납골당과 접촉한 결과, 중간 이하 위치는 이미 팔리고 상단부만 남아 있었기 때문이었다. 드루대 감리교 아카이브가 소장 중인 당시 요양원의 보고서(1960년대)에 따르면 로빈크로프트는 16명분의 납골 단자(interment urns)를 넣을 수 있는 공간을 확보했는데 이 보고서가 작성되는 시점에서 이미 11명분의 납골 단자가 안치됐다고 한다.

그 후 1972년 사부인을 마지막으로 16명분의 납골 단자로 꽉 차게 되었다. 일부에서는 납골할 위치가 너무 높고 좁은 것처럼 보여 단자 없이 유골만 합사한 게 아니냐는 의문도 제기하고 있지만 로빈크로프트 보고서는 16명분의 납골 단자(interment urns for 16 persons) 공간을 구매했다고 분명히 밝히고 있어 유골 합사 의문은 근거가 없다고 할 수 있다. 납골당은 1970년대 이전에 지어져 50년이 넘었지만 깨끗하게 관리되고 건물 주변 수목이나 잔디관리도 깔끔하게 되어 있었다. 마운틴 뷰 묘원의 주소는 '2400N. Fair Oaks Ave. Altadena, CA 91001' 이다.

7 후손들이 말하는 사부인

그의 고향 캐나다 작은 마을 야머스를 찾아서

사부인의 소천은 문자 그대로 하나님의 부르심을 받아 영생의 삶을 살기 위해 떠나는 통과의례였다. 그가 남긴 행적과 정신적 자산은 너무나 훌륭한 것이어서 몇 권의 전기를 더 써야 할지 모를 만큼 선별하기가 쉽지 않았다. 그러나 그가 남긴 물질적인 것들은 너무나 소박한 것들이었다. 소박함을 보여 주기 위해 사부인의 주인인 하나님은 저자와 그 후손을 고향인 야머스(Yarmouth)에서 우연히 만나도록 섭리로 인도하고 그녀가 남긴 10여 가지 유품을 보여 줬다.

전기를 쓰는데 꼭 답사해야 할 5곳[1] 중 하나로 사부인의 탄생지인 캐나다 동쪽 끝 노바스코샤주 야머스시를 찾은 것은 지난 4월 25일(2019) 이었다. 뉴욕은 반소매를 입고 다닐 정도로 봄기운이 완연했지만, 비행기로 2시간이나 북쪽에 있는 노바스코샤주는 눈만 녹았을 뿐 늦겨울 풍경 그대로였다. 진눈깨비를 여러 번 맞았다.

뉴아크(Newark) 공항에서 캐나다 전자비자(ETA)제도가 있는 것을 몰라 갑작스레 전자비자를 받느라 아침 비행기를 놓친 탓에 저녁 비행기를 탄

---

1) 드루대 감리교 아카이브를 비롯해 은퇴 후 생활했던 패사디너시의 로빈크로프트 요양원, 알타데나시의 마운틴 뷰 묘원 납골당, 고향인 캐나다 야머스시 셰보규 마을, 뉴욕 브루클린 유니온선교사훈련원.

결과, 노바스코샤의 주도 핼리팍스(Halifax) 공항 도착시간은 밤 11시(노바스코샤주는 미국 동부시간보다 1시간 빠르다)였다. 렌터카를 찾으니 자정 가까운 한밤중으로 그때부터 서울에서 광주 거리인 야머스까지 3시간 반을 운전해 가야 했다. 야머스의 호텔비를 이미 지불한 터라 밤길운전을 강행할 수밖에 없었다. 졸리지 않기만 바랄 뿐이었다.

한국 고속도로와는 딴판으로 1차선인 데다 자정을 넘은 탓에 지나가는 차도 없었다. 구글 내비게이션에만 의지해 운전하는데 공항을 빠져나와 고속도로에 진입할 때까지 안내 목소리대로 해도 계속 길을 잘못 들어섰다며 다른 길을 안내한다. 20분 가까이 헤맨 끝에 마침내 고속도로에 진입하기는 했으나 자정 넘은 시간에 3시간 넘게 운전할 생각을 하니 불안하기만 하다. 제발 무사하기만 기도했다.

절반쯤 달려갔다고 생각할 때 가게 불빛이 보여 찾아가자 편의점 같은 곳이다. 관광철도 아닌데 갑자기 동양인 부부가 들어서니 주인 노부부도 놀라는 눈치다. 야머스까지 가야 하는데 제대로 가고 있느냐고 물으니 앞으로도 두 시간은 가야 할 것이라며 고속도로 주변에는 모텔도 없으니 조심히 운전하라며 무사하기를 기원해 준다. 음료수와 맨손체조로 몸을 풀어 졸음을 쫓아내긴 했지만 불빛 하나 없는 고속도로만 달리니 환각이 생겨 사부인의 포드차가 도랑에 빠졌듯이 고속도로 옆으로 빠지지나 않을지 걱정이 앞서 기도 했다.

새벽 3시경 야머스에 거의 다다르자 그래도 도시여서 몇몇 건물에 불빛이 보였다. 예약했던 호텔에 들어서니 프런트 직원도 자다 나와 우리가 자정까지 체크인하지 않아 '노 쇼(no show)' 처리를 했다면서 체크인 절차는 아침에 일어나 밟고 우선 가서 자라면서 방의 열쇠부터 주었다.

오전을 거의 수면으로 휴식을 취한 후 일어나자마자 지역신문인 「뱅가드(Vanguard)」의 편집국장을 전화로 찾아 야머스에 온 취지를 말하니 저자인 나를 만나 취재와 인터뷰를 하겠다고 응해 왔다. 지역신문에 기사가 실리는 게 목적이 아니라 혹시 사부인 친척이 고향에 살고 있다면 기사를 보고 연락해 주기를 바라는 목적에서 신문사에 알린 것이었다.

TRICOUNTYVANGUARD.CA WEDNESDAY, MAY 1, 2019 - NEWS/PUZZLES D3

HISTORY

South Korean writing book about missionary from Yarmouth County

Alice Sharp was born in Chebogue, worked in Korea from 1900 to 1939

ERIC BOURQUE
TRI-COUNTY VANGUARD

A Yarmouth County native who spent almost 40 years doing Christian missionary work in Korea is the focus of a book being written by Youn-Churl Lim, who visited Yarmouth last week as part of his research.

Alice Sharp – whose maiden name was Hammond – was born in Chebogue in 1871 and went to Korea in 1900 and served there until 1939. She made quite an impact, founding schools and mentoring a popular figure in Korea's independence movement.

The book's author unexpectedly got to meet a couple of Sharp's relatives – David and Stephen Sollows – after attending a service Sunday at Beacon United Church.

Told by someone that there was a couple from South Korea in church, David ran out to try to catch them before they drove away.

"I just said, 'by any chance, would you have ever heard of a lady named

to this province.

While in Yarmouth, he visited the Yarmouth County Museum, where archivist Lisette Gaudet said she

Youn-Churl Lim – who is working on a book about Alice Sharp – chats with archivist Lisette Gaudet at the Yarmouth County Museum and Archives. Sharp was a Chebogue native who did Christian missionary work in Korea from 1900 to '39.

REQUEST for EXPRESSIONS of INTEREST

MUNICIPALITY OF THE DISTRICT OF YARMOUTH

사부인 고향 야머스 박물관 고데트 연구원과 사부인 가계에 대해 이야기하고 있다. 야머스 지방 신문「뱅가드(Vanguard)」 2019년 5월 1일 자.

오후에 야머스시 박물관 겸 문서보관소를 찾아 인터넷으로 약속한 리세트 고데트(Lisette Gaudet)연구원을 만난다고 하자 기자가 그 장면을 취재하겠다면서 적극적인 의지를 보였다. 고데트 연구원은 사부인 가계에 대해 대략적인 설명만 할 뿐 문서조사는 하지 않은 듯해 첫날 만남은 좀 실망스러웠다. 인터넷으로 여러 사항을 문의했는데 나타날지 안 나타날지 모르는 사람의 문의에 대해 성의껏 준비를 안 한 것 같았다.

이에 따라 첫날 만남에서는 현지 지방신문 기자와 연구원을 상대로 가제본 된 전기를 보여주며 이 고장 출신인 사부인이 한국에서 얼마나 훌륭한 일을 했는지 설명하는 시간으로 대부분을 보냈다. 3·1운동 100주년이었던 지난 3월 1일(2019) 오후 사부인이 설립했던 영명여학교(남자학교와 합해져 현재의 공주 영명고) 뒷동산에 유관순 열사와 함께 동상이 세워졌다고 하자 기자와 연구원도 무척 놀라는 모습이었다. 한글로 된 사부인의 가제본 전기를 읽을 수 없는 두 사람을 위해 사진 중심으로 설명해 주고 혹시 야머스시 주변에 친척이 있으면 연락해 달라는 당부를 곁들였다.

고데트 연구원은 저자의 진지한 설명을 듣고 전기가 갖는 의미를 납득한 듯 박물관이 토요일도 문을 열게 되므로 다음 날 아침에 오면 요청한 자료를 준비해 주겠다고 했다. 고데트 연구원으로부터 사부인이 어린 시절에 찾았을 법한 명소를 소개받아 오후 남은 시간을 보내기로 했다. 찾은 곳은 우리나라의 해남 땅끝마을 같은 곳으로 셰보규(Chegogue) 포인트이다. 포인트에는 높은 등대가 서 있어 바다의 배에는 길잡이, 육지의 관광객들에게는 노바스코샤의 땅끝 상징물이 되는 곳이었다. 진눈깨비 내리는 추운 날씨 탓에 관광객이라고는 아무도 없었다. 등대를 등지고 전망대 데크에서 대서양을 바라보며 사부인도 이 바다를 바라보며 무슨 생각을 했을지 상상해 보았다.

사부인은 26세 되던 해에 이 등대로부터 수 킬로미터 떨어진 야머스 항에서 증기선을 타고 하루 넘게 항해해 메인주의 포틀랜드를 거쳐 마차나 기차를 타고 뉴욕 유니온선교훈련원에 갔다. 19세기 말 보통의 여자와는 다른 삶을 계획했던 용기, 하나님에 대한 헌신, 낯선 이민족에 대한 이웃사랑 등

① 사부인 아버지가 다녔던 야머스 셰보규 마을의 회중교회(Congregational) 1700년대에 세워졌다.
② 회중교회의 내부 모습. 재래식 난로와 연기통이 보인다. (2019년 4월 현지 촬영)

을 가슴속 깊이 새기며 사부인은 바다를 건넜을 것이라는 생각이 머릿속을 맴돌았다.

사 부인의 어머니가 다녔을 것으로 보이는 야머스 셰보규 마을의 침례교회(1800년 대 초에 건립).

이튿날 오전에 만난 고데트 연구원은 지역박물관 소속의 문서보관소가 아니면 얻을 수 없는 사부인 관련 귀중한 자료들을 건네주었다. 우선 1871년 캐나다 센서스(인구조사)에 나타난 아버지 윌리엄 해먼드와 어머니 앨리스 해먼드의 인적사항이 눈길을 끈다. 그해 31세였던 아버지는 회중교회(Congregationalist) 소속 교인으로 애니(Annie)와 에드워드(Edward)라는 5세 딸과 2세 아들이 있었다. 사부인은 1871년생이지만 인구조사는 지난해 연말 기준이므로 등록상에는 나타나지 않았다. 어머니의 인적사항은 모두 같으나 나이는 30세이고 침례교인인 점이 달랐다. 첫날 셰보규 마을 답사 중 1700년대 세워진 회중교회와 1800년대 초에 세워진 침례교회가 있음을 확인했었기 때문에 어느 곳을 다녔을지 궁금했다.

고데트 연구원이 준 또 다른 흥미로운 기록물은 윌리엄과 앨리스의 결혼을 알리는 지방신문 「야머스 해럴드」 1863년 6월 11일 자에 실린 알림 광고였다. 'W. E. William과 미스 Alice J. Brown이 E. 설리번 목사의 주례로 14일 세고긴(셰보규의 옛 이름)에서 결혼한다'는 내용이다. 고데트 연구원이 준 세 번째 자료는 사부인의 출생기록이었다. 어린이 이름은 앨리스 J. 해먼드이고 1871년 4월 11일 야머스 출생이고 아버지 직업은 선원(Mariner)이었다. 어머니는 이름뿐이고 결혼 일자가 적혀 있다. 세 가지 공식 문건 이외에 고데트 연구원은 입수 경위는 불분명하지만, 사부인이 사용했던 한글성경

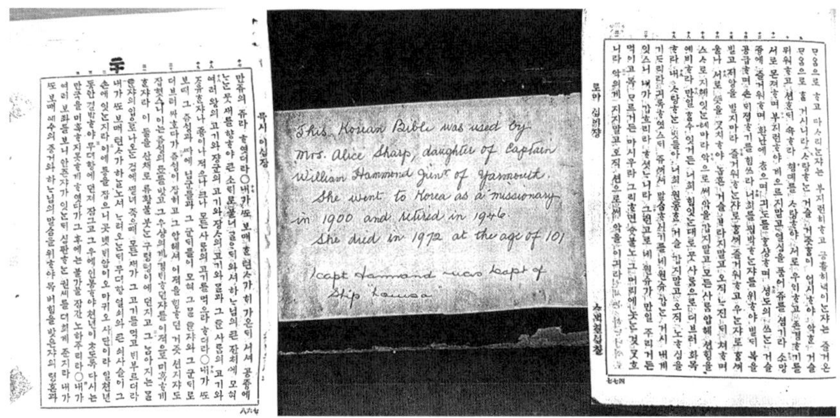
묵시 이십쟝

This Korean Bible was used by Mrs. Alice Sharp, daughter of Captain William Hammond Junr of Yarmouth. She went to Korea as a missionary in 1900 and retired in 1946. She died in 1972 at the age of 101. Capt Hammond was Capt of Ship Louisa

로마 십이쟝

사부인이 사용했던 한글성경. '아래 아(ㆍ)'가 사용되는 등 현재와는 표기법이 다르다.
사부인 고향 야머스 박물관에 소장돼 있다.

을 박물관이 소장하고 있다며 설명문과 일제강점기에 우리말 맞춤법으로 된 성경의 복사 프린트를 건네주었다.

사부인 사후 유품으로 전달받은 성경을 후손 중 누군가가 한글성경이 진기했기 때문에 박물관에 기증했을 것으로 추측되었다. 영어 설명문에 따르면 "이 한국말 성경은 야머스 출신 선장 윌리엄 해먼드 주니어의 딸인 앨리스 샤프 부인이 사용했던 것이다. 그녀는 1900년 선교사로 한국에 갔고 1946년 은퇴했다. 1972년 101세의 나이로 죽었다"고 돼 있어 사부인의 약력과 일치한다. 사부인은 1939년 한국 근무를 마치고 귀국했으나 7년간 미국에서 생활한 후 1946년 은퇴자 요양시설인 로빈크로프트에 입소했다. 고데트 연구원이 복사해 준 성경본문은 로마서 12장과 묵시록 20장 부분으로 현재는 사용하지 않는 한글 자모 '아래아(ㆍ)'를 사용하고 있어 20세기 초반에 인쇄됐던 것으로 보였다.

한편, 고데트 연구원은 생가가 와이먼 로드(Wyman Road)에 있다는 사실만 나타나고 정확한 주소는 모르겠다고 말해, 오후 조사에서는 농장들이 펼쳐져 있는 와이먼 로드를 차로 달리며 아주 낡은 집이 보이기만 하면 카메라에 담았다. 와이먼 로드가 끝나는 지점에서 조금 떨어진 바닷가에 세보규 타운 포인트 공동묘지가 있었다. 수백 기의 묘비가 있어 사부인 조부모 묘비를 한쪽부터 차례로 찾아보기로 했다. 굳이 사부인 조부모의 묘비를 찾는 이유는 사부인이 두 살 때 아버지 윌리엄 해먼드 선장이 미국 플로리다 앞바다에서 조난해 사망했다는 인터넷상의 기록이 사실인지 확인해야 했기 때문이다. 다시 말해 아버지가 두 살 때 조난으로 사망했다면 "왜 사부인은 26년간 부모와 살았다고 이력서에 기록했을까"라는 의문을 풀기 위해서였다.

그러나 묘비를 찾기는 생각보다 쉽지 않았다. 이상하게도 야머스 지역의 이끼는 노란색으로 손으로 문질러서는 잘 떨어지지도 않고 글자 판독도 쉽지 않았다. 앞서 야머스 고등학교 학생들이 인터넷에 올린 사진 속의 묘비가 직육면체로 높이 솟아 있는 형태임을 고려해 키 큰 묘비만 집중적으로 조사한 결과, 몇 개를 조사한 끝에 찾을 수 있었다. 렌터카 속에 있는 눈을 터는 솔로 노란 이끼를 제거하자 묘비의 주인공 이름이 또렷이 나타났다. 할아버지도 선장이었던 듯 '선장 윌리엄 해먼드 1887년 12월 1일 79세로 죽다'는 내용이 나온다. 사부인 아버지의 사망 사실은 같은 비석의 오른쪽 면에 새겨져 있었다. 노란 이끼를 완전히 벗겨 내자 유골이 없는 사망자의 묘비에 흔히 쓰이는 문구로 '1872년 10월 25일 펜서콜

사부인 조부모의 묘비이자 아버지의 추모비에 사부인 전기 가제본을 헌정하는 저자. (2019년 4월 현지 촬영)

라[2]에서 항해 중 실종된 머틀호의 선장 윌리엄 E. 해먼드(34세)를 기념하며(In memory of CAPT. WM E. HAMMOND of the missing ship Myrtle Sailed from Pensacola, Oct. 25th, 1872. Aged 34 yrs)'라는 내용이 음각돼 있었다. 1871년 인구조사 당시 31세였으므로 1872년에는 32세가 되므로 실제로는 2년 정도 차이가 나는 기록이다.

사부인의 아버지는 이처럼 묘비에 기록된 대로 사부인이 두 살 때 실종 사망했는데 이력서에는 부모와 26년을 살았다고 한 의문이 이 묘비 기록을 보면서 더욱 커졌다. 그러나 이 의문은 다음 날 일요일 오후 호텔 근처 비컨연합교회(Beacon United Church)에서 정말 우연히 만나게 된 후손을 통해 풀렸다.

일요일(4월 28일) 아침 저자는 9시경 호텔을 나서 전날 찾아 두었던 셰보규 마을의 회중교회와 침례교회가 예배보기를 기대하며 다시 찾았다. 그러나 두 교회 모두 인기척도 없었다. 길 건넛집 주민에게 물어보니 교회는 문 닫은 지 오래됐고 기념물로 시의 보호만 받고 있다고 알려줬다. 이에 따라 두 교회에 대한 사부인과의 관계조사는 포기하고 11시에 예배를 시작하는 호텔 옆 비컨연합교회를 찾았다. 캐나다는 기독교 신자의 일요일 낮 예배 참석률이 저조해 교파를 내세우기보다는 연합적인 형태의 교회가 많아지는 추세로 비컨교회도 그런 성격의 교회였다.

관광 시즌도 아닌 4월 하순 영도(0°) 안팎의 추운 지방 교회에 갑자기 동양인 부부가 들어서자 안내하던 두 사람이 의외라는 듯 환영인사를 하며 어디에서 왔느냐고 묻는다. 한국 서울에서 야머스에 조사할 것이 있어서 오게 됐다고 소개했다. 교회 참석자가 40여 명에 불과해 평화의 인사 시간에 거의 모든 교인이 악수하고 양쪽 볼을 비비며 인사하고 평화를 기원하는 모습이 교회 공동체임을 실감 나게 한다. 몇몇 교인은 볼 수 없었던 동양인의

2) 미국 플로리다 주 앞바다.

등장에 계속 어디서 왔느냐고 물으며 궁금해했다.

야머스 시내 비컨연합교회에서 우연히 만난 사부인의 증손 생질들. 왼쪽은 동생 스티븐. 가운데가 데이비드. 저자에게 사부인과의 관계를 설명하고 있다.

예배 후 관례대로 교인들의 커피타임에 참석해 담소를 나눠야 하지만 다음 행선지인 북쪽 딕비(Digby)시로 가는 것을 서두르기 위해 대충 인사를 하고 교회 문을 나섰다. 서둘러 차로 가는데 한 현지 교인이 우리 부부를 '익스큐즈 미, 헬로(Excuse me, Hello)' 하며 연신 부른다. 저자는 그냥 차로 향하고 아내는 남자교인과 이야기를 나누는듯하더니 잠시 후 아내가 큰 소리로 저자를 부른다. 기적 같은 사부인 후손과의 만남이 이루어지는 순간이었다. 남자교인은 다른 교인을 통해 우리가 한국에서 왔다고 들었는데 "한국 어디에서 왔느냐"고 물어 "서울에서 왔다"고 하니 자신의 선조가 한국에서 39년 간 선교사로 일했다고 했다. 아내는 '39년 동안' 이라는 말에 '설마 샤프…' 라는 생각이 들었지만 이름을 물었다고 했다. 그 교인이 "앨리스 샤프"라고 말하는 순간 아내는 "온몸에 전율이 느껴졌다"고 후에 말했다. 바로 "그 때문에 우리가 여기(야머스)에 와 있는 것(That' s the reason why we are here.)"이라고 말하며 서로 너무 놀라 저자를 다급히 부른 것이었다. 남자교인도 어안이 벙벙한 듯 말을 잇지 못했고 아내는 "여보, 이분이 샤프를 알아요."라고 말하며 저자를 불렀다. 저자도 깜짝 놀라 다시 인사를 나누며 물어보니 자신이 앨리스 샤프 할머니의 증손 뻘 조카로 그의 유품도 보관해 오고 있다고 말하는 것이었다. 그러면서 교회사무실에 가서 이야기하자고 제안했다. 다시 차에 가서 사부인의 전기 가제본과 노트북을 들고 교회사무실에서 모든 것을 이야기하기 시작했다.

후손의 이름은 데이비드 솔로우즈(David Sollows, 64)였고 동생 스티븐 솔로우즈(Stephen Sollows, 62)도 같은 교회를 다니고 있어 급히 불러 자리를 함께 했다. 데이비드는 사부인의 사진이 크게 인쇄된 가제본의 표지를 보자 '세상에 어떻게 이런 기적이 있느냐' 며 눈물을 흘렸다. 그는 집안에 사부인이 사후 유품으로 보내온 기념품들이 있어 가끔 꺼내 보며 궁금해하던 차에 일요일 예배 중 한국에서 온 사람이 있다는 말을 듣고 그 기념품의 내용이나 의미가 무엇인지 궁금해 물어보려고 했을 뿐인데 바로 자신의 선조인 사부인의 전기 작가임을 알고 이게 꿈인지 생시인지 구분이 안 된다고 느낌을 털어놨다.

전날 야머스 아카이브에서 받은 사부인 부모의 인구조사표를 꺼내 보이며 데이비드 솔로우즈와 사부인의 관계를 물었다. 데이비드는 사부인의 언니 애니 모드 해먼드(Annie Maude Hammond)의 증손자로 사부인과는 증손 생질이 된다고 소개했다. 드디어 궁금했던 사항 한 가지를 물어보았다. 셰보규 공동묘지의 사부인 조부모 묘비에는 사부인 아버지 윌리엄 E 해먼드가 1872년 바다에서 실종 사망한 것으로 기록돼 있는데 사부인은 이력서에서 부모와 26년을 함께 지낸 후 뉴욕 선교훈련원에 갔다고 기록해 이해가 안 간다고 물었다. 이에 대해 데이비드는 "사부인 친아버지가 그해 바다에서 실종

애니 M. H. 솔로우스. 사부인의 친언니.

된 사실이 맞다"고 확인해 줬다. 사부인이 두 살 때 아버지가 죽자 사부인의 어머니 앨리스 제인 해먼드(결혼 전 성은 브라운)는 정확한 연대는 모르지만 7, 8년 후 야머스에서 15km 떨어진 포트 메이틀랜드(Port Maitland)의 솔로우즈(Sollows) 집안으로 재혼해 야머스를 떠났다고 말했다. 그곳에서 사부인의 언니인 애니 모드 해몬드도 솔로우즈 집안의 사람과 결혼, 데이비드 자신의 증조모가 됐다고 밝혔다. 사부인의 이력서 내용과 할아버지 비석에 새겨진 친아버지의 실종 사망 내용과 상이함에서 오는 의문이 풀리는 순간이었다.

사부인 아버지 윌리엄 E. 해먼드와 어머니 앨리스 해먼드의 결혼 당시 모습. (후손 데이비드 솔로우즈 제공)

저자는 가제본 전기에 수록된 사진과 영문 기록물을 중심으로 사부인이 한국에서 했던 위대한 업적과 현재도 충청도 일대에서는 교회사에서 중요하게 취급되고 있다는 사실을 자세히 설명했다. 특히 납골당이 미국 캘리포니아 LA 부근에 있다는 사실을 알려주고 귀국길에 참배 계획을 말하자 사진과 찾아가는 경로에 대한 정보를 꼭 알려달라고 부탁했다. 특히 지난 3월 1일 공주 영명고 뒷동산에 세워진 유관순 열사, 남편 로버트 샤프, 사부인의 동상을 사진으로 보여주자 "동상이 세워질 정도로 그렇게 훌륭한 업적을 남겼는지 몰랐다."며 새삼 감격해 했다. 데이비드는 자신의 부인이 허리통증이 심해 도움을 받아야만 움직일 수 있는데 계속 남편을 찾고 있어 자신이

2019년 3·1운동 100주년 기념일을 맞아 영명고 뒷동산에 세워진 유관순 열사와 사부인 부부 동상.

직접 안내를 못 하고 동생이 생가를 안내하는 것에 대해 양해를 구했다. 또 유품으로 보관하고 있는 기념품은 사진을 찍어 인터넷으로 보낼 테니 설명을 부탁한다고 했다.

데이비드는 사부인의 아버지가 1866년 건축해 사부인도 태어났던 생가는 어머니의 재혼으로 다른 주민에게 팔렸다고 밝혔다. 그러나 집 자체는 1892년 현재의 위치(477 Wyman Road Yarmouth)로 이전해 아직 그대로 있고 두 번째 소유자가 데이비드에게 증여해 현 소유자는 자신이라고 말했다. 데이비드는 자신이 소유하고 있지만 10년째 아무도 살고 있지 않고 방치돼 있어 집안은 쓰레기로 차 있다며 공개를 꺼렸다. 그러나 생가의 외형이라도 전기에 담고 싶다는 저자의 요청에 응해 동생 스티븐이 안내를 하도록 했다.

동생 스티븐의 안내를 받아 찾은 와이먼 로드의 생가는 길가에서 10m쯤 들어간 도롯가에 있는 이층집으로 흰 페인트가 많이 벗겨져 있어 오랫동안 사람이 살지 않았던 모습이 그대로 드러났다. 집 뒤쪽으로 6에이커(1에이

커는 약 4,046㎡)의 데이비드 소유 빈 땅과 연결돼 있었다. 지역 학교의 교장으로 은퇴한 데이비드는 농사지을 줄을 몰라 빈 땅을 방치할 수밖에 없다고 말했다. 데이비드는 교회에서 만났을 때 생가는 오랫동안 손대지 않아 계단이나 2층은 무너질 우려가 있으니 내부로는 들어가지 말라고 말했다. 앞 창문을 통해 들여다본 내부는 가구들이 놓여 있고 방바닥은 쓰레기로 가득했다. 집 뒤의 뒷마당에서는 집안으로 연결된 문이 열려 있어 조심스레 들어가 보니 가구들 사이에 오래된 오르간이 놓여 있어 '사부인이 어렸을 때 배운 오르간이 아니었을까' 하는 생각이 미쳤다. 사부인은 충남지역을 순회 선교할 때 이동용 오르간을 지게로 옮겨 가며 연주해 외국인과 오르간을 처음 보는 한국인들의 호기심 덕택에 선교에 큰 도움을 받기도 했다. 지금도 공주제일교회 박물관에는 사부인이 연주했던 교회용 오르간(미국 버몬트 소재 에스테이 Estey사 제품)이 보관돼 있다. 다른 쪽에는 옷을 만들 때 사용하는 낡은 재봉틀(싱거 미싱)이 있어 '저것으로 사부인 옷을 만들어 입혔나' 라는 생각도 해 보았다. 집 내부로는 들어가지 말라는 데이비드의 당부가 마음에 걸려 2층은 조심스레 계단을 올라가 일별만 한 후 내려왔다. 쓰레기만 가득 찬 모습이었으나 어떤 방은 인형들이 놓여 있어 어린이 침실로 보였다.

① 셰보규 마을 와이먼 로드에 있는 사부인의 생가. 10년 동안 빈집이어서 겉면의 페인트가 떨어지고 있다.
② 사부인의 생가 한 켠에 있는 낡은 오르간. (2019년 4월 현지 촬영)

사부인이 10대와 20대에 살았던 야머스 포트 메이틀랜드에 있는 집. 사부인의 의부 아버지가 1858년에 지은 것으로 방10개의 2층집이다. 사부인은 이 집에서 친형제, 이복형제들과 함께 살았다. (2019년 8월 20일 촬영)

생가를 들러 본 후 스티븐은 셰보규 마을에 있는 1700년대 세워진 회중교회의 열쇠를 자신이 갖고 있다면서 문을 열어 내부를 보여줬다. 당시 사부인의 아버지를 비롯해 마을 사람들이 모이기에는 충분할 만큼 200석 가까운 의자와 제단은 깨끗하게 관리되고 있었다. 가운데는 석탄용 난로가 그대로 있고 오래된 오르간도 그대로이다. 제단 가운데는 한 페이지가 세 갈래로 된 오래된 성경이 펼쳐져 있다. 뒤편에는 역대 목회자들의 사진이 있는 패널이 있는데 1846년부터 1962년까지만 있었다. 사부인이 셰보규에 살았을 때인 1870년대 목회자 사진은 1876년부터 1883년까지 담당했던 제임즈 시펄리(James Shipperley) 목사의 사진만 확인할 수 있었다.

이어서 스티븐은 조금 떨어진 셰보규의 침례교회 관리자와 연락해 침례교회의 내부 모습도 보여주려 했다. 그러나 관리자가 야머스를 떠나 있어 창틈으로 내부를 들여다보는 것으로 만족할 수밖에 없었다.

정말 우연한 기회에 무엇인가 섭리(providence)가 있어 예정됐던 만남 덕분에 생가와 사부인의 어린 시절 가족사를 알 수 있게 되는 큰 소득을 얻었다. 야머스 이후의 본래 여행 예정지 딕비로 향하는 길에 사부인의 어머니가 재혼해 살았고 사부인도 20년 가까이 살았던 포트 메이틀랜드를 들렀다. 이미 데이비드를 통해 가족사를 대부분 파악했기 때문에 포트 매이틀랜드는 이정표를 사진 찍는 것으로 답사를 끝냈다. 야머스에 가깝지만 딕비 카운티에 속해 있는 포트 메이틀랜드는 지금도 인구 500여 명의 작은 마을 그대로였다.

운전 중에는 내비게이션을 사용하느라 볼 수 없었던 휴대폰을 딕비 도착 후 검색해 보니 데이비드가 보내온 메일이 여러 개 있다. 확인한 결과 놀랍게도 오전에 교회에서 말했던 사부인의 유품과 가족 관련 사진 여러 장이 포함돼 있었다. 데이비드는 특히 장신구들이 포함된 유품의 내용이 무엇인지 설명해 달라고 했다. 그날 저녁 골무와 인형, 여성한복에 다는 꽃나무 노리개, 복주머니, 한글이 새겨진 청동제 십자가와 '수(壽)자'가 새겨진 목걸이에 관해 설명하는 답 글을 작성하느라 대부분의 시간을 보냈다. 그러나 단어로만 설명하는 것은 미흡해 사진의 장신구들을 대강 스케치해 옆에 설명을 붙여 놓으니 어느 문장으로 하는 것보다 일목요연하게 설명이 되었다.

'보령교회 이신덕'(앞면) '주후 1927년'(뒷면)이 새겨진 십자가와 장수를 기원하는 '수(壽)'자가 연결된 목걸이. 후손 데이비드가 소장하고 있는 사부인 유품이다.

유품 중 주목된 것은 1938년 9월 20일 제막된 사애리시 선교기념비의 제막식 현장 사진 2장이었다[3]. 또 십자가와 '수(壽)'자가 함께 있는 목걸이도 중요한 유품으로 보였다. 사진에서 보듯이 앞면은 십자가의 세로를 따라 '보령교회 리신덕'으로 돼 있고 가로에는 '사랑'이 음각돼 있다. 뒷면은 세로로 '主后

3) 기념비 제막식 305쪽에 설명.

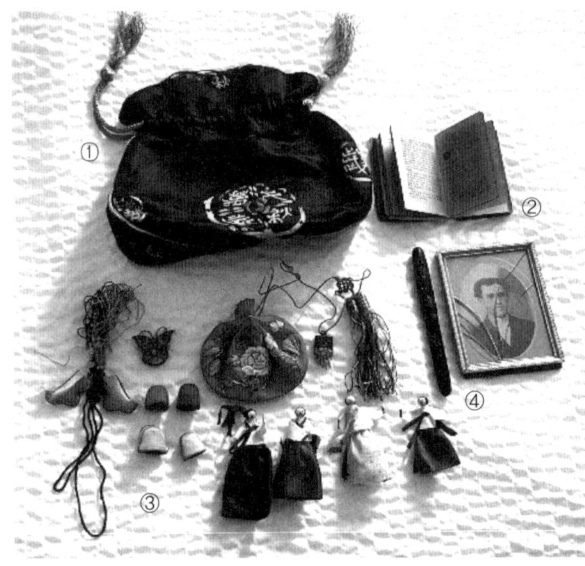

사부인이 마지막까지 간직했던 애장품들.

①의 검정 비단 가방은 '천추만세(千秋萬歲)'가 수놓아져 있다.
②는 프랑스 금언을 1880년 영어로 번역한 미니북(가로 5.5㎝ 세로 8.5㎝)으로 제목은 '금싸라기'를 뜻하는 '골드 더스트(GOLD DUST).' 사부인이 평소 자주 읽어 표지가 헐어져 있다.
③ 한복에 다는 노리개 장식과 복주머니, 나비 브로치, 골무, 비단 인형 등에 사부인의 손길이 어려있다.
④ 꽃장식이 그려져 있는 만년필 오른쪽에는 남편 로버트 샤프의 사진이 들어 있는 책상용 액자다.

후손 데이비드 솔로우즈와 여자 사촌이 간직해 온 유품들이다.

一千九百二七年(주후 1927년)' 가로로 '긔념(기념)'이 음각돼 있다. 종합해 보면 십자가 목걸이가 사부인의 '장수'를 기원하는 보령교회 이신덕 신도가 1927년 선물한 것임을 알 수 있다.

데이비드는 어머니와 형제, 조카들과 함께 모여 유품에 대해 자세히 설명해 줬으며 소중히 간직하겠다는 메일을 보내왔다. 이 유품들을 보면 데이비드 형제가 직계 후손이 없었던 사부인의 진정한 혈육임을 실감할 수 있다.

데이비드 형제는 기회가 닿는다면 함께 한국에 와서 공주의 동상과 로버트 샤프의 묘지, 사부인이 청춘을 바쳐 일했던 영명고와 충남 천안과 논산, 서해안 일대의 교회들을 둘러보고 싶다고 말했다.[4]

---

4) 데이비드 형제의 바람은 천안 하늘중앙교회가 교육관에 앨리스 H. 샤프 기념 카페 및 홀을 설치해 개관(2019년 9월 8일) 하는 것을 계기로 초청(2019년 9월 2-9일)해 이뤄졌다.

전기를 마치며

사부인, 한국과 한국 여성을 사랑한 충청 선교의 상징

사부인은 공적이면서 사적인 존재로 영원히 저자의 가슴 속에 남아 있을 것이 확실하다. 공적인 측면에서 보면 사부인은 구약시대와 신약시대를 거쳐 예수님이 설파한 복음을 사도와 역사상의 공교회를 통해 자신도 전달받고 우리 집안에 전달해준 분이다. 머리말에서 밝힌 것처럼 2000여 년 전 이스라엘에서 시작된 복음이 어떻게 저자에게까지 오게 됐는지 신앙적 뿌리를 찾는 과정에서 우리 집안에 오기까지 그 공적 루트 속의 마지막 주인공이 사부인이었다. 1900년 12월 말 내한 이래 1939년 8월 선교사 은퇴 후 귀국할 때까지 그가 한국에서 살아 온 40년 삶은 공적인 존재로서의 사부인이다. 공적인 존재로서의 사부인은 '신앙', '여성', '봉사'로 나누어 그려지는데 어느 순간에는 세 가지가 화학적으로 혼합돼 '사부인'이라는 하나의 영상으로 보이기도 한다.

우선 '신앙'의 측면에서 보면 수백 번 열었던 사경회 보고에서 알 수 있듯이 사부인은 해박한 성경지식으로 초심자는 물론 기존 신자들을 회개시키고 성령의 은혜를 받도록 하는 특별한 은사를 받은 인물이었다. 풍토병과 열악한 교통, 너무나 넓은 선교 구역, 무(無)에서 유(有)를 일궈야 했던 빈

약한 교회시설 등 모든 악조건 속에서도 믿음으로 어려움을 극복하고 그에 알맞은 성경구절로 스스로 다잡는 모습은 신앙인의 모델 같은 느낌을 주기에 충분하다.

신앙이 약했더라면 좌절했을 것임이 틀림없었을 경우 중의 하나가 1906년 남편 로버트 샤프 목사와 뜻하지 않았던 사별이었다. 사부인과 샤프 목사는 뉴욕 선교사훈련원에서 1897년 처음 만나 샤프 목사는 청혼까지 할 만큼 사부인을 사랑했다. 그러나 사부인은 결혼이 하나님 사업을 하겠다는 애초 하나님과의 약속을 지키는 데 걸림돌이 될 것을 우려해 청혼을 거절하고 1900년 말 한국에 도착했다. 그 연인을 찾아 샤프 목사도 3년 후 한국에 도착함으로써 사부인은 하나님과의 약속도 지키고 결혼도 하게 된다. 그러나 결혼 3년 만에 전염병에 걸려 남편과 사별하게 되니 보통의 신앙인이라면 하늘을 원망하지 않을 수 없었을 것이다. 그것도 하나님 사업을 하겠다는 젊은 선교사 부부의 꿈이 무참하게 깨지는 상황에서 대부분의 사람은 신앙이 무엇인지 회의가 들지 않을 수 없었을 것이다.

그 같은 인간적인 비참한 상황에서 사부인이 의지했던 복음은 이사야 55장 8-9절 말씀이었다.

> 이는 내 생각이 너희의 생각과 다르며 내 길은 너희의 길과 다름이니라. 여호와의 말씀이니라. 하늘이 땅보다 높음 같이 내 길은 너희의 길보다 높으며 내 생각은 너희 생각보다 높으니라.(사 55:8–9)

이 말씀을 토대로 사부인은 "하나님의 길은 우리의 길과 다르고, 그의 생각은 우리 생각과 다르다."고 연회보고서에서 밝히며 남편의 죽음을 슬퍼하지만 신앙에 대해서는 조금도 흐트러진 모습을 보여주지 않았다.

이런 신앙적 자세는 전도활동을 하던 중 겪게 되는 모든 어려운 상황에서도 나타났다. 1921년 보고서의 첫머리에 미국 시인 뱁콕의 시 "강건하라(Be strong)"를 인용하며 "우리는 이곳에 놀기 위해, 꿈꾸기 위해, 표류하기 위해 있는 것이 아니다. 우리는 해야 할 어려운 일과 들어올려야 할 짐들이 있다. 싸움을 피하지 말고 마주쳐라. 그것은 하나님의 선물이다. 강건하라. 강건하라"고 자신을 다잡고 있다. 찬송가 "참 아름다워라"의 작사자 뱁콕의 시를 인용하며 사부인은 한국에 놀러 온 것이 아니라 복음을 전파하러 왔다는 자신의 신앙을 재확인하고 있다.

사부인의 굳은 신앙적 자세는 아무리 재정적으로, 한국인과의 문화적 차이로, 하루 수십 킬로미터를 걷고 숙소도 변변치 못해서 겪는 육체적 고달픔으로 어려워도 늘 하나님이 해주실 것이라는 믿음 속에서 끝맺는 보고서의 결론 부문에서 찾아볼 수 있다.

1900년 초 남존여비와 남녀차별이 뚜렷했던 당시 환경에서 사부인의 활동은 여성선교사로서 남성선교사들이 할 수 없었던 여성분야에서 독보적이었다고 할 수 있다. 사부인의 선교기념비 제막식을 보도한 「동아일보」 1938년 9월 5일 자 기사는 사부인이 공주, 천안, 논산, 입장, 아산, 둔포, 경천의 7곳(실제로는 9곳)에 여학교를 설립했다고 밝히고 있다. 사부인은 사경회를 할 때마다 여성신자들 대부분이 문맹인 탓에 성경을 읽지 못하고 스스로 복음을 깨닫지 못하는 현실을 안타깝게 생각했다. 사경회를 열면서 동시에 한글교육도 시키고 있음을 여러 차례 보고서에 쓰고 있다. 오죽하면 "읽기 가능한 사람만 모인 성경공부반이라면, 예수님과 하늘나라에 앉아 있는 기분"이라고 기록하고 있을까 하는 생각이 든다. 남자선교사들이 여신도를 상대로 전도를 하거나 일상생활을 하는 데는 한계가 있는 1900년대 초반 상황에서 사부인의 여성상대 활동은 교육과 전도분야에서 충남지역 전역을 대상으로 활발하게 펼쳐졌음이 다양한 기록으로 나타난다.

전기에 나타난 '갇힌 여성'을 해방하기 위한 내용만 보아도 "남편 구박에도 믿음 잃지 않은 전도부인 한나", "여자도 예수 믿을 특권 있다", "집안 우상을 태운 여신도", "여성 문맹률 높은 공주지방…사부인 발 벗고 계몽 나서", "거짓 신앙을 가진 남편으로부터 버림받은 여성 구성", "속인 일 고백하는 여학생들", "할아버지 감시에도 교회 나온 여학생", "학교 다닌다고 매 맞는 논산 여학생", "길거리 출입 꺼려 학교 못 다니게 한 여학생 엄마", "문맹 여성 가르쳐 지적인 사경회 열어야" 등 헤아릴 수 없이 많다.

이들 보고서의 내용은 1900년대 초와 일제강점기에 한국 여성들이 처했던 불공정하고도 비참한 현실을 보면서 복음을 통해 여성들을 구원으로 이끌려고 한 사부인의 절절한 노력을 보여준다. 사부인이 한국 여성들을 위해 위와 같은 활동을 할 수 있었던 것은 기본적으로 신앙심이라는 바탕이 있었기 때문이었다. 또한 사부인을 만난 적이 있는 김영한 원로장로의 인터뷰에서도 보이는 것처럼 한국인의 삶 속으로 깊이 파고들어 동병상린(同病相隣)하는 사부인의 선교 자세가 공감을 얻었기 때문이라고 생각한다. 비록 비신자라도 "부인, 오셨어요?"하고 인사하는 어린이에게 "오냐, 잘 있었느냐?"라고 대답하는 사부인에 대해 호감을 느낄 수밖에 없었을 것이다.

한국의 똑똑한 여성을 한 명이라도 더 발굴해 지역의 여학교에서 보통과정을 배우게 하고 또 가능성이 있는 여학생은 이화학당에 교비생으로 추천해 여성지도자로 육성한 사부인의 안목과 노력은 한국여성사에서 중요한 위치를 차지할 수밖에 없다. 유관순 열사는 대표적 사례이고 상록수 최용신의 후계자 김복희 장로, 해방후 최초의 여자 경찰서장인 노마리아 등 사례는 수없이 많다. 증언 청취를 위해 만난 김영한 원로장로는 사부인 회갑 잔치(1931) 때 잔치 현장에서 보니 수양딸로 삼아 교육한 젊은 여성이 줄을 서 있어 깜짝 놀랐다는 일화를 소개하며 사부인은 정말 충청도의 많은 여성 지도자를 육성했다고 전했다.

위와 같은 신앙을 바탕으로 여성을 전도하며 계몽한 사부인의 일생은 은퇴 후에도 봉사활동으로 계속됐다. 여학교의 설립과 운영, 시간이 될 때마다 선교구역 곳곳을 누비며 행했던 교육과 전도활동은 은퇴선교사들의 보금자리 로빈크로프트 요양원에서 다시 새로운 봉사활동으로 구현된다. 은퇴 후 70을 넘긴 나이에 적십자 봉사활동을 하고 자신보다 더 나이 든 할머니 돕는 일을 하고 있다는 기록이 남아 있다. 남편까지 바치며 복음을 전했던 40년간의 한국 봉사가 은퇴 후 70대 고령에도 계속되고 있음을 알게 된다. 분류를 위해 사부인의 일생을 신앙, 여성, 봉사로 나눠봤지만, 그 셋은 각각 분리돼 있지 않고 사부인이라는 실존 속에 화학적으로 하나가 돼 내재해 있음을 알 수 있다.

이런 분으로부터 복음을 전달받은 저자의 할머니 강계순 권사는 비록 일제와 한국전쟁의 와중에서 갖은 고초를 겪으셨으나 사부인과 같은 믿음으로 온갖 고난을 극복할 수 있었던 축복받은 분이었다. 이는 저자가 속한 믿음의 계보 가장 앞에 사부인이 사적으로 거대하게 존재하고 있는 이유이기도 하다. 복음을 받은 이래 할머니는 한 번도 믿음을 의심해 보지 않은 분이셨다. 40대에 남편(저자의 조부)을 일찍 사별했을 때도, 일제 말기의 수탈에도, 한국전쟁으로 궁핍했을 때도, 할머니께서는 모든 것을 하나님께 맡기고 기도하며 꾸준히 일하고 말씀대로 살려고 노력하셨다.

저자가 초등학교와 중학교 때는 대가족 속에서 할머니가 하시는 언행을 눈여겨볼 기회가 별로 없었다. 주일성수는 말할 것도 없고 어떤 날씨에도 30분 넘는 거리의 교회에 나가 새벽기도를 하셨다. 통행금지 해제를 알리는 사이렌 소리가 울리면 일어나 새벽공부하라고 저자를 깨워놓고 교회로 향하시던 할머니의 일상은 언제나 변함이 없었다. 봄, 가을 농번기의 와중에서도 목사님을 수행해 논산 전 구역의 교인 심방을 하셨다. 이런 할머니의 전도부인 같았던 신앙 활동은 너무나 일상적이어서 저자는 '그러려니' 했을 뿐 눈여겨보려고 하지 않았다. 그러나 고등학교 때부터 낯선 서울살이를 할 때 할머니와 한 칸 방에서 살면서 늘 기도하고 감사하며 성경읽기를 벗 삼는 할머니의 신앙을 눈여겨 볼 수 있었다. 그런데도 1996년 소천하실 때 까지도 할머니의 신앙과 연계된 언행이 얼마나 소중한 것인지 깨닫지 못했다.

이제 할머니의 모습을 볼 수 없게 된 지난 20여 년. 함께 지내면서 할머니가 저자에게 보여주셨던 언행의 편린들이 하나같이 잊어서는 안 될 아주 드물고 소중한 가르침이었고 그 뿌리는 사부인이었음을 깨달았다. 이 전기를 쓰기 위해 사부인의 보고서를 번역하는 것을 시작으로 그녀가 태어나고, 배우고, 전도하고, 작고했던 때와 장소를 추적하는 일은 할머니의 신앙이 사부인의 그것이었음을 확인하는 과정이었다.

마지막으로 사부인의 전기를 마무리하며 떠오르는 성경구절이 있다. 누가복음 14장 26-27절의 제자도(弟子道)에 대한 말씀이다.

> 누구든지 내게로 오는 사람은, 자기 아버지나 어머니나, 아내나 자식이나, 형제나 자매뿐만 아니라, 심지어 자기 목숨까지도 미워하지 않으면, 내 제자가 될 수 없다. 누구든지 자기 십자가를 지고 나를 따라 오지 않으면, 내 제자가 될 수 없다.(눅 14:26-27)

이 말씀대로 예수님의 제자가 될 수 있는 사람은 거의 없다. 부모 형제뿐만 아니라 자기 목숨까지도 내놓을 만큼 되어야 할 수 있는 게 제자라면 사실 예수님 시절의 사도들과 역사상의 성인 등을 제외하면 거의 불가능한 길이기도 하다.

그러나 사부인은 말씀 그대로의 제자도(弟子道)를 충실히 걸은 사람이 아닐 수 없다. 일찍이 하나님 사업에 뜻을 두고 준비하고 사랑하는 부모를 떠나 이역만리 한국에 뜻을 실천하려는 공간으로 잡은 이유부터가 예수님의 제자가 되겠다는 결심이 없었다면 선택할 수 없었던 첫 번째 제자도의 선택이었을 것이다. 누가복음에는 '아내'라는 표현을 썼지만, 사부인은 남편을 선교현장에서 잃었다. 일반인이라면 그 슬픔을 이기지 못해 선교현장을 떠났을 것이다. 그러나 사부인은 "하나님의 길과 우리(인간)의 길이 다르고 생각도 다르다."면서 선교현장으로 돌아와 복음서가 요구한 두 번째 제자도를 따른다. 30대부터 40년간 인생의 황금기를 선교현장에서 봉사한 사부인의 삶은 자기 목숨까지도 내놓은 세 번째 제자도의 실천이었다.

자기 십자가를 지고 예수를 따르고 그 말씀을 통해 한국과 한국 여성을 하나님의 나라로 구원하려 헌신했던 선교사 사애리시, '사부인'!

이 전기가 고단하게 걸었던 사부인의 제자도 걸음걸이에 작은 위안이 되기를 기원한다. 동시에 그의 헌신에 충심에서 우러나는 크고 깊은 고마움을 표하는 작은 기록인 이 전기를 하늘나라의 사부인이 그가 복음으로 이끈 이 땅의 믿음의 선조들과 함께 가납(嘉納)하시기 바란다.

한알의 밀알 46

이야기 사애리시

유관순 열사 신앙의 어머니, 충청 선교의 개척자

지은이 임연철
펴낸이 최병천

펴낸날 2019년 9월 8일(초판1쇄)
2026년 1월 25일(초판4쇄)

펴낸곳 신앙과지성사
출판등록 제9-136 (88. 1. 13)
주소 | 서울시 서대문구 연희로 177 옥산빌딩 2층
전화 | 335-6579 · 323-9867 · (F) 323-9866
E-mail | miral87@hanmail.net
홈페이지 | http://www.miral.co.kr

ISBN 978-89-6907-220-7 04230
ISBN 978-89-85602-48-8 (세트)

값 18,000원

※ 펴낸이의 허락 없이 이 책의 전체나 부분을 어떤 수단으로도 이용할 수 없습니다.